Regulierte Selbstregulierung im Bereich des Datenschutzes

T0326450

Europäische Hochschulschriften
Publications Universitaires Européennes
European University Studies

Reihe II
Rechtswissenschaft

Série II Series II
Droit
Law

Bd./Vol. 4234

PETER LANG

Frankfurt am Main · Berlin · Bern · Bruxelles · New York · Oxford · Wien

Zoi Talidou

Regulierte Selbstregulierung im Bereich des Datenschutzes

PETER LANG
Europäischer Verlag der Wissenschaften

Bibliografische Information Der Deutschen Bibliothek
Die Deutsche Bibliothek verzeichnet diese Publikation in der
Deutschen Nationalbibliografie; detaillierte bibliografische
Daten sind im Internet über <http://dnb.ddb.de> abrufbar.

Zugl.: Freiburg (Breisgau), Univ., Diss., 2005

Gedruckt auf alterungsbeständigem,
säurefreiem Papier.

D 25
ISSN 0531-7312
ISBN 3-631-54205-4

© Peter Lang GmbH
Europäischer Verlag der Wissenschaften
Frankfurt am Main 2005
Alle Rechte vorbehalten.

Printed in Germany 1 2 3 4 5   7

www.peterlang.de

Vorwort

Die vorliegende Arbeit wurde im Wintersemester 2004/2005 von der rechtswissenschaftlichen Fakultät der Albert-Ludwigs-Universität Freiburg als Dissertation angenommen.

Die Literatur wurde bis Ende Oktober 2004 berücksichtigt. Später erschienene Arbeiten konnten zum Teil in die Druckfassung eingearbeitet werden.

Mein besonderer Dank gilt Herrn Prof. Dr. Thomas Würtenberger, der die Entstehung und Entwicklung der Dissertation mit wohlwollender Geduld und vielfältigen Hinweisen unterstützt und betreut hat. Dank schulde ich ferner Herrn Privatdozenten Dr. Gernot Sydow für die Erstellung des Zweitgutachtens.

Von den zahlreichen Menschen, die an der Ausarbeitung der Dissertation freundschaftlichen Anteil genommen haben, möchte ich meine Kollegen Katharina Mangold in Freiburg und Sven Finger in Zürich hervorheben. Besondere Erwähnung verdient die in fachlicher und menschlicher Hinsicht ausgezeichnete Zusammenarbeit mit Herrn Privatdozenten Dr. Gernot Sydow. Meinen Eltern danke ich schließlich für die unermüdliche Unterstützung, die sie mir während der Arbeit hatten zukommen lassen.

Zoi Talidou

Freiburg i. B., im März 2005

Inhaltsverzeichnis

9

Abkürzungsverzeichnis

a.a.O	Am angegebenen Ort
ABl.	Amtsblatt
Abs.	Absatz
AfP	Archiv für Presserecht
AGBs	Allgemeine Geschäftsbedingungen
AktG	Aktiengesetz
AnwBl.	Anwaltsblatt
AOL	America Online
AöR	Archiv des öffentlichen Rechts
ArbuR	Arbeit und Recht
ARSP	Archiv für Rechts- und Sozialphilosophie
Art.	Artikel
ATUS	A Toolkit for Usable Security
Aufl.	Auflage
AVR	Archiv des Völkerrechts
AWG	Außenwirtschaftsgesetz
AWV	Außenwirtschaftsverordnung
BB	Betriebs-Berater
BBB	Better Business Bureaus
Bd.	Band
BDSG	Bundesdatenschutzgesetz
bearb.	bearbeitet
BGB	Bürgerliches Gesetzbuch
BGBl	Bundesgesetzesblatt
BGHSt	Entscheidungen des Bundesgerichtshofes in Strafsachen
BPjM	Bundesprüfstelle für jugendgefährdende Medien
BVerfGE	Entscheidungen des Bundesverfassungsgerichts
BWGBl	Gesetzesblatt für Baden-Württemberg

11

bzw.	beziehungsweise
COPPA	Children Online Privacy Protection Act
CR	Computer und Recht
CRi	Computer und Recht / International
DANA	Datenschutz-Nachrichten
DB	Der Betrieb
DENIC	Deutsches NIC
ders.	derselbe
DIN	Deutsches Institut für Normung
DÖV	Die öffentliche Verwaltung
DRiZ	Deutsche Richterzeitung
DRSC	Deutsches Rechnungslegungs Standards Committee
DuD	Datenschutz und Datensicherheit
DVBl.	Deutsches Verwaltungsblatt
EDV	Elektronische Datenverarbeitung
EG	Europäische Gemeinschaft
EGV	Vertrag zur Gründung der Europäischen Gemeinschaft
EMAS-VO	Environmental Management and Audit Scheme-Verordnung
EMRK	Europäische Menschenrechtskonvention
EnWG	Energiewirtschaftsgesetz
ErfKoArbR	Erfurter Kommentar, Kommentar zum Arbeitsrecht
ET	Energiewirtschaftliche Tagesfragen
EU-DSRL	Europäische Datenschutzrichtlinie
EuZW	Europäische Zeitschrift für Wirtschaftsrecht
EWG	Europäische Wirtschaftsgemeinschaft
EWR	Europäischer Wirtschaftsraum
FAQ	Frequently Asked Questions
ff.	fortfolgende
FIDIS	Future of Identity in the Information Society

FLF	Finanzierung, Leasing, Factoring
FN	Fußnote
FSF	Freiwillige Selbstkontrolle Film
FSK	Freiwillige Selbstkontrolle der Filmwirtschaft
FTC	Federal Trade Commission
GATS	General Agreement on Trade in Services
GewO	Gewerbeordnung
GG	Grundgesetz
GVBl	Gesetz- und Verordnungsblatt
Hrsg.	Herausgeber
IATA	International Air Transport Association
ICANN	Internet Corporation of Assigned Names and Numbers
IIC	Internationale Handelskammer
IMS	Identitätsmanagementsysteme
INCOTERMS	International Commercial Terms
INHOPE	Internet Hotline Providers in Europa
isps	internet privacy standards
i.S.d.	im Sinne des
ISO	International Organization for Standardization
ISPA	Internet Service Providers Association Belgium
ITU	International Telecommunications Union
JMStV	Jugendmedienschutz-Staatsvertrag
JuS	Juristische Schulung
JuSchG	Jugendschutzgesetz
JZ	Juristenzeitung
JÖSchG	Gesetz zum Schutz der Jugend in der Öffentlichkeit
JurPC	Internet-Zeitschrift für Rechtsinformatik
KJM	Kommission für Jugendmedienschutz
K&R	Kommunikation & Recht

KrimJ	Kriminologisches Journal
KritV	Kritische Vierteljahresschrift für Gesetzgebung und Rechts-wissenschaft
LDSG	Landesdatenschutzgesetz
LPG	Landespressegesetz
MDStV	Mediendienste-Staatsvertrag
MMR	Multimedia und Recht
NIC	Network Information Centers
NJW	Neue Juristische Wochenschrift
NJW-CoR	Neue Juristische Wochenschrift / Computerreport
NGOs	Non-Governmental Organizations
Nr.	Nummer
NStZ	Neue Zeitschrift für Strafrecht
NVwZ	Neue Zeitschrift für Verwaltungsrecht
NZA	Neue Zeitschrift für Arbeitsrecht
OECD	Organisation for Economic Co-operation and Development
P3P	Platform for Privacy Preferences
PET	Privacy Enhansing Technologies
PGP	Pretty Good Privacy
PICS	Plattform for Internet Content Selection
PRIME	Privacy and Identity Management for Europe
RabelsZ	Rabels Zeitschrift für ausländisches und internationales Pri-vatrecht
RdE	Recht der Energiewirtschaft
RdJB	Recht der Jugend und des Bildungswesens
RDV	Recht der Datenverarbeitung
RGBl	Reichsgesetzesblatt
RIW	Recht der internationalen Wirtschaft
Rn.	Randnummer
RSA	Rivest, Shamir, Adleman

RTkom	Zeitschrift für das gesamte Recht der Telekommunikation
S.	Seite
sog.	sogenannt
StGB	Strafgesetzbuch
StV	Strafverteidiger
TCP/IP	Transmission Control Protocol / Internet Protocol
TKG	Telekommunikationsgesetz
TKMR	Telekommunikations- & Medienrecht
TVG	Tarifvertragsgesetz
UAG	Umweltauditgesetz
ULD	Unabhängiges Landeszentrum für Datenschutz
UNESCO	United Nations Educational Scientific and Cultural Organization
UNO	United Nations Organization
UPR	Umwelt- und Planungsrecht
UWG	Gesetz gegen den unlauteren Wettbewerb
VerwArch	Verwaltungsarchiv
VO	Verordnung
Vgl.	vergleiche
VVDStRL	Veröffentlichungen der Vereinigung der Deutschen Staatsrechtslehrer
VwGO	Verwaltungsgerichtsordnung
W3C	World Wide Web Consortium
WIPO	Intellectual Property Organization
WP	Working Paper
WRP	Wettbewerb in Recht und Praxis
WTO	World Trade Organization
ZAW	Zentralausschuss der Werbewirtschaft
ZBB	Zeitschrift für Bankrecht und Bankwirtschaft
ZEuP	Zeitschrift für Europäisches Privatrecht

ZfA	Zeitschrift für Arbeitsrecht
ZfReSoz	Zeitschrift für Rechtssoziologie
ZGR	Zeitschrift für Unternehmens- und Gesellschaftsrecht
ZRP	Zeitschrift für Rechtspolitik
ZParl	Zeitschrift für Parlamentsfragen
ZStW	Zeitschrift für die gesamte Strafrechtswissenschaft
ZUM	Zeitschrift für Urheber- und Medienrecht

Einleitung

Die virtuelle Welt mit ihrem starken Wachstum hat sich zu einem nicht mehr wegzudenkenden Teil unserer gesellschaftlichen Realität entwickelt. Zu Recht wird vom Übergang in die Informationsgesellschaft gesprochen, die die Industriegesellschaft ablösen wird, wie einst die industrielle Massengesellschaft die altständische Agrargesellschaft[1] allmählich marginalisiert hatte. Die Informationsgesellschaft ist ein Bezugsfeld, das permanentem technologischen, ökonomischen, kulturellen und politischen Wandel unterliegt. Die neue digitale Wirtschaft verschafft unbeschränkten Zugang zu Informationen und Wissen, überbrückt Entfernungen, macht Akteure, Handlungen und deren Folgen standortunabhängig und relativiert die Zeit[2]. Die digitale Welt entwickelt sich, wenngleich der Gedanke erschreckend ist, zu einer eigenen Welt, mit eigenem Raum („Cyberspace"), eigener Zeit und eigenen Akteuren. Wie jede technische Entwicklung, ist die Informationstechnik nicht an nationale Grenzen gebunden. Ihre Folgen sind aber dennoch hauptsächlich in der realen Welt zu spüren.

Die zentralen Merkmale der Informationsgesellschaft, die Globalisierung und vor allem die dezentrale Struktur des Internet, stellen neue Herausforderungen an den Gesetzgeber[3]: Die Aktivitäten und Beziehungen, die im neuen, körperlosen Medium stattfinden, sind nicht mehr an bestimmte Räume gebunden oder finden jedenfalls nicht in Räumen statt, die sich mit den durch die Staatsorganisation festgelegten Grenzen decken. Das Internet macht deutlich, dass die im 19. Jahrhundert entwickelten Rechtsgrundsätze, die an Ort, Zeit und Gebiet[4] gebunden waren und mit denen unsere Gesellschaft die neu auftauchenden Probleme rechtlich bewältigen muss, schwer aufrechtzuerhalten sind. An ihre Stelle treten Netzwerke und ihre Funktionszusammenhänge als neue Art von Begrenztheit.

---

[1] Zum Übergang von der Agrar- zur Industriegesellschaft und der Auflösung des Konservatismus siehe *Kondylis, Panagiotis,* Konservatismus: geschichtlicher Gehalt und Untergang, 1986, S. 387 ff.

[2] Es wird nicht behauptet, dass eine völlig neue Welt entsteht, sondern dass die Komponenten Zeit und Raum eine neue Dimension bekommen.

[3] Vgl. *Müller, Georg,* Rechtssetzung im Gewährleistungsstaat, in: *Geis, Max-Emanuel, Lorenz, Dieter (Hrsg.),* Staat, Kirche, Verwaltung: Festschrift für Hartmut Maurer zum 70. Geburtstag, 2001, S. 227 ff.

[4] Der Begriff Staatsgebiet, unter dem im Allgemeinen ein abgegrenzter Teil der Erdoberfläche verstanden wird, der zum dauernden Aufenthalt von Menschen geeignet ist und damit einen räumlichen Herrschaftsbereich gegenüber anderen Staaten abgrenzt, ist für das Internet bedeutungslos.

Des weiteren gilt die Aufmerksamkeit der Verrechtlichungsproblematik: Die Zunahme von Regelungszahl und Regelungsdichte erlassener Gesetze erlaubt es von einem Gesetzesdschungel zu sprechen, mit dem sich die Rechtsgemeinschaft auseinanderzusetzen hat.

Hinzu tritt noch der komplexe und innovative Charakter der immateriellen sozialen Landschaft: Die Abwehr neu auftretender Gefahren und die Gestaltung von Regelungen zum Schutz klassischer Rechtsgüter (fairer und effektiver Wettbewerb, Verbraucherschutz, Jugendschutz, Datenschutz, Meinungsfreiheit, Zugang zu Informationen, Recht auf geistiges Eigentum) bereiten dem Staat Schwierigkeiten. Angesichts der mangelnden Flexibilität und Handlungsfähigkeit des Staates gegenüber der sich rasant wandelnden Wirklichkeit dreht sich die aktuelle Diskussion um die funktionellen Grenzen klassischer staatlicher Steuerungsmittel. Es liegt auf der Hand, dass herkömmliche Steuerungsmittel nun kritisch betrachtet werden müssen und dass nach neuen Mitteln zu forschen ist, um die veränderten Gegebenheiten zu erfassen. Diese können derzeit allein im gemeinsamen Handlungsverbund zwischen Staat und Zivilgesellschaft bewältigt werden[5].

Solche Beobachtungen sind vor allem in der datenschutzrechtlichen Landschaft sehr deutlich zu machen: Die bestehenden Datenschutzgesetze atmen immer noch den Geist der Großrechnertechnologie[6]. In den 70er und 80er Jahren stand die Gefährdung des Datenschutzes durch den Staat im Vordergrund, der Schutz personenbezogener Daten in damaligen Datenschutzmodellen war identisch mit dem Schutz des Rechners. Heute werden hingegen Daten größtenteils dezentral erhoben, gespeichert und verarbeitet. Hinter der sich immer rasanter entwickelnden und ständig vollkommener werdenden Technologie stecken nicht staatliche Akteure, sondern die Privatwirtschaft, die nunmehr die eigentliche Bedrohung darstellt. Ein immer besserer Datenaustausch ist der Sinn und Zweck der ständigen Vervollkommnung elektronischer Kommunikation. Informationen und Daten wandeln sich zum Rohstoff der Wissensgesellschaft und der Internet-Ökonomie; der Zugang zu ihnen entscheidet über den ökonomischen Erfolg. Solche Akzentuierung der Bedeutung von Informationen erzwingt eine Veränderung der datenschutzrechtlichen Leitperspektive[7].

---

[5] Dazu *Voßkuhle, Andreas*, Gesetzgeberische Regelungsstrategien der Verantwortungsteilung zwischen öffentlichem und privatem Sektor, in: *Schuppert, Gunnar-Folke (Hrsg.),* Jenseits von Privatisierung und „schlankem Staat": Verantwortungsteilung als Schlüsselbegriff eines sich verändernden Verhältnisses von öffentlichem und privatem Sektor, 1999, S. 47, 49.

[6] Zur Modernisierung des Datenschutzes siehe *Bäumler, Helmut*, Der neue Datenschutz, RDV 1999, S. 5, 7.

[7] So *Trute, Hans-Heinrich,* Der Schutz personenbezogener Informationen in der Informationsgesellschaft, JZ 1998, S. 822.

18

In diesem interaktiven Handlungsfeld, wo Daten unbegrenzt speicherbar und ohne Rücksicht auf Entfernung in Sekundenschnelle abrufbar sind und mit anderen Daten zu einem Persönlichkeitsbild zusammengeführt werden können, ohne dass der Betroffene dessen Richtigkeit und Verwendung hinreichend kontrollieren kann, zählt die informationelle Selbstbestimmung zu den wichtigsten Voraussetzungen einer freien Entfaltung der Persönlichkeit.

Das informationelle Selbstbestimmungsrecht darf allerdings nicht mehr als privatistisches Abwehrrecht[8] des sich abschottenden Individuums interpretiert werden. Diese negatorische Verkürzung auf ein Abwehrrecht gegen den Staat greift zu kurz und vernachlässigt die Notwendigkeit einer Konstitutionalisierung der Kommunikationsmöglichkeiten in den multipolaren Interessenfeldern[9] der Informationsgesellschaft. Das Ziel des neuen Datenschutzes ist nunmehr, als Infrastrukturschutz den einzelnen Bürger in den Stand zu versetzen, an neuen Kommunikationsprozessen möglichst autonom und selbstbestimmt teilnehmen zu können und dadurch seine Persönlichkeitsentfaltung selbst zu gestalten[10]. Diese Autonomie entsteht aber nur auf der Basis eines gut informierten und an den gesellschaftlichen Prozessen teilnehmenden Individuums, das sich nicht von den vernetzten sozialen Lebensräumen abschottet und in egozentrischer Entfaltung verharrt, sondern sich bewusst den neuen Gefahren aussetzt, dafür aber zugleich auch die unermesslichen Möglichkeiten genießt. Dies kennzeichnet eine Freiheitsausübung, die nicht auf protektionistische Ausgrenzung, sondern auf dialektische Gegenseitigkeit zielt. Diese Freiheit ist nicht nur die Freiheit von anderen, sondern auch die Freiheit durch andere, die sich nicht auf ihre negatorische Abwehrfunktion begrenzt, sondern interaktionistisch entfaltet[11]. Datenschutz wird immer mehr als das Recht des Einzelnen auf kommunikative Selbstbestimmung in der Informationsgesellschaft verstanden. Seine Aufgabe wird darin gesehen, datenschutzrelevante Anliegen auf der einen Seite und die berechtigten Interessen der Datenverarbeiter sowie das Informations-

---

[8] Siehe zur Struktur der Abwehrrechte, *Alexy, Robert,* Theorie der Grundrechte, 2. Aufl., 1994, S. 420 ff.
[9] Dazu *Hoffmann-Riem, Wolfgang,* Datenschutz als Schutz eines diffusen Interesses in der Risikogesellschaft, in: *Krämer, Ludwig, Micklitz, Hans-W., Tonner, Klaus (Hrsg.),* Recht und diffuse Interessen in der Europäischen Rechtsordnung: Liber Amicorum Norbert Reich, 1997, S. 777, 780.
[10] Vgl. *Hassemer, Winfried,* Grundrechte in der neuen Kommunikationswelt, in: *Bartsch, Michael, Lutterbeck, Bernd (Hrsg.),* Neues Recht für neue Medien, 1998, S. 1 ff; *Schulz, Wolfgang,* Verfassungsrechtlicher „Datenschutzauftrag" in der Informationsgesellschaft: Schutzkonzepte zur Umsetzung informationeller Selbstbestimmung am Beispiel von Online-Kommunikation, Die Verwaltung 1999, S. 137 ff.
[11] *Hoffmann-Riem, Wolfgang,* Ganzheitliche Verfassungslehre und Grundrechtsdogmatik, AöR 1991, S. 501, 505.

freiheitsrecht auf der anderen Seite in Einklang zu bringen. Dadurch wird zur Schaffung einer Informationsordnung beigetragen, die möglichst beiden Polen Rechnung trägt und sie effektiv zur Geltung bringt.

Dieser Aufgabe wird das überkommene Datenschutzrecht nicht in ausreichendem Maß gerecht, weil seine Struktur nur das Interesse am Schutz der eigenen personenbezogenen Daten abdeckt. Diese Struktur erweist sich als zu kurz greifend in den privatrechtlich organisierten Internetzonen, wo die Informations- und hauptsächlich die Kommunikationsfreiheit der Ausgangspunkt sind.

Diese Gedanken legen es nahe, die herkömmlichen Regelungen im Datenschutzbereich zu überdenken und Alternativen aufzuzeigen, die einerseits einen effektiven Datenschutz für den Bürger bewirken, andererseits aber den ungestörten, zugleich auch den Grundrechten Rechnung tragenden elektronischen Handel unterstützen. Im Zentrum der Überlegungen stehen Lösungsvorschläge, die Alternativen zum einseitigen staatlichen Handeln sind. Das Konzept, das in letzter Zeit heftig diskutiert und erforscht wird, ist die regulierte Selbstregulierung, deren Ansätze private Internetteilnehmer mit der Akzeptanz beziehungsweise Unterstützung des Staates und im Rahmen staatlicher Vorgaben selbst entwickeln können.

Das Konzept der regulierten Selbstregulierung richtet sich an folgende Kreise: Die Privatwirtschaft ist daran interessiert, vorhersehbare gesetzliche Rahmenbedingungen befolgen zu müssen, die gleichzeitig hinreichenden Raum für Selbstregulierung bieten. Im Interesse der Bürger liegt es, Instrumente in der Hand zu haben, die sie befähigen, ihre Interessen durch Selbstbestimmung durchzusetzen. Und im Interesse des Staates schließlich liegt es, trotz der Ohnmacht, seine Hoheitsgewalt im immateriellen Raum der globalisierten Informationsgesellschaft durchzusetzen, einen Weg zu finden, Gemeinwohlbelange zu verteidigen und die Grundrechte seiner Bürger gegen Übergriffe Dritter zu schützen.

Im ersten Teil dieser Abhandlung werden Begriffsklärungen der Selbstregulierung sowie ihre Hauptmerkmale und ihre Erscheinungsformen erläutert, zudem ihre Funktionen im Privatrecht, im Strafrecht und im öffentlichen Recht mit den dazugehörenden Eigenheiten geschildert. In diesem ersten Teil werden die Konturen eines solchen Selbstregulierungssystems umrissen, das den verfassungsrechtlichen Anforderungen gerecht wird und für unseren Rechtsstaat akzeptabel ist.

Den allgemeinen Erkenntnissen über die regulierte Selbstregulierung als Steuerungssystem im ersten Teil folgt im zweiten Teil dieser Abhandlung die deduktive Anwendung eines regulierten Selbstregulierungskonzeptes im Datenschutzrecht. Folgende Konzepte werden ausführlich untersucht: Die Netiquette, die Selbstregulierung der Wirtschaft durch Verhaltensregeln (Privacy Codes of

Conduct), die vertragliche Einigung durch Verwendung von Modellklauseln, die Standardvertragsklauseln, die Safe-Harbor-Prinzipien, das Datenschutz-Audit und schließlich die technischen Selbstregulierungsmaßnahmen des Datenschutzmanagers, der P3P-Plattform und der Kryptographieverfahren.

An die konkrete Umsetzung der Selbstregulierung im Datenschutzbereich anschließend wird das Selbstregulierungskonzept für den Datenschutz in den USA dargestellt und mit dem in Europa diskutierten und ausgehandelten System verglichen, um daraus Erkenntnisse über Gemeinsamkeiten und Differenzen zu gewinnen.

Erster Teil: Selbstregulierung als Steuerungssystem und Steuerungsmittel

I. Definition der Selbstregulierung

Im allgemeinen politikwissenschaftlichen Sprachgebrauch Europas wird der Begriff *Regulierung* als Synonym für die staatliche Steuerung verwandt, die durch rechtliche Gebote und Verbote das Verhalten der Bürger lenken und bestimmen will und die sich vor allem in Form von Gesetzen äußert. *Selbstregulierung* im wörtlichen Sinn heißt dagegen, sich selbst Regeln, Richtlinien, Maßstäbe, Standards o. ä. zu geben, um das eigene Verhalten danach auszurichten[12].

Meyers Enzyklopädisches Lexikon[13] enthält unter dem Begriff „Selbstregulation" einen Querverweis auf das „kybernetische System". Darunter wird ein dynamisches System verstanden, das innerhalb eines gewissen Stabilitätsbereiches über eine beliebige Folge von Systemzuständen einem Gleichgewichtszustand zustrebt bzw. in einen solchen wieder übergeht, wenn es ihn unter dem Einfluss von Störungen verlassen hat. Diese Rückkehr wird als Selbstregulation bezeichnet. Von einem solchen dynamischen System, das auf einen Gleichgewichtszustand zustrebt, wenn Funktionsstörungen auftauchen, kann man auch bezüglich der Gesellschaft reden.

Die Selbstregulierung als vielversprechende gesellschaftliche Organisationsform fußt auf dem Paradigma der Selbstorganisation, das zunächst an natürlichen Systemen erforscht wurde: Das Autopoiesis-Konzept[14] wurde zunächst von den beiden chilenischen Biologen und Neurophysiologen Humberto R. Maturana und Francisco J. Valera[15] als gemeinsames Organisationsprinzip lebender und neuronaler Systeme entwickelt. Hiernach sind autopoietische Systeme lebende Gebilde, die sich selbst herstellen und erhalten, indem sie die Komponenten und Bestandteile, aus denen sie bestehen, selbst reproduzieren und herstellen. Durch ihr Operieren erzeugen sie fortwährend ihre eigene Organisation, als ein System der Produktion ihrer eigenen Bestandteile, wobei diese Bestandteile in einem endlosen Umsetzungsprozess unter Bedingungen fortwährender Umwelteinwirkungen bzw. der Kompensation solcher Einwirkungen verbraucht

---

[12] *Enderle, Georges,* Lexikon der Wirtschaftsethik, 1993, S. 945 ff.

[13] *Meyers* Enzyklopädisches Lexikon, 1992, Bd. 14, S. 520.

[14] Das Wort „Autopoiesis" setzt sich aus den griechischen Worten „autos" (= selbst) und „poiein" (= machen) zusammen und bedeutet wörtlich „Selbsterzeugung".

[15] *Maturana, Humberto, Valera, Francisco,* Autopoietische Systeme: eine Bestimmung der lebendigen Organisation, in: *Maturana, Humberto (Hrsg.),* Erkennen: Die Organisation und Verkörperung von Wirklichkeit, 2. Aufl., 1985, S. 170, 185.

werden. Autopoietische Systeme sind insofern geschlossene Systeme[16], als sie sich ausschließlich auf sich selbst beziehen; sie operieren also selbstbezüglich oder selbstreferentiell. *Luhmann*[17] hat anknüpfend an dieses Konzept soziale Systeme als selbstreferentiell-geschlossene, autopoietische Systeme begriffen. Nach seinen Ansichten bilden diese Systeme eigene Handlungsrationalitäten. Steuerung durch Recht im Sinne der Bestimmung eines Systemzustands von außen ist demnach praktisch kaum möglich. Die einzelnen Teilsysteme sind zwar strukturell miteinander verkoppelt, reagieren aber auf Außenreize unvorhersehbar und nach selbstreferentiellen Maßstäben.

Ausgehend von der Luhmann'schen Systemtheorie erkannte *Teubner*[18] autonome Entwicklungsprozesse im Recht und entwickelte darauf aufbauend das Konzept des reflexiven Rechts. Mit *Reflexion* meint er die Fähigkeit der Teilsysteme, Mechanismen zu institutionalisieren, durch welche sie ihre eigene Identität thematisieren und sich genau darauf einstellen können, dass in ihrer relevanten Umwelt andere Teilsysteme in Interdependenzbeziehungen agieren – dass also jedes Teilsystem eines vernetzten Systems für die jeweils anderen Teilsysteme eine brauchbare Umwelt darstellen muss. *Reflexives Recht* zielt auf regulierte Autonomie. Seine Rolle besteht darin, den Rahmenbedingungen, auf deren Bereitstellung die Rechtsordnung sich zurückgezogen hat, eine Sozialverfassung zu geben, die die Eigendynamik der verschiedenen Teilsysteme der Gesellschaft respektiert, so dass jedes Einzelsystem die Normziele im Eigeninteresse verwirklichen kann[19]. Mit dem reflexiven Recht wird nicht direkt in gesellschaftlichen Teilsystemen interveniert, sondern auf die Lösungsmöglichkeiten der jeweiligen Probleme eingewirkt[20]. Mit Beeinflussung ist dabei gemeint, dass bei jeder staatlichen Interventionsstrategie folgende vier Merkmale der Teilsysteme als Grundlage und Ausgangspunkt gelten: kollektive Handlungsfähigkeit, systemische Interaktion, selbst-gesteuerte Transformationsfähigkeit und gesteigerte Bedeutung der eigenständigen Wissensbasis[21].

---

[16] Dieser Begriff bezeichnet keine Systeme, die umweltlos existieren, sondern Systeme, die als Einheit alles selbst herstellen, was sie als Einheit benutzen.

[17] Siehe *Luhmann, Niklas*, Soziale Systeme, 2002, S. 602.

[18] *Teubner, Gunther*, Recht als autopoietisches System, 1989, S. 81 ff.; *Teubner, Gunther, Wilke, Helmut*, Kontext und Autonomie: Gesellschaftliche Selbstregulierung durch reflexives Recht, ZfReSoz 1984, S. 4, 6.

[19] Zit. nach *Engel, Christoph*, Regulierung durch Organisation und Verfahren, in: *Immenga, Ulrich, Möschel, Wernhard, Reuter, Dieter (Hrsg.)*, Festschrift für Ernst-Joachim Mestmäcker: zum siebzigsten Geburtstag, 1996, S. 119, 129.

[20] Siehe *Trute, Hans-Heinrich*, Die Verwaltung und das Verwaltungsrecht zwischen gesellschaftlicher Selbstregulierung und staatlicher Steuerung, DVBl. 1996, S. 950.

[21] *Wilke, Helmut*, Ironie des Staates: Grundlinien einer Staatstheorie polyzentrischer Gesellschaft, 1996, S. 136.

II. Hauptmerkmale eines selbstregulativen Organisationssystems

Hauptsächlich wird es zwischen der individuellen Selbstkontrolle einzelner Akteure, die sich unabhängig von anderen z.b. durch eigene Unternehmenspolitik kontrollieren, und der Selbstkontrolle durch Gruppen und Verbände unterschieden.

Strukturelles Element der Selbstregulierung ist die Nichtstaatlichkeit. Im Unterschied zur Regulierung wird die Selbstregulierung von nicht-staatlichen Stellen organisiert, die Autonomie genießen[22]. Ihre begriffliche Einordnung ist auf privatrechtliche Organisationsformen ausgerichtet. Es ist der Akteur selbst, der die Maßnahmen trifft, sich selbst bindet und kontrolliert, ohne weitere Kontrolle von außen zu beanspruchen. Als Akteur können ein Individuum, eine Gruppe von Menschen (mit Ausnahme des Staates), ein Unternehmen, eine Organisation, ein Berufsstand oder eine Branche in Frage kommen.

Darüber hinaus basiert die gesellschaftliche Selbstregulierung auf freiwilliger Grundlage. Die Freiwilligkeit stellt ein zentrales Merkmal der Selbstregulierung dar. Unter Freiwilligkeit des Handelns wird in diesem Zusammenhang das Fehlen einer Rechtspflicht verstanden. Dabei wird die Ansicht vertreten, dass Freiwilligkeit und Autonomie, die in dem „Selbst" der Selbstregulierung impliziert sind, regelmäßig erzwungen und nicht selten auch inhaltlich mehr oder weniger durch den Staat bestimmt werden. Selbstverpflichtung schwebt zwischen Autonomie, folgenloser Informalität und rechtsbeachtlicher Pflichtenübernahme[23]. Dies lässt sich jedoch nur in der jeweiligen Branche und in jeder Situation gesondert bewerten.

Drittes und essentielles Merkmal gesellschaftlicher Selbstregulierung ist die Regelungs- und Vollzugssubstitution. Hinsichtlich der substituierten Regelung kann zwischen abstrakt-generellen Regelungen (Gesetzen/Rechtsverordnungen) und konkret-individuellen Regelungen (Verwaltungsakten) differenziert werden. Beispiel für die Regelungssubstitution ist die Selbstregulierung in Presse-, Werbe- und Filmwesen, im Bereich der verbandlichen Selbstverpflichtung wie auch im Bereich der global agierenden Unternehmen, die durch die Erstellung von Verhaltensregeln einen einheitlichen Regelungsstandard für den Schutz personenbezogener Daten bei der Datenverarbeitung schaffen. Bei der Substituierung staatlichen Vollzugs geht es z.B. um Genehmigungen, Verbotsverfügungen und Realakte. In diese Kategorie kann das neue Instrumentarium des Datenschutzaudits eingeordnet werden, bei dem unabhängige und zugelassene

---

[22] So *Hoeren, Thomas*, Selbstregulierung im Banken- und Versicherungsrecht, 1995, S. 5.

[23] *Fabio, Udo Di*, Selbstverpflichtung der Wirtschaft – Grenzgänger zwischen Freiheit und Zwang, JZ 1997, S. 969, 970.

Gutachter das Datenschutzkonzept und die technischen Einrichtungen datenverarbeitender Stellen prüfen und bewerten[24].

III. Erscheinungsformen der Regulierungskonzepte

Die sich wandelnde Verantwortung des Staates und die Erfüllung seiner Aufgaben hat in Anbetracht der Umwälzung der gesellschaftlichen Situation zu veränderten Regulierungskonzepten geführt: Die traditionelle hoheitlich-imperative Regulierung wird am einen Pol der Regulierungstypen-Skala angesiedelt, die reine Selbstregulierung der Privaten am Gegenpol; zwischen diesen Gegensätzen befindet sich das vielversprechende Konzept der regulierten Selbstregulierung.

1. Staatliche imperative Regulierung

Wie bereits oben erwähnt, bedeutet staatliche *Regulierung* die Gestaltung der Lebensverhältnisse durch einen Träger öffentlicher Gewalt, sie erscheint als hoheitliche, durch rechtliche Gebote und Verbote das Verhalten der Bürger lenkende und bestimmende Machtausübung, die vor allem die Form von Gesetzen hat.

2. Rein private Selbstregulierung

Die reine Selbstregulierung orientiert sich ausschließlich an privaten Interessen und an privater Durchsetzungsmacht und bezieht sich auf gesellschaftliche Einheiten, die sich selbstständig und autonom regeln, ohne dass der Staat intervenierend eingreift oder sich einmischt und ohne dass die Rechtsordnung ihre Wirkung auf diese Gebiete erstreckt. Ein Beispiel hierfür ist die Privatautonomie des BGB.
Trotzdem hat das Bundesverfassungsgericht[25] die grundrechtlich gewährleistete Privatautonomie mit seiner Entscheidung zur Inhaltskontrolle von (Bürgschafts-) Verträgen als notwendigerweise[26] begrenzt und ihre rechtliche Ausgestaltung als nötig erachtet. Geht es nämlich um eine typisierbare Fallgestaltung, die eine

---

[24] § 9a Bundesdatenschutzgesetz, BGBl. 2001, Teil I, Nr. 23, S. 904.
[25] BVerfGE 89, S. 214 ff.
[26] Dazu kritisch *Spieß, Gerhard,* Inhaltskontrolle von Verträgen - das Ende privatautomer Vertragsgestaltung?, DVBl. 1994, S. 1222 ff.

strukturelle Unterlegenheit des einen Vertragteils erkennen lässt und sind die Folgen des Vertrages für den unterlegenen Teil ungewöhnlich belastend, so muss die Zivilrechtsordnung darauf reagieren und Korrekturen ermöglichen. Das folgt aus der grundrechtlichen Gewährleistung der Privatautonomie (Art. 2 Abs. 1 GG) und dem Sozialstaatsprinzip (Art. 20 Abs., 1, Art. 28 Abs. 1 GG)[27]. Eine reine Selbstregulierung als Alternative zur rechtlichen Regulierung ist aus folgenden Gründen nicht erwünscht:

Erstens bedarf jeder Markt institutionell der einseitig verbindlichen Regulierung. Es gibt keine *Autarkie* des Marktes[28]. Die Annahme, Märkte disziplinierten sich von selbst, erscheint übermäßig optimistisch. Hoheitliche Rahmenregelungen müssen dazu da sein, die Selbstregulierung gegen ihre inhärenten, sie schwächende Mechanismen zu stärken und zu sichern. Diese Aufgabe erfüllt etwa das Kartellrecht, indem es als notwendige staatliche Regelung zur Aufrechterhaltung eines funktionsfähigen Wettbewerbs fungiert. Denn ein reines Selbstregulierungsmodell übersieht den erheblichen Koordinationsbedarf im Falle gegenläufiger wirtschaftlicher Interessen. Bei einem staatsfreien Selbstregelungssystem sind Sanktionsmöglichkeiten unzureichend, um stark motiviertes abweichendes Verhalten zuverlässig zu unterbinden; dabei wird die Position Dritter nicht verteidigt und Verletzungen ihrer Rechte nicht entgegengewirkt, die sich letztendlich als zu schwerwiegend erweisen, weil sie nicht bewältigt werden können. Die Suche nach alternativen Steuerungsmodi und nach rechtskomplementären Funktionen darf nicht dazu führen, dass das staatliche durch ein privates Machtmonopol ersetzt wird. Die gesellschaftlichen Ungleichheiten dürfen nicht zu Rechtsmaximen werden.

Zweitens kann ein reines Selbstregulierungsmodell unattraktiv für die Wirtschaft sein, da sie hohe Transaktionskosten für die Privaten mit sich bringt, insbesondere weil das Erfinden, Vereinbaren und Anwenden der Spielregeln auf eigene Kosten geht.

Und drittens könnte es verfassungsrechtliche Bedenken aufwerfen, wenn der Staat aus dem Gesetz als ein zentrales Steuerungsinstrument ausschiede und die Regulierungsaktivitäten anderen Akteuren überließe[29]. Der Nationalstaat muss alles in seiner Macht Stehende tun, um in der immateriellen Welt der Netze den größtmöglichen Schutz der Grundrechte zu gewährleisten, obwohl dies eigentlich eine globale Aufgabe ist, die einer globalen Lösung bedarf. Er darf nicht untätig bleiben, bis eine globale Regelung zustande kommt. Die ihm durch das Grundgesetz vorgeschriebene Pflicht[30], für den Schutz der Grundrechte seiner

---

[27] BVerfGE 89, S. 214, 232.

[28] Dazu siehe *Fabio, Udo Di*, Der Verfassungsstaat in der Weltgesellschaft, 2001, S. 43.

[29] *Wiebe, Andreas*, Regulierung in Datennetzen, 2000, S. 10.

[30] Näher zu den grundrechtlichen staatlichen Schutzpflichten Kapitel VI. 4.

Bürger zu sorgen, gebietet ihm, alle herkömmlichen Instrumentarien einzusetzen, und, wenn dies nicht ausreicht, nach neuen Lösungen zu suchen.

3. *Regulierte Selbstregulierung*

Das Modell regulierter Selbstregulierung verlässt den engen Rahmen staatlicher Regulierung, sucht einen Mittelweg zwischen den oben erwähnten Steuerungskonzepten und führt zu Lösungsansätzen bezüglich des konstatierten Steuerungsdefizits. Der neue Ansatz ist die Suche nach Aufgaben- und Verantwortungsteilung zwischen Staat und Privaten.
Bei der Diskussion um Steuerungsalternativen steht nicht das Verschwinden oder Absterben des Staates zur Debatte, sondern im Gegenteil das Unvermögen von Staat und Recht, die Steuerung komplexer Gesellschaften alleine zu gewährleisten. Die Frage lautet nicht, ob Selbstregulierung *oder* nationale und internationale Regulierung vorzuziehen sind, sondern es geht um die gleichgewichtswahrende und sich gegenseitig ergänzende Kombination beider Formen: eine Kombination von autonomer Selbstorganisation und gesellschaftlich verbindlicher Kontextvorgabe zur Bewältigung gegenwärtiger und absehbarer Problemlagen.
Zwischen den Gegenpolen von Gesellschaft und Staat, privatem und öffentlichem Recht treten immer stärker neuartige Formen der Verzahnung und Durchmischung gesteuerter Selbstregulierung in den Vordergrund[31]. Genauer betrachtet fordert der Staat bei der hoheitlich regulierten Selbstregulierung nicht mehr imperativ Gemeinwohlbeiträge, sondern induziert die – im Vordergrund stehenden – freiwilligen privaten Initiativen und Aktivitäten, die zur Erfüllung öffentlicher Aufgaben beitragen; er stellt jedoch den Privaten gleichzeitig einen strukturierenden regulativen Rahmen bereit, der die spezifischen Regulierungsziele, -instrumente und -instanzen festlegt. Durch diesen Rahmen steht den selbstregulierenden Privaten zwar ein Spielraum für die Optionenkonkretisierung und –wahl zur Verfügung, dieser wird jedoch zugleich dadurch eingeengt[32], dass der Staat selbst die verfügbaren Optionen strukturiert. Ziel der staatlichen Setzung des Handlungsrahmens ist der Abbau vorhandener Machtasymmetrien, so dass das Risiko von Machtungleichgewichten bewältigt und die Privatautonomie nicht zum Machteinsatz oder zur Machtverstärkung missbraucht wird.

---

[31] *Schmidt-Preuß, Matthias*, Steuerung durch Organisation, DÖV 2001, S. 45, 49.
[32] *Hoffmann-Riem, Wolfgang*, Tendenzen in der Verwaltungsrechtsentwicklung, DÖV 1997, S. 433, 436.

Das Spezifikum der regulierten Selbstregulierung liegt darin, dass den privaten Akteuren die Möglichkeit eröffnet wird, ihren Sachverstand, ihr Engagement und darüber hinaus ihre Eigeninteressen als Steuerungsressourcen bei der Verfolgung staatlich vorgegebener Ziele mit einzubeziehen. Voraussetzung ist, dass der Staat alle Chancen und Risiken mitberücksichtigt und Rahmenbedingungen schafft, die den Bürgern wirkungsvolle Schutzmöglichkeiten eröffnen: Durch die staatliche Rahmensetzung muss Sorge dafür getragen werden, dass eine demokratische Willensbildung gewährleistet ist, eine Artikulationsfähigkeit für alle beteiligten Interessen sichergestellt wird und Schutzmaßnahmen für strukturelle Minderheiten vorgesehen werden. Der Staat muss jedoch dabei beachten, die am Eigennutz orientierte Handlungsrationalität Privater nicht zu strangulieren, sondern mit einer am Gemeinwohl orientierten Handlungsrationalität – die das öffentliche Recht sichern kann – so zu harmonisieren, dass möglichst beide zum Zuge kommen[33].

Der Staat liefert den Privaten „Kontextregeln", die einen Rahmen für die Willensbildung der Betroffenen schaffen und die Entscheidungen verschiedener Betroffenenkreise „anschlussfähig" halten. Diese Willensbildung kann sowohl in unverbindlichen Verbandsregeln – wie den ethischen Leitlinien der Gesellschaft für Informatik[34] – als auch in rechtlich verpflichtenden Satzungen von Selbstverwaltungsorganen mit Zwangsmitgliedschaft geschehen. Aber auch diese Form der Regulierung technischer Entwicklungen kann auf zentrale, einheitliche Vorgaben nicht verzichten.

Die gesellschaftliche Selbstregulierung ist eine Mischung aus systemtheoretisch identifizierten Steuerungsmodi des „reflexiven Rechts" und Ansätzen der modernen Institutionen[35] - und Diskurstheorie[36] sowie nicht zuletzt einem Stück amerikanischer „Common-Law-Tradition", die ebenfalls getragen ist „vom Glauben an die politisch neutrale und effiziente Selbststeuerung der Gesell-

---

[33] Siehe *Hoffmann-Riem, Wolfgang*, Innovationssteuerung durch die Verwaltung: Rahmenbedingungen und Beispiele, Die Verwaltung 2000, S. 155, 181.

[34] Die Leitlinien wurden am 13.01.1994 vom Präsidium der Gesellschaft für Informatik (GI) verabschiedet und am 16.12.1994 von den Mitgliedern bestätigt. Abrufbar unter: www.gi-ev.de/verein/struktur/ethische_leitlinien.shtml.

[35] Die Institutionentheorie betrachtet das Recht als Institution und untersucht, in welcher Weise das Recht, das menschliche Handeln zu bestimmen vermag. Die Hauptfrage der Institutionentheorie ist, welche Rolle dem Subjekt, seiner Vernunft, seinen Handlungen, seinen Zwecken, seinem Glauben, seiner Meinung, seinem Bewusstsein oder seinem Unbewusstsein zukommt. Siehe *Weinberger, Ota*, Recht, Institution und Rechtspolitik: Grundprobleme der Rechtstheorie und Sozialphilosophie, 1987, S. 143 ff; *Mestmäcker, Ernst-Joachim*, Schelskys Theorie der Institutionen und des Rechts, in: Recht und Institution: Helmut-Schelsky-Gedächnissymposium, 1985, S. 19, 21.

[36] Statt vieler siehe *Habermas, Jürgen*, Faktizität und Geltung, 5. Aufl., 1997.

schaft"[37]. Bei diesem Konzept kann man nicht von einem einheitlichen Theoriegebäude sprechen, das in allen regelungsbedürftigen Lebensbereichen gleichermaßen eingesetzt werden darf. Es muss vielmehr immer von neuem ein selbstregulativer Rahmen für jeden Bereich konzipiert werden, angepasst an dessen Besonderheiten und Bedürfnisse.

Als ein Bereich, der möglichst auf Selbstregulierung gegründet werden sollte, erweisen sich Information, Kommunikation[38] und die ihre Technologie betreffende Sicherheit unter dem Gesichtspunkt des Datenschutzes. Die Funktionsfähigkeit dieser Selbstregulierung ist auf rechtliche Rahmensetzungen – insbesondere, was die Missbrauchsabwehr angeht – angewiesen. Der Staat vertraut nicht allein auf hoheitliche Regulierung, aber auch nicht allein auf private Selbstregulierung. Er geht in einen Steuerungsmodus über, wo er sich darauf beschränkt, die Ziele, Voraussetzungen und Schranken für eine Regulierung durch gesellschaftliche Organisation festzulegen. Er gewährleistet, dass die Privaten innerhalb des von ihm gesetzten Rahmens diejenigen Normen erlassen, die notwendig sind, um eine bestimmte gesellschaftliche Entwicklung zu stützen, zu verzögern oder zu korrigieren.

Als angemessenes Umsetzungsmodell dieser Verantwortungsteilung zwischen privaten und staatlichen Akteuren ergibt sich folgendes Triptychon: Staatliche Normen, privater Selbstschutz und Selbstverpflichtung der Wirtschaft.

Der rechtliche Rahmen „umgibt" flankierend die Selbstregulierung, legitimiert sie und setzt ihre Grenzen fest. Die Selbstregulierungskonzepte bewegen sich komplementär in diesem von Anfang an verbindlich vorgeschriebenen Rahmen. Ihnen fällt die Funktion zu, den bereits von den datenschutzrechtlichen Regelungen eingeschlagenen Weg fortzuführen, also die vom Gesetzgeber formulierten Vorgaben zu präzisieren sowie weiterzuentwickeln und damit gerade die Regelungsziele zu realisieren, die den gesetzlichen Verarbeitungsanforderungen zugrunde liegen[39].

Der Staat muss des weiteren seinen Bürgern ermöglichen und erleichtern, die technischen Möglichkeiten zum Schutz ihrer personenbezogenen Daten selbst zu nutzen, d.h. sie ihnen zur Verfügung stellen oder ihnen zumindest die Existenz und den Funktionsmodus dieser Selbstschutzmechanismen bekannt ma-

---

[37] *Voßkuhle, Andreas*, „Schlüsselbegriffe" der Verwaltungsrechtsreform, VerwArch 2001, S. 184, 214.

[38] Vgl. *Hoffmann-Riem, Wolfgang*, Datenschutz als Schutz eines diffusen Interesses in der Risikogesellschaft, in: *Krämer, Ludwig, Micklitz, Hans-W., Tonner, Klaus (Hrsg.)*, Recht und diffuse Interessen in der Europäischen Rechtsordnung: Liber Amicorum Norbert Reich, 1997, S. 777, 787.

[39] So auch *Simitis, Spiros*, Datenschutz und Medienprivileg: Bemerkungen zu den Grundbedingungen einer verfassungskonformen Kommunikationsstruktur, Archiv für Presserecht 1990, S. 14, 22.

chen. Er muss den Einzelnen in die Lage versetzen, selbstbestimmt das neue Leitbild der Datensouveränität der Bürger in der zivilen Informationsgesellschaft[40] zu erfüllen.

Der dritte Bestandteil der Gewährleistung des Datenschutzes in der Informationsgesellschaft ist die Selbstverpflichtung der (Internet-) Wirtschaft. Die Wirtschaft verpflichtet sich, Datenschutz zu verwirklichen und entwickelt Strategien und Methoden, wie dieses Ziel zu erreichen ist.

Die Verantwortung des Staates für den Datenschutz löst sich den vorherigen Überlegungen zufolge tendenziell von einer Erfüllungsverantwortung ab und wird zur Gewährleistungsverantwortung. Der Staat stellt einen strukturierenden Rahmen bereit, innerhalb dessen möglichst weitgehend auf Mechanismen der Selbstregulierung vertraut wird. Allerdings bleibt eine Auffangverantwortung für den Fall des Selbstregulierungsversagens. Gedacht ist etwa an Fälle der Schlechterfüllung des Datenschutzes. In diesem Sinne können auch Elemente des traditionellen Datenschutzrechts als Sicherheitsnetz fungieren.

Bei detaillierter Untersuchung lassen sich folgende Ansätze einer regulierten Selbstregulierung im datenschutzrechtlichen Bereich anführen: Datenschutzaudit, die betriebliche Selbstüberwachung durch den betrieblichen Datenschutzbeauftragten, System- und Selbstdatenschutz, technische Maßnahmen. Jedes Konzept wird im Folgenden noch näher erläutert und dargestellt.

IV. Überblick über Selbstregulierungsansätze in verschiedenen Rechtsbereichen

Um den Begriff der Selbstregulierung zu systematisieren und zugleich zu erläutern, wird hier ein Überblick über gesellschaftliche Selbstregulierungssysteme im Privatrecht, im Strafrecht und im öffentlichen Recht gegeben.

1. Die Rolle der Selbstregulierung im Privatrecht

Das Privatrecht ist von der Gestaltungsfreiheit selbst getroffener und selbst verantworteter Entscheidungen gleichgeordneter Rechtssubjekte geprägt. Die Privatrechtsordnung basiert auf der Privatautonomie und der Eigendynamik einer freien Wirtschaftsordnung[41]. Sie gewährleistet den Individuen und dem System

---

[40] Zu diesem Begriff siehe *Boehme-Neßler, Volker,* Cyber-Law: Lehrbuch zum Internet-Recht, 2001, S. 312.

[41] So *Schmidt-Aßmann, Eberhard,* Öffentliches Recht und Privatrecht: Ihre Funktionen als wechselseitige Auffangordnung – Einleitende Problemskizze –, in: *Hoffmann-Riem, Wolf-*

die Sicherheit freier Kommunikation und die Verbindlichkeit ihrer Verhandlungsergebnisse. Im folgenden wird auf die Institute eingegangen, die diese Tendenz besonders unterstützen bzw. prägen.

a)   Das Prinzip der Privatautonomie

Zum Personsein gehört auch, dass der Mensch sich die Zwecke und Ziele seines Handelns selbst setzt und nicht durch andere fremdbestimmt wird. Deswegen geht die Rechtsordnung von der rechtlichen Handlungsfreiheit des Individuums aus und setzt ihm nur die im Interesse der Gemeinschaft und Dritter gebotenen Schranken.
Das grundlegende Prinzip der Privatautonomie ist ein Teil des allgemeinen Prinzips der Selbstbestimmung des Menschen und somit ein fundierendes Axiom der gesellschaftlichen Selbstregulierung; es fußt auf der Erstreckung der Handlungs- und Gestaltungsfreiheit vom beschränkten persönlichen Bereich auf die Rechtsbeziehungen mit anderen Rechtsgenossen. Unter Privatautonomie versteht man die Befugnis der Rechtssubjekte, ihre privatrechtlichen Angelegenheiten selbstständig und eigenverantwortlich nach ihrem eigenen Willen zu gestalten[42] und die rechtliche Anerkennung der Möglichkeit, durch Willensäußerung Rechtsfolgen herbeizuführen oder zu verhindern.
Der Grundsatz der Privatautonomie ist wie manch anderer Grundsatz weder im Grundgesetz noch im BGB ausdrücklich normiert[43]. Er findet seine Grundlage in Art. 2 Abs. 1 GG, auf die sich insbesondere die Vertragsfreiheit stützen lässt. Das bürgerliche Gesetzbuch kommt seiner grundgesetzlichen Verpflichtung, Privatautonomie zu gewährleisten, nach, indem es Institute zur Verfügung stellt, die es den Bürgern erlauben, ihre Angelegenheiten nach eigenem Gutdünken zu regeln. Solche Mittel der Rechtsgestaltung sind vor allem Verträge und letztwillige Verfügungen.
Die Privatautonomie ist ein unverzichtbares Strukturelement der freiheitlichen Gesellschaftsordnung[44] und zugleich die wichtigste Voraussetzung für eine funktionsfähige Marktwirtschaft. Sie geht davon aus, dass der Einzelne befähigt ist, seine privaten Angelegenheiten selbst zu regeln; sie vertraut der Vernunft der „egoistischen" Rechtssubjekte.

---

gang, *Schmidt-Aßmann, Eberhard (Hrsg.)*, Öffentliches Recht und Privatrecht als wechselseitige Auffangordnung, 1996, S. 8, 16.
[42] *Bork, Reinhard*, Allgemeiner Teil des Bürgerlichen Gesetzbuches, 2001, S. 40, Rdnr. 99.
[43] *Brehm, Wolfgang*, Allgemeiner Teil des BGB, 4. Aufl., 2000, S. 66.
[44] Das wird vom Bundesverfassungsgericht in seinem Handelsvertreter-Beschluss betont: BVerfGE 81, 242, 255.

Sie darf allerdings nicht schrankenlos gewährt werden. Angestrebt wird keine absolute, sondern eine größtmögliche Freiheit. Die Freiheit allein nach selbstgesetzten Gesetzen zu leben, darf jedoch nur unter dem Gesichtspunkt der Abstimmung dieser Freiheit mit der Freiheit aller anderen beschränkt werden[45]. Die liberalistische und individualistische Regelungsart, die das Privatautonomieprinzip postuliert, setzt zwei gleich starke Partner voraus. Allmählich hat sich aber die Erkenntnis durchgesetzt, dass diese Vorstellung nicht immer der sozialen Wirklichkeit entspricht und daher dem Umstand Rechnung getragen werden muss, dass Parteien in manchen Fällen nicht in der Lage sind, ihre Interessen wahrzunehmen geschweige denn umzusetzen, weil ein Vertragspartner wirtschaftlich oder intellektuell unterlegen ist. Wenn ein Vertragsteil ein so starkes Übergewicht hat, dass er vertragliche Regelungen faktisch einseitig setzen kann, bewirkt das für den anderen Teil eine Fremdbestimmung[46], die sich der für das Prinzip der Privatautonomie unerlässlichen Voraussetzung der Selbstbestimmung widersetzt. Wo es aber am Kräftegleichgewicht fehlt, reichen die Mittel des Vertragsrechts nicht aus, um einen sachgerechten Interessenausgleich zu gewährleisten. Hier ist der Staat verpflichtet, seine Garantenfunktion erfüllend, ausgleichend einzugreifen, um den Grundrechtsschutz zu sichern[47]. Seine Intervention entspricht seiner Existenzrechtfertigung, dass er nämlich nicht untätig zusehen darf, wie die von ihm gewährleistete rechtliche Freiheit und Gleichheit für eine Anzahl seiner Bürger zu leerer Form wird[48], weil ihnen die sozialen Voraussetzungen zur Realisierung[49] dieser Freiheitsgewährleistung fehlen. Auch der freie Privatrechtsverkehr braucht Verkehrsregeln. Insofern braucht die Privatautonomie die Rechtsordnung. Darin liegt nicht eine Aufhebung, sondern eine Bestätigung der Unterscheidung und des Gegenüber von Staat und Gesellschaft. Von diesen anerkannten Grenzen der Privatautonomie werden zugleich die Grenzen gesellschaftlicher Selbstregulierung markiert.

---

[45] So *Calliess, Gralf-Peter,* Prozedurales Recht, 1999, S. 269.

[46] A.a.O.

[47] Das Bundesverfassungsgericht hat in seinem Beschluss vom 07.02.1990 aus Art. 12 I GG das Gebot hergeleitet, dass der Gesetzgeber im Zivilrecht Vorkehrungen zum Schutz der Berufsfreiheit gegen vertragliche Beschränkungen schafft, namentlich wenn es an einem annähernden Kräftegleichgewicht der Beteiligten fehlt (BVerGE 81, 242). Zur Besprechung des Urteils siehe *Canaris, Claus-Wilhelm,* Entschädigungsloses Wettbewerbsverbot für Handelsvertreter, NJW 1990, S. 1469, 1470.

[48] *Böckenförde, Ernst-Wolfgang,* Die verfassungstheoretische Unterscheidung von Staat und Gesellschaft als Bedingung der individuellen Freiheit, 1973, S. 38.

[49] Siehe *Böckenförde, Ernst-Wolfgang,* Staat, Verfassung, Demokratie, 2. Aufl., 1992, S. 148.

b) Die lex mercatoria

Als neue *lex mercatoria*[50] wird das selbstgeschaffene Recht der grenzüberschreitend Handeltreibenden bezeichnet. Darunter versteht man autonome Rechtsnormen, die den speziellen Bedürfnissen und Freiheiten des internationalen Handelsverkehrs Rechnung tragen und deren Verbindlichkeit sich nicht aus einem staatlichen Recht oder dem Völkerrecht ableiten, sondern von der Rechtsüberzeugung der Kaufleute getragen wird. Sie stellt einen paradigmatischen Fall für die neuen, staatsunabhängigen Bereiche des Weltrechts dar: Sie befasst sich nämlich mit dem Recht des Welthandels. Sie gilt trotzdem nicht als weltweites, für nationale und transnationale Transaktionen gleichermaßen geltendes Handelsrecht, sondern lediglich als partikulares Recht des Welthandels. Vorbild der neuen *lex mercatoria* ist die alte *lex mercatoria*. Letztere geht auf das im Mittelalter entstandene universale Kaufmannsgewohnheitsrecht des interregionalen und internationalen Handels- und Wirtschaftsverkehrs zurück, das sich ausserhalb des römischen Rechts mangels zentraler überregionaler Rechtssetzung[51] autonom und in eigenständigen handels- und gesellschaftsrechtlichen Formen entwickelt hatte[52] und auf der Grundlage von Handelsgewohnheiten und Vereinbarungsrecht eine Fülle supranationaler Rechtsbildung des Handels entfaltete.

Das älteste Zeugnis der *lex mercatoria* taucht in England in der *Fleta* auf, einer Sammlung von Handelsbräuchen von 1290[53]. Im Mittelalter, wo sie als autonomes Recht einen Höhenpunkt erlebte, war sie nichts anderes als der Versuch der Fernhandelnden, ihre agrarbezogenen, grobmaschigen Rechtssysteme selbst weiterzuentwickeln, anzuwenden und durchzusetzen[54]. Da in kleinen Gruppen ein höheres Maß an sozialer Kontrolle erfolgt, konnten die Kaufleute sich zu-

---

[50] Siehe zu begrifflichen Anmerkungen *Dasser, Felix,* Internationale Schiedsgerichte und Lex mercatoria: Rechtsvergleichender Beitrag zur Diskussion über ein nicht-staatliches Handelsrecht, 1989, S. 7 ff.; *ders.,* Lex mercatoria: Werkzeug der Praktiker oder Spielzeug der Lehre?, Schweizerische Zeitschrift für internationales und europäisches Recht, 1991, S. 299, 301; *Streit, Manfred, Mangels, Antje,* Privatautonomes Recht und grenzüberschreitende Transaktionen, ORDO 47 (1996), S. 73, 82.

[51] So *Wieacker, Franz,* Historische Bedingungen und Paradigmen supranationaler Privatrechtsordnung, in: *Bernstein, Herbert, Drobnig, Uhlrich, Kötz, Hein (Hrsg.),* Festschrift für Konrad Zweigert zum 70. Geburtstag, 1981, S. 575, 577.

[52] Ausführlich dazu *Stein, Ursula,* Lex Mercatoria: Realität und Theorie, 1995, S. 4 ff.

[53] Hierzu *Güterbock, Karl,* Zur Geschichte des Handelsrechts in England, Zeitschrift für das gesamte Handelsrecht, 1861, S. 13, 15.

[54] *Dasser, Felix,* Lex mercatoria: Werkzeug der Praktiker oder Spielzeug der Lehre?, Schweizerische Zeitschrift für internationales und europäisches Recht, 1991, S. 299, 303.

dem jenseits der nationalen Rechtssysteme auf ein eigenes, von sozialen Sanktionen getragenes Soft-Law-System, die *lex mercatoria,* stützen[55].
Die Wiederbelebung der *lex mercatoria* wurde erstmals in dem universellen Charakter der Emergenz des Welthandelsrechts gesehen[56]. Nach den großen Kodifikationen des Handelsrechts im 19. und 20. Jahrhundert, die von nationalem Charakter geprägt waren, brachte die zweite Hälfte des 20. Jahrhunderts und die explosionsartige Entwicklung des internationalen Handelsverkehrs eine Internationalisierungstendenz – noch immer andauernd –, die dem Handelsrecht seinem weltumspannenden universellen Charakter zurück verleihen sollte. Angesichts der wirtschaftlichen Entwicklung und des wachsenden Bedarfes an globaler Geltung und Durchsetzung von Prinzipien und Regeln, hat sich allmählich die Befolgung von Handelsbräuchen und Handelspraktiken durchgesetzt. Selbstgeschaffene Regeln werden permanent ausgearbeitet und angewendet, die neben förmlichen Rechtssetzungsakten stehen. Der internationale Handel versucht durch wiederholte Auslegung von Klauseln und Anerkennung von Bräuchen sowie Verwendung allgemeiner Geschäftsbedingungen und internationaler Vertragsmusterformulare seine Geschäftsbeziehungen unabhängig von staatlichen Gesetzgebern, eigenständig und möglichst gleichförmig zu regeln.
Die heutige *lex mercatoria* ist gleich ihrem historischen Vorbild aus einer Ausweichbewegung entstanden: Der internationale Handel sucht die staatlichen Strukturen zu umgehen, die er hinsichtlich ihrer Effizienz als unzureichend einstuft, indem er Schiedsgerichtsklauseln vereinbart und eigene transnationale Normen schafft. Diese Normen dienen vor allem der Regelung grenzüberschreitender Wirtschaftsverträge und Wirtschaftskonflikte.
Ihr Hauptunterschied zum Internationalen Privatrecht ist, dass dieses ein reines Verweisungsrecht[57] ist: Nach möglichst präzise formulierten juristischen Voraussetzungen wird ein nationales Recht bestimmt. Mit Hilfe der *lex mercatoria* hingegen wird ein grenzüberschreitender Sachverhalt dem staatlichen Recht entzogen und einer eigenen Gerichtsbarkeit unterstellt, die auf die besondere Interessenlage des transnationalen Sachverhaltes einzugehen in der Lage ist.
Hauptsächlich französische Juristen[58] qualifizieren sie als eine emergierende autonome globale Rechtsordnung. Ihnen zufolge hat dieses positive Recht seine

---

[55] *Calliess, Gralf-Peter,* Rechtssicherheit und Marktbeherrschung im elektronischen Welthandel: die Globalisierung des Rechts als Herausforderung der Rechts- und Wirtschaftstheorie, in: *Juergen, Donges, Stefan, Mai (Hrsg.),* E-Commerce und Wirtschaftspolitik, 2001, S. 190, 195.
[56] So *Schmitthoff, Clive,* Das neue Recht des Welthandels, RabelsZ 1964, S. 47.
[57] So *Meyer, Rudolf,* Bona Fides und lex mercatoria in der europäischen Rechtstradition, 1994, S. 22.
[58] Siehe *Goldman, Berthold,* Frontières du droit et „lex mercatoria", Archives de Philosophie du Droit, 1964, S. 177 ff.; *ders.,* La *lex mercatoria* dans les contrats et l'arbitage internatio-

Quellen in weltweiten Handelspraktiken, einheitlichen Direktiven, standardisierten Verträgen, Aktivitäten globaler Wirtschaftsverbände, Verhaltensregeln und den Entscheidungen internationaler Schiedsgerichte.

Das Zeichen für den originären globalen Charakter der *lex mercatoria* ist die Tatsache, dass die Praxis bei der Aufstellung und Konkretisierung allgemeiner Rechtsgrundsätze tendenziell den rechtsvergleichenden Rückgriff auf nationale Rechtsordnungen vermeidet[59] und sich stattdessen an sachbezogenen Kriterien orientiert. Charakteristisch für sie ist eine wert- und prinzipienbezogene Rechtsanwendung.

Die Entstehung der *lex mercatoria* strebt nicht nach Eliminierung des herkömmlichen politischen, sozialen und rechtlichen Nationalstaatensystems. Sie nimmt die Existenz des souveränen Nationalstaates als gegeben an, betrachtet sie als ihren Ausgangspunkt[60] und entwickelt sich anational, staatsautonom, de facto und unmittelbar durch die am Wirtschaftsverkehr Beteiligten.

Die neue *lex mercatoria* besteht aus Handelsbräuchen, Standardverträgen, Muster- und Handelsklauseln, allgemeinen Rechtsgrundsätzen sowie der internationalen Gerichtsbarkeit:

Handelsbräuche sind das Kernstück des selbstgeschaffenen Rechts der Wirtschaft. Sie sind die Gepflogenheit des Handels. Der Begriff „Handelsbrauch" ist im Sinne des Wiener Kaufrechtsübereinkommens[61] als jedes Verhalten unter Kaufleuten (Handeln wie Unterlassen) zu verstehen, das bei Geschäften der betreffenden Art so weit verbreitet und damit üblich ist, dass der andere Vertragspartner von seiner Beachtung und Anwendung auf den Vertrag ausgehen muss[62]. Der Handelsbrauch setzt eine gewisse anerkannte Übung zwischen Kaufleuten voraus: Er kann nur dann angewendet werden, wenn er ausdrücklich oder stillschweigend von den Parteien in den Vertrag aufgenommen ist[63] und dient der Auslegung von Verträgen. Für die *Lex Mercatoria* ist ein Handels-

---

naux: réalité et perspectives, Journal du droit international, 1979, S. 475 ff; *ders,* Une bataille juridiciaire autour de la lex mercatoria: L'affaire Norsolor, Revue de l'arbitrage, 1983, S. 379 ff; *ders,* The Applicable Law: General Principles of Law – the Lex Mercatoria, in: *Lew, Julian D. M. (Hrsg.),* Contemporary Problems in International Arbitration, 1986, S. 113, 118; *Fouchard, Philippe,* L' arbitrage commercial international, 1965; *Fouchard, Philippe, Gaillard, Emmanuel, Goldman, Berthold (Hrsg.),* On International Commercial Arbitration, 1999, S. 802 ff.

[59] Wie es sich etwa im Zuge des europäischen Vereinigungsprozesses beobachten lässt.

[60] So *Schmitthoff, Clive,* Das neue Recht des Welthandels, RabelsZ 1964, S. 47, 61.

[61] Übereinkommen der Vereinten Nationen über Verträge über den internationalen Warenkauf vom 11. April 1980, BGBl. 1989 II, S. 588.

[62] Siehe *Schmidt-Kessel, Martin,* Handelsbräuche und Gepflogenheiten, in: *Schlechtriem, Peter (Hrsg.),* Kommentar zum einheitlichen UN-Kaufrecht, 4. Aufl., 2004, Art. 9, Rdnr. 6.

[63] Der Handelsbrauch genießt laut *Schmitthoff* keine *ipso jure* Anwendung wie die internationale Rechtsordnung, dazu a.a.O. (FN 50), S. 47, 63.

brauch nur dann von Bedeutung, wenn er von den betroffenen Kreisen der internationalen Wirtschaft allgemein anerkannt ist.

Zu den Standardverträgen gehören alle vorformulierten Vertragstexte, die wesentliche Teile eines Vertrages regeln[64]. Sie werden auch als die schriftliche Festsetzung von Handelsbräuchen charakterisiert. Im grenzüberschreitenden Handel geht es dabei sowohl um Formularverträge als auch um allgemeine Geschäftsbedingungen. Diese Standardverträge setzten sich in der Regel aus Handelsbräuchen zusammen, die im Rahmen der vertraglichen Vereinbarung zwischen den Parteien eine schriftliche Anerkennung findet[65]. Sie enthalten sehr oft Schiedsklauseln[66], was freilich zur Verdrängung staatlichen Rechts erheblich beiträgt. Sie gelten nicht als objektives Recht, sondern haben Gültigkeit nur insoweit, als die Parteien sie benutzen und damit zum Bestandteil ihrer Vereinbarung erheben.

Muster- und Handelsklauseln sind branchenübergreifende Vereinheitlichungen einzelner vertraglicher Bestimmungen, die zur Erleichterung der Parteien beim Aufsetzen eines Vertrages dienen. Handelsklauseln werden auch als „juristische Stenographie"[67] qualifiziert, weil sie Abkürzungen verwenden, deren Bedeutung durch Handelsbrauch oder ausdrückliche Verweisung auf eine bestimmte Definition festgelegt ist. Aus europäischer Sicht sind die INCOTERMS (International Commercial Terms) die bedeutendste Klauselgruppe[68]. Im Jahr 1936 gab die Internationale Handelskammer mit Hauptsitz in Paris (IIC) unter der Bezeichnung INCOTERMS 1936 einheitliche Regeln für die Auslegung einiger im internationalen Handelsverkehr üblicher Vertragsklauseln heraus[69]. Ihr Zweck liegt darin, internationale Regelungen wesentlicher Käufer- und Verkäuferverpflichten zur Auslegung der hauptsächlichen verwendeten Vertragsfor-

---

[64] Ausführlich dazu *Dasser, Felix,* Internationale Schiedsgerichte und lex mercatoria: Rechtsvergleichender Beitrag zur Diskussion über ein nicht-staatliches Handelsrecht, 1989, S. 77 ff.

[65] Siehe *Streit, Manfred, Mangels, Antje,* Privatautonomes Recht und grenzüberschreitende Transaktionen, ORDO 47 (1996), S.73, 84.

[66] Siehe *Berger, Klaus Peter,* Internationale Wirtschaftsgerichtsbarkeit, 1992, S. 108.

[67] So *Dasser, Felix,* Internationale Schiedsgerichte und lex mercatoria: Rechtsvergleichender Beitrag zur Diskussion über ein nicht-staatliches Handelsrecht, 1989, S. 85.

[68] Sonstige Klauselgruppe ist die American Foreign Definitions, die als Klauseln für das nationale und für das internationale Geschäft Niederschlag in der US-amerikanischen Uniform Commercial Code gefunden hat.

[69] Siehe *Häberle, Sigfried Georg,* Handbuch für Kaufrecht, Rechtsdurchsetzung und Zahlungssicherung im Aussenhandel: Internationale Kaufverträge, internationale Produkthaftung, Eigentumsvorbehalt, Schiedsgerichtsbarkeit, gerichtliche Durchsetzung und Vollstreckung, internationale Zahlungs- und Sicherungsinstrumente, Incoterms, 2002, S. 38.

meln in Außenhandelsvertägen aufzustellen[70]. Dadurch sollten Unsicherheiten in der Auslegung wenn nicht ganz aufgehoben, so doch wesentlich eingeschränkt werden. Nach wiederholter Ergänzung, die der technischen Entwicklung Rechnung trug, ist die derzeitige Fassung die INCOTERMS 2000 seit dem 1. Januar 2000 gültig.

Ein weiteres Instrument, dessen sich die *lex mercatoria* bedient, sind allgemeine Rechtsgrundsätze. Allgemeine Rechtsgrundsätze sind diejenigen Leitideen, die verschiedenen nationalen Rechtsordnungen gemeinsam sind und die im übereinstimmenden Rechtsbewusstsein der Völker ruhen. Als solche gelten die Pflicht zum Handeln nach Treu und Glauben und die Klausel *pacta sunt servanda*, welche vorschreibt, verbindlich gemeinte Abmachungen einzuhalten. Sie übernehmen die Rolle eines „*deus ex machina*", der gerufen wird, wenn kein geeigneter internationaler Brauch vorliegt und der Rückgriff auf staatliches Recht nicht möglich oder nicht angebracht scheint[71]. Ihre Grundlage ist nicht die Laune eines nationalen Gesetzgebers, sondern das übereinstimmende Rechtsbewusstsein der Völker[72]. Sie haben sich mehr privatautonom in der Rechtstradition entwickelt als dass sie staatlich gesetzt wären[73].

Des weiteren üben die Verhaltenskodizes internationaler Organisationen, die sog. *codes of conducts*, einen gewissen Einfluss auf die *lex mercatoria* aus. Sie gewährleisten oder fördern ein verantwortungsbewusstes und anständiges Verhalten in der internationalen Wirtschaft. Auf die Verhaltenskodizes wird an anderer Stelle ausführlicher eingegangen, im Hinblick auf die branchenspezifischen, den Datenschutz fördernden *codes of conducts*.

Letztendlich aber schöpft die *lex mercatoria* ihre Regeln aus der Praxis der internationalen Schiedsgerichte. Die Rechtsprechung der Gerichte wird allgemein als Rechtsquelle der staatlichen Rechtsordnungen anerkannt[74]. Das legt nahe, dass auch die *lex mercatoria* auf die Praxis der Schiedsgerichte zurückgreift

---

[70] Ausführlich dazu *Bredow, Jens, Seiffert, Bodo*, INCOTERMS 2000: Kommentar, 2000; *Internationale Handelskammer*, INCOTERMS 2000, abrufbar unter: www.iccwbo.org/ incoterms/order.asp.

[71] Siehe zu dieser Funktion *Goldman, Berthold*, The Applicable Law: General Principles of Law – the Lex Mercatoria, in: *Lew, Julian D. M. (Hrsg.)*, Contemporary Problems in International Arbitration, 1986, S. 113, 116.

[72] So *Gentinetta, Jörg*, Die Lex Fori internationaler Handelsschiedsgerichte, 1973, S. 145.

[73] *Hayek* wirft dem Rechtspositivismus vor, er stehe in unversöhnlichem Gegensatz zu allem, was wir über die Evolution des Rechtes und der meisten anderen menschlichen Institutionen wissen (*Hayek, Friedrich A.*, Recht, Gesetzgebung, und Freiheit, Bd. 1, 2. Aufl., 1986, S. 106).

[74] Zu den staatlichen Gerichten, der lex mercatoria und dem Rückzug des Staates bei der Kontrolle von Schiedssprüchen siehe *Blaurock, Uwe*, Übernationales Recht des Internationalen Handels, ZEuP, 1993, S. 247, 264.

und eigentlich davon lebt. Die überragende Bedeutung der Handelsschiedsgerichtsbarkeit zeigt sich daran, dass nahezu 90% aller grenzüberschreitenden Wirtschaftsverträge heutzutage eine Schiedsklausel enthalten[75]. Schiedsgerichtsdienste werden von internationalen Organisationen wie der internationalen Handelskammer, der American Arbitration Assosiation, der Zürcher Handelkammer wie auch von zahlreichen weiteren miteinander konkurrierenden Anbietern von Schiedsgerichtsverfahren zur Verfügung gestellt. Angesichts der rasant voranschreitenden Globalisierung der Wirtschaftsmärkte und der damit einhergehenden rechtlichen Problemlagen, die eine einheitliche Lösung erfordern, erlangt der eigenständige Charakter der Rechtsentwicklung der *lex mercatoria* immer mehr Aufmerksamkeit. Darüber hinaus veranlassen die Eigenheiten des Cyberspace – der gewaltig zum Globalisierungsprozess beiträgt – fieberhafte Nachforschungen[76]. Für den neu auftauchenden Internetgovernance-Diskurs wird der Einsatz einer erneuerten Form der *lex mercatoria*[77] propagiert, einer sog. *lex informatica*, die als Mittel der Selbstregulierung, als ein Soft-Law-System gewisse Rechtsprobleme, z. B. elektronische Verbraucherverträge oder elektronische Einwilligungen zur Erhebung und Bearbeitung personenbezogener Daten, zu bewältigen hofft. Die *lex informatica* und die Netiquette werden im Zweiten Teil dieser Untersuchung ausführlicher analysiert und bewertet, um daraus Schlüsse für ihre Tauglichkeit als Selbstregulierungsinstrument im elektronischen Datenschutz ziehen zu können.

c) Kollektives Arbeitsrecht

Im Bereich des Privatrechts ist weiterhin das kollektive Arbeitsrecht hervorzuheben, wo kollektive gesellschaftliche Selbstregulierung traditionell in ganz ausgeprägter Weise anzutreffen ist, so dass man von einer privaten Rechtsetzung sprechen kann.

Ursprünglicher Zweck der Tarifverträge war es, die individuell schwachen Arbeitnehmer gegen Vertragsdiktate der übermächtigen Arbeitgeber zu schützen. Die Zulassung kollektiver Gegenmacht sollte einen angemessenen Interessenausgleich ermöglichen, frei von staatlicher Einflussnahme.

---

[75] Dazu *Berger, Klaus Peter,* Aufgaben und Grenzen der Privatautonomie in der internationalen Wirtschaftsgerichtsbarkeit, RIW 1994, S. 12; *Stumpf, Herbert, Steinberger, Christian,* Bedeutung von internationalen Schiedsgerichten und ihre Vereinbarung in verschiedenen Ländergruppen, RIW 1990, S. 174.

[76] Siehe *Lessig, Lawrence,* Code und andere Gesetze des Cyberspace, 2001.

[77] Dazu *Calliess, Gralf-Peter,* Globale Kommunikation – staatenloses Recht, in: *Anderheiden, Michael, Huster, Kirste (Hrsg.),* Globalisierung als Problem von Gerechtigkeit und Steuerungsfähigkeit des Rechts, ARSP-Beiheft Nr. 79, 2001, S. 61, 75.

Der Grundsatz der Tarifautonomie ist in Art. 9 Abs. 3 GG verankert. Das Grundgesetz gewährleistet durch dieses Freiheitsrecht Arbeitnehmern und Arbeitgebern einen von staatlicher Regelung freigelassenen Raum, in dem die Beteiligten eigenverantwortlich bestimmen können, wie sie die Arbeits- und Wirtschaftsbedingungen fördern wollen[78].

Die Gestaltungsmacht der Tarifparteien kommt dem Staat in Form eines Entlastungseffekts unmittelbar zugute. Insoweit stellt dieses Institut einen maßgeblichen Beitrag zu den demokratischen Formen der Selbstregulierung und Dezentralisierung bzw. Deregulierung dar. Bei dieser Deregulierung handelt es sich allerdings nicht um den Abbau von Rechten. Es geht um eine reflexive Deregulierung, welche selbstregulierend die Rechtswirkungen verbessert.

Dieser verfassungsrechtlich verankerte Schutz der verbandsautonomen Selbstregulierung hat seinen gesetzlichen Ausdruck im Tarifvertragsgesetz[79] gefunden. Parteien eines Tarifvertrages sind auf der Seite der Arbeitnehmer die Gewerkschaften[80] und auf der Seite der Arbeitgeber entweder Arbeitgebervereinigungen oder einzelne Arbeitgeber.

Das Bundesverfassungsgericht[81] sieht in dem Grundrecht des Art. 9 Abs. 3 GG die Verpflichtung[82] des Staates, ein Tarifvertragssystem bereitzustellen, das jedoch keine ausschließliche Rechtsinstitution darstellt[83]: Nach dem Grundgesetz haben die Tarifparteien zwar ein Normsetzungsrecht, aber kein Normsetzungsmonopol. Die kollektive Privatautonomie des Art. 9 Abs 3 GG erlaubt keine umfassende Monopolisierung der Arbeitsvertragsgestaltung bei den Tarifparteien. Die Kollektivautonomie findet von Verfassungs wegen dort ihre Grenzen[84], wo der einzelne Arbeitnehmer aufgrund seiner eigenen privatautonomen Stellung die Vertragsfreiheit mit allen Vertragsgestaltungsmöglichkeiten tatsächlich wieder gewinnt und realisiert. Deswegen darf sie nur als Selbstbestimmung kraft privatautonomen Mandats[85] in einer auf Individualfreiheit begründeten Rechtsordnung betrachtet werden. Die Abwehrstellung[86] des Grundgesetzes ist

---

[78] BVerfGE 50, 290, 371.

[79] Tarifvertragsgesetz vom 25.8.1969, BGBl. I, S. 1323.

[80] § 2 Abs. 1 TVG.

[81] Siehe zu der Rechtsprechung des Bundesverfassungsgerichtes in diesem Bereich *Ramm, Thilo*, Bundesverfassungsgericht und kollektives Arbeitsrecht, ArbuR 1988, S. 367 ff.

[82] BVerfGE 4, 96, 106.

[83] BVerfGE 50, 290, 371.

[84] Siehe *Heinze, Meinhard*, Gibt es eine Alternative zur Tarifautonomie?, DB 1996, S. 729, 733.

[85] Ausführlich dazu *Picker, Eduard*, Tarifautonomie – Betriebsautonomie – Privatautonomie, NZA 2002, S. 761, 768.

[86] Siehe dazu *Natzel, Ivo*, Subsidiaritätsprinzip im kollektiven Arbeitsrecht, ZfA 2003, S. 103, 106.

eindeutig sowohl gegen den Individualismus als auch gegen den Kollektivismus gerichtet. In der Stufenfolge Individualismus – Personalismus – Kollektivismus verfolgt es die mittlere Linie des Personalismus[87]. Das ergibt sich sowohl bereits aus Art. 1 Abs. 1 GG[88] selbst als auch aus der Gesamtinterpretation des Grundgesetzes.

Die Tarifverträge und Betriebsvereinbarung sind als selbstständige Rechtsquellen anerkannt; ihr staatlicher Geltungsbefehl[89] ist dem Tarifvertragsgesetz zu entnehmen. Die Vertragsparteien bleiben an den Vertrag gebunden, bis der Tarifvertrag endet. Die Ausdehnung der Tarifgebundenheit auf Außenseiter ist immerhin von den strengen Bedingungen des § 5 Abs. 1 TVG abhängig gemacht worden. Das Defizit staatlicher Entscheidungsfreiheit unter dem Blickpunkt des Demokratieprinzips wird dadurch ausgeglichen, dass die Voraussetzungen der Allgemeinverbindlicherklärungen und die ihr vorausgehenden Verfahren gesetzlich hinreichend geregelt werden[90]. Der Bürger darf nicht unter dem Vorwand einer gesetzlichen Verweisung auf tarifvertragliche Regelungen schrankenlos der normsetzender Gewalt der Tarifvertragsparteien ausgeliefert werden, die ihm gegenüber weder demokratisch noch mitgliedschaftlich legitimiert sind[91].

Nach *Habermas* stellt die Tarifautonomie des kollektiven Arbeitsrechts ein Institut dar, wodurch die Privatautonomie des Einzelnen von einer Sozialautonomie der Verfahrensteilnehmer ersetzt und ergänzt[92] wird. Sie stellt ein Beispiel solidarischer, kollektiver Entwicklung der Artikulationsmöglichkeit[93] einer gewissen Interessengruppe dar. Der Gesetzgeber stellt in diesem Bereich die Binnenkonstitutionalisierung[94] von Handlungsbereichen, Verfahren und Organisationsformen zur Verfügung, womit er die Beteiligten befähigt, ihre Angelegenheiten und Konflikte in eigener Regie zu lösen.

---

[87] Beim Grundgesetz handelt es sich um ein Wertesystem, in dessen Vordergrund der Mensch zunächst als Einzelner (Individualismus) gestellt wird (Art. 1 Abs. 1 sowie Art. 2 Abs. 1 GG), der sich einerseits in einem Kollektiv bewegt, was ihm gewisse Pflichten auferlegt (Kollektivismus), der aber andererseits zugleich eines Schutzes vor dem Kollektiv bedarf (Personalismus) bzw. eigene schützenswerte Interessen gegenüber dem Kollektiv hat, die das Kollektiv zu berücksichtigen hat .

[88] Siehe *Maunz, Theodor, Dürig, Günter (Hrsg.)*, Grundgesetz: Kommentar, Stand: Dezember 1994, Art. 1, Abs. 1, Rdnr. 47.

[89] So *Kloepfer, Michael, Elsner, Thomas*, Selbstregulierung im Umwelt- und Technikrecht: Perspektiven einer kooperativen Normsetzung, DVBl. 1996, S. 964, 966.

[90] BVerfGE 44, S. 322, 348.

[91] BVerfGE 64, S. 208, 214.

[92] *Habermas, Jürgen*, Faktizität und Geltung, 5. Aufl., 1997, S. 496.

[93] *Schmidt, Eike*, Von der Privat- zur Sozialautonomie, JZ 1980, S. 153, 158.

[94] A.a.O. (FN 92).

Es ist letztlich zu beachten, dass das System des kollektiven Arbeitsrechts dem Subsidiaritätsprinzip[95] Rechnung trägt und sowohl die Kollektivparteien als auch den Gesetzgeber zu dessen Beachtung zwingt.

d) Bank-, Kapitalmarkt- und Gesellschaftsrecht

In unterschiedlichen Wirtschaftsbereichen vieler Rechtsordnungen existieren Regelwerke, die durch private Akteure entwickelt und umgesetzt werden und alternativ oder ergänzend zu einer einseitig staatlichen, hoheitlichen Regulierung fungieren: im Bank-, Kapitalmarkt-, Bilanz-[96] und Gesellschaftsrecht.

In der deutschen Rechtsordnung[97] gibt es die Insiderrichtlinie von 1970 und den Übernahmekodex[98] von 1995 der Börsensachverständigenkommission; beide wurden indessen durch gesetzliche Regelung abgelöst.

Die neueste Entwicklung im Gesellschaftsrecht[99] ist der Deutsche Corporate Governance Kodex, ein Regelwerk von hybrider Natur, das nach Einsetzung der Regierungskommission Deutscher Corporate Governance Kodex entstanden ist und in § 161 AktG[100] verankert ist. Ziel dieses Kodex ist, die in Deutschland geltenden Regeln für Unternehmensleitung und -überwachung für nationale und internationale Investoren transparent zu machen und auf diese Art das Vertrauen in die Unternehmensführung deutscher Gesellschaften zu stärken[101].

Darüber hinaus sei hier auf die Wohlverhaltensrichtlinie der deutschen Investmentwirtschaft hingewiesen, die *Codes of Conduct* mit verbraucherschützender Intention im Finanzdienstleistungssektor[102].

In der europäischen Ordnung gelten Großbritannien[103] und die Schweiz als Vorbilder selbstregulativer Ansätze im Finanzsektor. Innerhalb der europäi-

---

[95] Über die Dialektik Subsidiaritätsprinzip und Selbstregulierung siehe Kapitel VI. 4.

[96] Über die gesellschaftliche Selbststeuerung im Bilanzrecht siehe *Berberich, Jens*, Ein Framework für das DRSC: Modell einer verfassungskonformen gesellschaftlichen Selbststeuerung im Bilanzrecht, 2002.

[97] Ausführliche Behandlung der Thematik in der Habilitationsschrift von *Hoeren, Thomas*, Selbstregulierung im Banken- und Versicherungsrecht, 1995.

[98] Abgedruckt in *Hopt, Klaus, Baumbach Adolf, Duden, Konrad*, Handelsgesetzbuch: mit GmbH & Co, Handelsklauseln, Bank- und Börsenrecht, Transportrecht (ohne Seerecht), 31. Aufl., 2000, S. 1644.

[99] Dazu eingehend *Borges, Georg*, Selbstregulierung im Gesellschaftsrecht – zur Bindung an Corporate Governance Kodizes, ZGR 2003, S. 508 ff.

[100] Gesetz zur weiteren Reform des Aktien- und Bilanzrechts, zu Transparenz und Publizität (Transparenz- und Publizitätsgesetz) vom 19. Juli 2002, BGBl. 2002 I, S. 2681.

[101] Abrufbar unter http://www.corporate-governance-code.de.

[102] BVI Bundesverband Investment und Asset Management e.V., Wohlverhaltensregeln abrufbar unter http://www.bvi.de/downloads/wvr_bro_150104.pdf.

schen Union bestehen sowohl in Irland[104] als auch in Belgien[105] und Luxemburg[106] *Codes of Conducts,* die das Bank-Kunden-Verhältnis regeln. Auch die Europäische Kommission steht in letzter Zeit privatentwickeltem und umgesetztem *soft law* aufgeschlossen gegenüber: Im Finanzdienstleistungssektor hat die Idee des Verbraucherschutzes durch *Codes of Conducts* bereits ein konkretes Resultat auf europäischer Ebene hervorgebracht. Im März 2001 unterzeichneten Vertreter der europäischen Kreditindustrie und verschiedener Verbraucherschutzorganisationen[107] die „Europäische Vereinbarung eines freiwilligen Verhaltenskodex über vorvertragliche Informationen für wohnungswirtschaftliche Kredite. Hier besteht die Möglichkeit, dass sich die *Codes of Conduct* als dauerhafter Bestandteil der Regulierung des europäischen Finanzdienstleistungssektors etablieren.

2. *Die selbstregulierenden Elemente im Strafprozessrecht*

So fundamental das Steuerungssystem gesellschaftlicher Selbstregulierung für das deutsche Privatrecht ist, so wesensfremd ist es dem deutschen Strafprozessrecht. Automatisch taucht die Frage auf, ob Konsens und Strafverfahren überhaupt miteinander vereinbar sind: Verfahren, die mit einer Zwangsmaßnahme enden, schließen einen Konsens ja schon begrifflich aus. Verfahren, die sich, in Abwendung des hoheitlich gesetzten Rechts, auf die Zusammenarbeit und die konsensuale Abfindung zwischen staatlichen und privaten Akteuren richten, nämlich zwischen Richter, Staatsanwalt und Angeklagten, widersprechen sowohl dem Offizialprinzip, dem Legalitätsprinzip als auch dem Ermittlungsgrundsatz.

Trotz aller dogmatischen Hürden ist in diesem Bereich aber schon seit Mitte der 70er Jahre eine sowohl pragmatische als auch ideologische Trendwende in der deutschen Strafverfahrenswirklichkeit zu konstatieren, die die Zurücknahme der

---

[103] Über das englische Selbstregulierungs-Modell siehe a.a.O. (FN 97), S. 28 ff.; *Schmies, Christian,* Codes of Conduct in der Bankwirtschaft: Britisches Beispiel und europäische Weiterungen, ZBB 2003, S. 277 ff.

[104] Irish Bankers Federation, Code of Ethics and Practice, abrufbar unter http://www.ibf.ie/pdfs/ethics_02.pdf.

[105] Belgischer Bankenverband, Verhaltenskodex des Belgischen Bankenverbandes abrufbar unter http://www.abb-bvb.be/gen/downloads/code-de.pdf.

[106] Association des Banques et Banquiers Luxembourg, Berufskodex des Bankgewerbes, abrufbar unter http://www.abbl.lu/pdf/DE/BERUFSKODEX.pdf.

[107] Über die Codes of Conduct in der Bankwirtschaft auf europäischer Ebene siehe *Schmies, Christian,* Codes of Conduct in der Bankwirtschaft: Britisches Beispiel und europäische Weiterungen, ZBB 2003, S. 277, 287 ff.

„metaphysischen Übersteigerung" des staatlichen Strafanspruchs[108] gefordert hat. Mit der dadurch bedingten fortschreitenden Säkularisierung und Relativierung der Eigenständigkeit[109] des Strafrechts ging ein Verlust der früheren Gestalt der herkömmlichen Prinzipien sowohl im Strafrecht als auch im Strafverfahren einher. Die Herstellung von Rechtsfrieden durch Konsensfindung als Ziel des Strafverfahrens lässt das alte Ideal der inquisitorischen Wahrheitsfindung immer mehr zurücktreten[110]. Informelle und konsensuale[111] Elemente, die zu einvernehmlichen Lösungen führen, finden insofern ihren Platz auch im Strafverfahren. Ihren Niederschlag haben solche Elemente in den Absprachen im Strafverfahren gefunden, die in diesem Kapitel dargestellt werden.

Zunächst wird ein Überblick über die Terminologie, die Rechtswirklichkeit und die Gründe für deren Auftreten gegeben. Sodann soll zur Untersuchung der Zulässigkeit der Absprachen die höchstrichterliche Rechtsprechung erörtert und die sowohl ablehnenden als auch bejahenden Thesen aus der Sicht der Literatur veranschaulicht werden. Zum Schluss soll die Absprachen-Praxis in den USA und in Italien in ihren Grundformen geschildert werden, weil erstere die Herkunftsordnung für Absprachen darstellt und letztere eine Kodifizierung der Absprachen enthält.

a)   *Begriffserklärung und Problematik der Absprachen im Strafverfahren*

Eine Absprache im Strafverfahren ist eine in der Strafprozessordnung nicht geregelte Verständigung zwischen den Verfahrensbeteiligten über den Stand und die Aussichten des Verfahrens sowie über die weiteren Vorgehensweisen im Prozess bis zum Urteil. Zu den Verfahrensbeteiligten zählen Richter, Staatsanwaltschaft und Angeklagter.

Es stellt sich die Frage, worin die Problematik der Verständigung im Strafverfahren liegt. Eine Verständigung, eine Absprache oder ein Vergleich ähnlich der Normen des § 794 ZPO, § 106 VwGO oder § 54 III ArbGG ist in der StPO nicht vorgesehen. In diesen genannten Prozessordnungen werden die Parteien als die Herren des Verfahrens angesehen, woraus sich ergibt, dass in diesen Verfahren die Dispositionsmaxime Anwendung findet. Der Strafprozess hingegen unterliegt dem Ermittlungsgrundsatz, der sich auch als Prinzip der materiel-

---

[108] So *Eser, Albin,* Funktionswandel strafrechtlicher Prozessmaximen: Auf dem Weg zur „Privatisierung" des Strafverfahrens?, ZStW 1992, S. 361, 377.

[109] Siehe *Lüderssen, Klaus,* Die Krise des öffentlichen Strafanspruchs, 1989, S. 38.

[110] Vgl. *Schünemann, Bernd,* Die Verständigung im Strafprozess – Wunderwaffe oder Bankrotterklärung der Verteidigung?, NJW 1989, S. 1895, 1898.

[111] Über das Konsensprinzip im Strafverfahrensrecht eingehend *Weßlau, Edda,* Das Konsensprinzip im Strafverfahren – Leitidee für eine Gesamtreform?, 2002, S. 30 ff.

len Wahrheitsfindung, sowie als Inquisitions- oder Instruktionsprinzip bezeichnen lässt: Das Gericht hat den Sachverhalt selbst zu ermitteln und ist dabei nicht an Anträgen und Erklärungen der Prozessbeteiligten gebunden. Zur Erforschung der Wahrheit hat das Gericht laut § 244 StPO die Beweisaufnahme von Amts wegen auf alle Tatsachen und Beweismittel zu erstrecken. Eine einvernehmliche Beendigung des Strafverfahrens durch einen Vergleich der verfahrensbeteiligten Parteien – analog zum § 779 I BGB – ist im deutschen Strafprozess mit Ausnahmen der Regelung von § 153a StPO ausgeschlossen. Trotz dieser Grundstruktur ist die Absprache in der deutschen Strafverfahrenspraxis fester Bestandteil der Verfahrenswirklichkeit.

b)   Ursachen, Inhalt und Anwendungsgebiet der Absprachen

Die Ursachen, die zu Absprachen geführt haben, sind in der Ausdehnung des materiellen Strafrechts ebenso wie im steigenden Arbeitsanfall für die Justiz, was sich vor allem in der Zunahme komplexer und komplizierter Straffälle äußert, zu suchen[112]. Diese verstärkte Belastung der Strafrechtspflege führt dazu, dass immer mehr Strafverfahren bereits im Ermittlungsstadium oder in der Hauptverhandlung durch Vereinbarung erledigt werden, indem etwa im Austausch gegen ein Geständnis auf die Verfolgung von Nebenstraftaten verzichtet oder die Strafe gemildert wird[113]. Die insgesamt große Belastung der Strafjustiz an gewissen Brennpunkten des kriminellen Geschehens kann zu einer Überlastung des Systems führen, ein Zustand, in welchem unbestreitbar die Gefahr lauert, dass die Strafverfolgung partiell zum Stillstand kommen könnte. Neben der Überlastung der Justiz sind außerdem auch der Erfolgsdruck, der auf den Staatsanwaltschaften und den Gerichten lastet, die Beweisschwierigkeiten, weitere drohende langwierige und kostenintensive Ermittlungen, unzureichende personelle und technische Ausstattung der Staatsanwaltschaften und Gerichte sowie die Vermeidung eines Revisionsrisikos bzw. die Rechtsmittel-Festigkeit[114] der Entscheidungen als Faktoren zu betrachten, die zu dieser Entwicklung beigetragen haben. Der Weg der konsensualen Prozessbeendigung wird also als eine Möglichkeit, der Überlastung der Strafgerichte zu begegnen, gesehen[115]. Zuletzt sei noch darauf hingewiesen, dass sich die Absprachen für

---

[112] Vgl. *Wolfslast, Gabriele*, Absprachen im Strafprozess, NStZ 1990, S. 409, 410.

[113] Siehe *Roxin, Claus*, Strafverfahrensrecht: Ein Studienbuch, 25. Aufl., 1998, S. 95.

[114] Etwa *Hassemer, Raimund, Hippler, Gabriele*, Informelle Absprachen in der Praxis des deutschen Strafverfahrens, StV 1986, S. 360, 361.

[115] Vgl. *Bogner, Udo*, Absprachen im deutschen und italienischen Strafprozessrecht, 2000, S. 1.

Verfahren mit Bezug zur Intimsphäre aus Opferschutzgründen als hilfreich erweisen können.

Eine Absprache entsteht dadurch, dass während des Ermittlungsverfahrens und hauptsächlich während der Hauptverhandlung das weitere Verfahren dahingehend abgesprochen wird, dass der Angeklagte ein Teilgeständnis ablegt sowie eventuell auch eine Schadenswiedergutmachung zusagt, wonach in der Folge – als Entgegenkommen – weitere Tatkomplexe aus dem Verfahren ausgeschieden werden und das Gericht eine Strafe verhängt, die dem Angeklagten, aber auch der Staatsanwaltschaft, nach den Umständen akzeptabel erscheint.

Der Inhalt der Verständigung besteht also darin, dass der Staat auf die vollständige Aufklärung einer Straftat verzichtet, und damit als Zielsetzung unter Umständen beträchtliche Kosten einspart: Der Staatsanwalt verspricht Entscheidungen nach §§ 153, 154 ff. StPO, wie den Erlass eines Strafbefehls und die Festlegung der Geldstrafenhöhe, die Verhängung einer milden Strafe, die Bewilligung von Strafaussetzung zur Bewährung oder von bestimmten Rechtsfolgen der Verurteilung. Der Beschuldigte auf der anderen Seite verzichtet auf bestimmte prozessuale Rechte, legt ein volles oder ein Teil-Geständnis ab, sieht von der Stellung von Beweisanträgen ab, nimmt gestellte Anträge zurück, verzichtet auf die Rüge von Verfahrensverstößen, nimmt ein bereits eingelegtes Rechtsmittel zurück oder verzichtet auf den Einspruch gegen einen Strafbefehl. Er akzeptiert eine Strafe, die niedriger ist, als er sie bei vollständiger Durchführung der Hauptverhandlung und restloser Aufklärung der Straftat erwarten würde. Voraussetzung ist damit, dass bei der Strafverfolgungsbehörde oder beim Gericht ein Informationsdefizit besteht, welches eine eindeutige rechtliche Beurteilung erschwert oder ausschließt[116].

Der relativ größte Absprachenanteil findet sich in der Wirtschaftskriminalität[117]. Als weitere absprachenspezifische Delikte werden Betäubungsmittelverstöße, Umweltkriminalität, Verkehrs- und Bagatellkriminalität genannt[118]. Bei Gewaltdelikten sind Verständigungen selten. In Steuerstrafverfahren ist das Bestreben ausgeprägt, vor Abschluss der Ermittlungen Gespräche zwischen den Strafverfolgungsbehörden und der Verteidigung über Tat- und Schuldvorwurf zu führen, um zu unstreitigen Ermittlungsergebnissen zu gelangen. Bei der Verständigung in der Steuerhinterziehung handelt es sich um eine Verständigung über schwierig zu ermittelnde tatsächliche Umstände, also um Sachverhaltser-

---

[116] Vgl. *Lüdemann, Christian, Bußmann, Kai*, Diversionschancen der Mächtigen? Eine empirische Studie über Absprachen im Strafprozess, KrimJ 1989, S. 54, 55.

[117] *Gast De Haan, Brigitte, Jäger, Markus, Joecks, Wolfgang, Randt, Karsten*, Steuerstrafrecht mit Zoll- und Verbrauchsteuerstrafrecht, 6. Aufl., 2005, S. 1047.

[118] So *Hassemer, Raimund, Hippler, Gabriele*, Informelle Absprachen in der Praxis des deutschen Strafverfahrens, StV 1986, S. 360, 361.

forschung und Sachverhaltsfeststellung. Die tatsächliche Verständigung im Steuerstrafverfahren rekurriert auf die Rechtsprechung des Bundesfinanzhofs[119], der sie im Besteuerungsverfahren für zulässig erachtet, soweit ein Fall erschwerter Sachverhaltsaufklärung vorliegt, und das Ergebnis der Absprache als bindend charakterisiert.

c) Rechtsnatur und Arten der Absprachen

Die Absprache ist eine Art Vertrag zwischen den Parteien. Hinzuweisen ist jedoch, dass der Vertrag nicht in einem vom Grundsatz der Privatautonomie geprägten Rechtsraum geschlossen wird, sondern unter den Prämissen des fast ausschließlich zwingenden Straf- und Strafprozessrechts. Ein Vertrag setzt gleichgeordnete Rechtssubjekte voraus; das der strafgerichtlichen Verurteilung zugrunde liegende Verhältnis zwischen Staat und Bürger ist das deutlichste Beispiel einer Über- und Unterordnung. Die angeblich erforderliche, im Strafverfahren aber fehlende Gleichrangigkeit der Beteiligten ist jedoch keine zwingende Voraussetzung für einen Vertragsschluss[120]. Auch ungleiche Partner können miteinander einen Vertrag schliessen, wie dies der Verwaltungsvertrag zwischen Staat und Bürger beweist[121].

Die Parteien einigen sie sich über die Prognose eines Urteils. Sowohl das Gericht als auch die Staatsanwaltschaft sind dabei der Gerechtigkeit verpflichtet; sie können nicht über sie disponieren. Die Frage der Dispositionsbefugnis über den Vertragsgegenstand betrifft die inhaltliche Ausgestaltung eines Vertrages, nicht jedoch die statthafte Handlungsform.

Obwohl das Urteil rechtlich nicht durch die Absprachen gebunden wird, schaffen sie Vertrauen, und es ergibt sich aus dem Gebot der Gerechtigkeit, dieses Vertrauen nicht nach Belieben und ohne triftigen Grund zu enttäuschen. Der BGH hat allerdings in einer Grundsatzentscheidung, die weiter unten erörtert wird, Stellung zu der Verbindlichkeit der Absprachen und somit unmittelbar zu

---

[119] BStBl. II 1985, 354; BStBl. 1996, 625.

[120] Siehe *Ioakimidis, Ariadne*, Die Rechtsnatur der Absprache im Strafverfahren, 2001, S. 139; *Eser, Albin*, Funktionswandel strafrechtlicher Prozessmaximen: Auf dem Weg zur „Privatisierung" des Strafverfahrens?, ZStW 1992, S. 361, 383.

[121] *Achterberg, Norbert*, Allgemeines Verwaltungsrecht, 2. Aufl., 1986, S. 484; *Bull, Hans Peter*, Allgemeines Verwaltungsrecht, 6. Aufl., 2000, S. 288; *Wolff, Hans, Bachoff, Otto, Stober, Rolf*, Verwaltungsrecht, Bd. 2, 6. Aufl., 2000, S. 200; *Erichsen, Hans-Uwe, Ehlers, Dirk (Hrsg.)*, Allgemeines Verwaltungsrecht, 12. Aufl., 2002, S. 402; *Maurer, Hartmut*, Allgemeines Verwaltungsrecht, 13. Aufl., 2000, S. 354; *Ipsen, Jörn*, Allgemeines Verwaltungsrecht, 3. Aufl., 2003, S. 232; *Detterbeck, Steffen*, Allgemeines Verwaltungsrecht im Verwaltungsprozessrecht, 2. Aufl., 2004, S. 246.

der Rechtsnatur der Absprachen genommen. Auf diese Problematik wird an späterer Stelle eingegangen. Hier sei nur kurz auf die Ablehnung der Charakterisierung der Absprachen als Vertrag zwischen den Parteien einzugehen, welche auf dem traditionellen Empfinden fußt: Es ist mit dem traditionellen Verständnis des Strafverfahrens unvereinbar, dass der Angeklagte mit den Strafverfolgungsbehörden einen Vertrag schliesst, statt sich dem Staat zu unterwerfen. Es bliebe aber inkonsequent, die Absprachen rechtlich anzuerkennen, dadurch einen Schritt nach Vorne zu machen, aber was den Charakter dieser seit vielen Jahren gängigen Praxis angeht, weiterhin traditionell zu denken. Das traditionelle Strafverfahren sollte auch wie andere Traditionen dem Wandel der Zeit unterliegen.

Absprachen können grundsätzlich in jedem Prozessstaudium auftreten: Bereits im Ermittlungsverfahren besteht die Möglichkeit einer Absprache zwischen Beschuldigten/Verteidiger und Staatsanwaltschaft. Die vom § 153a StPO gesetzlich eingeräumte Möglichkeit einer Absprache gibt der Staatsanwaltschaft die Möglichkeit, mit dem Beschuldigten abzusprechen, unter welchen Auflagen und Weisungen sie das Verfahren einstellen würde. Sowohl im Zwischenverfahren (§§ 170 Abs. 1 und 199 Abs. 1 StPO) als auch im Hauptverfahren können Absprachen in verschiedenen Variationen auftreten. Die Absprachen im Hauptverfahren bilden allerdings den Hauptanwendungsfall[122].

Es gibt zwei Arten von Absprachen. Die erste Art bilden die Absprachen über die Prozesshandlungen bzw. den Umfang des Prozessgegenstandes: Solche Absprachen sind häufig. Zahlreiche Falldarstellungen belegen, dass gerade im Bereich des Opportunitätsprinzips (§§ 154, 154a StPO) von den Beteiligten angestrebt wird, durch Absprachen bestimmte Taten oder Teile von Taten aus dem weiteren Verfahren auszuschließen. Dieses Vorgehen wird vom Gesetzgeber ausdrücklich zugelassen[123]. Die am zweit meisten praktizierte Art bilden die Absprachen über die Rechtsfolgen: Hier werden die Voraussetzungen dafür geschaffen, dass die Organe der Strafrechtspflege aufgrund von einem bestimmten Prozessverhalten seitens der Beschuldigten Strafmilderung gewähren, Einstellungen vornehmen oder bestimmte strafprozessuale Zwangsmaßnahmen aufheben können.

---

[122] Etwa *Lüdemann, Christian, Bußmann, Kai*, Diversionschancen der Mächtigen? Eine empirische Studie über Absprachen im Strafprozess, KrimJ 1989, S. 54, 56.
[123] Siehe auch *Rönnau, Thomas*, Die Absprache im Strafprozess: Eine rechtssystematische Untersuchung der Zulässigkeit von Absprachen nach dem geltenden Strafprozessrecht, 1990, S. 32.

d)   Verfassungsrechtliche Einwände

Selbst wenn die Strafjustiz bereit ist, auf den Einsatz ihrer Strafgewalt und die Durchsetzung bestimmter Prozessmaximen zu verzichten, bleibt die Frage, inwieweit konsensuale Zugeständnisse überhaupt verfassungsrechtlich zulässig sind. Dem könnten nämlich folgende Grundsätze Grenzen setzen:
Der Grundsatz des fairen Verfahrens wird durch das Rechtsstaatsprinzip des Art. 20 Abs. 3 GG in Verbindung mit dem allgemeinen Freiheitsrecht aus Art. 2 Abs. 1 GG gewährleistet[124]. Im Rahmen einer Absprache wird die Verletzung des Fairnessgrundsatzes dann angenommen, wenn das Gericht den Angeklagten bei den Absprachenverhandlungen durch das In-Aussicht-Stellen einer Strafmilderung zu einem Geständnis überredet[125]. Bei der Nichteinhaltung der Absprache spricht man vom Verstoß gegen den Fairnessgrundsatz. Die Absprache schafft ein Vertrauenstatbestand, von dem das Gericht nicht ohne Grund und Mitteilung an den Angeklagten abweichen darf[126].
Der Gleichheitsgrundsatz des Art. 3 Abs. 1 GG fordert, dass wesentlich Gleiches gleich zu behandeln ist und wesentlich Ungleiches rechtlich nicht gleich zu behandeln ist, soweit kein sachlicher Grund vorliegt: Dies verbietet eine grundlose Ungleichbehandlung und verlangt rechtfertigende Gründe für Ungleichbehandlungen[127]. Im Bereich der Judikative und insbesondere der Absprachenproblematik ist der Gleichheitssatz vor allem in seiner Ausprägung der Rechtsanwendungsgleichheit durch den Richter im Interesse der materiellen Gerechtigkeit relevant. Somit erfordert der Anspruch aller Beschuldigter auf Gleichbehandlung, dass der Strafanspruch durchgesetzt, also ein eingeleitetes Verfahren auch durchgeführt wird[128]. Die Absprachen stellen insoweit hierin ein Verstoß dar, indem sie gleich strafbares Verhalten nicht gleich behandeln. Berücksichtigt man die schon erwähnte Rechtswirklichkeit der häufigen Anwendung der Absprachen in der Wirtschaftskriminalität, hingegen aber nicht in der Gewaltkriminalität, gelangt man zu der Erkenntnis einer Bevorteilung von „Wohlstandskriminellen"[129] und somit zum Verstoß gegen Art. 3 Abs. 1 GG. Zum anderen könnten gleich gelagerte Fälle nicht gleich behandelt werden, da

---

[124] BVerfGE 63, 380, 390.

[125] Zur Verletzung des Grundsatzes des fairen Verfahrens siehe *Schünemann, Bernd,* Absprachen im Strafverfahren? Grundlagen, Gegenstände und Grenzen, Gutachten B für den 58. Deutschen Juristentag, 1990, S. B 115.

[126] *Rönnau, Thomas,* Die Absprache im Strafprozess: Eine rechtssystematische Untersuchung der Zulässigkeit von Absprachen nach dem geltenden Strafprozessrecht, 1990, S. 209.

[127] *Pieroth, Bodo, Schlink, Bernhard,* Staatsrecht II: Grundrechte, 20. Aufl., 2004, S. 104.

[128] So *Janke, Alexander,* Verständigung und Absprachen im Strafverfahren, 1997, S. 139.

[129] So *Eser, Albin,* Funktionswandel strafrechtlicher Prozessmaximen: Auf dem Weg zur „Privatisierung" des Strafverfahrens?, ZStW 1992, S. 361, 373.

keine Kooperationsbereitschaft der beteiligten Justizorgane besteht, was freilich die Frage aufstellt, inwieweit die Ungleichbehandlung auf Willkür zurückzuführen ist.

Das Rechtsstaatsgebot kann nur dann verwirklicht werden, wenn sichergestellt wird, dass Straftäter im Rahmen der geltenden Gesetze verfolgt, abgeurteilt und einer gerechten Bestrafung zugeführt werden.

Gemäss Art. 92 Abs. 1 GG ist die Ausübung staatlicher Strafgewalt ausnahmslos von Richtern vorzunehmen[130]. Gegen den Richtervorbehalt (Art 104 Abs. 2 S. 1 GG) wird gehandelt, wenn das Urteil nicht mehr auf der gesetzlich vorgesehenen richterlichen Kognition und Überzeugungsbildung beruht[131].

Art. 101 Abs. 1 S. 2 GG gewährt die Garantie des gesetzlichen Richters. Niemand darf seinem gesetzlichen Richter entzogen werden. Dieser Grundsatz ist verletzt, wenn eine Möglichkeit für willkürliches Handeln eröffnet wird. Ein Verstoß gegen diese Garantie wird aber darin gesehen, dass der Staatsanwalt und nicht der Richter über den Stand und die Aussichten des Verfahrens bestimmt. Dies ist eine Maßnahme, die auf unsachlichen, sich von den gesetzlichen Maßstäben völlig entfernenden Erwägungen beruht, und unter keinem Gesichtspunkt mehr vertretbar erscheint[132].

Nemo tenetur se ipsum accusare: Niemand darf gezwungen werden, sich selbst anzuklagen. Der Angeklagte ist daher nicht verpflichtet, an seiner Verurteilung mitzuwirken. Durch die Verknüpfung mit der Menschenwürde einerseits, vor der der Selbstbezichtigungszwang nicht zu bestehen vermag, und dem Rückgriff auf Art. 2 Abs. 1 GG in seiner Funktion als Abwehrrecht gegen staatliche Eingriffe andererseits, sowie auf das Rechtsstaatprinzip aus Art. 20 Abs. 3 GG, erhält die Schweigebefugnis ausdrücklich den Charakter eines prozessualen Grundrechts[133]. Eine Verletzung dieses Grundsatzes wird in einem In-Aussicht-Stellen einer Strafmilderung bei Abgabe eines Geständnisses gesehen. Darin könnte eine unzulässige Androhung einer ungemilderten Strafe für die Ausübung eines Schweigerechts gesehen werden, was im Endeffekt die Belehrung über die Aussagefreiheit zur Farce werden lässt[134].

Bei all diesen in der Verfassung verankerten Grundsätzen handelt es um Prozessmaximen, die gewissermassen dem Schutz des Angeklagten vor Benachtei-

---

[130] *Maunz, Theodor, Dürig, Günther, Herzog, Roman*, Grundgesetz Kommentar, Bd. IV, Stand: Juni 1998, Art. 92, Rdnr. 47.

[131] *Calliess, Rolf-Peter*, Strafzwecke und Strafrecht – 40 Jahre Grundgesetz – Entwicklungstendenzen vom freiheitlichen zum sozial-autoritären Rechtsstaat?, NJW 1989, S. 1338, 1341.

[132] *Maunz, Theodor, Dürig, Günther, Herzog, Roman*, Grundgesetz Kommentar, Bd. V, Stand: Juni 1998, Art. 101, Rdnr. 14.

[133] Siehe *Gerlach, Götz*, Absprachen im Strafverfahren, 1992, S. 68.

[134] *Rönnau, Thomas*, Die Absprache im Strafprozess: Eine rechtssystematische Untersuchung der Zulässigkeit von Absprachen nach dem geltenden Strafprozessrecht, 1990, S. 198.

ligung dienen, aber zugleich die gesellschaftlich-öffentlichen Interessen sicher-stellen sollen.

e)   Zur Zulässigkeit der Absprachen

Bei der Diskussion über die Zulässigkeit von Absprachen geht es darum, die Grenzen auszuloten, innerhalb derer Verständigungen zwischen den Verfahrensbeteiligten noch mit den Grundlagen unseres Strafverfahrens, insbesondere mit dem Verfahrensziel der Verdachtsklärung, der Wahrheitsforschungspflicht des Gerichts in der Hauptverhandlung, der Unschuldsvermutung, dem Gedanken des fairen Verfahrens sowie dem Gleichbehandlungsgrundsatz, vereinbar sind. Die im Zusammenhang mit den Absprachen im Strafverfahren stehenden rechtlichen Probleme werden sowohl in der Rechtsprechung als auch in der Literatur diskutiert und sind in der Folge näher.

α)   Rechtsprechung

Die Rechtsprechung des Bundesgerichtshofs und des Bundesverfassungsgerichts gewährleisten die zu beachtenden rechtsstaatlichen Anforderungen an verfahrensbeendende Absprachen und stellen insbesondere sicher, dass der Boden für eine schuldangemessene Strafe nicht verlassen wird.

(1)   Das Grundsatzurteil (BGHSt 43, 195) und seine Auswirkungen

Der BGH[135] hat sich zur Zulässigkeit der Zusage einer zu verhängenden Strafe bei Ablegung eines Geständnisses geäußert. Er hat erklärt, dass derartige Absprachen nicht grundsätzlich unzulässig sind. Das als Grundsatzentscheidung bezeichnete Urteil des vierten Strafsenats des Bundesgerichtshofs hat die in der Praxis nicht unüblichen Absprachen in eingeschränkter Weise für zulässig erklärt, und die Grundvoraussetzungen für deren Zulässigkeit herausgearbeitet[136]. Er hat klargestellt, dass Verständigungen im Strafverfahren, die ein Geständnis des Angeklagten und die zu verhängende Strafe zum Gegenstand haben, recht-

---

[135] BGHSt 45, 195 ff.

[136] So *Böttcher, Reinhard,* Der deutsche Juristentag und die Absprachen im Strafprozess, in: *Eser, Alben, Goydke, Jürgen, Maatz, Kurt Rüdiger, Meurer, Dieter (Hrsg.),* Strafverfahrensrecht in der Theorie und Praxis: Festschrift für Lutz Meyer-Goßner zum 65. Geburtstag, 2001, S. 49, 57.

lich unbedenklich sind, wenn sie in ihrer konkreten Ausgestaltung den unverzichtbaren Prinzipien des Verfahrensrechts – insbesondere dem Recht des Angeklagten auf ein faires, rechtsstaatliches Verfahren – und des materiellen Strafrechts genügen.

Wesentliche formelle Anforderung an die Zulässigkeit der Verständigung ist, dass sie dem Öffentlichkeitsgrundsatz Rechnung tragen muss. Dies bedeutet, dass sie nicht heimlich getroffen werden darf, sondern in öffentlichen Hauptverhandlungen (§ 169 GVG) unter Mitwirkung aller Verfahrensbeteiligten stattzufinden hat, d.h. dass auch die Schöffen sowie der Angeklagte in die Absprache einzubeziehen sind, was allerdings Vorgespräche ausserhalb der Hauptverhandlungen nicht ausschließt. Absprachen außerhalb der Hauptverhandlungen sind aber in dieser bekannt zu geben und zu protokollieren (§ 273 Abs. 1 StPO). Misshelligkeiten sind hier vor allem dadurch zu befürchten, dass der Angeklagte gezwungen wird, in der Öffentlichkeit seine Geständnisbereitschaft zu signalisieren, was zu seiner eventuellen Vorverurteilung in seinem sozialen Umfeld und in den Medien beiträgt[137].

Inhaltlich ist die Absprache nur dann zulässig, wenn das Gericht keine bestimmte Strafe zusagt, weil es sonst in der Urteilsberatung nicht mehr frei ist, die Strafe anhand der maßgeblichen Strafzumessungsgesichtspunkte zu bestimmen (§§ 260 Abs. 1, 261 StPO sowie § 46 Abs. 1, Abs. 2 StGB); das Gericht darf allerdings eine Strafrahmenobergrenze für den Fall eines Geständnisses bestimmen. Nur so wird der Unmittelbarkeitsgrundsatz nicht verletzt.

Von seiner Entscheidung über die Strafobergrenze darf das Gericht allerdings nur dann abweichen, wenn sich neue schwerwiegende Umstände zu Lasten des Angeklagten ergeben, die auf das Urteil Einfluss nehmen können[138]. Somit wird dem Grundsatz des fairen Verfahrens Rechnung getragen. Auch dies ist in der Hauptverhandlung entsprechend § 265 Abs. 1, Abs. 2 StPO mitzuteilen. Mithin bejaht der BGH grundsätzlich die Bindungswirkung von Absprachen[139]. In Durchbrechung der bisherigen Rechtssprechung bemühte sich der BGH, insbesondere die Position des Angeklagten zu stärken[140]. Gestützt wird das Abweichungsverbot bzw. die Verbindlichkeit der Absprachen auf den fair-trial-Grundsatz: Demzufolge darf das Gericht sich nicht in Widerspruch zu früheren

---

[137] Siehe *Kintzi, Heinrich*, Entscheidungen-Strafrecht (Anmerkung), JR 1998, S. 245, 250.

[138] Beispielhaft nennt das Gericht Umstände, die aufgrund neuer Tatsachen oder Beweismittel die Tat statt wie bisher als Vergehen nunmehr als Verbrechen darstellen sollte. Problematisch sind hingegen Aspekte, die sich mit Dimensionen von Monaten oder gar Wochen in der Strafzumessung niederschlagen, und die nicht miterfasst worden sind.

[139] *Kintzi, Heinrich*, Entscheidungen-Strafrecht (Anmerkung), JR 1998, S. 245, 249.

[140] Siehe *Heller, Jens*, Die gescheiterte Urteilsabsprache: Verfahrensfairness gegenüber dem Angeklagten im Anschluss an BGHSt 43, 195, 2004, S. 67.

Erklärungen setzen[141]. Für den Angeklagten ist ein abgelegtes Geständnis grundsätzlich eine irreversible Leistung[142]. Er schränkt seine Verteidigungsmöglichkeiten bei Abgabe eines Geständnisses auf einen schmalen Bereich ein. Eine solche Verteidigungsabgrenzung erbringt er im Vertrauen darauf, dass das Gericht im Anschluss an das Geständnis seinen Teil der Vereinbarung ebenfalls erbringt. Eine verbindliche Wirkung der allerseits getroffenen Vereinbarung wird das Vorleistungsrisiko des Angeklagten auf ein Minimum reduzieren, indem die Fixierung der Strafmaßobergrenze für ihn viel berechenbarer ist.

Eine Bejahung der Bindungswirkung ist aber nicht unproblematisch. Die Frage der Verbindlichkeit zählt sicherlich zum Kardinalproblem der kooperativen Prozessmodelle: Es ist nicht zu übersehen, dass die gemäss § 261 StPO bis zur Schlussberatung garantierte Entscheidungsfreiheit des Gerichts durch die verbindliche Zusage einer Strafmaßobergrenze, die nur noch im Ausnahmefall korrigiert werden kann, erheblich beeinträchtigt wird[143]. Diesem Bedenken ist allerdings entgegenzuhalten, dass der 4. Senat sich explizit für die Verbindlichkeit der Strafobergrenze und nicht einer Strafmaßzusage ausdrückt. Eine Bindung des Gerichts an ein bestimmtes Verfahrensergebnis vor Abschluss der Hauptverhandlung sei ausgeschlossen[144]. Die Festlegung der konkreten Strafe unter Abwägung aller Strafzumessungsgesichtspunkte bleibt der Urteilsberatung vorbehalten[145]. Insofern bleibt die Grundsatzentscheidung mit dem Generalkonsens konform[146]. Diese Bindungswirkung ist auch durch spätere Rechtsprechung bestätigt worden[147].

---

[141] BGHSt 43, 195, 210.

[142] So *Janke, Alexander*, Verständigung und Absprachen im Strafverfahren, 1997, S. 75.

[143] So *Rönnau, Thomas*, Die neue Verbindlichkeit bei den strafprozessualen Absprachen, wistra 1998, S. 49, 52.

[144] BGHSt 43, 195, 207.

[145] Heftige Kritik wird allerdings von *Siolek* ausgeübt, der eine grundsätzliche Übereinstimmung der Strafprognose mit dem Urteil konstatiert: Im Lichte der BGH-Rechtsprechung wird zwar von Obergrenzen gesprochen, jeder Verfahrensbeteiligte weiss, dass damit gleichzeitig das endgültige Ergebnis genannt wird. Siehe *Siolek, Wolfgang*, Zur Fehlentwicklung strafprozessualer Absprachen, in: *Hanack, Ernst-Walter, Hilger, Hans, Volkmar, Mehle, Gunter, Widmeier (Hrsg.)*, Festschrift für Peter Rieß zum 70. Geburtstag, 2002, S. 563, 569. *Schünemann* spricht von einer Pontius-Pilatus-Geste, die ansatzweise zur Domestikation der Absprachen und zur Heilung ihrer multiplen Prozessordnungswidrigkeiten geeignet ist. Siehe *Schünemann, Bernd*, Die Absprachen im Strafverfahren, in: *Hanack, Ernst-Walter, Hilger, Hans, Volkmar, Mehle, Gunter, Widmeier (Hrsg.)*, Festschrift für Peter Rieß zum 70. Geburtstag, 2002, S. 525, 545.

[146] Vgl. *Moldenhauer, Gerwin*, Eine Verfahrensordnung für Absprachen im Strafverfahren durch den Bundesgerichtshof?, 2004, S. 133.

[147] BGHSt 45, 51, 54; BGHSt 45, 227, 232.

Der Schuldgrundsatz muss respektiert werden. Deswegen darf der Angeklagte nicht durch die Androhung einer höheren Sanktion im Falle seiner Verweigerung der Zustimmung oder durch das Versprechen eines nicht gesetzlich vorgesehenen Vorteils zu einem Geständnis verführt werden. Aus diesem Grund darf auch die Strafe keinesfalls den Boden des tat- und schuldangemessenen Strafens verlassen. Die freie Willensentscheidung des Angeklagten muss dadurch gewahrt bleiben und darf nicht relativiert werden.

Was sein Geständnis angeht, darf es nicht ohne weitere Überprüfung seiner Glaubhaftigkeit zur Grundlage des Urteils gemacht werden[148]. Auf dieser Art bleibt man dem Ermittlungsgrundsatz treu. Das Gebot der Wahrheitsfindung verlangt eine strenge Überprüfung der Glaubwürdigkeit des Geständnisses mit entsprechenden Ausführungen in den Urteilsgründen[149]. An die Stelle der Pflicht des Tatrichters zur Suche nach der materiellen Wahrheit darf nie die freie Disposition des Angeklagten über die Wahrheit durch ein Geständnis treten.

Und schließlich darf das Gericht sich in der Vereinbarung keinen Rechtsmittelverzicht des Angeklagten versprechen lassen. Denn vom Angeklagten darf nicht verlangt werden, dass er sich der Kontrollmöglichkeit einer Rechtsmitteleinlegung entledigt, bevor er das Urteil kennt[150].

Der Gesetzgeber hat bereits angekündigt, dass er dazu geneigt ist, den Grundgedanken dieser Entscheidung zur Grundlage eines formellen Gesetzes zu machen[151].

(2)   Die Urteile des Bundesverfassungsgerichts

In einem Kammerbeschluss hat das Bundesverfassungsgericht am 27.01.1987 als erstes Gericht höchstrichterlich Absprachen im Strafverfahren für grundsätzlich zulässig erachtet[152]. Die Grundsätze des fairen, rechtstaatlichen Strafverfahrens verbieten nicht, außerhalb der Hauptverhandlung eine Verständigung zwischen Gericht und Verfahrensbeteiligten über Stand und Aussichten der Ver-

---

[148] BGHSt 43, 195, 204.

[149] *Pfeiffer, Gerd,* Karlsruher Kommentar zur Strafprozessordnung und zum Gerichtsverfassungsgesetz mit Einführungsgesetz, 5. Aufl., 2003, Einleitung, Rdnr. 29g.

[150] Siehe *Roxin, Claus,* Strafverfahrensrecht: Ein Studienbuch, 25. Aufl., 1998, S. 97; *Meyer-Goßner, Lutz,* Strafprozessordnung: Gerichtsverfassungsgesetz, Nebengesetze und ergänzende Bestimmungen, 47. Aufl., 2004, Einleitung, Rdnr. 119e.

[151] Siehe *Beschluss der Bundesregierung – Stand: 6.4.2001* – Eckpunkte einer Reform des Strafverfahrens, StV 2001, S. 314, 316.

[152] Kammerbeschluss des BVerfG vom 27.01.1987 – 2 BvR 1133/86, abgedruckt in NJW 1987, S. 2262.

handlung herbeizuführen. Die Handhabung der objektiven Aufklärungspflicht, die rechtliche Subsumtion und die Grundsätze der Stoffbenutzung dürfen dabei jedoch nicht ins Belieben oder zur freien Disposition des Verfahrensbeteiligten und des Gerichts gestellt werden. Die im Rahmen einer Absprache in Betracht kommende geständnisbedingte Strafmilderung dürfte den Boden des schuldangemessenen Strafens nicht verlassen[153].

In seiner Entscheidung aus dem Jahre 1999 hat das Bundesverfassungsgericht den Öffentlichkeitsgrundsatz bekräftig, indem er entschied, dass der Angeklagte die Zusicherung einer Strafobergrenze durch das Gericht im Revisionsverfahren nur dann erfolgreich geltend machen kann, wenn diese protokolliert ist[154].

β)   Literatur

Die Spaltung der vertretenen Meinungen in der Literatur hinsichtlich der Zulässigkeit der Absprachen war zu erwarten[155]. Als Exponenten der beiden Diskussionslager lassen sich *Schmidt-Hieber*[156] als Praktiker aus der Perspektive der Staatsanwaltschaft und *Schünemann*[157] als rechtswissenschaftlicher Betrachter anführen. Von dem kaum mehr überschaubaren theoretischen Streit lässt sich vorwegsagen, dass es sich bei den Anhängern der Zulässigkeit der Absprachen

---

[153] BVerfG, a.a.O.

[154] Kammerbeschluss des BVerfG von 14.05.1999 – 2 BvR 592/99, abgedruckt in StV 2000, S. 3.

[155] Nachweise für ablehnende und befürwortende Standpunkte siehe *Cramer, Peter,* Absprachen im Strafprozess, in: *Eyrich, Heinz, Odersky, Walter, Sächer, Franz Jürgen (Hrsg.),* Festschrift für Kurt Rebmann zum 65. Geburtstag, 1989, S. 145.

[156] *Schmidt-Hieber, Werner,* Vereinbarungen im Strafverfahren, NJW 1982, S. 1017 ff.; *ders.,* Verständigung im Strafverfahren, 1986, S. 9; *ders.,* Der strafprozessuale „Vergleich" – eine illegale Kungelei?, StV 1986, S. 355 ff; *ders.,* Grundlagen der strafrechtlichen Revision, JuS 1988, S. 710 ff; *ders.,* Die gescheiterte Verständigung, NStZ 1988, S. 303 ff; *ders.,* Absprachen im Strafprozess – Privileg des Wohlstandskriminellen?, NJW 1990, S. 1884 ff.; *ders.,* Absprachen im Strafprozess – Rechtsbeugung und Strafjustiz?, DRiZ 1990, S. 321 ff; *ders.,* Ausgleich statt Geldstrafe, NJW 1992, S. 2001 ff.

[157] *Schünnemann, Bernd,* Informelle Absprachen und Vertrauensschutz im Strafverfahren, JZ 1989, S. 984 ff.; *ders.,* Die Verständigung im Prozess – Wunderwaffe oder Bankrotterklärung der Verteidigung?, NJW 1989, S. 1895 ff.; *ders.,* Absprachen im Strafverfahren? Grundlagen, Gegenstände und Grenzen, Gutachten B für den 58. Deutschen Juristentag, 1990, S. B 1 ff; *ders.,* Die informellen Ansprachen als Überlebenskrise des deutschen Strafverfahrens, in: *Arzt, Gunther (Hrsg.),* Baumann, Jürgen: Festschrift, 1992, S. 361, 375 ff.; *ders.,* Wohin treibt der deutsche Strafprozess?, ZStW 2002, S. 1 ff.

um die Praktiker handelt, während die prinzipiellen Bedenken und kritischen Einwände von den Strafrechtslehrern stammen[158].

Die Gegner von Absprachen verweisen darauf, dass das deutsche Strafprozessrecht grundsätzlich vergleichsfeindlich ausgestaltet sei und ein „Aushandeln" von Schuld und Strafe im Sinne des amerikanischen „plea bargaining" nicht kenne. Die Strafprozessordnung sehe eine Verständigung zwischen den Verfahrensbeteiligten bis auf wenige, ausdrücklich geregelte Ausnahmen nicht vor. Das Verfahrensergebnis unterliege nicht der Dispositionsfreiheit des Gerichts und der Prozessbeteiligten; ebenso wenig könne der Angeklagte durch ein Geständnis auf den Schutz durch Aufklärungspflicht und Unschuldsvermutung verzichten. Aushandlungen im Strafprozess bergen die Gefahr in sich, dass der Beschuldigte bzw. Angeklagte nur noch als Objekt eines Verfahrens zwischen Richter, Staatsanwalt und Verteidigung behandelt wird. Vor allem bei einer Nicht-Einhaltung der Zusage durch die Strafverfolgungsorgane wird eine Verletzung des fair-trial-Gebotes wegen Zerstörung eines beim Adressaten entstandenen Vertrauensbestandes gerügt[159]. Die Absprachen mit den Beteiligten können des weiteren mit der Erforschungspflicht kollidieren und Ineffizienz durch Abschwächung der präventiven Wirkung der Strafe mit sich bringen. Absprachen verstiessen folglich gegen grundsätzliche Prinzipien des deutschen Strafverfahrens und trügen die Gefahr eines Verstoßes gegen den Gleichbehandlungsgrundsatz in sich.

Die Befürworter im Schrifttum sind hingegen der Ansicht, dass das deutsche Strafprozessrecht eine Verständigung über Verfahrensergebnisse zwar nicht vorsehe, sie aber auch nicht verbiete. Insbesondere § 153a StPO zeige, dass eine Beratung der Verfahrensbeteiligten über den Verfahrensstand und eine Einigung über das Verfahrensergebnis nicht ausgeschlossen sei. Unter dem Aspekt des Beschleunigungsgrundsatzes seien Absprachen vielfach auch wünschenswert, um langwierige Beweisaufnahmen zu vermeiden und eine schnellere Bewältigung der Verfahrensflut zu ermöglichen. Denn eine jahrelange Hauptverhandlung blockiert die Strafkammer und bringt am Ende auch nicht viel mehr. Grundsätzlich kann man gegen die überlange Verfahrensdauer auch das Problem der Straflegitimation einwenden. In dieser Hinsicht als positiv zu betrachten ist die verfahrensvereinfachende und –beschleunigende Wirkung der Absprachen. Diese soll zu einer erheblichen Kosteneinsparung im Strafverfahren und damit zu einer „schlanken" Justiz führen. Somit geht über diesen Weg auch die Steigerung der Effizienz der Justiz einher. Es wird allerdings gemahnt, dass

---

[158] Siehe *Janke, Alexander,* Verständigung und Absprachen im Strafverfahren, 1997, S. 89. Zum gleichen Schluss gelangt auch *Orlandi* über den italienischen akademischen Streit. Dazu *Orlandi, Renzo,* Absprachen im italienischen Strafverfahren, ZStW 2004, S. 120, 121.
[159] So *Beulke, Werner,* Strafprozessrecht, 7. Aufl., 2004, S. 195.

das nicht zum Selbstzweck werden darf: Im Vordergrund steht nicht die Entlastung der Gerichte als solche, sondern die Funktionsfähigkeit und Effizienz der Rechtsschutzindustrie. Deswegen sind sich aber die Befürworter darüber einig, dass Absprachen nicht uneingeschränkt zulässig sind, sondern nur unter Beachtung strafprozessualer Grundsätze und der Rechtsstellung des Angeklagten getroffen werden dürfen. Zudem diene eine verfahrensvereinfachende Absprache, die ein Geständnis des Angeklagten enthalte, namentlich bei Gewaltdelikten, dem Opferschutz, da sie die Vernehmung des Opfers vor Gericht überflüssig machen könne.

f) Absprachen in anderen Rechtssystemen

α) Praxis in den USA

Die USA sind das Mutterland der Verständigung im Strafverfahren. Es wird geschätzt, dass in etwa 90% der an die Gerichte gelangenden Fälle eine „guilty plea" vorliegt, d.h. eine Erklärung, wonach sich der Angeklagte schuldig erklärt[160]. Diese hohen Raten sind die Folge der im amerikanischen Strafverfahren üblichen Verhandlungen zwischen dem Ankläger und dem Angeklagten, um im Schuld- und Strafpunkt eine Einigung zu finden[161].
Ein Vergleich mit dem deutschen Strafverfahren und die hier behandelte Problematik der Absprachen ist kaum zulässig: Das Ziel und Ergebnis der amerikanischen Verständigungsverfahren, das guilty plea, ist der Verzicht auf das Strafverfahren. Hier ist auf den elementaren Unterschied zwischen deutschem und anglo-amerikanischem Strafverfahren zu verweisen, nämlich dass der Strafprozess im common law als Parteiprozess ausgestaltet ist[162]. Nur bei plea of no guilty, also wenn der Angeklagte auf nicht schuldig plädiert, findet eine Hauptverhandlung zur Feststellung der Schuld statt[163].
Mit dem plea bargaining wird verhandelt, damit es erst gar nicht zum Strafverfahren kommt. Deswegen kommen Absprachen überwiegend zu Beginn des Hauptverfahrens in Betracht: Sie werden oft aber nicht ausschließlich im Stadi-

---

[160] Vgl. *Schmid, Niklaus,* Strafverfahren und Strafrecht in den Vereinigten Staaten: Eine Einführung, 2. Aufl., 1993, S. 59.

[161] Siehe *Weigend, Thomas,* Absprachen in ausländischen Strafverfahren, 1990, S. 34.

[162] So *Weigend, Thomas,* Strafzumessung durch die Parteien – Das Verfahren des plea bargaining im amerikanischen Recht, ZStW 1982, S. 200, 201.

[163] *Moldenauer, Gerwin,* Eine Verfahrensordnung für Absprachen im Strafverfahren durch den Bundesgerichtshof?, 2004, S. 100.

um des Anklageprüfungsverfahrens geführt[164]. Nach der Schuldbekennung ist eine Schuldfeststellung in der Hauptverhandlung nicht mehr notwendig. Es kommt lediglich zu einem Strafzumessungsverfahren. Dieses Prozessverständnis bietet die Basis für Absprachen, die im deutschen Strafverfahren de lege lata undenkbar ist, wobei es in den USA sowohl auf der Bundes- als auch auf der Länderebene eine gesetzliche Regelung dafür gibt[165].

Das amerikanische plea-bargaining-System ist vom deutschen Strafprozessrecht weit entfernt und bietet sich dem entsprechend nicht für eine Übernahme durch den deutschen Gesetzgeber an.

β)   Die Praxis in Italien

Im Jahre 1989 trat in Italien eine neue Strafprozessordnung[166] in Kraft, die den an den Grundsätzen der Generalprävention ausgerichteten und stark inquisitorisch ausgeprägten Vorgänger aus dem Jahre 1930, den sog. Codice Rocco[167], welcher noch Teil einer einheitlichen faschistischen[168] Gesetzgebung war, ablöste.

Mit dem Ziel einer Entlastung der Justiz haben die Verfasser der neuen Strafprozessordnung neben dem normalen Verfahren weitere Sonderverfahren für besondere Verfahrensarten (prozentimenti speciali) geschaffen[169], unter denen zwei die Absprachen im italienischen Strafverfahren kodifizieren. Sie dienen dazu, der Flut von Prozessen im Bereich der Bagatell-, Klein- und mittleren Kriminalität Herr zu werden, damit diese Verfahren bereits im Vorfeld der Hauptverhandlung gleichsam ausgefiltert werden können[170]. Wegen der Häu-

---

[164] Im deutschen Strafverfahren findet sich Vergleichbares bei Einstellungen gem. § 153, 153a, 154, 154a StPO, die im Ermittlungsverfahren ergehen.

[165] Mit der Rule 11 (e) wurde eine bundesgesetzliche Regelung im Jahre 1975 in die Federal Rules of Criminal Procedures (FRCP) aufgenommen. Vgl. *Vogler, Richard,* Konsensuale Elemente im Strafprozess in England und Wales sowie in den USA, ZStW 2004, S. 129, 139.

[166]Das Dekret des Präsidenten der Republik, Nr. 447 vom 22.9.1988 wurde am 24.12.1989 in Kraft gesetzt. Abgedruckt in: Gazzetta Uffiziale vom 24.10.1988, Supplemento ordinario Nr. 1, Serie generale Nr. 250; Le Leggi 1988, S. 2183.

[167] Siehe *Festa, Gennaro,* Absprachen im deutschen und italienischen Strafprozess, 2003, S. 90.

[168] So *Stile, Alfonso,* Die Reform des Strafverfahrens in Italien, ZStW 1992, S. 429; *Maiwald, Manfrad, Ippoliti, Alessandra,* Eine neue Strafprozessordnung für Italien, JZ 1989, S. 874.

[169] Siehe *Bogner, Udo,* Absprachen im deutschen und italienischen Strafprozessrecht, 2000, S. 135.

[170] Vgl. *Sinner, Stefan,* Der Vergleich im neuen italienischen Strafverfahren und die deutsche Diskussion um Absprachen, ZRP 1994, S. 478.

figkeit ihres Auftretens dürfte eigentlich der Fall des „normalen" Verfahrens zur Ausnahme werden.

Die ersten zwei Sonderverfahren zielen darauf ab, die Hauptverhandlung zu vermeiden. Das erste Sonderverfahren ist das abgekürzte Verfahren (giudistio abbreviato): Mit Zustimmung der Parteien spricht der Richter noch während des Zwischenverfahrens in nichtöffentlicher Verhandlung auf der Grundlage der Akten sein Urteil. Dieses Verfahren ist für alle Straftaten vorgesehen, was eine Vergleichbarkeit zum deutschen Strafbefehlsverfahren nicht zulässt.

Das zweite Sonderverfahren ist die Anwendung der Strafe auf Antrag (applicazione della pena su richiesta oder patteggiamento)[171]. Hier geht es um die Disposition über Schuld und Strafe. Wenn die im konkreten Fall mögliche Höchststrafe fünf[172] Jahre nicht überschreitet, können Staatsanwalt und Beschuldigter über die Tatfrage eine Vereinbarung treffen, und auf diese Weise die Höhe der Strafe festlegen. Hiermit wird mit erheblicher Großzügigkeit eine Verminderung der Strafe auch unter das gesetzliche Mindestmaß sowie weitere Vorteile demjenigen Angeklagten versprochen, der ganz oder teilweise darauf verzichtet, seine Verteidigungsrechte wahrzunehmen[173]. Die Anordnung einer bestimmten Freiheits-, Geld- oder Ersatzstrafe wird beim Richter sowohl vom Angeklagten, als auch vom Staatsanwalt, mit jeweiliger Zustimmung der anderen Partei beantragt, die – als Anreiz für den Beschuldigten – durch Verminderung des für das konkrete Delikt vorgesehenen Strafmaßes um bis zum einen Drittel gebildet wird. Die Vereinbarung geht sodann dem zuständigen Richter zu, der dieses plea bargaining überprüft. Er muss anhand des Akteninhaltes ermitteln, ob etwa ein Freispruch geboten ist. Ist das nicht der Fall, hat er zu untersuchen, ob die rechtliche Beurteilung, von der die Parteien ausgegangen sind, zutrifft. Bestehen keine Einwände, fällt er sofort den beantragten Schuldanspruch und verhängt die ebenfalls beantragte Strafe. Das *pattegiamento* wird durch ein Schuldurteil abgeschlossen, welches nicht durch Rechtsmittel angreifbar ist. Dieses Verfahren ist auch in der Berufung durchführbar.

Dieser Vorgang rückt die Strafverfolgung tatsächlich an die Grenzen der Ermessensfreiheit heran. Die vorgesehene Überprüfung durch den Richter soll aber Missbräuche des „plea bargaining" verhindern, die im amerikanischen System festgestellt worden sind, und somit das Sonderverfahren an rechtsstaatliche Grundsätze binden. Was die rechtsstaatlichen Einwände und insbesondere das

---

[171] Ausführlich dazu *Budde, Robert,* Vereinbarungen im italienischen Strafprozess, ZStW 1990, S. 196, 210 ff.

[172] Bis Ende Juni 2003 war patteggiamento nur bei Straftaten möglich, die mit höchstens zwei Jahren Gefängnis bestraft werden konnten. Aufgrund dieser Erweiterung gehören jetzt mehr als 90% aller Straftaten zu seinem Anwendungsbereich.

[173] Siehe *Orlandi, Renzo,* Absprachen im italienischen Strafverfahren, ZStW 2004, S. 120.

Legalitätsprinzip angeht, setzt sich die Ansicht durch, dass das Legalitätsprinzip keinesfalls verlangt, dass alle bekannt gewordenen Straftaten verfolgt werden, sondern dass lediglich die Kriterien durchsichtig und richterlich überprüfbar sein müssen, aufgrund derer die Staatsanwaltschaft zwischen Einstellung und Anklageerhebung entscheidet[174]. Man darf die verfassungsrechtlich ausdrückliche Anerkennung des Konsenses des Angeklagten als Grund für einen Verzicht auf ein streitiges Verfahren und damit als Grund für eine vorzeitige Erledigung der Straffrage[175] nicht verkennen. Aus deutscher Sicht wird trotzdem das italienische Modell als Methode zum Sekundär-Handel heftig kritisiert, wo die richterliche Entscheidungskompetenz nur formal gewahrt bleibt, weil der Richter nicht einmal zu eigener Beweiserhebung befugt ist[176].

g)   *Stellungnahme*

Zur Unterstützung des positiven volkswirtschaftlichen Effekts und zur Wahrung der grundlegenden Verfahrensprinzipien der StPO ist eine gesetzliche Institutionalisierung der Verständigung im Strafverfahren dringend erforderlich. Nur durch eine transparente und bindende Ausgestaltung der Verständigung im Strafverfahren nach Vorbild etwa des italienischen Modells kann den rechtsstaatlichen Bedenken begegnet werden. Nur der Gesetzgeber darf die Prämissen festlegen, innerhalb derer im Strafverfahren konsensual verhandelt und abgesprochen wird. Hierbei muss der strafende Staat seine umfassende und unbeschränkte Strafgewalt bewahren, um den Angeklagten notfalls auch ohne seine Mitwirkung verurteilen zu können. Seine Auffangverantwortung tritt immer dann ein, wenn die konsensbasierenden und auf die Mitwirkung privater Leute angewiesenen Verfahren scheitern. Bei solchen Fällen ist der Garantstaat verpflichtet, sich gegen eine Schlechterfüllung von Verfahren einzusetzen und korrigierend einzugreifen, um seine Aufgaben in dem Rechtsstaat immer noch zu erfüllen und die Rechte seiner Bürger zu gewährleisten. Denn ein Staat, der beeinflusst von zunehmenden Opportunitätsgründen, seinen vom Gewaltmonopol ausfliessenden Schutzpflichten für die Opfer und Betroffenen nur noch unzureichend genügt, verliert seine friedenssichernde Funktion und provoziert die gewaltsame Selbsthilfe der Bürger.

---

[174] *Amodio, Ennio,* Neues italienisches Strafverfahren, ZStW 1990, S. 171, 185.
[175] *Orlandi, Renzo,* Absprachen im italienischen Strafverfahren, ZStW 2004, S. 122.
[176] So *Schünemann, Bernd,* Absprachen im Strafverfahren? Grundlagen, Gegenstände und Grenzen, Gutachten B für den 58. Deutschen Juristentag, 1990, S. B 156.

3. Die Rolle der Selbstregulierung im öffentlichen Recht

a) Selbstregulierung im Medienrecht

Die Medien haben sich in den letzten Jahren explosionsartig weiterentwickelt und haben ihren Einfluss auf die Gesellschaft multipliziert; ihre Rolle hat sich transformiert, und dementsprechend ist auch ihr Verhältnis zum Staat nicht mehr statisch sondern dynamisch. Den Oberbegriff Medien kann man unterteilen in die Presse, den Rundfunk, den Film, das Fernsehen und den Bereich Multimedia. Im folgenden Kapitel wird der staatlich vorgegebenen Rahmen untersucht, innerhalb dessen jeder einzelne Bereich sich selbst reguliert und kontrolliert.

α) Presserecht

Besonders stark polizeilich-obrigkeitsstaatlich geprägt war der historisch älteste Bereich des Medienrechts, das Presserecht. Vom Instrument der Kontrolle der öffentlichen Meinung zugunsten des Herrschers wurde es zu einer Institution für den Schutz der Persönlichkeitsrechte der Bürger und der Durchsetzung ihrer Ansprüche, die selbstregulative Elemente und rechtsverbindliche Vorgaben kombiniert[177].

Eine staatliche Inhaltskontrolle der Presse scheidet nach dem Grundgesetz von vornherein aus. Das Verbot einer staatlichen Kontrolle der Presse gründet sich sowohl auf das Grundrecht der Pressefreiheit gemäß Art. 5 I 2 GG allgemein als auch speziell auf das Zensurverbot des Art. 5 I 3 GG. Fragt man nach anderen Möglichkeiten, wie es dem Missbrauch der Pressefreiheit entgegengetreten und Spannungen zwischen der Presse und der Öffentlichkeit ausgeglichen werden kann, gelangt man zu selbstregulativen Ansätzen.

Die Presse-Selbstkontrolle hat in Deutschland ihre Institutionalisierung in Form des Deutschen Presserats gefunden, einer auf freiwilliger Basis beruhenden, privatrechtlichen Institution, die 1953 nach dem Vorbild des British Press Counsil geschaffen wurde und nach einer Phase der inneren Lähmung seit 1985 auf veränderter vertraglicher Grundlage eine lebendige Wirksamkeit entfaltet. Die wichtigsten Strukturmerkmale einer Selbstkontrolle der Presse bestehen in der privat- und presseautonomen Organisation, in der Staatsfreiheit, in der pro-

---

[177] Siehe *Fechner, Frank,* Medien zwischen Kultur und Kommerz – zur Rolle des Staates in den neuen Medien, JZ 2003, S. 224, 226.

fessionalisierten Aufgabenorientierung und in der berufsständischen Kollegialität[178]. Eine nach diesen Strukturmerkmalen angelegte freiwillige Selbstkontrolle der Presse entspricht den verfassungsrechtlichen Vorgaben[179] einer ebenso autonomen wie selbstverantwortlichen Presse in durchaus idealtypischer Weise.

Der Trägerverein des Deutschen Presserats hat acht Mitglieder, die sowohl die verlegerische als auch die journalistische Branche vertreten, unter anderem den Bundesverband Deutscher Zeitungsverleger (BDZV), den Verband Deutscher Zeitschriftenverleger (VDZ), den Deutschen Journalisten-Verband (DJV) und die Industriegewerkschaft Medien. Seine Mitglieder müssen in der deutschen Presse verlegerisch oder journalistisch tätig sein. Seine Aufgabe ist es vor allem, Missstände im Pressewesen festzustellen und auf deren Beseitigung hinzuwirken, Beschwerden über einzelne Zeitungen, Zeitschriften oder Pressedienste zu prüfen, Empfehlungen und Richtlinien für die publizistische Arbeit zu geben sowie in Einvernehmen mit den Trägerorganisationen Entwicklungen entgegenzutreten, die die freie Information und Meinungsbildung des Bürgers gefährden könnte[180]. Die Pflicht zur Aufstellung von Empfehlungen und Richtlinien für die publizistische Arbeit hat vor allem im Pressekodex, der heute in einer Fassung vom 23.11.1994 vorliegt, sowie in den dazu herausgegebenen Richtlinien Niederschlag gefunden.

Der Deutsche Presserat wählt den Beschwerdeausschuss, von dessen Mitgliedern fünf verlegerisch und fünf journalistisch tätig sein müssen. Gegen die Beschwerdeentscheidung des Deutschen Presserates gibt es kein Rechtsmittel. Bei begründeten Beschwerden kann der Deutsche Presserat einen Hinweis, eine Missbilligung oder eine Rüge – öffentlich oder nicht öffentlich – aussprechen[181]. Er sieht es als Standespflicht an, öffentlich ausgesprochene Rügen abzudrucken, und zwar insbesondere in den betroffenen Publikationsorganen selbst.

---

[178] Dazu *Scholz, Rupert*, Pressefreiheit und presserechtliche Selbstkontrolle, in: *Lerche, Peter, Zacher, Haus, Badura, Peter (Hrsg.)*, Festschrift für Theodor Maunz zum 80. Geburtstag, 1981, S. 337, 339.

[179] Sowohl zu der verfassungsrechtlichen als auch zu der kartellrechtlichen und zu der vereinsrechtlichen Bewertung *Ulmer, Peter*, Die freiwillige Selbstkontrolle durch Organisation: Erscheinungsformen und Strukturen-Rechtsfragen-Haftungsrisiken, AfP 1975, S. 829, 837.

[180] Siehe *Bullinger, Martin*, Freiheit der Presse, in: *Löffler, Martin, Wenzel, Karl Egbert, Sedelmeier, Klaus (Hrsg.)*, Presserecht: Kommentar zu den Landespressegesetzen der Bundesrepublik Deutschland, 4. Aufl., 1997, §1 LPG, Rdnr. 190.

[181] § 10 der Beschwerdeordnung des Deutschen Presserats, abgedruckt in *Löffler, Martin*, BT Standesrecht der Presse, in: *ders., Wenzel, Karl Egbert, Sedelmeier, Klaus (Hrsg.)*, Presserecht: Kommentar zu den Landespressegesetzen der Bundesrepublik Deutschland, 4. Aufl., 1997, S. 1074.

Maßstab der Beschwerdeentscheidungen des Deutschen Presserats sind die von ihm als Empfehlungen erlassenen „Publizistische Grundsätze" des sog. Pressekodex[182] und die ihn konkretisierenden Richtlinien für die publizistische Arbeit. Pressekodex und Richtlinien verstehen sich als berufsethische Grundsätze jenseits rechtlicher Haftungsgründe. Sie spiegeln die gemeinsame Auffassung von Verlegern und Journalisten über die Mindestregeln für eine verantwortliche Pressetätigkeit wider. Der Presserat selbst charakterisiert den Kodex allerdings nicht nur als publizistische Berufsethik, sondern auch als Standesrecht der Presse[183]. Diese „Standesregeln" haben zwar keine unmittelbare[184] rechtliche Wirkung, werden aber von der Rechtsprechung herangezogen, wenn es um die Auslegung unbestimmter Rechtbegriffe oder Generalklauseln für die Pressetätigkeit geht[185].

Die rügenden Entscheidungen des Presserats sollen von den Trägerorganisationen in ihren Verbandsorganen publiziert werden[186]. Der Presserat verfügt aber über keinerlei Sanktionsgewalt. Er kann den Abdruck einer Rüge nicht erzwingen[187]. Seine repressive Funktion wird bedauerlicherweise durch die fehlende Bereitschaft einiger Verlagshäuser zum Rügenabdruck weiter geschwächt[188]. Der Ruf nach staatlicher „Vollstreckungshilfe"[189], wonach die Effektivität des Presserats durch eine zwangsbewehrte Abdruckverpflichtung seiner Rügen zu gewinnen wäre, wurde aber sowohl vom Presserat selbst als auch von der Presse insgesamt immer abgelehnt: Solche Appelle erwecken ungute Erinnerungen an die Zensur der Reichspressekammer und finden international kein Vorbild[190].

---

[182] Der Pressekodex ist abrufbar unter www.presserat.de/site/pressekod/kodex/index.shtml.

[183] „Die Achtung vor der Wahrheit und die wahrhaftige Unterrichtung der Öffentlichkeit stellen die obersten Gebote der Presse dar", so der Presserat in seinem Schriftsatz an das BVerfG vom 28.04.1995 zur Stellungnahme zu den Verfassungsbeschwerden gegen das saarländische Gegendarstellungsrecht, abgedruckt in: Deutscher Presserat, Jahrbuch 1994, S. 255, 256.

[184] Nach der Rechtsprechung des BVerfG [76, S. 171, 187] sind Standesrichtlinien nicht als Rechtsnormen sondern als wesentliche Erkenntnisquelle dafür anzusehen, was im Einzelfall nach der Auffassung angesehener und erfahrener Standesgenossen der Würde des Standes entspreche.

[185] Siehe OLG Celle, Urteil vom 3.7.1957, BB 1958, 788.

[186] §12 Abs. 2 Beschwerdeordnung des Deutschen Presserats.

[187] *Hauss, Fritz*, Presse-Selbstkontrolle: Aufgaben und Grenzen, AfP 1980, S. 178, 179.

[188] Siehe *Münch, Henning*, Der Schutz der Privatsphäre in der Spruchpraxis des Deutschen Presserats: Eine Analyse der Arbeit der freiwilligen Presseselbstkontrolle, AfP 2002, S. 18, 21.

[189] *Hauss, Fritz*, Presse-Selbstkontrolle: Aufgaben und Grenzen, AfP 1980, S. 178, 183.

[190] So *Stürner, Rolf*, Pressefreiheit und Persönlichkeitsschutz im Selbstverständnis der Printmedien, 35. Bitburger Gespräche, Jahrbuch 1999, S. 106, 108.

Die Zukunft des Deutschen Presserates ist eindeutig in einer mediativen Funktion zu sehen. Dort kann die Selbstkontrolle eine wirkliche Alternative zu den klassischen Formen der Auseinandersetzung zwischen Presse und Betroffenen bieten. Dem Presserat ist eine „Befriedigungs- und Schlichtungsfunktion" zuzusprechen, da er hilft, Gerichtsverfahren zu vermeiden[191]. Der Presserat hat ein Pilotprojekt eingeführt, in dessen Rahmen ausgelotet werden sollte, ob die Anregung eines Dialoges zwischen Beschwerdeführern und betroffener Redaktion möglicherweise dazu geeignet ist, eine einvernehmliche Einigung herbeizuführen[192].

Auch auf internationaler Ebene gibt es Bemühungen darum, Standesregeln für Journalisten festzulegen. Die Bemühungen sowohl von internationalen Journalistenverbänden als auch seitens der UNO und UNESCO mündeten in gemeinsame Positionspapiere, Entwürfe und Deklarationen, die zwar die Form, aber nicht die völkerrechtliche Auswirkung eines gemeinsamen Pressekodex haben[193].

β) Filmwirtschaft und Fernsehen

Im Bereich der Kino- und Videofilme sowie des Fernsehens gibt es eine enge Zusammenarbeit von staatlichen Stellen und privaten Organisationen. Schon seit 1949 gibt es die Freiwillige Selbstkontrolle der Filmwirtschaft[194] (FSK) und seit 1993 die Freiwillige Selbstkontrolle Fernsehen (FSF).

(1) Die Freiwillige Selbstkontrolle der Filmwirtschaft (FSK)

Die §§ 11, 14 JuSchG schreiben für Kino- und Videofilme ein Altersstufensystem vor, dessen Einstufungen von den obersten Landesbehörden vorzunehmen sind. Bei der Bewertung einzelner Filme werden freiwillige Selbstkontrolleinrichtungen einbezogen[195]. Die wichtigste Einrichtung dieser Art ist die FSK, die für die Landesmedienanstalten als Gutachter tätig wird.

Die FSK wurde als Institution zur Begutachtung von Kinofilmen auf mögliche nationalsozialistische Inhalte gegründet. Vorbild waren die entsprechenden eng-

---

[191] Siehe *Protze, Manfred*, Deutscher Presserat, Jahrbuch 2000, S. 61, 67.

[192] Siehe *Weyand, Arno*, Deutscher Presserat, Jahrbuch 2000, S. 73, 74.

[193] *Suhr, Oliver*, Europäische Presseselbstkontrolle, 1998, S. 74 ff.

[194] Zur Filmbranche siehe die Monographie von *Noltenius, Johanne*, Die freiwillige Selbstkontrolle der Filmwirtschaft und das Zensurverbot des Grundgesetzes, 1958.

[195] So *Calliess, Christian*, Inhalt, Dogmatik und Grenzen der Selbstregulierung im Medienrecht, AfP 2002, S. 465, 468.

lischen und amerikanischen Kontrollorganisationen[196]. Zunächst wollte man die Filmzensur als Vorzensur, wie sie in der Weimarer Verfassung vorhanden war, durch die Errichtung einer freiwilligen Selbstkontrolle der Filmwirtschaft vermeiden bzw. ausschalten[197]. Bald wurden dann auf freiwilliger Basis Alterseinstufungen für Kinofilme vorgenommen[198]. Im Lauf ihrer Geschichte hat sich die FSK von einem reinen Kontrollgremium zu einer allseits akzeptierten Institution entwickelt, die neben ihrer bereits geschilderten Kernaufgabe auch medienpolitische und medienpädagogische Verantwortung übernommen hat.

In ihr sind einerseits die Verbände der Produzenten, der Verleiher und der Filmtheaterbesitzer, andererseits von Bund und Länder benannte Personen je zur Hälfte vertreten. Der Einfluss des Staates auf die Zusammensetzung der Kontrollstelle wird im Hinblick auf das Zensurverbot als problematisch betrachtet[199].

Eine Vorlagepflicht bei der FSK besteht nicht, allerdings haben die in der SPIO (Spitzenorganisation der Filmwirtschaft e. V.) zusammengeschlossenen Wirtschaftsverbände ihre Mitglieder verpflichtet, nur von der FSK geprüfte und mit dem FSK-Kennzeichen versehene Produkte öffentlich anzubieten.

(2)   Die Freiwillige Selbstkontrolle Fernsehen

Die Freiwillige Selbstkontrolle Fernsehen (FSF) ist ein gemeinnütziger Verein und wird als Organ der Freiwilligen Selbstkontrolle[200] im Sinne des Jugendmedienschutz-Staatsvertrages (JMStV)[201] anerkannt. Die FSF wird von den privaten Fernsehanbietern in Deutschland getragen. Ordentliches Vereinsmitglied kann jeder deutsche Fernsehveranstalter werden, wobei auch eine Mitgliedschaft der Landesmedienanstalten, der ARD und des ZDF angestrebt wird[202].

---

[196] Siehe *Meyding, Bernhard,* Staatliche Zensur und berufsständische Selbstkontrolle bei Film, Presse und Rundfunk, Film und Recht 1982, S. 413, 417.

[197] So auch *Hartlieb, Horst von,* Handbuch des Film-, Fernseh- und Videorechts, 4. Aufl., 2004, S. 58.

[198] Alle für eine Vermarktung bestimmten Produkte dieser Art, die nicht der FSK vorgelegt werden, dürfen nur an Erwachsene weitergegeben werden. Seit 1985 werden auch Videos, Bildplatten und vergleichbare Bildträger vorgelegt.

[199] Hierzu kritisch *Mangoldt, Hermann von, Klein, Friedrich,* Das Bonner Grundgesetz Kommentar, 4. Aufl., 2001, Art. 5, Rdnr. 163; *Jarass, Hans,* Die Freiheit der Massenmedien: Zur staatlichen Einwirkung auf Presse, Rundfunk, Film, und andere Medien, 1978, S. 109 ff.

[200] § 19 JMStV.

[201] Staatsvertrag über den Schutz der Menschenwürde und den Jugendschutz in Rundfunk und Telemedien vom 10.09.2002, BWGBl., S. 93.

[202] § 4 Abs. 2 der Satzung, abrufbar unter: www.fsf.de/Service/Downloads/FSF_Satzung.pdf.

64

Ziel der FSF ist, den von der FSK nicht erfassten Fernsehbereich zu begutachten und in diesem Bereich den Jugendschutz zu verbessern. Ein Prüfungsausschuss entscheidet über Sendezeit oder gar grundsätzlich die Ausstrahlung der Senderprogramme, die eine entsprechende Erlaubnis zu Beginn des Jahres beantragt haben. Der Sender kann den Berufungsausschuss anrufen, gesetzt den Fall, dass er mit der Entscheidung des Prüfungsausschusses nicht einverstanden ist.

Die Tätigkeit der FSF überwacht ein Kuratorium, das als neutrales Gremium mit Vertretern der Bereiche Medienforschung, -pädagogik, -kritik, des Jugendmedienschutzes sowie der Sender besetzt ist. Verfassungsrechtlich bedenklich ist allerdings seine Zusammensetzung: Die zwei von seinen drei Gruppen repräsentieren die Veranstalter selbst und lediglich für die dritte Gruppe wird ausdrücklich eine Verbindung zu den gesellschaftlichen Funktionsbereichen Wissenschaft, Forschung, Politik und Kultur verlangt. Deswegen wird der Fernsehselbstkontrolle vorgeworfen[203], dem herkömmlichen Konzept gruppenpluraler Ausformung einer gesellschaftlich-universalistisch organisierten Kontrolle nicht zu folgen und allein das besondere Partikularinteresse der Veranstalter zu repräsentieren. Es wird mit Recht gemahnt, dass ihre Kontrollgremien nicht mehr gemäss der Rechtsprechung des Bundesverfassungsgerichts[204] als Sachwalter des Interesses der Allgemeinheit fungieren.

γ)   Die neuen Medien

Im Bereich der neuen Medien, insbesondere im Internet, besteht ein detailliertes Instrumentarium, das dem weltumspannenden Medium Grenzen setzt, so dass es sich nicht zu einem rechtsfreien Raum entwickelt. Diese Grenzen werden jedoch allein nationalstaatlich gesetzt, obschon das Internet global und dezentral organisiert ist. Dieser Globalität und der Unzahl der Internetseiten wegen, die täglich errichtet werden, ist die Einbringung von Informationen in die Öffentlichkeit zulassungs- und anmeldefrei[205] gestaltet worden: Es besteht keine Lizensierungspflicht wie im klassischen Rundfunkbereich. Die Aufsicht basiert hauptsächlich auf Selbstkontrolle, Anerkennung dieser Kontrolle durch die zuständigen Instanzen und staatliche Aufsicht für den Fall, dass diese fehlschlägt.

---

[203] Siehe *Rossen, Helge*, Selbststeuerung im Rundfunk-Modell „FSK" für kommerzielles Fernsehen?, ZUM 1994, S. 224, 229.
[204] BVerfG 83, 238, 333.
[205] § 4 MDStV.

Hier ist am Beispiel des Jugendmedienschutz-Staatsvertrages[206] das Prinzip der regulierten Selbstregulierung im Dienste eines mehrdimensionalen Jugendschutzes zu erläutern. Mit diesem Regelungswerk wird eine einheitliche[207] Jugendschutzregelung aller elektronischen Medien unter Einbeziehung sowohl des Rundfunks als auch des Online-Bereichs getroffen. Die Umstellung auf eine indirekte, mittelbare, möglichst auch aktivierende Steuerung wurde gewagt, um in die hoheitliche Regulierung selbstregulierende privatorganisierte Ansätze mit einzubeziehen, um dem Jugendmedienschutz und der ihn gewährleistenden, aber inzwischen weitgehend versagenden nationalen Regulierung einen globalen Charakter zu verleihen und so der Jugend zur Hilfe zu kommen, die über das Internet gefährdenden Inhalten aus der ganzen Welt ausgesetzt ist.

Hauptachse dieser Steuerungsdimension ist § 14 JMStV, der die Kommission für Jugendmedienschutz (KJM) konstituiert. Die Kommission ist zuständig für die Anerkennung von Einrichtungen der freiwilligen Selbstkontrolle der Medienanbieter. Sie ist von diesen Einrichtungen zwar unabhängig und selbstverständlich institutionell getrennt, steht aber mit ihnen in engem Kommunikationsaustausch. Sie wurde nach dem Vorbild des Aufsichtsmodells für die Überprüfung der Konzentration im Medienbereich (KEK) organisiert. In ihrem Arbeitsbereich sind die Erfahrungen der Rundaufsicht, der Freiwilligen Selbstkontrolle Film (FSF) und der Bundesprüfstelle für jugendgefährdende Medien (BPjM) integriert.

Die unzulässigen Angebote werden in § 4 JMStV aufgezählt. Die Liste enthält aber unbestimmte Rechtsbegriffe[208], für deren konkretisierende Entfaltung den selbstregulierenden Einrichtungen ein weiterer Beurteilungsspielraum eingeräumt wurde. Damit wird das Ziel verfolgt, der Freiwilligen Selbstkontrolle einen Entscheidungsspielraum zuzubilligen, der durch die Medienaufsicht nur begrenzt überprüfbar ist.

Laut § 4 Abs. 2 Satz 2 JMStV sind die für Jugendliche verbotenen Inhalte für Erwachsene zulässig, sobald man sicherstellen kann, dass zu den Inhalten nur Erwachsene Zugang haben (geschlossene Benutzergruppe). Die Entscheidung für eine Strafbarkeit des Zurverfügungstellens und des Abrufens solcher Inhalte wird von der Kommission in Zusammenarbeit mit der Internet-Branche getroffen, die gemeinsam nach rechtlichen und technischen Kriterien festzulegen haben, ob bzw. wann sich Altersverifikationssysteme eignen. Entscheidend ist

---

[206] Jugendmedienschutz-Staatsvertrag (JMStV) vom 10.9.2002, veröffentlicht (unter anderem) in Baden-Württemberg am 7.2.2003, BwGBl. S. 93.

[207] Siehe *Bornemann, Roland,* Der Jugendmedienschutz-Staatsvertrag der Länder, NJW 2003, S. 787.

[208] So auch *Rossen-Stadtfeld, Helge,* Die Konzeption regulierter Selbstregulation und ihre Ausprägung im Jugendmedienschutz, AfP 2004, S. 1, 7.

hier, das gewährleistete Schutzniveau nach den gesetzlichen Anforderungen sicherzustellen, nicht sich lediglich auf ein technisches System zu einigen. An dieser Stelle ist noch auf die neue Strafrechtsbestimmung § 184c StGB[209] hinzuweisen, die diese Lösung auch unterstützt und die Verbreitung von Pornografie in Telemedien nur dann sanktioniert, wenn keine ausreichenden Jugendschutzvorkehrungen, wie sie der Jugendmedienschutz-Staatsvertrag fordert, getroffen werden.

Die Kommission erwartet, dass sich ein Zusammenspiel aus Selbstverantwortung, Selbstregulierung, Eigeninitiative der Unternehmen und des Steuerungsmechanismus der eigenen Einrichtung entwickelt[210]. Der Gesetzgeber erwartet von den Unternehmen, selbst einen wesentlichen Beitrag zur Durchsetzung der inhaltlichen Anforderungen zu leisten. Aus diesem Grund ist er zu einem regulierten Selbstregulierungsmodell übergegangen und hat die Aufsicht teilweise privatisiert bzw. in freiwilligen Selbstkontrolleinrichtungen organisiert[211]. Im Wege der Selbstregulierung verpflichten sich nun die Anbieter ihrerseits dazu, bestimmte Inhalte gar nicht oder nicht gegenüber Kindern und Jugendlichen anzubieten oder zur Nutzung zu vermitteln[212].

Wie schon mehrmals erwähnt, liegt der Anreiz für die Anbieter, einer anerkannten Selbstkontrolleinrichtung anzugehören, in der Befreiung von uneingeschränkter Aufsicht der Landesmedienanstalten. Die Kommission für Jugendmedienschutz hat bisher sowohl die FSF als auch die FSM[213] als unabhängige Selbstkontrolleinrichtung gem. § 16 JMStV anerkannt.

Die Freiwillige Selbstkontrolle Multimedia-Dienstanbieter e.V. (FSM) wurde als Selbstkontrollorganisation der Provider-Wirtschaft am 9.7.1997 gegründet, um illegale und jugendgefährdende Netzinhalte zu bekämpfen. Der FSM gehören unter anderen AOL und T-Online[214] an.

Die FSM dient der Selbstkontrolle der Diensteanbieter durch die Schaffung eines Verhaltenskodex, zu dessen Einhaltung sich bislang mehr als 300 Unternehmen freiwillig verpflichtet haben, und besitzt eine Beschwerdestelle für den

---

[209] § 184c StGB ist am 1.4.2004 in Kraft getreten durch Art. 1 Gesetz zur Änderung der Vorschriften über die Straftaten gegen die sexuelle Selbstbestimmung und der Änderung anderer Vorschriften v. 27.12.2003, BGBl. I, S. 3007, 3009.

[210] Siehe *Ring, Wolf-Dieter*, Jugendschutz im Spannungsfeld zwischen Selbstregulierung der Medien und staatlicher Medienkontrolle, AfP 2004, S. 9, 13.

[211] Siehe *Bornemann, Roland*, Der Jugendmedienschutz-Staatsvertrag der Länder, NJW 2003, S. 787.

[212] Siehe *Holznagel, Bernd, Kussel, Staphanie*, Jugendmedienschutz und Selbstregulierung im Internet, RdJB 2002, S. 295, 300.

[213] Siehe Pressemitteilung der KJM vom 1.12.2004, abrufbar unter: www.alm.de/gem_stellen/presse_kjm/pm/011204.htm.

[214] Abrufbar unter www.fsm.de/index.php?s=Mitgliederverzeichnis.

Fall von Verstößen gegen den Kodex. Beschwerden, die online erhoben werden können, werden von einem Beschwerdeausschuss[215] bearbeitet und können gegenüber den Mitgliedern zu Hinweisen mit Abhilfeaufforderung, Missbilligungen oder Rügen führen[216]; letztere sind für einen Monat im Angebot des Betroffenen zu veröffentlichen[217]. Als Adressat dieser Maßnahmen kommt sowohl der Inhalteanbieter als auch der Host-Provider in Betracht. Wenn der Beschwerdegegner innerhalb von 3 Wochen nach dem Eingang des Beschlusses der Rüge nicht nachkommt, so wird ein Vereinsausschlussverfahren vom Vorstand eingeleitet[218].

Im Jahre 1999 gründete die FSM mit sieben weiteren Beschwerdestellen und mit Unterstützung des „Aktionsplans zur Förderung der sicheren Nutzung des Internets" der Europäischen Kommission die „Association of Internet Hotline Providers in Europa" (INHOPE)[219]. Sie stellt einen globalen Versuch dar, illegale Inhalte und illegale Aktivitäten der Internetindustrie zu bekämpfen, indem sie als Hauptforum zur Koordinierung von Hotlines in Europa und weltweit agiert. Das INHOPE-Netzwerk bietet seinen Mitgliedern die Möglichkeit, Beschwerden an die zuständigen Partner weiterzuleiten, so dass das Ursprungsland die Beschwerden behandelt. Neben dieser Koordinierungsfunktion trägt INHOPE auch zum Wissens- und Erfahrungsaustausch mittels Trainingsseminaren, Arbeitsgruppen und Austauschprogrammen bei.

Mit der Neustrukturierung des Jugendschutzes in Telemedien hat Deutschland gesetzgeberisches *Neuland*[220] betreten. Erst in Zukunft wird sich zeigen, ob die Risiken überwunden und die Chancen genutzt werde können.

b)   Selbstregulierung in der Werbung

Im Bereich der Werbung finden sich sowohl im internationalen wie auch im nationalen Bereich Werberichtlinien und eigene Selbstkontrolleinrichtungen, die individuelle Beschwerdemöglichkeiten eröffnen.

---

[215] Die Beschwerdeordnung des Vereins wurde im Mai 2004 mit Blick auf die angestrebte Anerkennung als Einrichtung der freiwilligen Selbstkontrolle und mit dem Ziel einer weitreichenden Selbstregulierung neu gefasst, um den gesetzlichen Anforderungen des JMStV gerecht zu werden.

[216] So *Schulz, Wolfgang,* Jugendschutz bei Tele- und Mediendiensten, MMR 1998, S. 182, 185.

[217] §11 Abs. 8 der Beschwerdeordnung der FSM, Stand 04.05.2004, abrufbar unter: www.fsm.de/ index.php?s=Beschwerdeordnung.

[218] §11 Abs. 11 der Beschwerdeordnung der FSM.

[219] Siehe www.inhope.org.

[220] A.a.O. (FN 210), S. 9.

1972 wurde vom Zentralausschuss der Werbewirtschaft (ZAW)[221] in Anlehnung an den „Österreichischen Werberat" und den deutschen Presserat der Deutsche Werberat gegründet, um die Werbung in Deutschland weiterzuentwickeln, Missstände festzustellen und zu bekämpfen, Leitlinien selbstregulierenden Charakters zu entwickeln und als Konfliktregler zwischen Beschwerdeführern aus der Bevölkerung und werbenden Firmen aufzutreten[222]. Das Verfahren ist kostenlos. Neben Beschwerden, die jedermann einreichen kann, wird der deutsche Werberat auch aus eigener Initiative tätig. Er nimmt vor allem Stellung zu Themen der sog. Grauzone, die vom Gesetzgeber nicht verboten sind[223]. Der Werberat ist bei seinen Entscheidungen an die Gesetze, an die internationalen Verhaltensregeln für die Werbepraxis und an die Richtlinien der ZAW[224] gebunden, die weniger die Lauterkeit der Werbung zum Gegenstand haben, als vielmehr die Erleichterung des Werbegeschäftes durch Standardisierung zu erreichen suchen.

Als vorteilhaft wird die fachliche Nähe der Mitglieder des Werberates zum Thema eingestuft, die es ihnen ermöglicht, sachgerecht und schnell zu Entschlüssen zu gelangen. Dies ist umso bedeutender, als Werbemaßnahmen sich unmittelbar an gesellschaftliche Trends anpassen und daher stets in neuen Erscheinungsformen auftreten.

Dabei darf nicht vergessen werden, dass die Selbstkontrolle der Werbewirtschaft nicht das Gemeinwohl repräsentiert, sondern die Interessen der Teilnehmenden in den Gremien der Selbstkontrolle vertritt. Unter diesem Aspekt wird dem Werberat mangelnde Demokratisierung vorgeworfen. Die verfassungsrechtliche Unbedenklichkeit[225] einer echten Selbstkontrolle setzt immerhin voraus, dass in den Kontrollgremien neben der Werbewirtschaft in gleicher Weise auch die Verbraucher vertreten sind und die Kontrollgremien über hinreichende Rechte und Sanktionen verfügen[226]. Am Beispiel der FSK-Organisation[227] ist an

---

[221] ZAW wurde 1949 gegründet; satzungsgemäß ist seine Tätigkeit auf das Ziel gerichtet, eine staatliche Werberegelung und Werbeaufsicht entbehrlich zu machen.

[222] Der Werberat ist als Organ der werbetreibenden Wirtschaft nicht zuständig für Werbung mit nicht kommerziellem Charakter und darf nicht im Interesse eines Unternehmens gegen ein anderes instrumentalisiert werden.

[223] Die Verletzung des guten Geschmacks oder eine schockierende Gestaltung hält das Bundesverfassungsgericht für nicht sittenwidrig im Sinne des § 1 UWG, BVerfG 102, S. 347, 364. (Benetton-Entscheidung)

[224] Ausführlich zu den Richtlinien *Brandmair, Lothar,* Die freiwillige Selbstkontrolle der Werbung: Rechtstatsachen, Rechtsvergleichung, internationale Bestrebungen, 1978, S. 191 ff.

[225] Dazu die Überlegungen über die Selbstregulierung und das Demokratieprinzip im Kapitel VI. 3.

[226] Siehe *Hippel, Eike von,* Verbraucherschutz, 3. Aufl., 1986, S. 100.

die Partizipation sowohl von Verbrauchern als auch von Wissenschaftlern zu denken, deren Stimmen und Denkanstöße in die Arbeit des Werberates integriert werde sollten, um seine Demokratisierung und seine Akzeptanz zu erhöhen[228].

Auf der europäischen Ebene[229] gründeten im Jahr 1991 die nationalen Werberäte aus zehn EU-Staaten sowie aus Schweden und der Schweiz die EASA (European Advertising Standards Alliance), die selbst Werberichtlinien aufstellt, Beschwerdeverfahren koordiniert, generell die Fortentwicklung einer effektiven einzelstaatlichen Werbe-Selbstkontrolle unterstützt und diesbezügliche Informationen sammelt und zur Verfügung stellt. Sie entscheidet nicht inhaltlich über Beschwerden. Dies bleibt den nationalen Einrichtungen vorbehalten. Ihre Aufgabe besteht darin, die ihr zugeleiteten Beschwerden weiterzureichen an die Einrichtung der Werbeselbstdisziplin desjenigen Staates, in dem das werbende Unternehmen seinen Sitz hat[230].

Auf internationaler Ebene hat die Internationale Handelskammer (Paris) im Jahre 1937 Verhaltensregeln für die Werbepraxis entwickelt, die Missbräuchen der Werbung weltweit entgegenwirken und lauteres Verhalten der Werbewirtschaft durch freiwillige Disziplin fördern sollen. Diese Regeln sind wiederholt neu gefasst worden[231].

c) Selbstregulierung im Telekommunikationsrecht

Kommunikation gestattet technisch[232] das grenzenlose Aussenden, Übermitteln und Empfangen multimedialer Informationen und Dienste unter Verwendung kompatibler Übertragungswege und Endgeräte. Sie ermöglicht das Werden der

---

[227] Neben Vertretern der Filmbranche haben auch Repräsentanten des öffentlichen Lebens, etwa aus der Politik, Kirchen und Verbänden dort Sitz und Stimmrecht.

[228] So *Ruess, Peter*, Das Recht der Werbung zwischen Staats- und Selbstkontrolle, in: *Peer, Gundula Maria (Hrsg.)*, Die soziale Dimension des Zivilrechts – Zivilrecht zwischen Liberalismus und soziale Verantwortung, Jahrbuch Junger Zivilrechtswissenschaftler, 2003, S. 209, 230.

[229] Ausführlicher über die Kernaufgaben der EASA siehe *Nickel, Volker*, Werbung zwischen Staatskontrolle und Werbedisziplin, WRP 1994, S. 474, 475.

[230] Dazu *Beckmann, Christoph*, Werbeselbstdisziplin in Deutschland und Europa: Zwanzig Jahre Deutscher Werberat und Gründung der European Advertising Standards Alliance (EASA), WRP 1991, S. 702, 706.

[231] Der internationaler Werbekodex vom April 1997 und die Werbe- und Marketingrichtlinien in den elektronischen Medien vom Oktober 2004 sind abrufbar unter: www.iccbo.org/home/menu_advert_marketing.asp.

[232] So *Stober, Rolf*, Telekommunikation zwischen öffentlich-rechtlicher Steuerung und privatwirtschaftlicher Verantwortung, DÖV 2004, S. 221.

Informationsgesellschaft und steuert eine allmähliche Änderung der sozialen und kulturellen Strukturen bei. Leistungsfähige und flächendeckend vorhandene bzw. verfügbare Telekommunikations-Infrastrukturen entscheiden als zentrale Standortfaktoren zunehmend über die Wettbewerbsfähigkeit von Regionen, Staaten und ganzen Kontinenten.

Wirtschaftsvölkerrechtlich (WTO/GATS-Basic Telecommunications Agreement) und gemeinschaftsrechtlich (Art. 49 EGV) wurde konstatiert, dass die traditionellen staatlichen Monopole auf den Telekommunikationsmärkten die Entfaltung ihrer außergewöhnlichen Innovations- und Wachstumspotentiale behindern. Dem liegt die Überzeugung zu Grunde, dass der Markt und der Wettbewerb leistungsfähiger sind als staatliche Daseinsvorsorge.

Die konsequente Forderung nach mehr Markt und weniger Staat hat in der Form der Deregulierung ihren Niederschlag gefunden. Gleichzeitig wollte man aber auch die Gemeinwohlziele nicht gefährden, die bis dahin zur Rechtfertigung der Monopolisierung des Sektors herangezogen worden waren: Die flächendeckende infrastrukturelle Grundversorgung musste auch in einem liberalisierten Umfeld gesichert sein. Wenn also Gemeinwohlziele zu verwirklichen sind, die der freie Markt von sich aus nicht oder nicht in jedem Fall zu gewährleisten vermag, oder ihre Gewährleistung von der Durchsetzung des funktionsfähigen Wettbewerbs[233] bedroht wird, ist eine gesellschaftliche Selbstorganisation begleitende Regulierungstätigkeit erforderlich[234]. Trotz bzw. wegen dieser Umbrüche muss beim Staat eine Gewährleistungs- und Auffangverantwortung verbleiben, wenn der Markt verfassungsrechtlich gebotene Leistungen nicht von sich aus erbringt[235].

Ein weiterer Grund für die Erneuerung des Telekommunikationsrechts, wo die Ausarbeitung neuer Steuerungsinstrumenten überaus hilfreich sein kann, stellt die Konvergenz der Medien und der kommunikationstechnischen Sektoren dar: Das Internet verwischt die Unterschiede zwischen Sprach-, Bild- und Datenübertragungsdiensten[236]. Dieses Phänomen mussten neue Rechtsmaßnahmen begleiten, die die konvergierenden Sektoren und Medien einheitlich regeln. Die Rechtsordnung in Deutschland stellt für diese Entwicklung ein komplexes und

---

[233] Siehe *König, Christian, Vogelsang, Ingo, Kühling, Jürgen, Loetz, Sascha, Neumann, Andreas,* Funktionsfähiger Wettbewerb auf den Telekommunikationsmärkten: Ökonomische und juristische Perspektiven zum Umfang der Regulierung, 2002.

[234] So *Wegmann, Winfried,* Regulierte Marktöffnung in der Telekommunikation: Die Steuerungsinstrumente des Telekommunikationsgesetzes (TKG) im Lichte „regulierter Selbstregulierung", 2001, S. 52.

[235] Siehe *Ladeur, Karl-Heinz, Gostomzyk, Tobias,* Der Gesetzesvorbehalt im Gewährleistungsstaat, Die Verwaltung 2003, S. 141, 151.

[236] Siehe *Kardasiadou, Zoi,* Mitteilungen der EU-Kommission: Die Reform der Rechtsrahmen für den TK-Sektor, RTkom 1999, S. 168, 169.

wenig übersichtliches Regelungssystem zur Verfügung. Ebenso zergliedert sind die Zuständigkeiten der verschiedenen Kontrollinstanzen. Erwünscht wird eine neue konvergenztaugliche Medienordnung[237] im Sinne eines einheitlichen Rechtsrahmens, die traditionell bedingte Kompetenztrennungen abschafft, eine Vernetzung der Medienüberwachung für einen integrierten und effizienten Verwaltungsvollzug institutionalisiert und somit die technische Konvergenz begleitet. Ein gelungenes Beispiel hierfür ist die Abschaffung der Lizensierungspflicht: Durch den liberalisierenden Charakter der neuen Meldepflicht als Schlüsselinstrument der telekommunikationsrechtlichen Kontrolle und den jetzt geltenden Grundsatz der Telekommunikationsfreiheit haben sich auch die Zweifelsfragen erledigt, ob Internet-Telefonie lizenzpflichtig ist[238].

Aus diesen Gründen gab der Gesetzgeber mit dem Telekommunikationsgesetz den normativen Rahmen für eine regulierte Marktöffnung vor. Die Beispiele der unregulierten Marktöffnung in den USA und in Großbritannien haben gezeigt, dass tatsächlicher Wettbewerb in der Telekommunikation erst durch die Eingriffe des Staates geschaffen werden kann. Damit stellt sich der Übergang vom Monopol zum Wettbewerb als Prozess dar, als Aufgabe, die im Wege staatlicher Regulierung zu bewältigen gilt. Das TKG bietet dafür die normative Grundlage.

Zur Zeit findet die Zwischenphase der Entregulierung der Telekommunikationsbranche statt, die auf die Schaffung von Marktverhältnissen ausgerichtet ist, welche langfristig einen weitgehenden Abbau der Marktregulierung für elektronische Kommunikationsnetze und –dienste gestatten sollen[239]. Es stellt sich die Frage, welche Gestalt die Selbstregulierung des Marktes einnehmen darf, um die Anwendung von Regulierungsmaßnahmen zur Ausnahme zu machen und dem regulatorischen Wettbewerb den Vorrang zu geben. Das europäische Telekommunikationsrecht, welches die Richtung der Neuerungen vorgibt, konkretisiert dieses rechtliche Konstrukt als „wirksamen[240], chancengleichen und funk-

---

[237] Zu den Grundanforderungen einer neuen Medienordnung *Gounalakis, Georgios,* Konvergenz der Medien – Sollte das Recht der Meiden harmonisiert werden?, Gutachten C für den 64. Deutschen Juristentag, 2002, S. C 65 ff.

[238] § 6 TKG (alte Fassung) hat vier lizenzpflichtige Bereiche geregelt, deren Abgrenzung Anlass zu Kontroversen gegeben hatte, zu denen die Europäische Kommission ihrerseits Stellung nehmen musste, dass nämlich auf die Internettelefonie im Allgemeinen die Definition von Sprachtelefonondienst nicht zutrifft. ABl. EG 2000 Nr. C 369, S. 3, 4.

[239] Siehe *König, Christian, Loetz, Sascha,* Infrastruktur- und Dienstwettbewerb im EG-Telekommunikationsrecht, TKMR 2004, S. 132.

[240] Rahmenrichtlinie 2002/21/EG vom 07.03.2002, ABl. L 108, S. 33 ff, Art. 8 Abs. 1, S. 2.

72

tionsfähigen Wettbewerb[241]", für dessen Ausbau die nationalen Regulierungsbehörden zu sorgen haben. Mit dem neuen Telekommunikationsgesetz[242] hat der Gesetzgeber seine Regulierungsüberwachung entschärft, indem er der EG-Genehmigungsrichtlinie nachkommend die Individuallizensierung abgeschafft und an ihrer Stelle die Allgemeingenehmigung für Netze und Dienste eingeführt hat. Im europäischen Recht ist allerdings an die Allgemeingenehmigung eine lange Bedingungsliste geknüpft, darunter auch die Beachtung der Richtlinie 97/66/EG über die Verarbeitung personenbezogener Daten und den Schutz der Privatsphäre im Bereich der Telekommunikation.

d)   Selbstregulierung im Energierecht

Traditionell wurden Netzindustrien wie die Energiewirtschaft durch gesetzliche oder gesetzlich legitimierte Marktzutrittsschranken als Monopole geschützt. Entsprechend der überwiegenden wirtschaftswissenschaftlichen Auffassung wurde aber die Betrachtung des Energiesektors als natürlich monopolistisch[243] strukturierter Markt aufgegeben. Durch die Öffnung des Marktes für den Wettbewerb versprach man sich effizientere Gestaltung und dadurch Effizienzgewinne und Strompreissenkungen. Die jetzt zutagetretende Frage ist, wie auf einem bislang traditionell monopolistisch geprägten Markt ein chancengleicher und funktionsfähiger Wettbewerb eröffnet werden kann, ohne dass die flächendeckende Grundversorgung gefährdet und ohne dass in die Eigentumsrechte und in die berechtigten Interessen der Netzbetreiber eingegriffen wird[244]. Die Europäische Union schützt gem. Art 14 EGV die Verwirklichung des europäischen Binnenmarktes, indem der freie Verkehr von Waren, Personen, Dienstleistungen und Kapital gewährleistet ist. Hierzu gehört auch der Energiesektor. Im europäischen Raum hat demnach zuerst Großbritannien[245] seinen E-

---

[241] Dazu *König, Christian, Vogelsang, Ingo, Kühling, Jürgen, Loetz, Sascha, Neumann, Andreas,* Funktionsfähiger Wettbewerb auf den Telekommunikationsmärkten: Ökonomische und juristische Perspektiven zum Umfang der Regulierung, Heidelberg, 2002, S. 162 ff.; *ders.,* Der Begriff des funktionsfähigen Wettbewerbs im deutschen Telekommunikationsrecht, K&R 2003, S. 8 ff.
[242] Telekommunikationsgesetz vom 22.06.2004, BGBl. 2004, I Nr. 29, S. 1190 ff.
[243] So *Theobald, Christian, Schiebold, Daniel,* Aktuelle Entwicklungen des Energierechts, VerwArch 2003, S. 157, 159.
[244] Siehe *Schwarze, Jürgen,* Der Netzzugang für Dritte im Wirtschaftsrecht, in: *ders. (Hrsg.),* Der Netzzugang für Dritte im Wirtschaftsrecht, 1999, S. 11.
[245] Über die Privatisierung und Liberalisierung der Elektrizitätsversorgungsindustrie im Vereinigten Königreich siehe *Schneider, Jens-Peter,* Liberalisierung der Stromwirtschaft durch

nergiemarkt liberalisiert. Mitte der neunziger Jahre folgten die skandinavischen Länder und die Niederlande. Die restlichen europäischen Mitgliedstaaten haben die Liberalisierung auf Grund der Elektrizitäts-Richtlinie eingeführt.

In Deutschland bestand traditionell eine Vielzahl von Elektrizitätsversorgungsunternehmen (EVUs), die im Grundsatz privat und vertikal organisiert waren und Gebietsmonopole besaßen. Die Marktstruktur wies bereits dezentrale pluralistische Merkmale auf. Der maßgebliche Impuls zur deutschen Energierechtsreform ging freilich von den europarechtlichen Bestimmungen zur Schaffung eines Energiebinnenmarktes aus. Die EU-weite Rechtsreform für die Energiewirtschaft ist in Form der Elektrizitätsrichtlinie[246] 1996 angestoßen worden, die aber von der neuen Elektrizitätsrichtlinie[247] 2003 aufgehoben wurde.

In einem ersten Schritt hat die Kommission 1998 die Gründung des Europäischen Forums für Elektrizitätsregulierung, das "Florenzer Forum", in die Wege geleitet, um Fragen grenzüberschreitender Elektrizitätstransaktionen zu lösen. Dieses Forum setzt sich aus Vertretern der Kommission, der Behörden der Mitgliedstaaten, des Europäischen Parlaments, des Rates europäischer Regulierungsbehörden und des Verbandes europäischer Übertragungsnetzbetreiber (ETSO) zusammen. Produzenten, Verbraucher und auf dem Markt tätige Betreiber sind ebenfalls in ihm vertreten. Ziel dieses Forums ist es, mit allen maßgeblichen Beteiligten Lösungsmöglichkeiten zu erörtern und herauszuarbeiten, insbesondere zu Fragen der grenzüberschreitenden Entgeltbildung und des Engpassmanagements. Das Florenzer Forum ist ein informelles[248] Instrument, das sich als äußerst effizient für die Konsensbildung[249] bei hochkomplizierten, sich schnell weiterentwickelnden und kontroversen Fragen erwiesen hat. In die-

---

regulative Marktorganisation: eine vergleichende Untersuchung zur Reform des britischen, US-amerikanischen, europäischen und deutschen Energierechts, 1999, S. 143 ff.

[246] Richtlinie 96/92/EG des Europäischen Parlamentes und des Rates vom 19.12.1996 betreffend gemeinsame Vorschriften für den Elektrizitätsbinnenmarkt, ABl. L 27/20.

[247] Richtlinie 2003/54/EG des Europäischen Parlamentes und des Rates v. 26.6.2003 über gemeinsame Vorschriften für den Elektrizitätsbinnenmarkt und zur Aufhebung der Richtlinie 96/92/EG, ABl. L 176, S. 37.

[248] *Schneider, Jens-Peter,* Vorgaben des europäischen Energierechts, in: *ders., Theobald, Christian (Hrsg.),* Handbuch zum Recht der Energiewirtschaft: Die Grundsätzen der neuen Rechtslage, 2003, § 2 Rdnr. 95.

[249] Das Verfahren hat informellen Charakter und beruht auf zweitägigen Tagungen, die zweimal jährlich stattfinden. Um bei einer Frage vorankommen zu können, ist der uneingeschränkte Konsens aller Parteien erforderlich. Erzielte Beschlüsse können nur dadurch umgesetzt werden, dass alle Parteien sie befolgen; es gibt keine Verfahren, die für die Umsetzung sorgen. Bestimmte Fragen, etwa die Berechnung der richtigen Höhe der Zahlungen zwischen den Übertragungsnetzbetreibern, erfordern in regelmäßigen Abständen ins Detail gehende Entscheidungen. Das Forum kann sich mit derartigen Fragen nicht in geeigneter Weise befassen.

ser Hinsicht wird es auch künftig ein wichtiges Instrument sein, insbesondere weil es die Vertretung der Branche und der Verbraucher gewährleistet, wenngleich die jüngsten Erfahrungen gezeigt haben, dass auch dieses Verfahren mit einer Reihe von Nachteilen verbunden ist, wenn es darum geht, bei speziellen Fragen zu konkreten Entscheidungen zu gelangen.

Ein weiteres Instrument der Selbstregulierung stellen die Verbändevereinigungen dar: Der Gesetzgeber[250] hat den Zugang zu den Elektrizitätsversorgungsnetzen als verhandelten Zugang ausgestaltet: Der jeweilige Netzbetreiber und der den Netzzugang begehrende Abnehmer handeln in individuellen Verträgen die Konditionen des Netzzugangs aus[251]. Das hat zu den sog. Verbändevereinigungen als Modell der Selbstregulierung geführt. Die erste Vereinbarung wurde 1998 verabschiedet, die aber schnell scheiterte und unverzüglich von der zweiten Vereinbarung 1999 abgelöst wurde, welche die Marktorganisation entscheidend verbesserte. Die Vereinbarung Strom II Plus, die am 13.12.2001 verabschiedet wurde, ist die letzte Maßnahme seitens der Verbände, den verhandelten Netzzugang in Deutschland und damit auch die Funktionsfähigkeit des Wettbewerbs auf dem Elektrizitätsmarkt aufrechtzuerhalten.

Aus der neuen europäischen Vorgaben für die Netzzugangsregulierung folgen allerdings Änderungsnotwendigkeiten für das EnWG[252]. Sie schaffen den oben skizzierten verhandelten Zugang und die daraus entstehende Vielfalt an Netzzugangsmodellen ab, die neben den variierenden Marktöffnungsgraden kennzeichnend für den Strom-Binnenmarkt waren. In der Folge verschwindet auch das Modell des verhandelten Netzzugangs weitgehend, das bisher als Alternative offen stand und von Deutschland als Grundlage der Umsetzung gewählt worden war. Art. 20 Richtlinie 2003/54/EG sieht nun allein das Modell des geregelten Netzzugangs vor, bei dem der Zugang auf der Grundlage veröffentlichter und genehmigter Tarife erfolgt. Diskriminierendes oder missbräuchliches Verhalten von Netzbetreibern soll damit nicht mehr nur durch repressive Eingriffe im Einzelfall sanktioniert, sondern im Wege der ex-ante-Kontrolle von vornherein vermieden werden[253]. Die Entscheidung für das Modell des geregelten Netzzugangs bedingt notwendig die Existenz einer Regulierungsbehörde,

---

[250] § 6 I EnWG.

[251] Siehe *Wyl, Christian de, Müller-Kirchenbauer, Joachim*, Vertragliche Ausgestaltung der Netznutzung bei Strom und Gas, in: *Schneider, Jans-Peter, Theobald, Christian (Hrsg.)*, Handbuch zum Recht der Energiewirtschaft: Die Grundsätzen der neuen Rechtslage, 2003, § 13, Rdnr. 15.

[252] *Schneider, Jens-Peter, Prater, Janine*, Das europäische Energierecht im Wandel: Die Vorgaben der EG für die Reformen des EnWG, RdE 2004, S. 57, 60.

[253] Siehe *Lecheler, Helmut, Gundel, Jörg*, Ein weiterer Schritt zur Vollendung des Energie-Binnenmarktes: Die Beschleunigungs-Rechtsakte für den Binnenmarkt für Strom und Gas, EuZW 2003, S. 621, 625.

die für die Genehmigung der betreffenden Tarife zuständig ist. Dieser Teil der Neuregelungen, der die selbstregulativen Initiativen der Privaten eliminiert, ist in Deutschland nicht ohne Widerstand aufgenommen worden: es wird gemahnt, dass der in Deutschland gewählte zweistufige Prozess mit Verbändevereinigungen und einer Kartellaufsicht gute Ergebnisse gegeben hat, und als kontraproduktiv davon abgeraten, in diesen Lernprozess durch eine übereilte Harmonisierung der nationalen Regulierungsansätze einzugreifen[254].

e)   Selbstregulierung im Umweltrecht

Durch die Verschärfung globaler ökologischer Probleme hat das Umweltbewusstsein der Gesellschaft zugenommen. Dabei wurden die scheinbaren Gegensätze von Ökonomie und Ökologie und die Rolle der Unternehmen im Umweltschutz ausführlich diskutiert. Es wurde immer deutlicher, dass nur ganzheitliche betriebliche Umweltkonzepte die Umweltauswirkungen eines Unternehmens kontinuierlich verbessern und gleichzeitig ökologischen Nutzen bringen können.

In diesem Zug wurden die europäischen Instanzen veranlasst, gesetzgeberisches Neuland zu betreten. Die überkommenen Ziele und die herkömmlichen Instrumente wurden für nicht ausreichend erachtet. Die Vollzugsdefizite[255] und die fehlende Durchsetzungsmacht der Behörden gegenüber den Betreibern aufgrund mangelnder technischer und personeller Ausstattung haben zu der Einsicht geführt, dass das bisherige ordnungsrechtliche hierarchische Konzept („top down") durch ein partizipatorisches Konzept („bottom down") u. a. durch Selbstkontrolle ergänzt werden muss. Dies wurde noch durch die Überzeugung gestärkt, dass die Industrie die Eigenverantwortung für die Bewältigung der Umweltfolgen ihrer Tätigkeiten zu tragen hat und dass diese Verantwortung eine konsequente Haltung verlangt, die durch wirksame Umweltpolitik und Umweltmanagementsysteme einzuhalten ist.

Die Selbstregulierung als juristisch komplementäre Steuerungsmethode ist im Bereich des Umweltschutzrechts auf fruchtbaren Boden gefallen. Das ist einerseits auf die Eigentümlichkeiten dieses Rechtsgebiets zurückzuführen, welches stets als Experimentierfeld des Gesetzgebers gedient hatte[256], und andererseits auf die faktischen Konstellationen, die ohnehin günstig für diese Entwicklung

---

[254] So *Bonse-Geukin, Wilhelm, Ermann, Georg*, EU-Überregulierung der Energiemärkte verhindern!, ET 2001, S. 430.

[255] Dazu siehe *Lorenz, Annegret*, Vollzugsdefizite im Umweltrecht, UPR 1991, S. 253, 254.

[256] So *Brandt, Edmund*, Regulierte Selbstregulierung im Unweltrecht, Die Verwaltung Beiheft 4, 2001, S. 127.

waren: die multipolaren Strukturen, die schwach ausgebildeten behördlichen Steuerungsinstanzen und die Ungewissheit in der Risikogesellschaft, welche das Umweltrecht in besonderem Maße betrifft.

Ein mittlerweile schon lange bekanntes Beispiel für die Selbstregulierung im Umweltschutzbereich stellt die Abwasserabgabe dar: Die Abwasserabgaben nach dem Abwasserabgaben-Gesetz des Bundes[257] sind weder als Gebühr oder Beitrag noch als Steuer zu qualifizieren, sondern als Sonderabgabe, die Anreize setzen soll, Kläranlagen in stärkerem Maße zu bauen, den Stand der Abwasserreinigungstechnik zu verbessern, abwasserarme oder abwasserlose Produktionsverfahren zu entwickeln und Güter aus abwasserintensiven Produktionen sparsam zu verwenden[258]: Ihre Erhebung soll veranlassen, durch gewässerschützende Maßnahmen Abgaben zu sparen, im Idealfall überhaupt keine Abgaben zahlen zu müssen. Diese Anreiz- und Ausgleichsfunktion entspricht dem vom Bundesverfassungsgericht gebildeten Typus der Sonderabgabe mit Lenkungscharakter[259].

Darüber hinaus wird die Verpackungsverordnung als prototypisches Instrument angesehen, dessen der Staat sich bedient, um der Selbstregulierung einen gesetzlichen Rahmen zu geben, in dem sie sich fortentwickeln darf. Auf dieser Verordnung beruht das Duale System Deutschland[260].

Für die vorliegende Abhandlung ist allerdings das Umwelt-Audit von besonderer Bedeutung, da es Vorbild-Funktion für das Datenschutz-Audit innehat, welches als Hauptinstrument der Selbstregulierung im Bereich des Datenschutzes im zweiten Teil näher analysiert wird.

Umwelt-Audits stellen systematische, umwelttechnische und umweltrechtliche Betriebsprüfungen dar. Sie dienen der Feststellung, ob und wie gut Umweltschutzorganisation, Umweltschutzmanagement und Umweltschutzeinrichtungen innerhalb eines Unternehmens, eines Betriebes oder eines Werks funktionieren. Sie übernehmen meist die Funktion ganzheitlicher betrieblicher Umweltkonzepte, die im Gegensatz zu Einzelmaßnahmen die Umweltauswirkungen eines Unternehmens kontinuierlich verbessern und gleichzeitig ökonomischen Nutzen bringen können. Ziel des Audits ist, diejenigen Leitsätze zu formulieren, nach deren Einhaltung das Unternehmen ständig geprüft wird und bei deren Einhaltung automatisch bewiesen wird, dass das Unternehmen

---

[257] BGBl. I 1998, S. 2455.

[258] Siehe *Breuer, Rüdiger,* Grundlagen und allgemeine Regelungen, in: *Rengeling, Hans-Werner (Hrsg.),* Handbuch zum europäischen und deutschem Umweltrecht (EUDUR), 2. Aufl., 2003, Bd. II, § 65, Rdnr. 127.

[259] So *Berendes, Konrad,* Das Abwassergesetz, 3. Aufl., 1995, S. 14.

[260] Ausführlich in der Monographie von *Finckh, Andreas,* Regulierte Selbstregulierung im Dualen System: Die Verpackungsverordnung als Instrument staatlicher Steuerung, 1998.

77

sich freiwillig kontinuierlich im betrieblichen Umweltschutz verbessert. Diese Prüfung beinhaltet eine „Input-Output-Analyse" unter Berücksichtigung sämtlicher umweltrelevanter Roh-, Hilfs- und Betriebsstoffe, Abfälle, Abwässer, Abgase, Lärm und Energie sowie Auswirkungen auf den Boden[261]. Das Öko-Audit stammt aus dem angelsächsischen Rechtskreis. Der Begriff des Audits[262] ist dem Bereich der betrieblichen Rechnungs- und Buchprüfung entlehnt[263]. Auf den Umweltschutzbereich übertrug man diese Idee mit hauptsächlich wirtschaftlicher Motivation. Den Anlass zur Entwicklung von Umwelt-Audits gab die „Securities and Exchange Commission" in den Jahren 1977 bis 1980 in den USA, die von mehreren Unternehmen die Durchführung von Umwelt-Audits verlangte, um die wirklichen, in den Jahresabschlüssen der Unternehmen offensichtlich deutlich zu gering bewerteten Umwelthaftungsrisiken festzustellen, denen sich diese Unternehmen ausgesetzt sahen[264].

Vorläufer der Umwelt-Audit-Verordnung war das „Responsible Care Programm" der amerikanischen und kanadischen Chemieverbände: In dem freiwillig übernommenen Verhaltenkodex verpflichten sich die Unternehmen, die geltenden Vorschriften einzuhalten, für angemessenen Arbeitsschutz zu sorgen, Kunden und Öffentlichkeit über Gefahren ihrer Produkte zu informieren, auf eine sichere Verwendung und Entsorgung ihrer Produkte hinzuwirken und dem Umweltschutz bei der Produktentwicklung Rechnung zu tragen. Das Programm enthält Empfehlungen zur Einführung von Umweltmanagement und Umweltaudits.

Hinsichtlich der Betriebsorganisation, einschließlich ihrer Überprüfung in einem internen Audit, haben die DIN/ISO-Normen 9000 bis 9004 über Qualitätssicherungssysteme eine Vorbild-Funktion[265].

Die europäische Entwicklung des Umwelt-Audits wurde in Zielsetzung, Motivation und Methode stark durch das Positionspapier „Umweltschutz-Audits"

---

[261] Siehe *Bohlen, Anna, Seidemann, Thomas*, Das Umwelt-Audit: Umweltmanagementsysteme reduzieren die Betriebskosten, Beilage zu Natur&Kosmos, März 1999, S. 3 ff.

[262] Laut der *Committee on Basic Auditing Concepts* ist auditing ein systematischer Prozess zur objektiven Beschaffung und Bewertung von Tatsachen im Bezug auf Behauptungen über wirtschaftliche Tätigkeiten und Ereignisse, die dazu dienen, den Grad der Übereinstimmung zwischen diesen Behauptungen und festgesetzten Kriterien festzustellen sowie die Mitteilung der Ergebnisse an Interessierte, Report of the Committee on Basic Auditing Concepts, Supplement to Volume 47 of The Accounting Review, 1972, S. 17, 18.

[263] *Ewer, Wolfgang*, Öko-Audit, in: *Rengeling, Hans-Werner (Hrsg.)*, Handbuch zum europäischen und deutschem Umweltrecht (EUDUR), 2. Aufl., 2003, Bd. I, § 36, Rdnr. 8.

[264] Siehe *Scherer, Joachim*, Umwelt-Audits: Instrument zur Durchsetzung des Umweltrechts im europäischen Binnenmarkt? NVwZ 1993, S. 11.

[265] So *Feldhaus, Gerhard*, Umweltaudit und Betriebsorganisation im Umweltrecht, in: *Kormann, Joachim (Hrsg.)*, Umwelthaftung und Umweltmanagement, 1994, S. 9, 12.

der Internationalen Handelskammer[266] geprägt. Der Europäische Rat hat am 29. Juni 1993 die Verordnung (EWG) Nr. 1836/93[267] über die freiwillige Beteiligung gewerblicher Unternehmen an einem Gemeinschaftssystem für das Umweltmanagement und die Umweltbetriebsprüfung erlassen. Diese unter dem Namen EG-Öko-Audit-Verordnung bekannte Regelung hat sich bewährt und ihre Wirksamkeit im Hinblick auf die Verbesserung der Umweltleistung beteiligter Unternehmen unter Beweis gestellt. Die Öko-Audit-Verordnung sah in Artikel 20 vor, dass spätestens fünf Jahre nach ihrem In-Kraft-Treten das Gemeinschaftssystem auf Grund gemachter Erfahrung und internationaler Entwicklung überprüft und gegebenenfalls geändert werden soll. In den Jahren 1997 und 1998 wurde von der Europäischen Kommission die Überprüfung der Öko-Audit-Verordnung durchgeführt und ein deutliches Optimierungspotenzial festgestellt.

Dieses Verbesserungspotenzial wurde in der Nachfolgerin der EG-Öko-Audit-Verordnung berücksichtigt. Die EMAS-VO[268] (Enviromental Management and Audit Scheme) hat den Charakter eines von den EG-Mitgliedstaaten getragenen öffentlich-rechtlichen Regelwerks. Die Anwendung der Verordnung ist freiwillig. Im Rahmen einer Teilnahme an EMAS sind Organisationen verpflichtet, ein rechtlich vorgegebenes Umweltmanagementinstrumentarium[269] anzuwenden, das im wesentlichen aus den Elementen Umweltpolitik, -programm, -management, -prüfung und -erklärung besteht.

Die europäischen Regelungen von Audit-Verfahren knüpfen an den Gedanken eines weitgehend selbstregulierenden Systems in einem ausschließlich internen Audit an, übernehmen also das Instrument als solches, unterwerfen es aber der Kontrolle eines externen, amtlich zugelassenen Umweltgutachters.

Die bisher bekannten Umwelt-Audits haben teils Innen-, teils Außenwirkung. Als interne Audits sind solche einzustufen, die vom Management eines Unternehmens als Instrument der unternehmensinternen Umweltschutzkontrolle eingesetzt werden[270]. Externe Audits[271] dienen demgegenüber unternehmens-

---

[266] A.a.O., S. 11.

[267] Verordnung (EWG) Nr. 1836/93 des Rates über die freiwillige Beteiligung gewerblicher Unternehmen an einem Gemeinschaftssystem für das Umweltmanagement und die Umweltbetriebsprüfung, ABl. Nr. L 168, S. 1 ff. Rechtsgrundlage: Art. 130 EWG-Vertrag.

[268] Verordnung (EG) Nr. 761/2001 des Europäischen Parlaments und des Rates vom 19.3.2001 über die freiwillige Beteiligung von Organisationen an einem Gemeinschaftssystem für das Umweltmanagement und Umweltbetriebsprüfung (EMAS), ABl. Nr. L 114, S. 1 ff.

[269] Siehe *Langerfeldt, Michael*, Das novellierte Umweltauditgesetz, NVwZ 2002, S. 1156.

[270] Siehe *Scherer, Joachim*, Umwelt-Audits – Instrument zur Durchsetzung des Umweltrechts im europäischen Binnenmarkt?, NVwZ 1993, S. 11, 12.

externen Interessen, so etwa der staatlichen Kontrolle der Einhaltung gesetzlicher Umweltvorschriften oder der direkten Information der interessierten Öffentlichkeit.

Mit ihrer Einsetzung wird der Versuch unternommen, das Unternehmensrecht durch die Einführung von Umweltmanagement-Systemen auszugestalten. Durch dieses regulierte Selbstregulierungssystem wird dem Unternehmen eine weitgehende Selbstbestimmung im Bereich der innerbetrieblichen Umsetzung des Umweltschutzes zugestanden. Es unterscheidet sich somit vom geltenden Ordnungsrecht, indem es nicht durch Maßnahmen der Eingriffsverwaltung staatlich kontrolliert, sondern Anreize schafft, die die Unternehmen zu einem umweltadäquaten Management und zu eigenverantwortlicher Umweltkontrolle anregen sollen[272].

Schließlich bildet die ISO-Normserie 14000 die wichtigste Grundlage für Systeme des Umweltmanagements und der Umweltbetriebsprüfung neben E-MAS[273]. Die Normen wurden von dem zuständigen Normenausschuss (Technical Committee 207) von Juni 1993 an drei Jahre lang erarbeitet und schließlich im August 1996 verabschiedet[274].

f) Ausblick

Das Institut der Selbstregulierung war der Funktion und der Struktur des öffentlichen Rechts zunächst fremd. Das Rechtssystem kannte in der Vergangenheit am ehesten Formen einer privatrechtlichen Selbstregulierung, d.h. Selbstregulierungsformen unter den Prämissen der Privatrechtsordnung. Für das öffentliche Recht waren die Formen imperativer staatlicher Regulierung prägend. Zwischenmodelle entwickeln sich seit einiger Zeit, die Aspekte aus beiden Rechtsbereichen, sowohl aus dem Privatrecht als auch aus dem öffentlichen Recht, aufnehmen.

---

[271] *Glatfeld, Nicolas,* Das Umweltaudit im Kontext der europäischen und nationalen Umweltgesetzgebung, 1998, S. 6.

[272] Siehe zu den Instrumenten indirekter Verhaltenssteuerung, *Kloepfer, Michael,* Umweltrecht, 3. Aufl., 2004, S. 279 ff.

[273] *Ewer, Wolfgang,* Öko-Audit, in: *Rengeling, Hans-Werner (Hrsg.),* Handbuch zum europäischen und deutschem Umweltrecht (EUDUR), 2. Aufl., 2003, Bd. I, § 36, Rdnr. 103.

[274] Norm ISO 14001 (Umweltmanagementsysteme-Spezifikationen und Leitlinien zur Anwendung), ISO 14010 (Allgemeine Grundsätze für die Durchführung von Umweltaudits), ISO 14011 (Auditverfahren-Audit von Umweltmanagementsystemen) und ISO 140012 (Qualifikationskriterien für Umweltauditoren).

Die Ursachen diesen Wandels sind in den Entwicklungsprozessen und in den Bedürfnissen der heutigen Gesellschaft zu suchen: Die Risikogesellschaft[275] ist eine Gesellschaft, die immer offensichtlicher mit selbst geschaffenen, zugleich umweltzerstörenden und lebensbedrohlichen Risiken globalen Ausmaßes konfrontiert ist. Diese neuen Risiken gingen mit der Entwicklung neuer Technologien (Nukleartechnologie, Gentechnologie, elektronische Datenverarbeitung) einher. Die Gefährdungen, die diese Risiken hervorrufen, sind ökonomischer, ökologischer, sozialer und kultureller Art und haben internationalen bzw. globalen Charakter.

Das führt zu unvermeidliche Folgen für die Tätigkeit des Staates in allen seinen Funktionsbereichen. Viele derjenigen Aufgaben, die der Staat in Erfüllung seiner Funktionen übernommen hatte, kann er heute nicht mehr allein erledigen. Teilweise sind die Probleme, die er bekämpfen muss, grenzüberschreitend, berühren benachbarte Staaten oder sind kontinentale oder gar globale Probleme, die viele Staaten gemeinsam betreffen. Das ist beispielsweise der Fall bei Umweltschutzgefährdungen oder bei den internetspezifischen Grundrechts- und insbesondere Datenschutzgefährdungen.

Über den Risikofaktor hinaus ist die moderne Gesellschaft durch ein hohes Maß an Organisiertheit, Komplexität, bedingte Interdependenz und schließlich auch Verfügbarkeit von Ressourcen und technischen Instrumenten gekennzeichnet[276]. Um mit den vielfältigen komplexen Entwicklungsprozessen Schritt halten zu können und sowohl ihre Gestaltung als auch ihre Folgenabschätzung zu steuern, hat der überforderte Staat seine Interventionsgrenzen erreicht: Vormals staatliche Leistungen wie Bahnverkehr, die Flugsicherung durch Fluglotsen, die Post, das Fernmeldewesen, die Wasserversorgung, die Energieversorgung oder der Bau und der Betrieb einzelner Fernstraßen werden inzwischen in Deutschland wie in anderen Staaten durch private Organisationen erbracht, wobei Leistungsangebote und Preise über den Markt gesteuert werden. Selbst im ursprünglichen Kernbereich des Staates, der öffentlichen Sicherheit, sind Privatisierungstendenzen[277] zu beobachten: Private Sicherheitsdienste übernehmen Polizeiaufgaben, Gefängnisse werden privatisiert, und bei internationalen Militäreinsätzen

---

[275] Statt vieler siehe *Beck, Ulrich*, Risikogesellschaft: auf dem Weg in eine Moderne, 1998; *Hoffmann-Riem, Wolfgang*, Ökologisch orientiertes Verwaltungsrecht – Vorklärungen, AöR 1994, S. 590 ff.; *Murswiek, Dietrich*, Die Bewältigung der wissenschaftlichen und technischen Entwicklungen durch das Verwaltungsrecht, DVBl. 1990, S. 32 ff.

[276] *Mayntz, Renate, Scharpf, Fritz*, Steuerung und Selbstorganisation in staatsnahen Sektoren, in: *ders. (Hrsg.)*, Gesellschaftliche Selbstregelung und politische Steuerung, 1995, S. 10.

[277] Siehe zum Begriff und zu den Erscheinungsformen der Privatisierung *Weiß, Wolfgang*, Privatisierung und Staatsaufgaben: Privatisierungsentscheidungen im Lichte einer grundrechtlichen Staatsaufgabenlehre unter dem Grundgesetz, 2002, S. 28 ff.

greifen einzelne Staaten inzwischen sogar auf Söldnertruppen zurück, die von privaten Unternehmen organisiert und ausgerüstet werden.

Zu konstatieren ist ein Übergang vom Staat, der selbst Leistungen produziert und verteilt, zum Staat, der notwendige öffentliche Leistungen nur noch gewährleistet oder in Kooperation mit gesellschaftlichen Organisationen oder privaten Unternehmen erfüllt: vom „aktivierenden" zum „ermöglichenden" Staat. Der Staat beschränkt sich hierbei auf die Garantie von Leistungen, auf die Regulierung von Produktionsprozessen und Märkten oder auf die Organisation und Moderation von Verhandlungen zwischen gesellschaftlichen Akteuren sowie die Sicherung von Vereinbarungen.

Die Veränderungen der staatlichen Aufgabenerfüllung mit Verantwortungsteilungen von Staat und Privaten führen zu einer Diffusion von öffentlichem und privatem Sektor. Wir stehen vor strukturellen Verschiebungen im Verhältnis zwischen Staat, Wirtschaft und Gesellschaft und infolgedessen vor einer neuen Verantwortungsteilung. Diese Verantwortung muss allerdings zwischen Staat, Gesellschaft und Wirtschaft sachadäquat austariert werden. Dem öffentlichen Recht fällt eine Schlüsselrolle bei der Entwicklung rechtlicher Konzepte zu. Die staatlich regulierte Selbstregulierung[278] kann als Modell indirekter Steuerung dienen. Grundlegende Voraussetzung ist freilich, dass alle Chancen und Risiken mitberücksichtigt werden, so dass der demokratische und soziale Staat gesichert bleibt[279]. Die Rolle des öffentlichen Rechts ist somit in der Absicherung gesetzlich anerkannter gesellschaftlicher Ziele durch regulativer Instrumente, in der Strukturierung des verfassungsrechtlichen Mindestmaßes, außerhalb dessen eine Selbstregulierung rechtlich inakzeptabel ist und letztlich in der Genehmigungserteilung an gelungene Umsetzungsansätze des hoheitlich gesetzten Rahmens in eine selbstregulative Ordnung zu sehen.

V.   Entstehungsgründe

1.   Veränderung der Staatlichkeit – Staatswandel

Die Rolle des Staates wird im Rahmen der Selbstregulierungsthematik immer intensiver und kontroverser diskutiert. Der staatliche Funktionswandel, der sehr oft festgestellt wird, fordert die Bildung eines neuen Staatsverständnis: Welche Aufgaben muss der Staat noch wahrnehmen und welche an andere Steuerungs-

---

[278] Über die verschiedenen Erscheinungsformen der Steuerungssysteme siehe Erster Teil, Kapitel III.
[279] Über die verfassungsrechtlichen Anforderungen siehe Erster Teil, Kapitel IV.

akteure delegieren, welche Art von Verantwortung bindet den Staat, dies sind Fragen, die in verschiedenen juristischen, soziologischen und politologischen Diskursen auftauchen.

Sowohl die quantitative Ausweitung und die qualitative Veränderung der Staatsaufgaben als auch die weitreichenden gesellschaftlichen, technischen und weltwirtschaftlichen Entwicklungen, die das Umfeld staatlichen Handelns fundamental verändern, führen dazu, dass man die Anzahl der Aufgaben, die Handlungsformen und die Instrumente des modernen Staates genauer unter die Lupe nimmt. Darüber hinaus gibt es die Vorwürfe der staatlichen Überbürokratisierung und Überregulierung von Lebensbereichen, welche den Chor der kritischen Stimmen unterstützen. Vorsorge-, Gewährleistungs-, Steuerungs- und Regulierungsstaat sind Stichworte, die die Suche nach neuen Steuerungskonzepten aufzeigen[280]. Somit stellt sich die Frage, ob die traditionellen staatlichen Steuerungsinstrumente zur Lösung der Probleme der werdenden Informationsgesellschaft taugen.

Um diese Steuerungsinstrumente konsequent untersuchen und bewerten zu können und eventuell Alternativen zu den überkommenen Methoden vorzuschlagen, muss man zunächst die staatlichen Zwecke und Aufgaben und im Anschluss die staatliche Verantwortung definieren und kategorisieren.

a)   Staat, Staatsziele und Staatsaufgaben

Staaten sind rechtlich geordnete Gefüge menschlichen Zusammenlebens, die mit einer unabhängigen, obersten Herrschaftsorganisation ausgestattet sind[281]. Hauptziel und Legitimationsgrund des Staates ist das Wohl des Gemeinwesens, das als Leitbild des guten Zustands der Bürgerschaft bezeichnet wird. Das Gemeinwohl ist der Inbegriff aller äußeren Bedingungen, unter denen sich die Grundrechtsträger in Freiheit und ihrer Menschenwürde gemäß entfalten[282] können.

Der verfassungsrechtliche Ausdruck des Gemeinwohls ist das *Staatsziel*. Staatsziele sind die Belange des Gemeinwohls (öffentliche Interessen[283]), die der

---

[280] *Gramm, Christof,* Privatisierung und notwendige Staatsaufgaben, 2001, S. 14.

[281] Zum Staatsbegriff *Maunz, Theodor, Zippelius, Reinhold,* Deutsches Staatsrecht, 30. Aufl., 1998, S. 2 ff.

[282] Laut *Aristoteles* ist es eine offenkundige Tatsache, dass allen das Streben nach einem glücklichen Leben und einem vollkommenen Dasein innewohnt. *Aristoteles,* Politik, Band 7, übers. und hrsg. von Olof Gidon, 7. Aufl., 1996.

[283] *Öffentliche Aufgaben* sind die Tätigkeitsbereiche, die den öffentlichen Interessen entsprechen. Sie können von staatlichen sowie gesellschaftlichen Trägern wahrgenommen und er-

Staat sich zu eigen macht und in deren Dienst er sich planmäßig stellt. Sie aktualisieren sich in verschiedenen Aufgabenfeldern des Staates und entspringen nicht einem theoretischen System, sondern den praktischen Notwendigkeiten und politischen Bedürfnissen des staatlichen Lebens. Das typische Beispiel stellt das soziale Staatsziel des deutschen Grundgesetzes dar (Sozialstaatsprinzip, Art. 20 Abs. 1 GG): Es enthält das Leitbild zur Gestaltung der gesellschaftlichen Ordnung.

Georg Jellinek hat zwei große Abteilungen von Staatszielen bzw. Staatszwecken gebildet: Die „exklusiven" Ziele, die ausschließlich dem Staat zukommen, und die „konkurrierenden" Ziele, die der Staat entweder für sich beansprucht oder die von ihm noch mit anderen geteilt werden können[284].

Nach der Auffassung von *Isensee*[285] dagegen gibt es keine Ziele, die unter allen Umständen ausschließlich der staatlichen Organisation vorbehalten wären; dem modernen Staat stehen grundsätzlich alle Handlungsfelder offen. Wie außerdem noch behauptet wird[286], spiegeln die inhaltlichen Bestimmungen der Staatsziele nur den gewandelten „Zeitgeist". Demzufolge gibt es keine Staatsziele „an sich", sondern nur solche, die ein jeweils konkretes Gemeinwesen in einer jeweils konkreten Zeit jenem konkreten Staat zuweisen. Aus diesem Grund werden Staatsziele oft in Präambeln erwähnt, jedoch nicht in Form eines Katalogs[287].

Staatliche Aufgaben[288] sind solche, die der Staat nach der jeweils geltenden Verfassungsordnung zulässigerweise für sich in Anspruch nimmt[289], um die abstrakten Staatszielbestimmungen zu konkretisieren. Demzufolge sind Staatsaufgaben im Vergleich zu Staatszielen viel konkreter, etwa die polizeiliche Gefahrenabwehr im Gegensatz zur inneren Sicherheit. Der Staat muss sich jedoch mit den Aufgaben in Form des positiven Rechts befassen, außerdem die

---

füllt werden. Sie sind nicht wesentlich dem Staat vorbehalten. *Staatliche Aufgaben* sind hingegen die Staatsaufgaben, auf die der Staat in den Grenzen der Verfassung zugreift.

[284] *Jellinek, Georg,* Allgemeine Staatslehre, 3. Aufl., 1920, S. 263.

[285] *Isensee, Josef, Kirchhof, Paul (Hrsg.),* Handbuch des Staatsrechts, Bd. 3, 1988, § 57, Rn 42.

[286] Siehe *Schulze-Fielitz, Helmut,* Staatsaufgabenentwicklung und Verfassung, in: *Grimm, Dieter (Hrsg.),* Wachsende Staatsaufgaben – sinkende Steuerungsfähigkeit des Rechts, 1990, S. 9, 13.

[287] Als Ausnahme gilt die schweizerische Verfassung, deren Verfassungstext einen Aufgabenkatalog enthält.

[288] Zu den Staatsaufgaben aus der Sicht der konstitutionellen politischen Ökonomie und der juristischen Staatslehre, siehe *Sobota, Katharina,* Staatsaufgaben, in: *Engel, Christoph, Morlok, Martin (Hrsg.),* Öffentliches Recht als ein Gegenstand ökonomischer Forschung, 1998, S. 287 ff.

[289] *Ossenbühl, Fritz,* Die Erfüllung von Verwaltungsaufgaben durch Private, VVDStRL 1971, S. 137, 153 ff.

verfassungsrechtlichen Grenzen einhalten, damit man von Staatsaufgaben überhaupt sprechen kann[290].

Die Liste der staatlichen Aufgaben ist lang: *Jellinek* nennt in seiner Staatslehre[291] staatliche Selbstbehauptung, Sicherheit und Machtentfaltung, Rechtssetzung, Rechtschutz und Kulturförderung. Zudem wird sie um die rechtsstaatliche und ökologische Sicherheit, den wachsenden Wohlstand der Bevölkerung durch Steigerung des Bruttosozialproduktes sowie durch das Bemühen um sozialen Ausgleich bereichert, um das Verbot des Angriffskrieges, den inneren Frieden sowie die Daseinvorsorge, die in der Leistungsverwaltung, der Wohnungsbaupolitik und der Gesundheitspolitik konkretisiert wird.

Unter den heutigen Bedingungen wird ein absolutes, für alle Zeiten gültiges Staatsziel abgelehnt. Es wird vielmehr ein Modell bevorzugt, das sich an die ständig wechselnden Bedürfnisse anpasst und die bestehenden weltanschaulichen und politischen Vorstellungen der Mehrheit berücksichtigt. Der sich allmählich wandelnde Staat, sieht sich zu einer Begrenzung seiner Aufgaben legitimiert. Zu seinen Aufgaben gehört immer noch die Gewährleistung äußerer und innerer Sicherheit, wobei dem Individuum nunmehr erhebliche Freiräume autonomer Selbstentfaltung vorbehalten bleiben[292]; innerhalb dieser Freiräume kann das Individuum unter bestimmten Voraussetzungen diejenigen Ziele fördern, deren Erfüllung der öffentlichen Wohlfahrt dient. In diesem Fall verbleibt dem Staat jedoch die Funktion, für den Fortbestand der Gesellschaft als Selbstregulierungssystem zu sorgen[293].

Im Rahmen einer pluralistischen[294] Gesellschaft, in der neben dem Staat gesellschaftliche Gruppierungen Träger von Mitverantwortung[295], aber auch sozialer und ökonomischer Macht sind, bleibt der Staat weiterhin an seine Sozialpolitik

---

[290] *Isensee, Josef, Kirchhof, Paul (Hrsg.)*, Handbuch des Staatsrechts, Bd. 3, 1988, § 57, Rdnr. 137.

[291] Allerdings als Zweck und nicht als Aufgabe bezeichnet.

[292] Zur Legitimität des „productive state" und des „protective state" siehe, *Würtenberger, Thomas,* Legitimationsmuster von Herrschaft im Laufe der Geschichte, JuS 1986, S. 344, 346.

[293] So *Herzog, Roman,* Ziele, Vorbehalte und Grenzen der Staatstätigkeit, in: *Isensee, Josef, Kirchhof, Paul (Hrsg.)*, Handbuch des Staatsrechts, Bd. 3, 1988, § 58, Rdnr. 85.

[294] Der Begriff *Pluralismus* kennzeichnet die Existenz einer gesellschaftlichen Bedürfnis-, Organisations- und Interessenvielfalt, die normativ in die Inhalte der politischen Ausgestaltung demokratischer Regierungssysteme umgesetzt wird. Jede pluralistische Theorie ist somit eine Gruppen- wie eine Mitwirkungstheorie, eine Theorie individueller Teilhabe am politischen Prozess mittels sozialer Zusammenschlüsse. Siehe dazu *Holtmann, Everhard (Hrsg.),* Politik-Lexikon, 3. Aufl., 2000, S. 479.

[295] Zu den Verantwortungssphären siehe *Würtenberger, Thomas,* Wandlungen in den privaten und öffentlichen Verantwortungssphären, in: *Lampe, Ernst-Joachim (Hrsg.),* Verantwortlichkeit und Recht, 1989, S. 308.

gebunden und muss die Willkür allzu großer gesellschaftlicher Macht bändigen. Sein Auftrag zur sozialen Gestaltung impliziert dementsprechend die Verpflichtung, das Allgemeinwohl gegenüber partikularen Gruppeninteressen zu wahren[296]. Dazu gehören die Umsteuerung und die Zielkorrektur von Selbstregulierungssystemen. Der Staat muss als Garant den selbstreferentiellen Systemen solche Zielvorstellungen implantieren, zu deren Erfüllung sie zwar ohne weiteres imstande sind, zu deren Aufnahme in ihre eigenen Zielkataloge sie aber wohl kaum von sich aus bereit wären[297].

b)   *Staat und Verantwortung*

Dem Staat ist die weitreichende Verantwortung für das Gemeinwohl der Gesellschaft zuzuerkennen. Die Verantwortung aber ist als Begriff fassbar nur als Verantwortung für die Erfüllung oder für das Bestimmen von Aufgaben[298]. Deswegen erweist es sich in diesem Punkt als notwendig, die Verantwortungskategorien, die den Staat betreffen, zu erläutern, um zu adäquaten Verantwortungsteilungskonzepte gelangen zu können.

α)   Erfüllungsverantwortung des Staates

Der Staat übernimmt in zentralistischer Einheit[299], die durch eine einheitliche Politik und Rechtsordnung zu realisieren ist, selbst die Verantwortung für die Erfüllung von öffentlichen Aufgaben. Von der Gewährleistungsverantwortung unterscheidet sich die Erfüllungsverantwortung graduell in dem Sinne, dass der Staat bei dieser in eigener Regie das Ergebnis herbeiführt, das die Rechtsnorm regelt, während im Falle der Gewährleistungsverantwortung ein Handeln selbstständiger Dritter zwischengeschaltet wird, dessen maßgeblichen Rahmen der Staat jedoch beeinflusst.

---

[296] Siehe, *Benda, Ernst*, Der soziale Staat, in: *Benda, Ernst, Maihofer, Werner, Vogel, Hans-Jochen (Hrsg.)*, Handbuch des Verfassungsrechts, 2. Aufl., 1994, S. 477.

[297] So *Herzog, Roman*, Ziele, Vorbehalte und Grenzen der Staatstätigkeit, in: *Isensee, Josef, Kirchhof, Paul (Hrsg.)*, Handbuch des Staatsrechts, Bd. 3, 1988, § 58, Rdnr. 84.

[298] *Saladin, Peter*, Verantwortung als Staatsprinzip, 1984, S. 77.

[299] Zum zentralistischen Staat siehe *Würtenberger, Thomas*, Auf dem Weg zu lokaler und regionaler Autonomie in Europa, in: *Geis, Max-Emanuel, Lorenz, Dieter (Hrsg.)*, Staat, Kirche, Verwaltung: Festschrift für Hartmut Maurer zum 70. Geburtstag, 2001, S. 1053, 1054.

β) Gewährleistungsverantwortung des Staates

Der intervenierende Staat legt die von ihm akzeptierte gesellschaftliche Organisation durch planmäßige und dichte hoheitliche Normsetzung fest. Der Gewährleistungsstaat hingegen erfüllt hauptsächlich keine spezifischen Ziele, sondern stellt sicher, dass die Wohlfahrt der Bürger nicht beeinträchtigt wird. Dies gewährleistet er im Zusammenspiel von Privatautonomie und Gemeinwohlbindung: Er eröffnet die Möglichkeit einer gemeinwohlverträglichen Entscheidung der Privaten durch gezielte Orientierung, Rahmensetzung, Moderation, Kooperation, Evaluation und letztlich durch Initiierung gesellschaftlichen Lebens[300]. Bei dieser Art des Steuerns gesellschaftlicher Systeme spricht man von Steuerungsaufgaben, welche das Verhältnis von Staat und sonstigen gesellschaftlichen Funktionsbereichen nicht mehr als etwas Gegebenes, sondern als etwas reflexiv durch politische Entscheidung und gesellschaftliche Kooperationsbereitschaft zu Gestaltendes definieren[301]. In diesem Zusammenhang ist eine faktische und rechtliche Rücknahme oder doch Modifikation des staatlichen Handelns zu konstatieren.

Die dem Staat aufgrund seines Funktionswandels obliegende Gewährleistungsverantwortung lässt sich aus dem Demokratieprinzip herleiten[302]. Sie soll sicherstellen, dass nach einem Rückzug des Staates andere, funktional äquivalente Mechanismen ausgleichend hervortreten[303]. Die Wahrnehmung seiner Verantwortung besteht nunmehr darin, durch die Festlegung von spezifischen Regulierungszielen, Regulierungsinstrumenten und Regulierungsinstanzen einen Rahmen zu konstruieren, innerhalb dessen die Gesellschaft ihre Angelegenheiten auf möglichst gemeinwohlverträgliche Weise selbstverantwortlich regelt und ihre Probleme angemessen löst: „Enabling" statt „providing", wie es *Hoffmann-Riem* sehr zutreffend bezeichnet[304].

Seine Gewährleistungsfunktion zielt darauf, das durch partikulare Interessen geleitete, markt- oder verbändestrategische Verhalten zu bändigen und gleichzei-

---

[300] Siehe *Hoffmann-Riem, Wolfgang*, Verfahrensprivatisierung als Modernisierung, DVBl. 1996, S. 225, 230.
[301] Über den Steuerungsstaat siehe, *Kaufmann, Franz-Xaver*, Diskurse über Staatsaufgaben, in: *Grimm, Dieter (Hrsg.)*, Staatsaufgaben, 1996, S. 15, 32.
[302] Zur haftungsrechtlichen Problematik siehe *Steigleder, Thomas*, Möglichkeiten der Selbstregulierung im Bereich naturwissenschaftlich-technischer Forschung, Wissenschaftsrecht 2000, S. 111, 124 ff.
[303] Vgl. *Hoffmann-Riem, Wolfgang*, Verfahrensprivatisierung als Modernisierung, in: *ders., Schneider, Jens-Peter (Hrsg.)*, Verfahrensprivatisierung im Umweltrecht, 1996, S. 9, 23.
[304] A.a.O.

tig die Konkurrenzfähigkeit dieser Interessen im multipolaren und multidimensionalen Interessenfeld aufrechtzuerhalten[305]. Der Staat garantiert nicht die Erfüllung bestimmter Aufgaben auf bestimmter Weise, steuert jedoch die Möglichkeit der Verfolgung und Erreichung gemeinwohlorientierter Ziele. Zentrale Aufgaben des Gewährleistungsstaates sind die Sicherstellung einer Grundversorgung in verschiedenen Bereichen, wie etwa dem Medienbereich, dem Telekommunikationsbereich oder dem Gesundheitsbereich, sowie die Wahrnehmung einer sog. Infrastrukturverantwortung etwa im Verkehrsbereich oder Energiesektor. Dabei kann der Staat seine notwendige öffentliche Leistung in Kooperation mit gesellschaftlichen Organisationen gewährleisten, deren Bildung unterstützen oder auf deren Typ strukturierend einwirken und ihnen anschließend Verfahrensaufgaben übertragen. Der Staat kann als Sachverständiger beraten, an den Entscheidungen selbst mitwirken oder bestimmte Entscheidungen durch finanzielle Anreize in eine erwünschte Richtung lenken. Er kann durch Verwaltungsvorschriften, Musterverträge oder praktische Betreuungspolitik, selbst durch Gesetz, Vorgaben in abstrakt-genereller Weise bereitstellen. Diese neue kooperative staatliche Machtausübung erfordert jedoch einen Staat, der entscheidungs- sowie durchsetzungsfähig ist. Kooperation ist nur in dem Fall erfolgversprechend, wenn der Staat „im Schatten der Hierarchie" verhandelt; er muss in der Lage sein, die Ausgangsbedingungen der Kooperation durch das Recht in dem Maße zu beeinflussen, dass eine Kooperationsverweigerung sich für keinen Akteur positiver auswirkt als eine Beteiligung an Verhandlungen mit dem Ziel, eine Vereinbarung zu treffen[306].

γ)   Auffangverantwortung des Staates

Auffangverantwortung ist eine Art Nachsteuerung; sie ist die alternative Verantwortung, die nach dem Versagen der Erfüllungs- und Gewährleistungsverantwortung zum Tragen kommt: Falls die Strukturierung des Rahmens, ergänzt um Zielvorgaben und Verfahrenspflichten, nicht ausreicht, um die normative Entscheidungsrichtigkeit zu sichern, ist das selbstregulative Handeln Dritter nicht hinreichend zielführend bzw. werden Gemeinwohlbelange bei der privaten Standardsetzung missachtet, so kann der Staat seine rechtlich fortbestehende Ergebnisverantwortung reaktivieren. Das heißt, dass er z.B. durch eine Kontrolle das Ergebnis am staatlichen Gemeinwohlauftrag im Nachhinein überprüfen kann. Falls ein Steuerungsdefizit zu erkennen ist, wird die Auffangverantwor-

---

[305] A.a.O.
[306] Zu der ökonomischen Theorie der Staatsaufgaben siehe: *Benz, Arthur,* Der moderne Staat, 2001, S. 187 ff.

tung aktualisiert und der Staat greift korrigierend oder substituierend ein, wenn nötig hoheitlich.

Die Auffangverantwortung trägt somit zu einer besseren Balancierung der unterschiedlichen Interessen bei. Der Staat kann durch seine Stellung als Garant den Durchsetzungsschwachen Drohmacht verleihen und insbesondere Verfahrenschancenungleichheiten kompensieren helfen. Denn er kann nachwirkend die Interessen vertreten, die durch die korporatistischen[307] Verhandlungssysteme nicht organisierbar sind. Der Korporatismustheorie[308] gebührt wohl das Verdienst, den Beitrag von Verbänden und organisierten Interessen für staatliche Handlungs- und Problemlösungsfähigkeit theoretisch erschlossen zu haben. Dort aber, wo korporatistische Interessenvermittlungssysteme existieren, ist der Staat keineswegs besonders entlastet[309]. Er muss auf die Rationalisierung des privat verantworteten Entscheidungsprozesses mitgestaltend einwirken.

2. Das Recht als Steuerungsmodus in einem veränderten Umfeld

a) Begriffe

α) Der Begriff „Recht"

Unter dem Begriff „regulatives Recht" wird die Gesamtheit der staatlich festgelegten bzw. anerkannten Normen des menschlichen insbesondere gesellschaftlichen Verhaltens verstanden, die mit Geboten, Verboten, Genehmigungsvorbehalten oder Strafandrohungen eine gezielte Wirkung bei den jeweiligen Adressaten auslösen will und die das klassische Ordnungsrecht kennzeichnet[310]. Seine

---

[307] Mit dem Begriff „Neokorporatismus" wird die Einbindung von organisierten Interessen in die Politik, ihre Teilhabe an der Formulierung und Ausführung von politischen Entscheidungen sowie ihre Mitwirkung an der Ausübung von Staatsgewalt bezeichnet.

[308] Die älteste Wurzel des Korporatismus ist die ständische Verfassung. Die Theorien der korporatistischen, quasi-ständischen funktionalen Repräsentation des 20. Jahrhunderts wollten die Berufsgruppen oder sozioökonomisch definierten Klassen an die Stelle der Herrschaft der blossen Zahl im liberalen Parlamentarismus setzen. Dazu *Alemann, Ulrich von, Heinze, Rolf,* Neo-Korporatismus: Zur neuen Diskussion eines alten Begriffs, ZParl 1979, S. 469, 472.

[309] *Reutter, Werner,* Verbände, Staat und Demokratie. Zur Kritik der Korporatismustheorie, ZParl 2002, S. 501, 507.

[310] *Voßkuhle, Andreas,* „Schlüsselbegriffe" der Verwaltungsrechtsreform, VerwArch 2001, S. 184, 185.

Funktion wird in der Gewährleistung der Rechtssicherheit, des Vertrauens auf die Geltung, der Kontinuität, der Bestimmtheit und der Durchsetzung von staatlichen Regelungen gesehen[311]. Für den Rechtsstaat ist Recht freilich das klassische Mittel, die Politik im Rahmen der Wertmaßstäbe der Verfassung in gesellschaftliche Realität umzusetzen.

In der Rechtssoziologie[312] wird in diesem Sinn Recht als staatliches Steuerungsinstrument zur Bewirkung von erwünschten und zur Vermeidung von unerwünschten Folgen innerhalb gesellschaftlicher Prozesse[313] verstanden. Das macht Recht zu wesentlichem Gestaltungsmittel der Politik[314].

In der Soziologie sieht man die Funktion des Rechts hingegen vorwiegend in der Konfliktlösung und Verhaltenssteuerung[315]. Hervorgehoben wird die Absicht, menschliches Verhalten so zu lenken, dass die im Grundgesetz verankerten Rechtsgüter geschützt werden[316].

β)   Der Begriff „Verrechtlichung"

Verrechtlichung bedeutet die rechtliche Formalisierung von Lebensbereichen und in der Folge die Möglichkeit zur rechtsförmigen Austragung von Konflikten[317]. Das Phänomen der Verrechtlichung, das – in seiner negativen Ausprägung – Synonym für die Überregulierung, d.h. für das quantitative Anwachsen des Gesetzesmaterials sowie für die zunehmende Regelungstiefe ist, wurde schon in der Rechtstheorie ausführlich thematisiert[318]. Die Diskussion geht um

---

[311] *Rhinow, Rene,* Rechtsetzung und Methodik: rechtstheoretische Untersuchung zum gegenseitigen Verhältnis von Rechtsetzung und Rechtsanwendung, 1979, S. 268 ff.

[312] Siehe *Voigt, Rüdiger,* Einleitung, in: *ders. (Hrsg.),* Recht als Instrument der Politik, 1986, S. 7; *ders.,* Abschied vom Recht?, 1983, S. 16.

[313] *Holtschneider, Rainer,* Normenflut und Rechtsversagen: Wie wirksam sind rechtliche Regelungen?, 1991, S. 50.

[314] *Ritter, Ernst-Hasso,* Das Recht als Steuerungsmedium im kooperativen Staat, in: *Grimm, Dieter (Hrsg.),* Wachsende Staatsaufgaben - sinkende Steuerungsfähigkeit des Rechts, 1990, S. 69, 89.

[315] Siehe *Schulte, Martin (Hrsg.),* Handbuch des Technikrechts, 2003, S. 71.

[316] Siehe *Müller, Georg,* Rechtsetzung im Gewährleistungsstaat, in: *Geis, Max-Emanuel, Lorenz, Dieter (Hrsg.),* Staat, Kirche, Verwaltung: Festschrift für Hartmut Maurer zum 70. Geburtstag, 2001, S. 227.

[317] So auch *Hoffmann-Riem, Wolfgang,* Informationelle Selbstbestimmung in der Informationsgesellschaft, AöR 1998, S. 513, 515.

[318] Statt vieler siehe *Grimm, Dieter (Hrsg.),* Wachsende Staatsaufgaben – sinkende Steuerungsfähigkeit des Rechts, 1990; *Strempel, Dieter (Hrsg.),* Mehr Recht durch weniger Gesetze?: Beiträge eines Forums des Bundesministers der Justiz zur Problematik der Verrechtlichung, 1987.

das Versagen der hoheitlich regulativen Handlungsformen. Es wird beklagt, dass das Recht als Steuerungsinstrument in die Krise[319] geraten sei. In der Debatte über die Grenzen des Rechts als politisches und juristisches Steuerungsinstrument wird das staatliche Unvermögen angesprochen, den Herausforderungen des technischen und informationellen Wandels und den veränderten gesellschaftlichen Rahmenbedingungen gerecht werden zu können, wenn der Staat weiter nur auf die herkömmlichen Mittel der Rechtssetzung und Rechtsanwendung zurückgreift, ohne neue Steuerungsmechanismen zu entwickeln[320].

b) Ursachen des Phänomens der Verrechtlichung

α) Das anspruchsvolle gesellschaftliche Umfeld Ende des 20. Jahrhunderts

Es ist ein allgemein gültiger Topos, dass die rasant wachsende Komplexität der Lebensverhältnisse in den modernen Industrie- und Informationsgesellschaften zum Entstehen völlig neuer Sach- und Problembereiche führt: Die Gentechnologie, der Umweltschutz oder die Informationstechnologie und somit der Datenschutz stellen unweigerlich Bereiche dar, die eine Komplexisierung und Ausdifferenzierung staatlicher Regulierungstätigkeit nach sich ziehen. Angesichts der weitreichenden technischen und gesellschaftlichen Entwicklungen weiten sich die Aufgaben aus, die dem Staat zugeordnet sind; diese Ausweitung lässt die staatlichen Regulierungstätigkeiten sich vermehren und die Anforderungen an das Recht und seine Steuerungskapazitäten sich radikal verändern bzw. steigern.
In dieser spannungsgeladenen und zunehmend komplexer werdenden Welt verlangt die bürgerliche Gesellschaft vom Staat weiterhin – oder gerade deswegen – eine Minimierung der neu auftauchenden Risiken[321] und ein Mehr an Stabilisierung und Perspektiven. Der Staat reagiert darauf mit Entschlossenheit, weiterhin seine Aufgabe zu erfüllen, nämlich die verfassungsrechtlichen Normen und insbesondere die Grundrechte zu schützen und durchzusetzen. Um in dem neuen soziotechnologischen Umfeld dieser Aufgabe nachzukommen, hat er

---

[319] Dazu siehe *Voigt, Rüdiger,* Abschied vom Recht, 1983; *Grimm, Dieter (Hrsg.),* Wachsende Staatsaufgaben – sinkende Steuerungsfähigkeit des Rechts, 1990.
[320] Kritisch gegenüber der Steuerungsdiskussion *Lepsius, Oliver,* Steuerungsdiskussion, Systemtheorie und Parlamentarismuskritik, 1999, S. 4 ff.
[321] Im Wohlfahrtsstaat sind die Menschen weniger bereit einen möglichen Schaden um eines Vorteils willen in Kauf zu nehmen. Dazu siehe noch *Luhmann, Niklas,* Risiko und Gefahr: Hochschule für Wirtschafts-, Rechts- und Sozialwissenschaften (Hrsg.), Aulavorträge 48, 1990, S. 7 ff.

vorwiegend die Technologiegestaltung sozialverträglich zu steuern, was hauptsächlich durch die bewahrende und ermöglichende Funktion[322] des Mediums
Recht zu gewährleisten ist. Das Recht fungiert aber nicht mehr länger als un-
kompliziertes Steuerungsinstrument in der Realität der modernen Informationsgesellschaft. Und dies führt zu der beklagten Überregulierung, Verrechtlichung
oder Normenflut.

β)   Die Reaktion des Staates

Die Überregelung rührt auch daher, dass der Gesetzgeber vieles en detail selbst
regeln will, anstatt nur Rahmenzielvorstellungen zu verabschieden und die Aus-
füllung dieses Rahmens den anderen Rechtsbeteiligten zu überlassen[323]. Nach
Ansicht von Habermas[324] ist das Verrechtlichungsphänomen ein pathologischer
Effekt, der als Folge staatlicher Intervention in Handlungsbereiche auftritt, die
so strukturiert sind, dass sie sich gegen den rechtlich-administrativen Rege-
lungsmodus sperren. Die Komplexität der ausdifferenzierten Lebensbereiche
überfordert die rechtsetzenden Instanzen – die trotz der sie überwuchernden
Komplexität des gesellschaftlichen und politischen Umfeldes ihren klassischen
Auftrag zu wahren versuchen – und führt zu einer Detaillierung und Spezialisie-
rung des Recht, die unvermeidlich auf unzureichende Verständlichkeit der Regelungen hinauslaufen. Das quantitative Anwachsen des Gesetzesmaterials sowie seine zunehmende Regelungstiefe und Detaillierungsreichtum ist das, was
als Verrechtlichung und Überregulierung kritisiert wird[325].

γ)   Fehlende Innovationsoffenheit des Rechts

Die rechtlichen Normen sollen heute die technischen Entwicklungen steuern.
Das läuft im wesentlichen auf zwei Sachverhalte hinaus: auf die Förderung
technischer Innovationen und auf den Schutz vor den Risiken der Technik.

---

[322] Zu den Gestaltungsaufgaben des Rechts siehe *Roßnagel, Alexander*, Rechtliche Regelungen als Voraussetzung für Technikgestaltung, in: *Müller, Günter; Pfitzmann, Andreas
(Hrsg.)*, Mehrseitige Sicherheit in der Telekommunikationstechnik: Verfahren, Komponenten, Integration, 1999, S. 361, 364.
[323] Zur gesetzlichen Über- und Unterregelung siehe *Holtschneider, Rainer*, Normenflut und
Rechtsversagen: Wie wirksam sind rechtliche Regelungen?, 1991, S. 156.
[324] *Habermas, Jürgen*, Strukturwandel der Öffentlichkeit: Untersuchungen zu einer Kategorie
der bürgerlichen Gesellschaft, 2. Aufl., 1991, S. 27.
[325] Dazu siehe *Hoffmann-Riem, Wolfgang*, Informationelle Selbstbestimmung in der Informationsgesellschaft, AöR 1998, S. 513, 515.

Es wird allerdings beklagt, dass das Recht in vielen Bereichen auf die Entwicklung technischer Innovationen hemmend wirkt[326], dass es dem rasanten technischen Fortschritt nicht folgen geschweige denn ihn steuern kann. Man würde aber von einem modernen Recht erwarten, sich für Änderungen seiner Funktionsweise offen zu halten, sich selbst angemessen zu erneuern und des weiteren durch seine vorhandenen, aber sich ständig verändernden Strukturen Innovationen bei den Regelungsadressaten zu ermöglichen oder gar zu stimulieren. Die Form der herkömmlichen imperativen Steuerung wirkt allerdings gegen all diese Erwartungen unter Innovationsaspekte dysfunktional: Sie legt großen Wert auf die Gefahrenabwehr, die das zentrale Motiv[327] der Schutzaufgaben des Staates darstellt. Sie regt die Regelungsadressaten zu Weiterentwicklungen und Verbesserungen nicht an – hierzu gehören u.a. Anreize durch Steuervergünstigungen zur Selbstregulierung – sondern fordert bestimmte bereits rechtlich festgelegte Verhaltensweisen ein. Sie kann dem aktuellen Stand der Technik nicht nachkommen und deswegen kann sie schwer neue Techniklösungen unterstützen. Exemplarisch wird auf das immer noch ausstehende Datenschutzauditgesetz hingewiesen, durch das laut § 9a BDSG die näheren Anforderungen an die Prüfung und Bewertung, das Verfahren sowie die Auswahl und Zulassung der Gutachter geregelt werden sollen[328].

Gerade hier besteht die Gefahr, dass der technische Entwicklungsstandard auf einem suboptimalen Niveau einfriert, oder dass das Recht hinter der technischen Entwicklung und gesellschaftlichen Veränderungen herhinkt. Das zunehmende Zurückbleiben hinter den neuen Herausforderungen ist nicht nur innovationsfeindlich, sondern bereitet vielfach den Boden für permanente Gesetzesänderungen, die in unendlicher Reform zu der beklagten Normenflut führen.

c)   Verrechtlichung im Datenschutzbereich

Nachdem das Bundesverfassungsgericht im Volkszählungsurteil gefordert hatte, dass die Erlaubnisvorschriften „normenklar" sein müssten[329], wurde der Umgang mit Daten einem dichten Netz von Regelungen unterworfen. Die Zulässigkeitsbestimmungen des BDSG wurden nicht mehr als ausreichende Rechtsgrundlage angesehen. Der Gesetzgeber wurde aufgefordert, konkrete Zulässig-

---

[326] *Hoffmann-Riem, Wolfgang*, Innovation durch und im Recht, in: *Schulte, Martin (Hrsg.)*, Technische Innovation und Recht: Antrieb oder Hemmnis, 1996, S. 3.

[327] Der Staat soll für seine Bürger einstehen und verhindern, dass Rechtsgüterschäden durch Dritte oder durch die Natur eintreten.

[328] BGBl 2001, Teil I Nr. 23, S. 904, 910.

[329] BVerfGE 65, 1, 44.

keitsnormen zu erlassen. Bundes- und Landesgesetzgeber strebten für den Datenschutz ein umfassendes Regelsystem an; in der Folge entstanden zahlreiche immer feiner differenzierende Normen. Diese Veränderung hat in den achtziger Jahren angefangen und ist noch nicht am Ende angelangt. Nach dem Motto[330] „immer mehr und immer spezifischer Datenschutznormen" wurde der Tendenz gefolgt, Generalklauseln durch neue bereichsspezifische Einzelnormen zu ersetzen, und deswegen eine Regelung nach der anderen erlassen[331]. Die Liste ist lang: Sie reicht von den Datenschutzbestimmungen im SGB über die entsprechenden Vorschriften in den Krankenhaus-, Statistik-, Schul-, Archiv-, Polizei- und Verfassungsschutzgesetzen bis hin zu Verarbeitungsvorgaben in den Telekommunikations- und Multimediagesetzen. Es wird geschätzt, dass die Zahl der Vorschriften – Gesetze und Verordnungen, die Regelungen zum Datenschutz enthalten, sich auf die tausend beläuft[332].

d)   Die Verrechtlichungsfolgen

Das Recht versucht ständig mit dem rasanten Entwicklungstempo der Technik und den sich ebenfalls rasch verändernden Wertvorstellungen Schritt zu halten, damit der sich wandelnden Wirklichkeit Rechnung getragen werden kann und die neu auftauchenden Risiken eingedämmt werden. Diese Reaktion auf die Entwicklung der Technik wird aber bildlich mit einem Nachhinken des staatlichen Rechts gegenüber der dynamischen Technik umschrieben[333]. Es steht außer Streit, dass die Überregulierung vor allem Kosten verursacht, die sich nachteilig auswirken. Solche Kosten schlagen sich nicht bloß in Gewinn und Verlust individueller Unternehmen nieder. Sie können vielmehr investitionslenkend wirken oder auf die Bürger abwälzen: Großkonzerne können einerseits sich das Land aussuchen, dessen Rechtsordnung innovationsfreundlich ist; andererseits können sie die Betriebskosten, die wegen einer dem technischen Wachstum nicht unterstützenden Rechtsordnung verursacht werden, durch eine Verteuerung ihrer Produkte oder Dienstleistungen dem Konsumenten übertragen.

---

[330] Siehe *Bull, Hans Peter,* Neue Konzepte, neue Instrumente? Zur Datenschutz-Diskussion des Bremer Juristentages, ZRP 1998, S. 310, 311.

[331] *Simitis, Spiros,* Auf dem zu einem neuen Datenschutzkonzept: Die zweite Novellierungsstufe des BDSG, DuD 2000, S. 714, 715.

[332] *Koenig, Christian, Neumann, Andreas,* Das Ende des sektorspezifischen Datenschutzes für die Telekommunikation?, ZRP 2003, S. 5.

[333] *Vieweg Klaus,* Reaktionen des Rechts auf Entwicklungen der Technik, in: *Schulte, Martin (Hrsg.),* Technische Innovation und Recht: Antrieb oder Hemmnis, 1996, S. 35, 36.

Das Phänomen der Anhäufung von Normen wirkt des weiteren nachteilig auf ihrer Implementation: Es wird immer schwieriger und aufwändiger, die Einhaltung der Normen zu kontrollieren. Das trägt dazu bei, dass sie ihre Wirkung verlieren und ihren Zweck verfehlen[334]; es verursacht eine Steuerungsunfähigkeit, durch die sich notwendigerweise Widersprüche und Inkompatibilitäten ergeben. Dieses Phänomen[335] wird als negativ angesehen, weil es Rechtsunsicherheit, Unverständlichkeit und Unübersichtlichkeit der Gesetze mit sich bringt und das Recht in eine Legitimations- und Informationskrise stürzt. Datenschutz soll gerade durch unterschiedliche, bereichsspezifische Regulierungsstrukturen gewährleistet werden. Komplizierte Anwendungsregeln, verschachtelte Verweisungen, vielfältige Sonderregeln spezifisch für jeden einzelnen Bereich und offen formulierte Abwägungsermächtigungen ergänzen das Bild. Das ist schon für sich betrachtet Ursache für eine gewisse Konfusion, macht das Recht auf informationelle Selbstbestimmung viel zu kompliziert, für die meisten Bürger kaum verständlich und selbst für Experten teilweise schwer handhabbar. Darüber hinaus ist zu bezweifeln, ob der Betroffene die in einer kritischen Situation anwendbaren Rechtsnormen verstehen und überschauen kann, den Zusammenhang mit seinem bereichsspezifischen Lebensabschnitt erkennt und die ihn betreffenden Entscheidungen als legitimiert akzeptiert. Diese Ausgangslage liegt aber weit entfernt von dem gewünschten datenschutzrechtlichen Ziel, dass die Bürger „wissen können, wer, was, wann und bei welcher Gelegenheit über sie weiß"[336] und wissen darf.

e)   Der Vorschlag

Angesichts dieser Normenflut oder anders formuliert der Elephantiasis[337] des Gesetzesstaates stellt sich die Frage nach dem richtigen politischen und rechtlichen Maß. Das Beispiel des Datenschutzes legt diese Fragestellung nahe: Die rasante Entwicklungen der Informationstechnologie bringt die Notwendigkeit permanenter Gesetzesänderungen mit sich, woraus ein ständiges Zurückbleiben des Rechts entsteht. Die dadurch fast notwendig hervorgebrachte Normenflut

---

[334] So *Engelhard, Hans*, Aktuelle Fragen von Recht und Gesetz im demokratischen Rechtsstaat, in: *Strempel, Dieter (Hrsg.)*, Mehr Recht durch weniger Gesetze?: Beiträge eines Forums des Bundesministers der Justiz zur Problematik der Verrechtlichung, 1987, S. 10, 11.

[335] Zum Phänomen der blockierten Gesellschaft siehe *Mayntz, Renate*, Gesellschaftswissenschaftliche Sicht, in: *Strempel, Dieter (Hrsg.)*, Mehr Recht durch weniger Gesetze?: Beiträge eines Forums des Bundesministers der Justiz zur Problematik der Verrechtlichung, 1987, S. 24, 27.

[336] BVerfGE, 65, 1, 43.

[337] *Isensee, Josef,* Mehr Recht durch weniger Gesetze?, ZRP 1985, S. 139.

leidet aber an tatsächlichen Fehleinschätzungen, zu hohen Erwartungen und Unklarheiten über die eigenen Ziele. Daraus entsteht ein prinzipieller Widerspruch: Zwar gibt es immer mehr Normen mit dem Ziel des Datenschutzes. Doch sind immer weniger von diesen in der Lage, effektiven Schutz zu bewirken[338]. Diese Feststellung erlaubt uns, den Schluss zu ziehen, dass mehr Datenschutz kaum durch Verrechtlichung erreicht werden kann, sondern dass die Chance für eine gesteigerte Effektivität des Grundrechtsschutzes in der Informationsgesellschaft in der Vereinfachung des Datenschutzes liegt. Angesicht dieser Ausgangslage überrascht es nicht, dass in der Reformdebatte um die Weiterentwicklung des Datenschutzes nicht nur rechtliche Maßnahmen, sondern auch anderen Steuerungskonzepten in Zukunft eine Rolle zugedacht wird, die die imperative Regulierung nicht ersetzen, sondern ergänzen sollen: In die Diskussion werden Mechanismen[339] der Selbstregulierung bestimmter Bereiche der Datenverarbeitung durch die beteiligten Kreise und ihre Organisationen eingeführt.

Das Recht stellt hier das staatliche Mittel dar, das die Teilrationalitäten unterschiedlicher selbstregulatorischer Systeme aufeinander abstimmt und die Balance zwischen widerstreitenden Werten herstellt. Durch die Angabe der Kompatibilitätsbedingungen der Steuerung kommt die Rationalität anderer gesellschaftlicher Teilsysteme auch zur Geltung und nicht nur die des dominierenden Wirtschaftssystems[340].

Die Rolle des Rechts ist in dieser Phase konstitutiv. Das Gesetz fungiert als staatliches Steuerungsmittel: Es kann den Privaten die Aufgabe übertragen oder ihnen die Befugnis einräumen, bestimmte Bereiche zu normieren, die Genehmigung durch den Staat aber vorbehalten. Das Gesetz kann auch die Ziele und Schranken der Selbstregulierung festlegen oder vorsehen, dass unter gewissen Voraussetzungen die von Privaten aufgestellten Regelungen für verbindlich erklärt werden. Gelegentlich kann auch der Erlass bestimmter Vorschriften vom Staat angedroht werden, sofern es nicht zur gewünschten Selbstregulierung kommt, oder eine ausreichende Selbstregulierung kann Voraussetzung für die Erteilung gewisser Bewilligungen sein. Das Recht kann die Privaten auch bei ihrem Versuch der Selbstregelung unterstützen, z.B. verfahrensrechtlich durch Bereitstellung von Schlichtungsmöglichkeiten oder materiellrechtlich durch

---

[338] *Gusy, Christoph,* Informationelle Selbstbestimmung und Datenschutz: Fortführung oder Neuanfang?, KritV 2000, S. 52, 61.

[339] Zu der Selbstregulierung als neue Methode und Alternative zu einer unendlichen Reform siehe *Bull, Hans Peter,* Neue Konzepte, neue Instrumente? Zur Datenschutz-Diskussion des Bremer Juristentages, ZRP 1998, S. 310, 313.

[340] *Teubner, Gunther,* Verrechtlichung: Begriffe, Merkmale, Grenzen, Auswege, in: *Kübler, Friedrich (Hrsg.),* Verrechtlichung von Wirtschaft, Arbeit und sozialer Solidarität, 1985, S. 339 ff.

Missbrauchsaufsicht für den Fall rechtwidriger Verweigerung privatrechtlicher Einigung[341].

Die Aufgabe des Gesetzgebers ist äußerst komplex: Er muss nicht nur die objektivrechtlich vorgegebenen und die von den Selbstregulierenden verfolgten Gemeinwohlzusicherungen sicherstellen, sondern diese auch mit kollidierenden Grundrechtsinteressen zum Ausgleich bringen. Zugleich muss er den Schutz- und Förderungsauftrag zugunsten der Grundrechte wahrnehmen und bei Kollisionen von Grundrechtsgütern untereinander für einen wertenden Ausgleich sorgen.

3. Globalisierung, Internationalisierung und Europäisierung

a) Begriffserklärungen

Als *Globalisierung* wird das Phänomen der zunehmenden Verflechtung der nationalen Volkswirtschaften und der Entfesselung und Ausdehnung des wirtschaftlichen Systems weltweit charakterisiert. Die Verlagerung von Produktionsstätten und der freie Verkehr von Personen, Gütern, Dienstleistungen und Kapital ziehen Konsequenzen nach sich, die die rechtliche Regulierung transnationaler und internationaler ökonomischer und gesellschaftlicher Prozesse massgeblich betreffen. Dieser Prozess vollzieht sich zumindest seit Mitte der 80er Jahre unterstützt von politischen Entscheidungen und gefördert von technologischen, strukturell-organisatorischen und ökonomischen Entwicklungen. Ausschlaggebend ist die Mobilität der Produktionsfaktoren Information, Wissen und freilich Kapital, die keine nationalen Grenzen mehr kennen. Darüber hinaus ist vom Globalisierungsphänomen die Rede im Zusammenhang mit den unbegrenzten modernen Kommunikationstechnologien[342] und der Verkehrstechnik[343] mit den grenzüberschreitend wahrzunehmenden ökologischen Risiken und vor allem mit der Entstehung immer größerer weltweit verflochtener Industrie- und Wirtschaftsunternehmen, ihrer Einwirkung auf die Politik-

---

[341] *Hoffmann-Riem, Wolfgang*, Telekommunikationsrecht als europäisiertes Verwaltungsrecht, DVBl. 1999, S. 125, 126.

[342] In der öffentlichen und wissenschaftlichen Diskussion wird das Internet als Element der Globalisierung wahrgenommen. Siehe dazu *Engel, Christoph*, Der egalitäre Kern des Internet, in: *Ladeur, Karl-Heinz (Hrsg.)*, Innovationsoffene Regulierung des Internet: Neues Recht für Kommunikationsnetzwerke, 2002, S. 24.

[343] Sie sind die Basis für die Globalisierung, stellen aber gleichzeitig auch ihrerseits Globalisierungsphänomene dar.

gestaltung und ihrer Entscheidungsmacht auf die Erdbevölkerung[344]. Die folgende Analyse versucht den Charakter dieses Phänomens zu durchleuchten, seine Einflussnahme auf gesellschaftliche Sektoren zu konstatieren, die Auswirkungen auf das Rechtssystem zu antizipieren und die Instrumente zu schildern, die die Rechtswissenschaft in der Hand hat, um ihre faktische Steuerungsschwierigkeiten zu umgehen und Lösungen vorzuschlagen.

b)   Charakter des Phänomens

Globalisierung ist ein dynamischer und komplexer Prozess, dessen Zwiespältigkeit nicht zu übersehen ist: Die Globalisierung eröffnet große Chancen, bringt aber auch hohe Risiken mit sich. Einerseits bietet die ökonomische Globalisierung nämlich neue Möglichkeiten einer weltweiten Wohlstandsmehrung für breitere Bevölkerungsschichten. Andererseits ist offensichtlich, dass sich derzeit die Gewinner der wirtschaftlichen Globalisierung vor allem in den Industrieländern des Nordens und einigen Schwellenländern konzentrieren, während sich die Armutssituationen in weniger entwickelten Ländern vielfach vertiefen. Einerseits erleben wir im gesellschaftlich-politischen Bereich eine bis jetzt nicht gekannte Verbreitung der Menschenrechtsidee und das Wachsen einer internationalen Zivilgesellschaft, die ein Mehr an Partizipation und Demokratie zur Verwirklichung bringen kann. Andererseits nimmt die Rolle der Nationalstaaten ab, die im bisherigen historischen Prozess den Raum demokratischer Entwicklung bildeten: Ihr vom Willen des Volkes legitimierte politische Gestaltungsspielraum geht zurück. Es wird immer wieder mit Enttäuschung und Bitterkeit die Ohnmacht der Regierungen von Entwicklungsländern konstatiert, sich für die soziale Kohäsion in der Gesellschaft zu sorgen und sie zu gestalten. Stattdessen steigt der Einfluss der transnational operierenden Konzerne auf die Gestaltung gesellschaftlicher Verhältnisse.

In der Folge der Globalisierungsprozesse merken wir, dass die Nationalstaaten und ihre Souveränität durch transnationale Akteure unterlaufen werden, deren Machtchancen, Orientierungen, Identitäten und Netzwerke sich perfektionistisch entwickeln[345]. Die heutigen Protagonisten der Gestaltung dieser Prozesse sind freilich nicht die Staaten, sondern die multinationalen Unternehmen[346] und

---

[344] *Walter, Christian,* Die Folgen der Globalisierung für die europäische Verfassung, DVBl. 2000, S. 1, 2.

[345] Dazu siehe *Beck, Ulrich,* Was ist Globalisierung?, 5. Aufl., 1998, S. 29.

[346] *Shell* hat ein Auslandvermögen in Höhe von 67,8% des Gesamtvermögens, *Volkswagen* hat ausländisches Vermögen entsprechend 84,8% und *Nestle* ist das Unternehmen, das sich mit einem Auslandsvermögen von 86,9% des Gesamtkapitals und einer Anzahl von Aus-

die globalen Konzerne. Diese Wirtschaftsakteure sind weder auf die Militär-
macht noch auf die politische Macht eines Nationalstaates angewiesen. Durch
ihre Entscheidungsmacht und Unabhängigkeit büßen folglich die Wirtschaftspolitik an Bedeutung und die Gesetze an Wirkung ein.

c)   Wirkungen der Globalisierung auf das Rechtssystem

Die Globalisierung hat überwältigende Konsequenzen für die politische und
rechtliche Ordnung der immer noch territorial definierten Nationalstaaten.
Weltweit tätige Wirtschaftsunternehmen sind – wie schon erwähnt – die Haupt-
akteure der Entwicklungen: Sie haben ihren Sitz in einem Staat, wirken aber in
vielen anderen Staaten ebenfalls fest etabliert. Sie transferieren konzernintern
Kapital, menschliche Ressourcen und Daten, was sie in die Lage versetzt, nach
Belieben für bestimmte unternehmerische Pläne das jeweils steuer- und investi-
tionsgünstigste, oder ansonsten – was die Rechtsordnung angeht – toleranteste
Land auszusuchen. Dadurch stellen sie den begrenzt handelnden Nationalstaat
hauptsächlich vor neue Steuerungs- und Organisationsprobleme. Der unerlässlich wachsende Umfang international-rechtlicher Bindungen im Rahmen von
internationalen Organisationen, die wachsende Zahl von Staaten, die Mitglieder
dieser Organisationen sind, und ihr steigendes Problemlösungspotential zeigen,
dass die Staatengemeinschaft im Zeitalter der Globalisierung weniger durch die
Souveränität ihrer Mitglieder als durch deren rechtlich-vertragliche Bindungen
gekennzeichnet wird.
Das alles führt auf eine Vielzahl fundamentaler Herausforderungen zurück, die
vor allem die normative Grundlage des politischen Systems eines Landes
betreffen, das heißt die Rechtsordnung. Mit dem Globalisierungsprozess geht
die Erosion der souveränen Staatsgewalt einher: Das Territorialitätsprinzip, der
Bezugsrahmen nationalstaatlicher Souveränität und demokratischer Legitimation, wird durch Globalisierung entgrenzt. Diese Entgrenzung führt unausweich-
lich zu einer Veränderung der tatsächlichen und politischen Verhältnisse und zu
einer starken Interdependenz der Staaten. Die neuen Verhältnisse deformieren
den klassischen Nationalstaat und bereiten den Weg für eine Staatengemeinschaft, die durch gegenseitige Abhängigkeit geprägt wird.
Globalisierung ist somit für die beschriebene Machtverteilung relevant, weil die
Entstehung globaler Märkte das Steuerungspotential der nationalen Politik und
damit auch die Steuerung des Rechts untergräbt. Weil wenn die Machtentschei-
dungs- und Machtausübungszentra nicht mehr übersichtlich sind und der ein-

---

landsfilialen von 97% weltweit am stärksten ausdehnt: *The Economist*, 22. November 1997,
S. 118.

zelne nicht weiß, gegen wenn man sich wenden sollte für die Erfüllung eines Rechtsanspruches oder für die Abwehr einer Rechtsverletzung, tritt eine Grundrechtsschutzlücke ein, die die internationale Gemeinschaft zur Rechenschaft zieht.

Die neue pragmatische Landschaft stellt den Hintergrund der Tendenz dar, universelles Recht zu suchen und zu schaffen, was unweigerlich die Frage aufwirft, ob für die Weltgesellschaft früher oder später ein Weltstaat mit einem Weltrecht zu erwarten sei.

d) Historische Paradigmen zum globalen Recht

Natürlich ist die globale Verbreitung von Rechtskonzepten keine völlig neue Erscheinung. Der Einfluss von Rechtsordnungen wurde in verschiedenen Wellen um die Welt verbreitet: Die erste Welle kam mit der Christianisierung und der Kolonisierung. In einer zweiten Welle wurden die Ideen von Freiheit, Gleichheit und unveräußerlichen Rechten um die Welt getragen und führten schließlich zur amerikanischen Unabhängigkeitserklärung und der französischen Revolution. Marxismus und Sozialismus kamen als dritte Welle. Im „Global Village" hat die Verbreitung von Rechtskulturen jedoch eine neue Dimension erreicht[347].

Die Globalisierung des Rechts hat auch Kant beschäftigt: Für ihn war globales Recht lediglich die Folge einer Kodifizierung der internationalen Politik. Stimmten alle souveränen Staaten bestimmten Rechtsprinzipien in einem international bindenden Abkommen zu, würde sich eine neue und gerechte Rechtsordnung für die gesamte Menschheit entwickeln[348]. Er hat darin die notwendige Vorbedingung für einen Weltfrieden erkannt, der sich in einer republikanischen Verfassung institutionalisieren lässt und der sich in einer Art politischer Föderation der einzelnen Nationalstaaten abbildet. Sein Weltbürgerrecht hätte eine einheitliche Globalisierung anderer gesellschaftlichen Aspekte möglich gemacht.

Die neue Erfahrung jedoch ist nicht die einheitliche Globalisierung der Gesellschaft unter der Führung der Politik, sondern vereinzelte Globalisierungsprozesse der Zivilgesellschaft in relativer Unabhängigkeit von der Politik. Was wir heute beobachten können ist ein höchst widersprüchlicher, durch und durch fragmentierter Vorgang der Globalisierung, der von Teilen der Gesellschaft in unterschiedlicher Geschwindigkeit vorangetrieben wird. Trotz aller Internatio-

---

[347] Dazu siehe *Röhl, Klaus,* Das Recht im Zeichen der Globalisierung der Medien, in: *Görlitz, Axel, Voigt, Rüdiger (Hrsg.),* Globalisierung des Rechts, 2000, S. 93, 107.

[348] *Kant, Immanuel,* Zum ewigen Frieden: ein philosophischer Entwurf, 1945 (Originalausgabe 1795), S. 18 ff.

nalität der Politik und trotz allem Völkerrecht liegt der Schwerpunkt von Politik und Recht heute immer noch im Nationalstaat. Auf der Straße der Globalisierung ist die Politik von den anderen Sozialsystemen bzw. vom wirtschaftlichen System der Konsumgesellschaft eindeutig überholt worden.

Als praktizierte Beispiele eines transnationalen Rechts sei hier auf die *lex mercatoria*, die schon als Erscheinungsform der Selbstregulierung im Privatrecht geschildert wurde, und auf eine *lex informatica oder netiquette*, die noch näher zu analysieren ist, verwiesen.

e)   Globalisierung und Rechtspluralismustheorie

Globales Recht lässt sich nur durch die Theorie des Rechtspluralismus angemessen interpretieren[349]. Nach der Systemtheorie kann das Recht der funktional differenzierten Weltgesellschaft nur plurales Recht sein, weil es im Zusammenhang mit den Globalisierungsprozessen in anderen Funktionssystemen entsteht und deswegen nicht auf eine Rechtsquelle zurückgeführt werden kann[350]. Erst vor kurzem hat die Theorie des Rechtspluralismus sich erfolgreich vom Recht kolonialer Gesellschaften den Rechtsformen verschiedener ethnischer, kultureller und religiöser Gemeinschaften innerhalb des modernen Nationalstaates zugewandt. Heute erleben wir erneut eine Umstellung: Der analytische Rahmen der Pluralismustheorie wird vom Recht der nationalen Gruppen auf das Recht der Diskurse verlegt. Diese Entwicklung hängt mit der Globalisierung in ihrer heutigen Form zusammen. Nach der systemtheorethischen Rechtsanalyse zwingt Globalisierung zu einem Wandel des Grundprinzips der Differenzierung: Die Differenzierung wird nicht mehr nach territorialen sondern nach funktionalen Faktoren gezogen[351].

Beim Rechtspluralismus räumt der demokratische Rechtsstaat der Rechtsordnung eine ergänzende Rechtsetzung durch Verbände ein, schaltet bei dem Erlass und bei der Auslegung des Gesetzes einen starken Gruppeneinfluss ein und lässt zu, dass das Recht sich auch an sich wandelnden Anschauungen im gesellschaftlichen Bereich orientiert[352]. Als historisches Beispiel für die Theorie des Rechtspluralismus fungiert die Genossenschaftstheorie von *Gierke*, wonach

[349] So *Teubner, Gunther*, Globale Bukowina: Zur Emergenz eines transnationalen Rechtspluralismus, Rechtshistorisches Journal 1996, S. 255, 257.
[350] Näher zu der systemtheoretischen Analyse des Globalsierungsprozesses: *Lieckweg, Tania*, Das Recht der Weltgesellschaft: systemtheoretische Perspektiven auf die Globalisierung des Rechts am Beispiel der Lex Mercatoria, 2002.
[351] *Luhmann, Niklas*, Das Recht der Gesellschaft, 1993, S. 571 ff.
[352] *Würtenberger, Thomas*, Rechtspluralismus oder Rechtsetatismus?, in: *Lampe, Ernst-Joachim (Hrsg.)*, Rechtsgleichheit und Rechtspluralismus, 1995, S. 92, 99.

auch andere Organismen als der Staat Recht setzen können. Laut *Gierke* sind Recht und Staat zwei selbstständige Funktionen des menschlichen Gemeinlebens, die einander voraussetzen und bedingen, keineswegs sich aber decken oder im Verhältnis von Ursache und Wirkung stehen. Staat und Recht sind so eng miteinander verbunden, dass wir das eine nicht ohne das andere denken könnten. Trotzdem besteht keines von Beidem vom anderen oder durch das andere. Daher wäre es verwerflich, das Wesen des Rechts durch eine Definition desselben als staatliches Gebot erschöpfen zu wollen[353]. Das Recht ist, wenngleich zu seinem Wesen eine bestimmte Beziehung zum Staat gehört, in seinem Kern dem Staat gegenüber selbstständig. Die Anerkennung der Rechtssetzungsautonomie der Gesellschaft wird des weiteren vom Subsidiaritätsprinzip[354] nahe gelegt, dass ein anerkanntes Gesellschaftsprinzip ist.

f)   Globalisierung und Europäisierung der Rechtsordnung

Ein Sonderfall der internationalen Verrechtlichung ist die Europäische Union, die bereits eine supranationale Gemeinschaft des Rechts bildet. Die so genannte Europäisierung vollzieht sich im Rahmen einer Kontinentalisierung, bei der es sich eher um eine Entwicklung gegen die Globalisierung handelt. Staaten in zusammenhängenden Wirtschaftsräumen öffnen sich zueinander und schließen sich gleichzeitig nach außen ab, um im globalen Kontext besser bestehen zu können[355]. Über regionale Zusammenschlüsse der Staaten wird die ökonomische Kraft des jeweiligen Wirtschaftsraumes gefördert. Hierunter kann man noch das North American Free Trade Agreement (NAFTA), dem sich Kanada und Mexico angeschlossen haben, sowie das Asia-Pacific Economic Coorporation Forum (APEC) einordnen[356].
Die Europäisierung der nationalen Rechtssysteme verläuft mittlerweile unterschwellig, ohne dass den Bürgern bewusst wird, dass es sich eigentlich um europäisches Recht handelt, das in die nationale Rechtsordnung umgesetzt wird. In der gleichen mittelbaren aber unausweichlichen Art beeinflusst Europa als Rechts- und Wirtschaftsbündnis die globale Rechtsentwicklung in manchen

---

[353] *Gierke, Otto*, Die Grundbegriffe des Staatsrechts und die neuesten Staatstheorien, Zeitschrift für die gesamte Staatswissenschaft, 1874, S. 153, 179.
[354] Siehe weiter unten unter Kapitel VI. 3.
[355] Dazu siehe *Röhl, Klaus*, Das Recht im Zeichen der Globalisierung der Medien, in: *Görlitz, Axel, Voigt, Rüdiger (Hrsg.)*, Globalisierung des Rechts, 2000, S. 93, 104.
[356] Siehe *Pitschas, Reiner*, Zukunft des Rechts: Spotante und organisierte Rechtsentwicklung – Herausbildung einer neuen Architektur des global praktizierten Rechts, in: *Arndt, Hans-Wolfgang, Hilterhaus, Friedhelm (Hrsg.)*, Rechtsstaat – Finanzverfassung – Globalisierung, 1998, S. 55, 56.

Sektoren. Als bedeutendes Paradigma für die vorliegende Abhandlung fungiert das europäische Datenschutzrecht: die EU-Datenschutzrichtlinie erlaubt den Datenexport in Länder außerhalb der Europäischen Union, falls sie ein angemessenes gesetzliches Datenschutzniveau aufweisen oder ausreichende Garantien dafür gewährleisten können. Rat und Europäisches Parlament haben die Kommission ermächtigt, auf der Grundlage von Artikel 25 (6) der Richtlinie 95/46/EG zu entscheiden, ob ein Drittstaat aufgrund von internen Rechtsvorschriften oder eingegangenen internationalen Verpflichtungen ein angemessenes Schutzniveau gewährleistet. In dem Kontext wurden neue oder veränderte, nach dem europäischen Datenschutz abgestimmten, Datenschutzgesetze erlassen, die von der Europäischen Kommission als angemessen anerkannt wurden: u.a. in der Schweiz[357], in Guernsey[358], in Argentinien[359], in Kanada[360] und in Ungarn[361]; nach der transatlantischen Zusammenarbeit zwischen Datenschutzexperten der EU und der US-amerikanische Regierung sind die Grundsätze des „sicheren Hafens"[362] zustande gekommen, die die Angemessenheit des Schutzes beim Datenaustausch zwischen europäischen und US-amerikanischen Unternehmen gewährleisten und sichern.

Dies erlaubt uns Gedanken über eine neue Art Rechtsdespotismus zu machen. Dem europäischen Recht wird vorgeworfen, dass es auf einer universalistischen ethischen Konzeption aufbaut, die als solche allgemeine Geltung für alle Zeiten und alle Erdteile beansprucht. Dieser „europäische Ethnozentrismus" ist nicht nur ontologisch falsch, da bekanntlich ganze Regionen und Populationen der Welt nach unterschiedlichen Glaubens- und Wertsysteme leben, sondern auch deshalb gefährlich, weil mit ihm ein politischer Hegemonialanspruch einhergeht[363].

---

[357] Entscheidung der Kommission 2000/518/EG vom 26.7.2000 – ABl. L. 215 vom 25.8.2000, S. 1 ff.

[358] Entscheidung der Kommission 2003/821/EG vom 21.11.2003 – ABl. L 308 vom 25.11.2003, S. 27 ff.

[359] Entscheidung der Kommission 2003/490/EG vom 30.06.2003 – ABl. L 168 vom 5.7.2003, S. 19 ff.

[360] Entscheidung der Kommission 2002/2/EG vom 20.12.2001 – ABl. L 2 vom 4.1.2002, S. 13 ff.

[361] Entscheidung der Kommission 2000/519/EG vom 26.7.2000 – ABl. L 215 vom 25.8.2000, S. 4 ff.

[362] Entscheidung der Kommission 520/2000/EG vom 26.7.2000 – ABl. L 215 vom 25.8.2000, S. 7 ff. Alle Entscheidungen der Kommission über die Angemessenheit des Schutzes persönlicher Daten in Drittstaaten sind auch online abrufbar unter: http://www.europa.eu.int/comm/ internal_market/privacy/adequacy_de.htm.

[363] Dazu siehe die Überlegungen im Kapitel VI. Die Zukunft des Rechts, S. 98 ff. von *Petev, Valentin*, Das Recht der offenen Gesellschaft: Grundlegung einer Philosophie des Rechts, 2001; *Damann, Ulrich*, Safe-Harbor-neue Elemente im internationalen Datenschutz, in: *Si-*

g)   Globalisierung und Völkerrecht

Allein mit der Schaffung eines einheitlichen rechtlichen Systems im europäischen Binnenmarkt geht noch keine globale Verrechtlichung einher. Die sich steigernden Bedarfe zur Lösung globaler Probleme führen indessen über den europäischen Bereich und die mitgliedstaatlichen Hoheitsrechte hinaus[364]. Der Verlust nationaler Souveränität ist keine europäische Fragestellung: Sie stellt sich weltweit angesichts der fundamentalen Globalisierungsprozesse. Inwieweit tangieren diese Prozesse das Völkerrecht und ist es den Herausforderungen der Globalisierung gewachsen?

Die Globalisierung ist ein tiefgreifender weltpolitischer Wandel, der nicht mit Internationalisierung zu verwechseln ist und tendenziell auf eine Denationalisierung im Sinne von Entstaatlichung zielt. Das traditionelle Völkerrecht[365] hingegen stützt sich auf Internationalisierung, und dabei auf die Organisation der Vereinten Nationen als reale Basis der staatengemeinschaftlichen Aufgabenerledigung[366]. Es stellt sich auf die normative Basis der internationalen Koexistenzorganisation der Staaten und ist aus diesem Grund im Wesentlichen von staatlichen Akteuren geprägt worden. Völkerrechtsfähigkeit und Völkerrechtssubjektivität ist zwar keine feststehende Größe[367]: Als Völkerrechtssubjekt ist dabei jeder Akteur mit internationalen Beziehungen verstanden, der vom Völkerrecht selbst mit Rechten und Pflichten versehen wird. Die Einbeziehung der Akteure der Zivilgesellschaft in die Völkerrechtsordnung ist allerdings bislang außerordentlich zögerlich vorangeschritten[368]. Ihnen die Völkerrechtssubjektivität zuzusprechen wird mit Skepsis betrachtet.

Fraglich ist des weiteren noch der Abschluss völkerrechtlicher Verträge als Lösung zu den einhergehenden rechtlichen Steuerungsproblemen. Dieses Hauptinstrument des Völkerrechts fungiert nicht mehr als geeignetes Mittel. Völker-

---

mon, Dieter, Weiss, Manfred (Hrsg.), Zur Autonomie des Individuums: Liber Amicorum Spiros Simitis, 2000, S. 19, 20.

[364] Siehe *Pitschas, Reiner*, Zukunft des Rechts: Spotane und organisierte Rechtsentwicklung – Herausbildung einer neuen Architektur des global praktizierten Rechts, in: *Arndt, Hans-Wolfgang, Hilterhaus, Friedhelm (Hrsg.)*, Rechtsstaat – Finanzverfassung – Globalisierung, 1998, S. 55.

[365] „Völkerrecht ist die Summe von Normen, die die Verhaltensweisen festlegen, die zu einem geordneten Zusammenleben der Menschen dieser Erde notwendig und nicht im innerstaatlichen Recht der einzelnen souveränen Staaten geregelt sind.", Siehe dazu *Seidl-Hohenveldern, Ignaz, Stein, Torsten*, Völkerrecht, 10. Aufl., 2000, S. 1.

[366] Dazu siehe *Hobe, Stephan*, Die Zukunft des Völkerrechts im Zeitalter der Globalisierung, AVR 1999, S. 253, 257.

[367] So Dahm, Georg, Delbrück, Jost, Worfrum, Rüdiger, Völkerrecht I/1, 1989, S. 22.

[368] A.a.O. (FN 366), S. 276.

104

rechtliche Verträge lassen sich einerseits üblicherweise nur langwierig[369] und schwerfällig realisieren und erscheinen angesichts der Geschwindigkeit der technik- und marktgetriebenen Veränderungsprozesse als zu schwerfällig[370]. Andererseits richten sie sich an die zentralen Akteure des Völkerrechts, nämlich an die Staaten, die allerdings gegenüber den globalen Transaktionen wenn nicht marginalisiert, so doch jedenfalls in ihrer Bedeutung verändert auftreten[371]. Sie erkennen nicht als Völkerrechtssubjekte die global agierenden Akteure (global players) an, d.h. die transnationalen Unternehmen – die ihrerseits immer mehr institutionsbildend werden – und die tausenden einzelner NGOs und ihrer Netze bzw. Dachverbände. Die Staatengemeinschaft sieht sich mit den Herausforderungen der Vermehrung der Akteure mit Politikmacht, der Veränderung der Rechtsquellen, der Änderung der Akteursrollen und der Frage der Durchsetzungsmechanismen konfrontiert.

Insbesondere, was die Rechtslage im Internet angeht, sind keine Vorkehrungen zu konstatieren, die den Globus umspannenden Kommunikationsnetzen und den Anwendungsmöglichkeiten der neuen Technologien in ihrem globalen Ausmaß hinreichend angepasst sind. Erstens stehen der internationalen Gemeinschaft die allgemeinen völkerrechtlichen Verträge zur Verfügung: die allgemeine Erklärung der Menschenrechte der Vereinten Nationen aus dem Jahr 1948, das Abkommen zur Bekämpfung der Verbreitung unzüchtiger Veröffentlichungen[372], die Konvention über die Verhütung und Bestrafung des Völkermords[373], das internationale Übereinkommen[374] zur Beseitigung jeder Form von Rassendiskriminierung und der Menschenrechtspakt[375]. Man muss hier aber anmerken,

---

[369] Laut *Engel* besteht die Gefahr, dass eine völkerrechtliche Regel schon überholt ist, bevor sie in Kraft tritt. Dazu siehe *Engel, Christoph,* Das Internet und der Nationalstaat, in: *Dicke, Klaus (Hrsg.),* Völkerrecht und internationales Privatrecht in einem sich globalisierenden internationalen System: Auswirkungen der Entstaatlichung transnationaler Rechtsbeziehungen, 2000, S. 353, 405.

[370] Dazu siehe *Rieß, Joachim,* Baustellen globaler Architekturen des Rechts, in: *Bizer, Johann, Lutterberg, Bernd, Rieß, Joachim (Hrsg.),* Umbruch von Regelungssystemen in der Informationsgesellschaft: Freundesgabe für Alfred Büllesbach, 2002, S. 253 ff.

[371] A.a.O. (FN 366), S. 256.

[372] Das Abkommen verpflichtet die Vertragsstaaten, gegen solche Veröffentlichungen einzuschreiten und einander bei ihrer Verfolgung zu unterstützen, Abkommen vom 04.05.1910, RGBl. 1911, 209.

[373] Konvention vom 09.12.1948, BGBl. 1954 II 729.

[374] Übereinkommen vom 07.03.1966, BGBl. 1969 II 961.

[375] Internationaler Pakt über bürgerliche und politische Rechte vom 09.12.1966, BGBl. 1973 II 1533.

dass das Völkerrecht dem Einzelnen wenig Handhabe gibt und die dort ausgearbeiteten Grundlagen primär dem zwischenstaatlichen Umgang dienen[376]. Hinzu kommen die völkerrechtlichen Abkommen im Bereich der Kommunikation: Das völkerrechtliche Gründungsvertrag der ITU (International Telekommunications Union). Die im Internationalen Fernmeldevertrag von 1982[377] geregelte und mit einem Beschluss von 1992 reformierte Internationale Fernmeldeunion mit Sitz in Genf geht bis auf die Gründung der Internationalen Telegraphenunion im Jahre 1865 zurück[378]. Die ITU ist seit 1949 in das UN-System integriert, aufgrund eines völkerrechtlichen Vertrages mit der UNO, der die Beziehung zwischen UN und ITU regelt[379]. Sie koordiniert die technische Standardisierung, die Vereinbarung von Rahmenabkommen und den Abbau von Leistungsunterschiede bei der Einführung von Fernmeldenetzen und Diensten in der Erfüllung der Aufgabe, sowohl die Rahmenbedingungen für das globale Fernmeldenetz – technologisch, politisch, wirtschaftlich, und kulturell gesehen – als auch die Anforderungen und die Bedürfnisse der einzelnen Staaten fortzuschreiben und anzupassen[380].

Der geringe Erfolg aber der Protokolle für die digitale Datenübertragung, die Durchsetzung des TCP/IP-Standards[381] und die faktische hervorgehobene Rolle der ICANN[382] gegenüber des unter der Schirmherrschaft der ITU erarbeitete Generic Top Level Domain Memorandum of Understanding[383] lassen schlussfolgern, dass das Internet aus einer anderen Ära stammt als derjenigen der ordentlichen, übersichtlichen völkerrechtlichen Verträge.

Neben der ITU steht seit 1974 im System der Vereinten Nationen[384] die WIPO (World Intellectual Property Organization). Sie ist für den Schutz geistigen Eigentums zuständig und bemüht sich, im Domain-Names Feld die führende Rol-

---

[376] Siehe *Mayer, Patrick,* Das Internet im öffentlichen Recht: unter Berücksichtigung europarechtlicher und völkerrechtlicher Vorgaben, 1999, S.111.

[377] BGBl. II, 1985, S. 425 ff.

[378] A.a.O (FN 376), S. 118.

[379] Ausführlich *Tegge, Andreas,* Die Internationale Telekommunikations-Union: Organisation und Funktion einer weltorganisation im Wandel, 1994, S. 284 ff.

[380] Über die ITU-Aufgaben siehe *Grewlich, Klaus,* ITU-Telekommunikation und Universalität, Außenpolitik 1989, S. 359 ff.

[381] Konkurrenzfunktion besitzt die TCP/I-Protokollsuite des Internet, die große Flexibilität und Offenheit aufweist, und sich in der amerikanischen Computer-, Netzwerk- und Telekommunikationsindustrie durchgesetzt hat.

[382] Internet Corporation of Assigned Names and Numbers, kurz ICANN, ist 1998 als nonprofit corporation unter kalifornischem Gesellschaftsrecht gegründet.

[383] Abrufbar unter http://www.gtld-mou.org.

[384] Die WIPO-Convention ist unter http://www.wipo.int/treaties/en/conventions/index.html.

le zu spielen. Sie muss sich allerdings damit abfinden, dass auch in diesem Bereich die privatrechtlich gegründete[385] ICANN das letzte Wort[386] hat. Schließlich ist noch auf die Konventionen des Europarates zu verweisen, der eine klassische Internationale Organisation darstellt. Zu den internetrelevanten Konventionen zählen die EMRK, die europäische Datenschutzkonvention von 1981[387], das Zusatzprotokoll[388] zur Datenschutzkonvention bezüglich Kontrollstellen und grenzüberschreitendem Datenverkehr, das Cybercrime Abkommen[389] und das Zusatzprotokoll[390] zum Übereinkommen über Datennetzkriminalität bezüglich die Kriminalisierung von Handlungen rassistischer und fremdfeindlicher Art begangen durch Computersysteme.

Das Cybercrime-Abkommen blieb freilich von Kritik nicht verschont[391]: Dem Europarat wird vorgeworfen, dass er eine Konvention verabschiedet hat, die zu vage und verwirrend formuliert ist, die Wirtschaft und Privatpersonen über die Maßen belastet und vor allem gegen das von ihm selbst vorgelegten Menschenrechtsabkommen (Art. 12) verstößt. Die Datenschutzgruppe des Art. 29 der EU-Datenschutzrichtlinie[392] stellt fest, dass der Datenschutz im Text der Konvention nicht ein einziges Mal auftaucht[393]. Das stellt eine Gefahr für die Datenschutzpraktiken der Nichtmitgliedstaaten des Europarates dar, die die Konven-

---

[385] Dazu siehe ausführlich *Lehmkuhl, Dirk,* The Resolution of Domain Names vs. Trademark Conflicts: A Case Study on Regulation Beyond the Nation State, and Related Problems, Zeitschrift für Rechtssoziologie, 2002, S. 61 ff.

[386] Das WIPO-Schiedsgericht beruht hinsichtlich der generic top level domains (gTLDs) auf der Uniform Domain Name Dispute Resolution Policy (UDRL) von ICANN. Abrufbar unter: http://www.arbiter.wipo.int/domains/gtld/index.html.

[387] BGBl. II 1985, 538.

[388] http://conventions.coe.int/Treaties/Commun/QueVoulezVous.asp?NT=181&CM=7&DF=13/02/04&CL=GER.

[389] Abrufbar unter http://conventions.coe.int/Treaties/Html/185.htm; die Konvention haben die USA, Japan, Kanada und Südafrika als Nichtmitgliedstaaten des Europarates unterzeichnet.

[390] http://conventions.coe.int/Treaties/Commun/QueVoulezVous.asp?NT=189&CM=7&DF=13/02/04&CL=GER.

[391] Sie *Schulzki-Haddouti, Christiane,* Datenschützer zur Cyberkriminalität, von 22.03.2001, abrufbar unter: http://www.heise.de/tp/deutsch/inhalt/te/7196/1.html, *der.,* Cyberkriminalität verstößt gegen Menschenrechte, von 14.12.2000, Telepolis, abrufbar unter: http://www.heise.de/tp/deutsch/inhalt/te/4486/1.html; *Dix, Alexander,* Regelungsdefizite der Cybercrime-Convention und der E-TKÜV, DuD 2001, S. 588ff.; *Breyer, Patrick,* Die Cybercrime-Konvention des Europarats, DuD 2001, S. 592 ff.

[392] Angenommene Dokumente der so genannten Art. 29 Datenschutzgruppe sind abrufbar unter: www.europa.eu.int/comm/internal_market/privacy/workinggroup_de.htm.

[393] http://europa.eu.int/comm/internal_market/privacy/docs/wpdocs/2001/wp41de.pdf.

tion unterzeichnet haben, aber nicht dazu verpflichtet sind, die Menschenrechtskonvention, die Datenschutzkonvention sowie anderer einschlägigen Instrumente zu berücksichtigen, um die Menschenrechte, die Privatsphäre und den Datenschutz zu garantieren.

Die Regelungen, denen das Internet als technisches System unterliegt, sind umstritten und in ständiger Fortentwicklung. Die territorial gebundenen und außerhalb der Internet-Gemeinschaft etablierten Gremien und Institutionen, seien sie staatlich oder überstaatlich, eignen sich nicht dazu, sie entscheidend zu beeinflussen. Der explosionsartige Informationsaustausch über die Grenzen hinweg entzieht sich schon rein faktisch der staatlichen Kontrolle. Trans- und international agierende Unternehmen verletzen – unter anderen – datenschutzrechtliche Bestimmungen und Privatnutzer verletzen täglich die urheberrechtlichen Bestimmungen, weil ihnen der Stand der Technik viele Möglichkeiten des Ausweichens ermöglicht.

Rechtspolitik und insbesondere Datenschutzpolitik wird aber fortwährend national organisiert und durch nationale – in Deutschland auch föderale – Schutzadministrationen umgesetzt[394], während im Internet der Bedarf nach globalen Einheitsregelungen in allen Bereichen wächst[395]: Urheberrecht, digitale Signatur, elektronische Zahlung, Vertragsrecht, Verbraucherschutz, Netzdelikte, Datenschutz und Datensicherheit, einheitliche technische Standards, Vergabe von Domain-Names, eindeutige Adressierung von Computern durch IP-Adressen.

All das demonstriert nichts anderes als die Zunahme der Bedeutung der Repräsentanten der Wirtschaft aber auch der Zivilgesellschaft, also des nichtsstaatlichen Sektors. Hält man sich zusätzlich die signifikante Funktionswandlung moderner souveränen Staaten vor den Augen, scheint die Einbeziehung diesen Sektors im System des Völkerrechts als erforderlich. Das Völkerrecht muss jetzt diese Entwicklung im Sinne einer Neubewertung der niemals abgeschlossenen anzusehenden Kreises der Völkerrechtssubjekte reflektieren. Es muss gezielt eine inter- bzw. transnationale Normsetzung unterstützen, die nur in diskursiver Zusammenarbeit zwischen Staaten, multinationalen Unternehmen und Nichtregierungsorganisationen erzielt werden kann. Solche Ansätze einer Bindung an völkerrechtliche Vorgaben sind heute wesentlich als Selbstverpflichtungen zu beobachten.

---

[394] Dazu siehe *Hofmann-Riem, Wolfgang (Hrsg.)*, Modernisierung von Recht und Justiz: Eine Herausforderung des Gewährleistungsstaates, 2001, S. 159 ff.

[395] Vrg. *Calliess, Gralf-Peter*, Rechtssicherheit und Marktbeherrschung im elektronischen Welthandel: die Globalisierung des Rechts als Herausforderung der Rechts- und Wirtschaftstheorie, in: *Juergen, Donges, Stefan, Mai (Hrsg.)*, E-Commerce und Wirtschaftspolitik, 2001, S. 189 ff.

h) Globalisierung und die Gewährleistung des Datenschutzes im Internet

Globalisierung bedeutet die Entstehung weltweiter Kommunikation und die Intensivierung weltregions-übergreifender Austauschbeziehungen[396]. Ihr herausragendes Kennzeichen ist die weltweite Vernetzung von Informations- und Verkehrsmitteln mit der Folge eines Schrumpfens von Raum und Zeit, so dass immer mehr Ereignisse weltweit gleichzeitig wahrgenommen und mit immer kürzerer Verzögerung an unterschiedlichen Orten der Welt wirksam werden können.

Das Internet als globales Kommunikationsmedium erweist ebenfalls den Bedarf für eine global geltende Regulierung. Insbesondere seitdem das Internet ein Handelsplatz für Dienstleistungen, Güter, Informationen und Ideen geworden ist, nehmen hier Konflikte zu, für deren Lösung noch keine angemessenen Normen zur Verfügung stehen. Der weltumspannende „Highway" als Infrastruktur der Informationsgesellschaft und Sinnbild einer informationell vernetzten Welt rückt dabei in den Brennpunkt der Diskussion. Die Daten, die Rohstoff dieses Highways sind, werden zusehends grenzüberschreitend und ortsungebunden in den „Datenbahnen" verarbeitet. Über das neue Medium enthält jeder Internetnutzer direkten Zugang zu Informations- und Kommunikationsangeboten und Märkten, auf dem andere Gesetze und Regeln gelten als diejenige, die in dem territorialen Umfeld herrschen, in dem der Nutzer beheimatet ist. Der Staat kann seinen Bürgern kaum noch Schutz bieten.

Diese Globalisierung der Informations- und Medienangebote, welche im Wesentlichen auf die ökonomische Dynamik und den technischen Fortschritt zurückführen ist, führt zu einem (teilweisen) Verlust des beherrschten Raumes, zu einer Delokalisierung der Informationsangebote und des Wissens. Das Datenschutzrecht kann diesem Prozess nicht ausweichen und verliert ebenso seine genuin geografische[397] Prägung.

Die Internetgemeinschaft versucht mit selbstgesetzten Instrumenten auf die Herausforderungen des neuen Mediums zu reagieren: Hier sei sowohl auf die Netiquette als auch auf die Selsbtregulierungsinstrumente hinzuweisen, die weiter unten im zweiten Teil dieser Abhandlung näher zu analysieren sind. Ange-

---

[396] Durch die Globalisierung wird der Akzent der Diskussions- und Entscheidungszentra vom Nationalstaat – sei es im ethnisch-kulturellen, sei es im politischen Sinne der Staatsbürger-Nation – auf die funktional differenzierten Subsysteme verlegt, die regional Entscheidungen treffen und gleichzeitig auf die internationale Vernetzung von Regionen zielen, was uns erlaubt, von Weltregionen zu sprechen.

[397] *Grasser, Urs,* Entgrenzung der Information – Grenzen des Rechts?, in: *Immenhauser, Martin (Hrsg.),* Vernetzte Welt – Globales Recht, Jahrbuch Junger Zivilrechtswissenschaftler, 1998, S. 105, 106.

sichts des Souveränitätsverlustes des Nationalstaates scheint es lohnend, derartige nicht territorial gebundene Instrumente weiterzuentwickeln und aber kritisch zu diskutieren[398]. Viele Staaten sehen sich gezwungen, in ihre Rechtssysteme neue Regelungstatbestände wie „Privacy Rights" einzuführen, die sich sowohl auf den Schutz des Betroffenen als auch auf die Spielregeln im Umgang mit elektronischen Informationen beziehen. Dabei stellen sich Fragen der Rechtskultur, des anzuwendenden Rechts und der Rechtsdurchsetzung angesichts der Globalisierung der Märkte bis zum Verbraucher.

i)   Die Rolle des Rechts in der Globalisierung

Globalisierung ist eigentlich nur Ausdruck der Tatsache, dass viele Aufgaben[399] nicht mehr nationalstaatlich erfüllbar sind, sondern nur – wenn überhaupt – staatengemeinschaftlich. Aber dass sie immer noch ihrer Erfüllung bedürfen, bleibt unstreitig. Nur die Umstrukturierung und nicht die Ausblendung der herkömmlichen Aufgabenerfüllung garantiert, dass das internationale System sich nicht normenfrei entwickelt, und dass es sich zu keinem Dickicht verwandelt, in dem Frieden und Wohlstand der Völker nicht mehr zu bewahren und zu schaffen sind.
Sei es durch supranationale Institutionen oder selbstregulierend in einem unmittelbaren Durchgriff auf das Recht, folgender Normenbedarf muss weiter befriedigt werden: Einerseits der des Wirtschaftssystems, das freilich seine Spielregel nicht weiterhin zügellos durchsetzen darf, und andererseits dieser der anderen gesellschaftlichen Sektoren, der Wissenschaft, der Technologie, der Medizin, der Erziehung, der Massenmedien und -kommunikation, der Reisebranche und des Transports. Die neue Dynamik, die sich innerhalb dieser funktional differenzierten gesellschaftlichen Teilsysteme entfaltet, erlaubt das Verhältnis von spontanem und organisiertem Bereich neu zu formieren[400]. Es wird jedem Bereich die Chance eingeräumt, nicht nur die Autonomie ihrer Aktivitäten zu behaupten, sondern auch ein eigenständiges Regime für ihre Aktivitäten im Rahmen der Selbstregulierung zu etablieren.
In diesem neu konstruierten Umfeld ergibt sich für das Recht die Aufgabe, die Verfassung der Zivilgesellschaft in den verschiedenen Sektoren zu institutiona-

---

[398] Siehe *Hermann, Tobias,* Perspektiven eines grenzüberschreitenden Persönlichkeitsschutzes im Internet, AfP 2003, S. 232 ff.
[399] *Stephan, Hobe,* Der kooperationsoffene Verfassungsstaat, Der Staat 1998, S. 521.
[400] Für *Teubner* ist das Erfolgsgeheimnis moderner Demokratien der Gegensatz spontan/organisiert und die konstruktive Kraft, die aus ihm entsteht. Dazu siehe *Teubner, Gunther,* Neo-Spontanes Recht und duale Sozialverfassung in der Weltgesellschaft?, in: *Simon, Dieter, Weiss, Manfred (Hrsg.),* Zur Autonomie des Individuums, 2000, S. 437, 449.

lisieren[401]. Das „globale Recht" wird sehr sektoral durch die globalen Netzwerke ökonomischer, kultureller, wissenschaftlicher oder technischer Art definiert[402]. Die Rolle des Rechts in der Globalisierung besteht nach *Teubner* im wesentlichen darin, die neue Gewichtsverschiebung zwischen staatlichen und ökonomischen Akteuren rechtlich zu formalisieren[403] und eine Sozialverfassung zu institutionalisieren, die für die weltgesellschaftlichen Sektoren gilt.

Mit der Idee der *einen* Menschheit – die ein Philosophentraum der Stoa und der Aufklärung war – verbindet sich das Bedürfnis nach einer weltweiten Friedensordnung, nach der Bannung von Kriegsgefahr und nach Entschärfung der Konfliktstoffe, nach gerechter ökonomischer Verteilung der Ressourcen, die zunehmend als gemeinsames Erbe begriffen werden, nach überstaatlicher Bewältigung wirtschaftlicher, sozialer, ökologischer Aufgaben, nach Ablösung der klassischen Außenpolitik durch Weltinnenpolitik[404].

Auf der Ebene der Wissenschaft ist vor allem für die zu entwickelnden Konzepte eine interdisziplinäre Kooperation erforderlich, um ein Selbstregulierungskonzept auszuarbeiten, das den Herausforderungen des global und hoch technisiert rasant wachsenden Umfeldes nachzukommen. Es bedingt genauer einen analytischen Bezugsrahmen und ein daraus abgeleitetes normatives Konzept, das Einsichten aus Politikwissenschaft, Rechtswissenschaft, Ökonomie, vor allem aber auch der Informatik, in sich aufnimmt[405]. Die Rolle der Rechtswissenschaft wird darin gesehen, den Globalisierungsprozess zu steuern, so dass eine globale Vereinheitlichung auch in den gesellschaftlichen Bereichen eintritt, die ohnedies von den positiven aber vorerst von den negativen Haupt- und Nebenwirkungen der wirtschaftlichen Globalisierung betroffen werden und sich nicht dagegen wehren können. So dass sich ein Weltstaat – wenn man davon überhaupt reden darf – etabliert, der den Weltfrieden und die soziale Gerechtigkeit garantiert.

---

[401] Dazu siehe a.a.O.; *Teubner, Gunther,* Globale Zivilverfassungen: Alternativen zur staatszentrierten Verfassungstheorie, Zeitschrift für ausländisches öffentliches Recht und Völkerrecht 63 (2003), S. 1 ff.

[402] *Teubner, Gunther,* Globale Bukowina: Zur Emergenz eines transnationalen Rechtspluralismus, Rechtshistorisches Journal 1996, S. 255, 262.

[403] A.a.O. (FN 400), S. 446.

[404] *Isensee, Josef,* Die alte Frage nach der Rechtfertigung des Staates, in: *Kolmer, Petra, Korten, Harald (Hrsg.),* Recht – Staat – Gesellschaft, 1999, S. 21, 61.

[405] *Lutterbeck, Bernd,* Globalisierung des Rechts – am Anbeginn einer neuen Rechtskultur?, CR 2000, S. 52, 54.

VI. Verfassungsrechtliche Fragen

Die Gewährleistung des Datenschutzes im Internet und im internationalen Geschäftsverkehr durch die selbstregulierende Privatwirtschaft stellt eine Verlagerung öffentlicher Aufgaben von demokratisch legitimierten Staatsorganen hin zu einem hauptsächlich aus privaten Verbänden bestehenden Sektor dar, was zu Lasten von Demokratie und Rechenschaftspflicht gehen kann. Wenn nichtstaatliche Akteure und Organisationen im Staat an Entscheidungen beteiligt aber nicht unmittelbar an die Verfassung gebunden sind, kommen die Grenzen der Verfassung umso mehr zum Vorschein. Im folgenden sind die Legitimationserfordernisse des Grundgesetzes zu skizzieren, um herauszuarbeiten, welches Selbstregulierungskonzept die grundrechtlichen Prinzipien des Demokratieprinzips, des Rechtsstaatsprinzips und des Subsidiaritätsprinzips befriedigt. Daran anschliessen ist zu untersuchen, inwieweit die staatlichen rechtsetzenden Organen aus der grundrechtlichen Schutzpflichtenlehre verpflichtet sind, neue Regulierungsmethoden und Steuerungskonzepte auszuarbeiten und umzusetzen.

1. Selbstregulierung und Rechtsstaatsprinzip

Als Verankerung des Rechtsstaatsprinzips sind Art. 28 Abs. 1, 1 und Art. 20 Abs. 1 GG anzusehen. Formeller Rechtsstaat ist ein Staat, der die Gewaltenteilung, die Unabhängigkeit der Gerichte, die Gesetzesmäßigkeit der Verwaltung, Rechtsschutz der Verwaltung gegen Akte öffentlicher Gewalt und eine öffentlich-rechtliche Entschädigung als unverzichtbare Institute anerkennt[406]. Als materieller Rechtsstaat gilt ein Staat, der auch die Verwirklichung dieser Grundsätze gewährleistet und diese insbesondere durch die Verfassungsbindung der Gesetzgebung und durch die Normierung von Grundrechten sichert.
Die Entscheidung für den Rechtsstaat ist die Entscheidung für eine spezifische Struktur staatlichen und gesellschaftlichen Lebens, für eine Gestaltung nach Maßgabe des Rechts. Recht soll Kontinuität, aber auch die Wandelbarkeit vorgegebener Verhältnisse gewährleisten[407]. Es ist das zentrale Instrument sozialer Demokratie, das jedoch immer mehr auch als Mittel zum Management von Interdependenzen einzurichten ist.
Die Pflicht des Staates, für die Sicherheit seiner Bürger zu sorgen und die Beachtung ihrer Rechte sicherzustellen, wird vom Bundesverfassungsgericht – in

---

[406] Zu den Rechtsstaatsbegriffen siehe *Schmidt-Aßmann, Eberhard*, Der Rechtsstaat, in: *Isensee, Josef, Kirchhof, Paul (Hrsg.)*, Handbuch des Staatsrechts, Bd. II, 3. Aufl., 2003, § 26, Rdnr. 17 ff.
[407] A.a.O., Rdnr. 24.

einer seiner jüngeren Entscheidungen – als eines der Grundgebote des Rechtsstaats bezeichnet[408]. Zur Konkretisierung dieses Gebotes werden die Grundsätze des Vertrauensschutzes, der Rechtssicherheit und die Idee der materiellen Gerechtigkeit gerechnet. Weitere Elemente des Rechtsstaatsprinzips sind das Erwartungssicherheit und Transparenz ermöglichende Recht, die Gewaltenteilung, die Einbindung staatlichen Handelns in eine Organisation und in Verfahren mit dem Ziel des Grundrechtsschutzes, eine Kompetenzordnung, die Gesetzesbindung, die Publizität staatlichen Handelns und der Rechtsschutz des Betroffenen. Das Rechtsstaatsprinzip verpflichtet zu behördlichem Handeln, das von Klarheit und Transparenz ebenso getragen ist wie von Neutralität, Distanz, Fairness und Objektivität. Rechtsstaatliche Rationalität fordert aber auch, dass staatliche Aufgaben möglichst zweckmässig und effektiv erfüllt werden[409]. Effektivität der Aufgabenerfüllung ist nicht nur politisches Postulat, sondern gleichermaßen eine rechstaatliche Forderung zur Ermöglichung sachangemessener Aufgabenerledigung[410]. Die Gesetzesbindung der Verwaltung verliert ihre Wirksamkeit, wenn der Gesetzesvollzug daran scheitert, seine Aufgaben sachgerecht (oder überhaupt im Falle der schon erwähnten Staatsohnmacht im Internet) zu erfüllen. Dies erlaubt und verlangt Modifikationen der klassischen Verwaltungsorganisation, dort wo diese Aufgaben nicht erfüllt werden können. Wenn das klassische Ordnungsverständnis, das an den rechtstaatlichen Vorgaben des traditionellen Rechts der Gefahrenabwehr – prägnantes Beispiel ist der Datenschutz – orientiert ist und demzufolge den Problemen, Gefahren und Erfordernissen der Informationsgesellschaft nicht angemessen entgegentritt, muss man den Inhalt der Gesetze modifizieren, um den Anforderungen der Rechtsstaatlichkeit weiterhin genügen zu können.

Die Gestaltungsgesetze, also die Rahmengesetze, sind ausgestaltungsoffen und liefern Kontextregeln, die Raum für ihre Erfüllung bzw. Auslegung durch Private lassen, die direkte Praxis- und Sachnähe genießen. Solchen Kontextregeln gelingt es, in mehrpoligen Rechtsbeziehungen gegenseitige Freiheit zu ermöglichen. Gegen Rahmengesetze kann natürlich eingewendet werden, dass sie nur den Kontext steuern und den Privaten übermäßige Freiheit lassen, wie sie die gesetzlichen Ziele und Anforderungen erreichen, und dass sie daher dem rechtsstaatlichen Bestimmtheitserfordernis nicht genügen. Diese Aussicht verkennt aber, dass der Gesetzgeber gehalten ist, programmatische Vorgaben zu geben, etwa Zielsetzungen, Konzeptvorgaben, Programme; dadurch gibt er dem Ver-

---

[408] BVerfGE 74, 257, 262.
[409] Siehe *Trute, Hans-Heinrich*, Die Verwaltung und das Verwaltungsrecht zwischen gesellschaftlicher Selbstregulierung und staatlicher Steuerung, DVBl. 1996, S. 950, 956.
[410] Dazu *Krebs, Walter*, Verwaltungsorganisation, in: *Isensee, Josef, Kirchhof, Paul (Hrsg.)*, Handbuch des Staatsrechts, Bd. III, 2. Aufl., 1996, § 69, Rdnr. 77.

halten der Privaten Konturen, innerhalb derer der Spielraum, in dem Gemeinwohl und gesetzmäßig gehandelt werden muss, eingeengt wird. Solche gemeinwohlorientierte Verfahrensprogrammierungen genügen dem Bestimmheitserfordernis[411].

Die Komplementarität ist das Hauptmerkmal der regulierten Selbstregulierung, das sie legitimiert und in Einklang auch mit dem Rechtsstaatsprinzip bringt. Denn sie bewegt sich im vorgegebenen Rahmen der rechtlichen Regelungen und setzt durch Konkretisierung und eventuell Weiterentwicklung die Allgemeinheit der Gesetzesregelungen für jeden spezifischen Bereich um. Das Rechtsstaatsprinzip hindert daher eine Verantwortungsteilung zwischen staatlichen und privaten Akteuren nicht als solche, verweist aber auf die Notwendigkeit ihrer rechtsstaatlichen Formung und setzt Grenzen dort, wo es zu einer Beeinträchtigung der Rechtsposition der Betroffenen kommen kann. Gegenstand der Selbstregulierung könnten etwa im Bereich der Datenverarbeitung branchenspezifische Zweckbestimmungen, Unterrichtungen, Schlichtungsverfahren, Zustimmungserklärungen oder technische Anforderungen an die Datensicherheit sein[412]. Die Rolle des Gesetzgebers wird in diesem Kontext darin gesehen, die Regelungsziele durch Grundsätze vorzugeben und gleichzeitig Verfahren[413] bereitzustellen, die sowohl die Rückkoppelung der dann im Vordergrund stehenden Selbstregulierung an die gesetzlichen Grundsätzen sicherstellen als auch die Anwendung der in eigener Regie entwickelten Vorkehrungen beobachten. Daran anschließend muss der Gesetzgeber auch die Rechtssicherheit gewährleisten: Die verantwortlichen Privaten, wenn sie sich im Selbstregulierungsapparat eines bestimmten Sektors mitbeteiligen (Datenschutzpolitik in Versicherungsunternehmen) wollen, müssen ihre Datenschutzpolitik genehmigen und sie in ein öffentliches Register[414] eintragen lassen. Die Unsicherheit oder die geringe Vorhersehbarkeit im Bezug auf die geltenden Datenschutzpraktiken und die daraus fließenden Rechtsfolgen können weder zur Modernisierung des Daten-

---

[411] So *Hoffmann-Riem, Wolfgang*, Verwaltungsrecht in der Informationsgesellschaft – Einleitende Problemskizze, in: *ders., Schmidt-Aßmann, Eberhard (Hrsg.)*, Verwaltungsrecht in der Informationsgesellschaft, 2000, S. 9, 43.

[412] Siehe *Roßnagel, Alexander*, Ansätze zu einer Modernisierung des Datenschutzrechts, in: *Kubikeck, Herbert, Klumpp, Dieter, Fuchs, Gerhard, ders. (Hrsg.)*, Internet@Future: Jahrbuch Telekommunikation und Gesellschaft, 2001, S. 241, 250.

[413] Siehe *Simitis, Spiros*, Datenschutz und „Medienprivileg": Bemerkungen zu den Grundbedingungen einer verfassungskonformen Kommunikationsstruktur, AfP 1990, S. 14, 22.

[414] *Voßkuhle, Andreas*, Gesetzgeberische Regelungsstrategien der Verantwortungsteilung zwischen öffentlichem und privatem Sektor, in: *Schuppert, Gunnar-Folke (Hrsg.)*, Jenseits von Privatisierung und „schlankem Staat": Verantwortungsteilung als Schlüsselbegriff eines sich verändernden Verhältnisses von öffentlichem und privatem Sektor, 1999, S. 47 ff.

schutzes noch zur Gewährleistung eines hohen grenzüberschreitenden Datenschutzniveaus beitragen.

Das Datenschutzgesetz als zentrales Steuerungsmittel setzt die Anforderungen an rechtstaatliche Distanz um. Wenn ein privater Datenverarbeiter am Selbstregulierungsprozess teilnimmt und die allgemeinen Datenschutzprinzipien für die Erfordernisse seines Bereichs umsetzt, wird er in die Gestaltung der neuen Informationsordnung und folglich in die Verantwortungsteilung eingeschaltet. Falls er keine interessendistanzierte Funktion aufweisen kann, falls er als eigeninteressierter Akteur im Vorgang der Selbstregulierung lediglich sich für seine eigenen Interessen einsetzt, dann muss der Staat hinreichende Vorkehrungen treffen, um eine abgestufte Darstellung und eventuelle Vertretung der betroffenen Interessen zu realisieren, um damit möglichst distanzierte Entscheidungen zu ermöglichen.

Die Aufgabe des Gesetzgebers ist äußerst komplex: Er muss die am Selbstregulierungsvorgang teilnehmenden Privaten als rechtsetzenden – selbst wenn nicht gleichrangig – Partner behandeln, ihre Funktionsarten nachvollziehen, ihnen aber trotzdem bestimmte „Spielregeln" vorgeben, so dass seine entscheidungsbeherrschende Position nicht ausgehöhlt wird. Obwohl diese Aufgabe äußerst schwierig ist, zieht sie nur den Staat zur Verantwortung: Bei den immer komplexer werdenden gesellschaftlichen Beziehungen muss er die diese betreffenden Probleme mit neuen Mittel bewältigen.

2. Selbstregulierung und Demokratieprinzip

Das aus Art. 20 Abs. 2 GG hergeleitete Demokratieprinzip verlangt, dass das Volk einen effektiven Einfluss auf die Ausübung der Staatsgewalt durch die Organe der gesetzgebenden, vollziehenden und rechtsprechenden Gewalt hat. Die Einbeziehung privater Organisationen und Verbände in den staatlichen Entscheidungsapparat und die daraus folgende Aufgaben- und Kompetenzverteilung zwischen staatlichen und privaten Akteuren werfen Fragen nach der Verfassungskonformität von Selbstregulierungsmechanismen auf.

Niemand bestreitet, dass heutige Menschen mehr und komplizierterer Risiken und Problemlagen ausgesetzt sind als früher und dass der Staat nicht mehr in der Lage ist, diesen Risiken allein entgegenzutreten und die entsprechende Sicherheit in einer Risikogesellschaft zu gewährleisten. Deswegen sieht er sich aufgefordert, alternative und innovative Konzepte zu entwickeln, die mit der gesellschaftlichen und technischen Entwicklung Schritt halten können. Er ist immer noch der Verantwortungsträger für die Sicherung der Grundrechte seiner Bürger, wenn sie sich in die Informationsgesellschaft begeben. Wie er diese

Verantwortung erfüllt, steht allerdings nicht ein für alle mal fest. Die Aufstellung und normative Umsetzung eines Schutzkonzeptes ist mithin Sache des Gesetzgebers, dem dabei auch ein Einschätzungs-, Wertungs-, und Gestaltungsspielraum zukommt[415].

Wenn er sich für die Ermöglichung eines regulierten selbstregulativen Konzeptes entscheidet, muss er diese Entscheidung selbst treffen und den Rahmen vorgeben, wie dies geschehen soll; denn die Grenze der Verantwortung zwischen Staat und Gesellschaft wird verwischt, indem die mitbeteiligten Privaten in die politische Verantwortung eingebunden sind. Wenn der Gesetzgeber diese grundsätzliche Entscheidung selbst trifft, kann aus der Sicht des Demokratieprinzips nicht kritisiert werden, dass die Verlagerung öffentlicher Aufgaben von demokratisch legitimierten Staatsorganen auf einen hauptsächlich aus privaten Verbänden bestehenden Sektor zu Lasten von Demokratie und Rechenschaftspflicht gehe.

Im Bereich des Datenschutzes haben diese Entscheidung sowohl der europäische als auch der nationale Gesetzgeber getroffen: Die Selbstregulierung wird von der EG-Datenschutzrichtlinie[416] gefördert, indem in Art. 27 die Pflicht der Mitgliedstaaten und der Kommission festgelegt wird, die Ausarbeitung freiwilliger Verhaltensregeln zu induzieren und zu unterstützen. Das Bundesdatenschutzgesetz[417] ermöglicht in § 38a die Ausarbeitung von Verhaltensregeln, soweit sie mit dem geltenden Datenschutzrecht vereinbar sind. Gedacht ist, dass das Gesetz den verbindlichen Rahmen darstellt, innerhalb dessen die Berufsverbände oder auch einzelne Konzerne ihre branchenspezifischen Datenschutzbestimmungen entwickeln und in Kraft setzen.

Wo allerdings staatliche Stellen mit Privaten kooperieren, ist nicht der Kooperationsbereich als solcher, sondern nur der administrative Beitrag hierzu einer demokratischen Legitimation bedürftig. Die Organisation der selbstregulierenden Privaten bedarf für die Erfüllung ihrer Aufgabe keiner demokratischen Rechtfertigung, die durch eine Legitimationskette auf das Volk zurückzuführen ist. Ohnehin darf sie nur sekundäre Normen setzen, die der Konkretisierung der vom Gesetzgeber umschriebenen Ziele, Aufträge und Grundsätze dienen.

Die selbstregulierenden Privaten haben ebenfalls aus ihrer Warte gewisse demokratische und rechtsstaatliche Mindestanforderungen zu beachten, wenn sie im Wege der Kooperation Einfluss auf das staatliche Handeln gewinnen wollen. Praktisch bedeutet das hier vor allem, auf die Absicherung der Gemeinwohl-

---

[415] BVerfGE 88, 203, 262.
[416] Richtlinie 95/46 EG des Europäischen Parlaments und des Rates vom 24. Oktober 1995 zum Schutz natürlicher Personen bei der Verarbeitung personenbezogener Daten und zum freien Datenverkehr, ABl. L 281 vom 23.11.1995, S. 31 ff.
[417] BGBl. Teil I Nr. 23, v. 18. 05. 2001, S. 904 ff.

verträglichkeit bei der Standardsetzung hinzuwirken: Transparenz und Publizität – namentlich Zugänglichkeit und Begründung von Normentwürfen –, ausgewogene Beteiligung von interessierten Kreisen wie Verbraucherschutz- oder Datenschutzverbänden und -gruppen, Sicherstellung von Artikulationsmöglichkeiten für alle beteiligten Interessen und schließlich die Eröffnung von Einwendungsmöglichkeiten und die Bereitstellung eines Schiedsverfahrens. Das bedeutet, dass die erwähnten demokratischen und rechtstaatlichen Prinzipien bei den jeweiligen Interessenten, Mitbeteiligten und Betroffenen des zu regelnden Spezialgebiets (für den Datenschutz etwa Medizinforschung, Versicherungen, Banken, Fluggesellschaften, Internet, global agierende Konzerne) angewandt werden müssen, so dass eine möglichst umfassende Repräsentation der durch die Normen berührten Interessengruppen hergestellt wird.

Der Staat bewahrt seine Entscheidungs-, Handlungs- und Rechtseinheit, indem er die Grenzen der Wirksamkeit der Selbstregulierung definiert[418]. Ihm wird die Letztentscheidung vorbehalten, da sich die private Rechtssetzung wegen der zu geringen Distanz zu den partikularen Interessen als nicht hinreichend gemeinwohlorientiert erweist[419]. Die von den Datenverarbeitern selbst gesetzten branchenspezifischen Regelungen dürfen etwa die gesetzlichen Grundsatzregelungen konkretisieren, ausfüllen oder ergänzen, jedoch nicht einschränken. Sie werden von Datenschutzkontrollinstanzen überprüft und anerkannt, und dieser Kontrolle wird eine Selbstkontrolle vorgeschaltet. Dafür fallen sie nicht unter Art. 20 Abs. 2 GG. Die auf die Rahmensetzung einer Selbstregulierung gerichtete Zusammenarbeit zwischen privaten Datenverarbeiter und datenschutzrechtlichen Kontrollinstanzen (Aufsichtsbehörden oder Datenschutzbeauftragte je nach Land) muss auf das demokratisch legitimierte Verwaltungsorgan rückführbar sein. Seine demokratische Legitimation verpflichtet es zu verantwortlichen Entscheidungen nach Gesetz und Recht. Dies bedeutet behördliche Verfahrensherrschaft und Letztentscheidungsmandat für die Verwaltung.

Die Grenze, die das Demokratieprinzip dem Gesetzgeber, der Exekutive und den Privaten beim Planen selbstregulativer Konzepte auferlegt, ist die Unverzichtbarkeit der staatlichen Letztentscheidung; sie legitimiert jede Entscheidung der privaten selbstregulativen Akteure durch ihre nötige Zustimmung. Deswegen sind die Ergebnisse der den Datenschutz betreffenden Selbstregulierungskonzepte von den zuständigen Kontrollstellen stets zu überprüfen und anzuerkennen. Entscheidend für die demokratische Legitimation ist, dass das Gefüge in seiner Gesamtheit eine hinreichende Vermittlung zwischen dem Volk als Träger der Staatsgewalt und den Organhandlungen sicherstellt.

---

[418] Zu der Einheitsfunktion des Staates siehe *Isensee, Josef,* Staat und Verfassung, in: *ders., Kirchhof, Paul (Hrsg.),* Handbuch des Staatsrechts, Bd. II, 3. Aufl., 2003, § 15, Rdnr. 67.
[419] *Kloepfer, Michael,* Gesetzgebung im Rechtsstaat, VVDStRL 1981, 63, 78.

Angesichts der verschleierten Entmachtung durch selbstregulative Kräfte im Wege der Generalklauselmethode und der Durchsetzung partikularer Interessen ist der Staat nachhaltig zu einer steuernden Reaktion berufen. Ihm obliegt eine aus dem Demokratieprinzip folgende Gewährleistungsverantwortung hinsichtlich der Gemeinwohlverträglichkeit der von ihm (mit-) initiierten selbstregulativen Entscheidungsprozesse. Werden Gemeinwohlbelange bei der Standardsetzung missachtet, so ist der Staat aufgerufen, sie notfalls hoheitlich durchzusetzen. Da er dazu demokratisch verpflichtet ist, darf er sich nicht kollektiven Privatinteressen ausliefern und deren Normwerke durch unbesehene Übernahme privilegieren.

Aus den erwähnten Überlegungen lässt sich schlussfolgern, dass die Räume privater Normsetzung in regulierten Selbstregulierungssystemen weder zur Souveränität[420] noch zum Gewaltmonopol des Staates in Widerspruch stehen, solange die Rechtssetzungsmacht des Staates allen anderen normsetzenden Stellen in einem Gemeinwesen übergeordnet[421] ist.

3. Selbstregulierung und Subsidiaritätsprinzip

Das Subsidiaritätsprinzip verbietet dem Staat, dort tätig zu werden, wo die Leistungen der Privaten den Bedürfnissen der Grundrechtsträger und den Erfordernissen des Gemeinwohls Genüge tun. Im Folgenden sollen die Geschichte des Prinzips kurz geschildert und seine Hauptmerkmale erläutert werden um zu sehen, wie das Konzept eines regulierten Selbstregulierungssystem mit den Grundzügen des Subsidiaritätsprinzips abzustimmen ist.

Zu Beginn des 20. Jahrhunderts wandte der Staatstheoretiker Georg Jellinek das Subsidiaritätsprinzip auf die Staatslehre an, indem er schrieb, dass es im Interesse der Staaten liegen müsse, die Selbstbetätigung der Individuen und der Verbände in erster Linie wirken zu lassen und nur dort mit ihrer Herrschaft und ihren Machtmitteln verwaltend einzugreifen, wo Individuum und Verband mit ihren Mitteln nicht ausreichen[422].

Das Wort Subsidiarität als Begriff kommt zum ersten Mal in der Gesellschaftskonzeption der katholischen Soziallehre zum Ausdruck und bezeichnet das Postulat, gesellschaftliche Probleme soweit möglich von denjenigen lösen zu las-

---

[420] Innere Souveränität bedeutet Anspruch des Staates, verbindliche, anderen gesellschaftlichen Regelungen übergeordnete Gesetze zu erlassen und deren Geltung durchzusetzen.

[421] So *Kloepfer, Michael, Elsner, Thomas,* Selbstregulierung im Umwelt- und Technikrecht: Perspektiven einer kooperativen Normsetzung, DVBl. 1996, S. 964, 968.

[422] *Jellinek, Georg,* System der subjektiven öffentlichen Rechte, 2. Aufl., 1979, S. 294.

sen, die von den Problemen betroffen werden[423]; erst wenn die Kräfte der Gesellschaft nicht ausreichen oder versagen, sollten größere gesellschaftliche Einheiten bzw. der Staat eingreifend tätig werden. Die klassische, immer wieder zitierte Formulierung des Subsidiaritätsprinzips findet sich in Nr. 79 der 1931 von Papst Pius XI. verkündeten Enzyklika Quadragesimo anno[424]: *Jedwede Gesellschaftstätigkeit ist ja ihrem Wesen und Begriff nach subsidiär; sie soll die Glieder des Sozialkörpers unterstützen, darf sie aber niemals zerschlagen oder aufsaugen.*

Subsidiarität bedeutet zunächst Unterstützung. Der Begriff leitet sich etymologisch vom lateinischen „subsidium" ab, was soviel wie Rückhalt, Beistand, Zuflucht, Hilfe oder Hilfeleistung bedeutet. Positiv enthält das Subsidiaritätsprinzip ein Gebot, Hilfe zu gewähren[425]. Seine negative Aussage besteht im Verbot von Einmischungen der größeren Gemeinschaft – der Gesellschaft oder des Staates – in die Belange kleinerer Gemeinschaften und Individuen. Der für das Gemeinwohl seiner Bürger verantwortliche Staat, der Adressat der Gebote des Subsidiaritätsprinzips, darf demzufolge seine Rolle nicht darin sehen, lediglich Defizite auszugleichen, sondern hat seinen Gliedern hilfreich beizustehen, sie zu fördern und ihren Lebensraum zu erweitern. Er muss zur Bewältigung jener Aufgabe beitragen, die vom Einzelnen und von den „kleineren Gemeinwesen", auf sich allein gestellt nicht oder nur mangelhaft erfüllt werden können[426]. Sein Hauptanliegen ist, dem menschlichen Individuum seine Grundrechte zu garantieren als Voraussetzung für die Entfaltung seiner Persönlichkeit in Freiheit und Selbstverantwortung.

Das Subsidiaritätsprinzip ist in der Vergangenheit besonders als normatives Muster für das Verhältnis der kommunalen Selbstverwaltung zum Staat bemüht worden[427]. Auf dieser Ebene besagt es, dass der Staat und andere Träger öffentlicher Verwaltung niederen Trägern öffentlicher Verwaltung sowie zivilen Personen oder Organisationen diejenige Interessenverfolgung nicht vorenthalten

---

[423] Vgl. *Schimank, Uwe, Glagow, Manfred,* Formen politischer Steuerung: Etatismus, Subsidiarität, Delegation und Neokorporatismus, in: *Glagow, Manfred (Hrsg.),* Gesellschaftssteuerung zwischen Korporatismus und Subsidiarität, 1984, S. 4, 14.

[424] *Papst Pius IX.,* Quadragesimo anno, in: Texte zur katholischen Soziallehre: Die sozialen Rundschreiben der Päpste und andere kirchliche Dokumente, 4. Aufl., Bundesverband der katholischen Arbeitnehmer-Bewegung, 1977, Nr. 78-80, S. 120 ff.

[425] So *Millgram, Karl-Heinz,* Föderalismus und Individuum, DVBl. 1990, S. 740, 744.

[426] *Battisti, Siegfried,* Freiheit und Bindung, 1987, S. 205.

[427] Dazu siehe *Schmidt-Jortzig, Edzard, Schink, Alexander,* Subsidiaritätsprinzip und Kommunalordnung, 1982, S. 20 ff.

sollen, die ihnen ohne überwiegenden Nachteil für die Gesamtheit überlassen bleiben können (sog. Funktionsvorrang)[428].

Auf europäischer Ebene hat das Subsidiaritätsprinzip ausdrücklich Eingang in die Präambel und Art. 2 Abs. 2 EUV sowie in Art. 5 Abs. 2 EGV gefunden. Deutschland hat das Prinzip in Art. 23 Abs. 1 GG vom 21.12.1992 positiviert[429]. Damit wurde der Grundsatz der Subsidiarität zu einem Prinzip des deutschen Verfassungsrechts[430]. Aber auch soweit Ausprägungen des Subsidiaritätsprinzips keinen unmittelbaren Niederschlag gefunden haben, mag man sie doch als Argumentationstopoi aufgreifen, und bei der abwägenden Lösung von Grundrechtskollisionen oder von widerstreitenden Verfassungsprinzipien heranziehen[431].

Während für die Rechtswissenschaft das Subsidiaritätsprinzip eher ein Legitimationsprinzip darstellt[432], hat es in der Politikwissenschaft vor allem als Instrument zur Gesellschaftssteuerung Bedeutung erlangt. Die soziopolitische Zusammenarbeit zwischen staatlichen Entscheidungsinstanzen und Verbänden wird als Subsidiarität bezeichnet[433]. So geht es bei der Subsidiarität wie beim Neokorporatismus um eine vollständige oder teilweise Verlagerung der Funktion der Gesellschaftssteuerung vom Steuerungssubjekt „Staat" auf andere gesellschaftliche Teilsysteme[434]. Genau um diese Verlagerung bzw. Verteilung von Aufgaben und Kompetenzen, Verantwortungen und Handlungen geht es

---

[428] Siehe *Wolff, Hans Julius, Bachof, Otto, Stober, Rolf,* Verwaltungsrecht III, 5. Aufl., 2004, § 138 II a, Rdnr. 11.

[429] Zit. nach *Häberle, Peter,* Subsidiarität aus der Sicht der vergleichenden Verfassungslehre, in: *Rinklin, Alois, Batliner, Gerard (Hrsg.),* Subsidiarität, 1994, S. 269, 282.

[430] So *Würtenberger, Thomas,* Subsidiarität als verfassungsrechtliches Auslegungsprinzip, in: *Blickle, Peter, Hüglin, Thomas, Wyduckel, Dieter (Hrsg.),* Subsidiarität als rechtliches und politisches Ordnungsprinzip in Kirche, Staat und Gesellschaft: Genese, Geltungsgrundlagen und Perspektiven an der Schwelle des Dritten Jahrtausends, 2002, S. 199.

[431] A.a.O., S. 202.

[432] *Isensee* sieht die Bedeutung der Subsidiarität sowohl in den Aufgaben des Staates als auch in der Grenze seiner Wirksamkeit. Dazu siehe *Isensee, Josef,* Subsidiaritätsprinzip und Verfassungsrecht: eine Studie über das Regulativ des Verhältnisses von Staat und Gesellschaft, 2. Aufl., 2001, S. 341 ff.; zur Legitimation der Europäischen Union siehe *Ronge, Frank,* Legitimität durch Subsidiarität, 1998, S. 131 ff.

[433] Siehe *Schimank, Uwe, Glagow, Manfred,* Formen politischer Steuerung: Etatismus, Subsidiarität, Delegation und Neokorporatismus, in: *Glagow, Manfred (Hrsg.),* Gesellschaftssteuerung zwischen Korporatismus und Subsidiarität, 1984, S. 4, 14.

[434] *Wilke* nennt Ökonomie, Wissenschaft, Technologie, Kultur etc. als eigenständig handlungsfähige Teilsysteme, die sich neben und nicht unter den Staat einordnen, *Wilke, Helmut,* Gesellschaftssteuerung, in: *Glagow, Manfred (Hrsg.),* Gesellschaftssteuerung zwischen Korporatismus und Subsidiarität, 1984 S. 29; *Moersch, Wolfram,* Leistungsfähigkeit und Grenzen des Subsidiaritätsprinzips: eine rechtsdogmatische und rechtspolitische Studie, 2001, S. 42.

auch beim theoretischen Konzept der regulierten Selbstregulierung, das sowohl von rechtswissenschaftlichen als auch von soziopolitischen Ansätzen geprägt wird. Die vom Staat induzierte Selbstregulierung trägt den Besonderheiten des zu regelnden Sektors Rechnung und entlastet den überforderten Staat. Mit der Staatsentlastung als Hintergrund zeichnet sich die Tendenz ab, das Subsidiaritätsprinzip, das die theoretische Grundlage für das selbstregulative Konzept verleihen kann, immer mehr als rechtspolitische Handlungsmaxime zu verstehen. Neuerdings wird es insbesondere genutzt, um einen Vorrang „privater Lösungen" vor staatlich verantworteten anzudeuten oder einen Impuls für Entstaatlichung und Privatisierung zu geben[435]. § 14 AbfG konkretisiert etwa das Subsidiaritätsprinzip im Sinne eines Auffangnetzes staatlicher Regelung beim Versagen der zunächst vorzugswürdigen privaten Regelung.

Isensee hält dort das Einsetzen des Subsidiaritätsprinzips für nötig, wo die Ordnung problematisch, die Verteilung der Kompetenzen beweglich und situationsoffen ist[436]. Das Wohlergehen der heutigen Gesellschaft, das durch die Bewältigung der neu auftretenden Probleme hergestellt werden soll, verschiebt teilweise die Aufgaben- und Verantwortungsübernahme vom Staat auf private Akteure, die mittels selbstverantworteter Regulierungskonzepte aktiv werden: Staat und andere Träger öffentlicher Gewalt auf der einen Seite, zivile Personen, Verbände und (Nichtregierungs-)Organisationen auf der anderen Seite. Dieses arbeitsteilige Wirken von privaten Akteuren und Staatsorganen, das dem Subsidiaritätsprinzip zu entnehmen und in Selbstregulierungskonzepte umzusetzen ist, darf aber nur der Förderung des Gemeinwohls dienen. Deswegen muss darauf geachtet werden, dass die kleinere Einheit, um den Funktionsvorrang zu beanspruchen, die betreffende Aufgabe mindestens gleich gut bewältigen kann. Bewältigt sie die Aufgabe schlechter, weist das Subsidiaritätsprinzip die Aufgabe der höheren Einheit zu. Das ist die Prämisse, die das Subsidiaritätsprinzip einem regulierten Selbstregulierungssystem zuweist, so dass staatliche Mindestleistungen und grundrechtliche Schutzmöglichkeiten den Bürgern gewährleistet werden und die demokratischen und rechtstaatlichen Fundamente des Staates nicht unterhöhlt werden.

Der Staat stellt in diesem Gefüge die Auffanginstanz dar, die stets die unentrinnbare Letztverantwortung[437] trägt, das Gemeinwohl zu garantieren. Dieser

---

[435] Dazu siehe *Hoffmann-Riem, Wolfgang*, Öffentliches Recht und Privatrecht als wechselseitige Auffangordnung – Systematisierung und Entwicklungsperspektiven, in: *ders., Schmidt-Aßmann, Eberhard (Hrsg.)*, Öffentliches Recht und Privatrecht als wechselseitige Auffangordnungen, 1996, S. 261, 311.

[436] *Isensee, Josef,* Subsidiaritätsprinzip und Verfassungsrecht: eine Studie über das Regulativ des Verhältnisses von Staat und Gesellschaft, 2. Aufl., 2001, S. 343.

[437] A.a.O., S. 367.

Verantwortung kommt er nach, indem er sicherstellt, dass die Handlungsebenen auf das eine gemeinsame Ziel ausgerichtet sind, dem Gemeinwohl zu dienen. Im einzelnen betrachtet, mögen die gesellschaftlichen Vergleichsgrößen verschiedenen Zwecken dienen und unterschiedliche Interessen verfolgen; das versteht sich von selbst, wenn man von der steigenden Komplexität und Zersplitterung des gesellschaftlichen Umfelds ausgeht. Der Staat als Garant der Verwirklichung des gemeinsamen Zieles muss aber dafür sorgen, dass Partikularinteressen und sektorspezifische Ziele sich miteinander und mit dem ebenenübergreifenden Gemeinwohl koordinieren lassen und dass die vertikale Arbeitsverteilung auf ein harmonisches System zielt[438].

Wie allerdings eine Aufgabenverteilung und -zuordnung auszusehen hat, lässt sich mit Hilfe des Subsidiaritätsprinzips nicht allgemein bestimmen. Das Prinzip bietet die überaus wertvolle Aussage für das Verhältnis von Staat und Gesellschaft, dass der Staat erst dann tätig werden soll, wenn die gesellschaftlichen Kräfte nicht ausreichen, um eine Aufgabe zu bewältigen. Als generelle Richtlinie stellt es aber keine speziellen Lösungen bereit. Jeder Einzelbereich bedarf näherer Betrachtung und eines speziellen Konzeptaufbaus: Die Aufgabenzuordnung und die Kompetenzverteilung lassen sich nur nach Feststellung der tatsächlichen Situationen herausfiltern und ziel- und damit ergebnisorientiert festlegen. Gefordert ist eine situativ-flexibel, zielorientierte und damit problemadäquate Zuordnung unterschiedlicher Handlungsmöglichkeiten aus gegebenenfalls unterschiedlichen Teilrechtsordnungen, die aber zur Verwirklichung des gleichen Zieles zum Einsatz gerufen werden.

Der Staat kann aus der Neubestimmung der Rolle gesellschaftlicher Akteure und aus ihrem Einsatz Nutzen für die Erfüllung der öffentlichen Aufgaben ziehen und sich entlasten sowie ergänzen. Das legt nahe, dass er die Selbstregulierungsinitiativen anzuregen, zu fördern und des weiteren mit demokratischen und rechtsstaatlichen Prinzipien ihre Fundamente zu sichern hat. Denn das Subsidiaritätsprinzip weist den Staat auf einen mittleren Weg hin, durch den die Gesellschaft in selbstverantworteter Organisation entlassen wird, selbst aber flankierend und begleitend diesen selbstregulierten Prozess überwacht, um die Hilfeleistung, die vom Subsidiaritätsprinzip gefordert wird, wenn nötig zu gewährleisten.

4. Selbstregulierung und grundrechtliche staatliche Schutzpflichten

Im Schutz der Bürger und deren grundrechtsbewehrter Rechtsgüter liegt gerade der fundamentale Zweck des modernen Staates. Schutzpflichten sollen staatli-

---

[438] A.a.O., S. 352.

chen Schutz gegen nichtsstaatliche Eingriffe bzw. Dritteingriffe gewähren. Sie richten sich zunächst an die Legislative und fordern aktives Handeln von dieser, sie gelten aber auch für die Exekutive. Charakteristisch für die Schutzpflicht ist ein Dreiecksverhältnis zwischen dem Grundrechtsberechtigten, dem Grundrechtsverpflichteten und dem Grundrechtsstörer, der die grundrechtlich geschützten individuellen Rechtsgüter oder Lebensbereiche verletzt oder zumindest gefährdet.

Der Schutz des allgemeinen Persönlichkeitsrechts gehört freilich zu den Pflichten, die den Staat zum Tätigwerden verpflichten. Bei der Erfüllung seiner Schutzpflicht hat der Staat den grundrechtlichen Schutz in Gesetze umzusetzen, die die verfassungsrechtlichen Vorgaben für die Exekutive und die Judikative unmittelbar anwendbar machen. Das Recht auf informationelle Selbstbestimmung als Konkretisierung des allgemeinen Persönlichkeitsrechts verpflichtet den Gesetzgeber zur Ausarbeitung eines Regelungssystems, das durch bereichsspezifische, den Grundsätzen der Bestimmtheit und der Verhältnismäßigkeit entsprechende Regelungen die Datenerhebung und –verwendung regelt sowie durch verfahrensrechtliche Vorkehrungen Missbräuchen entgegenwirkt und so insgesamt den Schutz des allgemeinen Persönlichkeitsrechts verwirklicht

Bei der Gestaltung dieser rechtlichen Rahmenbedingungen, die der Informationsgesellschaft Konturen verleihen, kommt der Staat an die Grenze seiner Möglichkeiten. Angesichts der globalen Datennetze, die nicht an Nationalgrenzen Halt machen, sind steuernde Eingriffe eines Nationalstaates hinsichtlich zahlreicher Gefahrenlagen ohne Erfolg. Die staatliche Durchsetzungsmacht ist im Gegensatz zur voranschreitenden Globalisierung und Entmaterialisierung, die mit der wachsenden Nutzung der interaktiven Netzwerke einhergehen, auf seine Gebietshoheit im körperlichen Raum seines Staatsgebietes beschränkt. Was das Internet angeht, muss der Nationalgesetzgeber immer häufiger feststellen, dass er dort seine Gesetze nicht stets durchsetzen kann. Auch wenn es ihm gelänge, durch eine weitreichende Regelung der Verantwortlichkeit die inländischen Betreiber in die Pflicht zu nehmen, stünde es trotzdem jedermann frei, sich über das internationale Telefonnetz in einen ausländischen Netzknoten einzuwählen. Angesichts der bereits skizzierten Lage ist fraglich, wo unter Berücksichtigung der Schutzpflichtenlehre die Pflicht zu finden ist, gesetzliche Regelungen zum Schutz des Rechts auf informationelle Selbstbestimmung zu treffen. Die Tatsache der begrenzten abschließenden Regulierungspotenziale seitens des Staates entbindet diesen jedoch nicht von seiner Pflicht zum legislatorischen Handeln für sein Hoheitsgebiet. Das ihm Mögliche muss der Staat stets zum Schutz der Grundrechte seiner Bürger realisieren. Hierbei muss er zwar die Missbrauchs- und Umgehungspotenziale in seine Gefahrenanalyse einbeziehen, er darf aber umgekehrt diese Faktoren nicht zur Begründung etwaiger Untätigkeit heranziehen. Er ist gehalten, die ihm rechtlich wie tatsächlich verfügbaren Mitteln so effektiv wie möglich einzusetzen, um das Ziel zu erreichen, den objektiven Schutz der Grundrechte zu erfüllen und Sicherheit für das Gemeinwesen zu wahren. Der lückenhafte Schutz von Individual- und Gemeinwohlinteressen allein durch Ge- und Verbote führt hinsichtlich der globalen Dimension der Probleme und der Flüchtigkeit der Verletzungshandlungen zu ergänzenden Pflichten. Wo der Gesetzgeber den Schutz der kommunikativen Selbstbestimmung nicht garantieren kann, gebietet ihm seine Schutzpflicht, nach alternativen, den gesetzlichen Rahmen ergänzenden Instrumenten zu suchen, die geeignet sind, der neuen Gefahrenlage sachgemäß zu begegnen, und diese Instrumente anschließend zu institutionalisieren.

Wie der Gesetzgeber seine Schutzpflicht erfüllt, kann er grundsätzlich in eigener Verantwortung entscheiden[439]. Die Aufstellung und normative Umsetzung eines Schutzkonzeptes ist mithin Sache des Gesetzgebers. Aus den Grundrechten lassen sich nur ausnahmsweise konkrete Regelungspflichten ableiten. Der Umfang des dem Gesetzgeber zustehenden Spielraums hängt von Faktoren verschiedener Art ab, im Besonderen von der Eigenart des in Rede stehenden Sachbereichs und der Bedeutung der auf dem Spiel stehenden Rechtsgüter. Der Sachbereich Datenschutz, der mehr denn je global behandelt werden muss, und die neuen Risiken, die aus den interaktiven vernetzten Räumen entstehen, verlangen angemessene und erfolgreiche Initiativen: durch neue Instrumente und Taktiken, durch Kooperation und Zusammenarbeit zwischen staatlichem und privaten Sektor, durch Förderung, Unterstützung und Initiierung von Selbstregulierungs- und Selbstverwaltungssysteme und Ermöglichung von Selbstschutztechniken.

Der Staat wird in den multipolaren Konfliktlagen durch die grundrechtlichen Schutzpflichten zur Verhinderung von Schädigungen Privater durch Private auf den Plan gerufen[440]. Daraus ergeben sich verfassungsrechtliche Grenzen, die die Delegation staatlicher Verantwortung an gesellschaftliche Akteure betreffen und die Ausarbeitung von Selbstregulierungskonzepte einengen. Grundrechte stellen objektive Wertentscheidungen dar und haben einen bestimmten normativen Gehalt, der auf Verwirklichung drängt[441]. Ihrer Abwehrfunktion steht eine Schutzfunktion gegenüber. Aus dieser Schutzfunktion der Grundrechte ergeben sich Schutzpflichten, die den Verzicht auf das staatliche Steuerungsmandat limitieren. Wenn aber der Staat bei der Konstruierung eines von ihm regulierten

---

[439] BVerfGE 46, 160, 164.
[440] Siehe *Schmidt-Preuß, Matthias*, Verwaltung und Verwaltungsrecht zwischen gesellschaftlicher Selbstregulierung und staatlicher Steuerung, VVDStRL 1996, S. 160, 172.
[441] *Böckenförde, Ernst-Wolfgang*, Grundrechte als Grundsatznormen, Der Staat 29 (1990), S. 1, 12.; *Stern, Klaus*, Das Staatsrecht der Bundesrepublik Deutschland, Bd. III/1, 1988, 937 ff.

Selbstregulierungssystem die ihm obliegende Gewährleistungsverantwortung übernimmt, seiner Beobachtungspflicht nachkommt und sich für den Fall eines Selbstregulierungsversagens Zugriffsmechanismen – eventuell aus der bestehenden Rechtsordnung – vorbehält, kann nicht die Rede von einem Verantwortungsverzicht sein, sondern kann von einer Verantwortungsteilung gesprochen werden, die für die Regelung der immer komplexer werdenden Lebensbereiche wünschenswert ist.

Eines muss man aber stets berücksichtigen: Je mehr der Staat zugunsten selbstregulativer Beiträge zurücktritt und je größer die involvierten Risiken werden, desto stärker trifft ihn die Pflicht einer aus seinen Schutzpflichten zu entnehmenden Begleitkontrolle. Der Schutz, den er seinen Bürgern gewährt, muss der Realität und dem Sachbereich nah sein, darf jedoch verfassungsrechtlich nicht untermäßig sein. Wie er als freiheitsbeschränkender Staat nicht übermäßig in die Freiheiten seiner Bürger eingreifen darf, so darf er als freiheitsschützender Staat sie nicht unterhalb des Gebotenen sichern[442]. Seine Schutzfunktion besteht darin, Auffangnetze für den Fall des Steuerungsversagens bereitzuhalten und dem Untermaßverbot jedenfalls dadurch Rechnung zu tragen, dass ein Mindestmaß an Schutz auch dann gewahrt wird, wenn er im Selbstregulierungsprozess selbst nicht erreichbar ist[443]. Dies ist die untere Schutzgrenze, die der Gesetzgeber keinesfalls unterschreiten darf. Nur auf dieser Weise kann er allen seinen Pflichten gegenüber seinen Bürgern gerecht werden.

VII. Zwischenbilanz

1. Vorteile und Nachteile eines Selbstregulierungssystems

a) Vorteile der Selbstregulierung

Selbstregulierungsmodelle können – bis zu einem gewissen Grad – die Legislative und die Exekutive entlasten, da sie diesen die ausschließliche Zuständigkeit für die Regelung und Steuerung immer komplexer, ausdifferenzierter und regelungsbedürftiger werdender gesellschaftlicher Lebensbereiche abnehmen und

---

[442] Zum Untermaßverbot siehe *Merten, Detlef,* Grundrechtliche Schutzpflicht und Untermaßverbot, in: *Geiger, Willi, Ebling, Wilfried, Merten, Detlef (Hrsg.),* Akademische Gedenkfeier zu Ehren Professor Dr. jur. Willi Geiger, 1994, S. 25.
[443] Dazu *Hoffmann-Riem, Wolfgang,* Innovationssteuerung durch die Verwaltung: Rahmenbedingungen und Beispiele, Die Verwaltung 2000, S. 155, 167.

den unmittelbar Betroffenen die Möglichkeit geben, ihr Wissen, ihre Erfahrung und ihre Interessen in diese Modelle zu integrieren. Bezüglich komplexer technischer Materien verfügen oft nur die auf dem betreffenden Gebiet tätigen Privaten über die erforderlichen Kenntnisse, um die zukünftigen Entwicklungen zu prognostizieren und sachgerechte Regelungen zu erarbeiten. Wenn diese Privaten im Rahmen regulierter Selbstregulierungssysteme an der regelsetzenden Tätigkeit mitbeteiligt werden, erspart sich der Staat Kosten und Mühe für die Beschaffung des entsprechenden „know how".

Die Selbstregulierung ist das einzige Steuerungssystem, das die Eigenheiten jedes einzelnen ausdifferenzierten Systems respektiert. Bezüglich des Internet ist beispielsweise zu bemerken, dass die Selbstregulierung im Gegensatz zur imperativen staatlichen Regulierung die offene und dezentrale Architektur des Internet, das dynamische Wachstum und die ständigen Veränderungen des Sektors sowie seiner Technologien[444] beachtet und unterstützt. Über die Besonderheiten jedes einzelnen Fachgebietes hinweg wird darüber hinaus die individuelle Kostenstruktur der selbstregulierenden Privaten berücksichtigt. Damit werden Störungskosten internalisiert und sind nicht mehr von der Gesellschaft getragen.

Des weiteren erhöhen Selbstregulierungssysteme die Akzeptanz derjenigen Betroffenen, die bei der Regulierung mitwirken. Die Normbefolgungsbereitschaft ist größer: Sie bringen ihr Fachwissen und ihre Erfahrung ein, was die Qualität der Regelungen und damit deren Wirksamkeit verbessert und infolgedessen ihre Befolgung plausibel macht.

Zu den unbestrittenen Vorzügen der Selbstregulierung gehören die erhöhte Flexibilität und Anpassungsfähigkeit: Privatwirtschaft und Industrie können ohne Schwierigkeiten dezentral und flexibler als der Staat Maßnahmen treffen, um kulturellen Unterschieden Rechnung zu tragen, sich an veränderte technische und organisatorische Rahmenbedingungen anzupassen und dadurch schneller auf unerwünschte Folgen zu reagieren.

In Verbindung mit dieser Flexibilität und Dynamik weisen Selbstregulierungssysteme folgende positive Merkmale auf: Sie fordern eine ununterbrochene Verbesserung und spornen die Privaten sehr oft zu Anstrengungen an, die über das gebotene Maß hinausgehen[445]. Nur so werden die Lernfähigkeit des Systems unterstützt und die Voraussetzung für materielle Innovationen geschaffen.

Ein letzter Punkt darf nicht vergessen werden: Überall dort, wo der Staat aus verfassungsrechtlichen Gründen nicht eingreifen darf, kann trotzdem Selbstregulierung als Regelungsstruktur eingesetzt werden.

---

[444]Dazu *Waltermann, Jens, Machill, Marcel (Hrsg.)*, Verantwortung im Internet: Selbstregulierung und Jugendschutz, 2000, S. 142.

[445] Siehe dazu das System des Datenschutz-Audits, das im 2. Teil, Kapitel V behandelt wird.

b) Nachteile der Selbstregulierung

Das schwerwiegendste Problem der Selbstregulierung besteht darin, dass ohne gesetzlichen Zwang viele Unternehmen keinen Anlass zur Selbstverpflichtung haben und keinen Grund sehen, sich selbst zu beschränken und zu einem bestimmten Verhalten zu verpflichten. Man kann niemanden dazu zwingen, auf Wettbewerbsvorteile zu verzichten.

Des weiteren besteht die Gefahr, dass einzelne Private unter dem Vorwand der Selbstregulierung ihre rein persönlichen Wertvorstellungen zur Geltung bringen. Die Durchsetzung eigennütziger wirtschaftlicher oder politischer Interessen erscheint nahe liegend. Hierdurch tritt aber die Gefahr auf, dass Allgemeininteressen vernachlässigt werden wegen übermäßiger Berücksichtigung bzw. Verfolgung bestimmter Sonder- oder Partikularinteressen.

Mangelnde Unparteilichkeit und zu große Solidarität zwischen den Beteiligten des Selbstregulierungssystems, die nicht ausgeschaltet werden können, tragen zur Schwächung der Glaubwürdigkeit bei.

Es besteht zudem eine Informationsasymmetrie zwischen Staat und Selbstregulierungsakteuren, weshalb der Staat das Verhalten der Selbstregulierungsteilnehmer nur unzureichend beurteilen kann. Die Effektivität der Selbstregulierung kann folglich dann sinken, wenn Verstöße vom Staat nicht ausreichend wahrgenommen werden, und dementsprechend nicht geahndet werden, entweder einseitig vom Staat oder von den restlichen Selbstregulierenden mit staatlicher Unterstützung. Das Problem wird im Internet besonders gravierend, wo die steigende Anonymität und die technischen Möglichkeiten den Benutzer befähigen, die gesetzlichen und die durch Selbstregulierungsmechanismen gesetzten Vorschriften umzugehen und dadurch deren Effektivität weiter zu relativieren.

Die Implementierung von Selbstregulierungssystemen und Selbsthilfemaßnahmen setzen zumeist ein großes Maß an technischem Wissen und einen hohen Aufwand sowie eine genaue Einschätzung der Rechtslage seitens des betroffenen Bürgers voraus. Ob der Staat dies den Bürgern zumuten kann, ist durchaus fraglich. Solche Erkundigungspflichten dürfen dem einzelnen Bürger bereits aus Gesichtspunkten der Zumutbarkeit und aufgrund mangelnder Realisationsmöglichkeiten grundsätzlich nicht auferlegt werden[446]. Um eine effektive Selbstregulierung zu gewährleisten, sind zum einen Regelungen mit einer gewissen inhaltlichen Stärke, zum anderen aber auch Vorkehrungen dafür notwendig, so dass den betroffenen Bürgern diese Regelungen auch bekannt werden, beispielsweise durch eine Verpflichtung der Unternehmen, ihre Praktiken zu publizieren.

---

[446] Siehe *Valerius, Brian,* Das globale Unrechtsbewusstsein - Oder: zum Gewissen im Internet, NStZ 2003, S. 341, 345.

Die zunehmende Heterogenität der Nutzer und ihrer jeweiligen Interessen aber hauptsächlich die mangelnde Homogenität der Interessen der Selbstregulierenden beeinträchtigen die Herausbildung von allgemeingültigen Verhaltensmaßnahmen und die Ausarbeitung von Systemen, die einen umfassenden Geltungsanspruch beanspruchen können.

Schließlich ist noch anzumerken, dass die selbstregulierenden Privaten keine politische Verantwortung für eine bestimmte Normsetzung tragen. Selbstregulierung geschieht nicht durch demokratisch legitimierte Instanzen. Darin liegt die Gefahr, Außenstehende oder Minderheiten zu benachteiligen.

2. *Vorteile und Nachteile eines regulierten Selbstregulierungssystems*

a) *Vorteile eines regulierten Selbstregulierungssystems*

Ein reines Selbstregulierungssystem erweist sich für die Privatwirtschaft insofern als unattraktiv, als die Privaten selbst die Kosten übernehmen müssen. Aus diesem Nachteil ergibt sich allerdings ein Vorteil für das Konzept der regulierten Selbstregulierung: Hat der Staat bereits den Regelungsrahmen gesetzt, in den Private sich einfügen und an den sie sich anpassen müssen, sinken die von ihnen zu tragenden Kosten erheblich. Hier sinken die Forschungskosten für die Erarbeitung einer staatlich akzeptablen oder erwünschten Selbstregulierung und das Risiko einer fehlgeschlagenen selbstgesetzten Regelung, weil sie sich innerhalb der Prämissen entwickelt, die vom Staat gegeben worden sind.

Ein weiteres wichtiges Motiv für die Beteiligung der Privaten in regulierten Selbstregulierungskonzepten findet sich in der „Schadensbegrenzung" aus ihrer Sicht: Exzessive Regulierung kann verhindert werden. Darüber hinaus ermöglicht die Präsenz bei den Standardisierungs- und Normsetzungsprozessen die Vertretung der eigenen Interessen. Wenn man zustande bringt, nachteilige Normsetzung zu vermeiden und sich Vorteil versprechenden Regelungen zu unterwerfen, führt das zu positiven Ergebnissen sowohl für die Selbstregulierende als auch für die von ihnen gesetzten Normen, weil sie hohe Anerkennung und Befolgung genießen werden.

Auch Wettbewerbsvorteile sind durch die Partizipation an einem selbstregulativen System zu gewinnen: Das Vertrauen ihrer Kunden wird gestärkt, ihre Methoden werden aufgrund ihrer Beteiligung an der Marktbildung anerkannt und ihr „Image" aufgrund sozialer Verantwortung verbessert.

Das Gefangenendilemma[447] ist freilich die Achillesferse jeden Selbstregulierungssystems: Aus der Theorie des kollektiven Handelns ist wohlbekannt, dass bei rationaler Interessenverfolgung der selbstregulierenden Privaten eine Unterversorgung mit öffentlichen Gütern droht[448]. Die Erbringung des öffentlichen Gutes brächte für alle Akteure eine Verbesserung. Da niemand von der Nutzung des Gutes ausgeschlossen werden kann, wäre es für jeden einzigen am günstigsten, bei der Erstellung nicht mitzuwirken, aber als Trittbrettfahrer in den Genuss des von den anderen bereitgestellten Gutes zu kommen. Wenn jeder Akteur diese aus seiner Sicht günstigste Strategie verfolgt, wird das öffentliche Gut nicht erbracht, eine kollektive Verbesserung bleibt demzufolge aus. In einem regulierten Selbstregulierungssystem indessen wird die Aufmerksamkeit auf den Staat gelenkt, der das Gefangenendilemma überwinden kann. Durch seine lenkende Rolle diktiert er mittelbar die Pflichten, die auf den Privaten lasten, wenn sie an vom Staat initiierten Selbstregulierungssystem teilnehmen. Nur dadurch genießen sie die Vorteile eines solchen Systems und tragen gleichzeitig zur Verringerung von Gefahren und Beeinträchtigungen bei. Welche Beeinträchtigungen oder Belastungen toleriert werden können, legt der Staat kooperativ mit den Privaten in einem Bewertungsverfahren fest, indem er unterschiedliche Interessen und Sichtweisen zum Ausdruck kommen lässt.

Ein weiterer Nachteil von rein privat organisierten Selbstregulierungssystemen ist die fehlende Kontroll- und Sanktionsmöglichkeit: Die Durchsetzung der regulativen Standards und die Ahndung von Verstößen kann man nicht realistisch von freiwilligen privaten Initiativen erwarten; nur in bestimmten Fällen kann man damit rechnen, dass sich Akteure gänzlich freiwillig Geboten und Verboten unterwerfen, die eine mit Kosten verbundene Internalisierung negativer externer Effekte[449] vorschreiben. Bei den regulierten Selbstregulierungssystemen hingegen bleibt immer der Staat als letztentscheidende und kontrollierende Instanz, die positive Anreize setzt, um die Produktion externer negativer Effekte zu minimieren. Damit erfüllt er seine Garantenrolle und behält den geforderten Grundrechtsschutz in seinen Händen.

---

[447] Statt vieler siehe *Holler, Manfred, Illing, Gerhard,* Einführung in die Spieltheorie, 5. Aufl., 2003, S. 1 ff.

[448] Vgl. *Werle, Raymund,* Staat und Standards, in: *Mayntz, Renate (Hrsg.),* Gesellschaftliche Selbstregelung und politische Steuerung, 1995, S. 269.

[449] Externe Effekte sind Entscheidungskonsequenzen, die andere als diejenige, die die Entscheidung getroffen haben bzw. an ihrem Zustandekommen beteiligt waren, in deren Bedürfnisbefriedigung positiv oder negativ berühren. Ein Beispiel für negative externe Effekte ist die Umweltverschmutzung, und für positive externe Effekte die Bereitstellung öffentlicher Güter. Bei Internalisierung der negativen externen Effekte tragen die Verursacher die Kosten ihrer externen negativen Effekten, was ihre Produktionsentscheidung beeinflusst.

Selbst wenn die Selbstregulierungssysteme im Rahmen ihrer indirekten staatlichen Steuerung des Flankenschutzes in Form von Kontroll- und/oder Zertifizierungsvorschriften bedürfen, ergibt sich doch insgesamt ein geringerer staatlicher Normierungsbedarf als in Bereichen, die vollständig staatlich geregelt werden. Auf diese Art tragen Selbstregulierungssysteme zur Entlastung der staatlichen Ausgaben, der normsetzenden staatlichen Tätigkeit und folglich zu einer Milderung des Verrechtlichungsphänomens bei. Es werden zudem automatisch Rechtsangleichungen über territoriale Grenzen hinweg unterstützt, soweit sie durch eine internationale Normierungsorganisation erfolgen, weil die Selbstregulierung unabhängig von Landesgrenzen ist und international ausgerichtet werden kann.

Durch diese dezentralisierte und bereichsbezogene Regulierung wird auch die Komplexität der Teilbereiche aufgesplittert und damit ihre Steuerbarkeit erhöht und verbessert: Wenn der Staat den Privaten die Konkretisierung und Ausführung eines Rahmengesetzes überträgt, nimmt er bewusst ihre Wissensbestände, Lernfähigkeit, Kreativität und Problemlösungskapazitäten in Anspruch. Damit überwacht er die indirekt gesteuerten gesellschaftlichen Teilbereiche, ohne enormer Wissensbestände zu bedürfen.

b)   Nachteile eines regulierten Selbstregulierungssystems

Trotzdem sind Nachteile des vorgeschlagenen regulierten Selbstregulierungssystems nicht zu übersehen: Dadurch, dass die regulierte Selbstregulierung auf die Motivation der Normadressaten einwirkt und von ihrer freiwilligen Mitbeteiligung abhängt, ist einem eventuellen Desinteresse oder einer gezielten Exklusion aus dem System und den damit verbundenen faktischen Grundrechtsbeeinträchtigungen schwer zu begegnen. Die selbstregulierenden Privaten sind auch selbst Grundrechtsträger und können sich auf die Beachtung und den Schutz ihrer eigenen Grundrechte berufen (z. B. die Wahrung ihrer Berufsfreiheit), um sie entweder tatsächlich zur Geltung zu bringen oder sich ihrer regelsetzenden Pflichten als Selbstregulierer zu entziehen. Damit kann aber kein Grundrechtschutz und keine wahrhaftige Steuerung der Gesellschaft gewährleistet werden.

Darüber hinaus sind die Wettbewerbsverzerrungen und kartellrechtliche Verstöße zu beachten. Ihre nähere Untersuchung würde aber den Rahmen dieser öffentlich-rechtlichen Abhandlung sprengen. Hier ist deshalb nur folgendes anzumerken: Die Teilung der Steuerungskompetenzen zwischen staatlichen und privaten Akteuren darf nicht zu Aushöhlung der Struktur und Funktion der staatlichen Imperative führen: Wenn Private die Kompetenzenübernahme seitens des Staates ausnützen, um ihre gewerblichen Partikularinteressen zur Geltung zu bringen und sogar einen Vorteil gegenüber solchen Konkurrenten zu gewinnen, die sich nicht an Selbstregulierungskonstrukten beteiligen, gewinnt der reine Wettbewerb zu Lasten der schwachen Bürger und des demokratischen, seine Bürger schützenden Staates. Die regulierte Selbstregulierung, die für die Bewältigung regulativer Probleme in Bereichen eingesetzt wird, wo die hoheitlich imperative Regulierung nicht ausreicht, darf sich nicht zu einer Konkurrenzmaxime umwandeln lassen. So wird das Allgemeinwohl geschädigt. Bei der Besetzung von Kontrollgremien und Beschwerdeinstanzen muss der Staat außerdem sicherstellen, dass alle betroffenen oder interessierten Gruppen vertreten werden. Sobald Eigeninteressen in ein Steuerungssystem miteinbezogen werden, droht Selektivität der Interessenberücksichtigung. Denn Sonderinteressen sind schlagkräftiger zu organisieren als Allgemeininteressen, Gegenwartsinteressen sind wirksamer als Zukunftsinteressen und wirtschaftliche Interessen wiegen leichter als ideelle Interessen. Bei der Durchführung des Systems der regulierten Selbstregulierung darf es sich deswegen nicht um eine raffinierte, staatlich unterstützte Durchsetzung von Partikularinteressen handeln. Der Staat muss auch für Transparenz bei den Entscheidungsprozessen für Überwachung durch Wettbewerber sorgen.

Es muss auch dem Umstand Rechnung getragen werden, dass regulierte Selbstregulierungsmaßnahmen wegen ihres beeinflussenden und indirekten Charakters einen Mangel an rechtsstaatlicher Klarheit und Lenkungsschärfe[450] aufweisen. Dies läuft auf die Erkenntnis hinaus, dass indirekte Steuerungsmittel unsere gesetzliche Rechtsstruktur lediglich ergänzen, sie aber weder zu ersetzen imstande sind noch dies dürfen.

3. Stellungnahme

Beim Abschied vom paternalistischen, sich um alles sorgenden Staat, der allerart Leistungen gewährleistet, nun aber in dem hoch zersplitterten ausdifferenzierten gesellschaftlichen Umfeld seinen Aufgaben nicht mehr erfolgreich nachkommen kann, dürfen nicht der rein private Markt und das Recht des Stärkeren siegen. Wenn der Staat den Überblick über die gesellschaftliche funktionelle Ausdifferenzierung nicht mehr behalten kann und daher im Verbund mit den Privaten für die Steuerung der Informationsgesellschaft sorgen muss, darf er sich nicht soweit zurückziehen, dass er seine Handlungsmacht verliert. Die regulierte Selbstregulierung, die von ihm initiiert wird, ist keine einfache Alternative zu rechtlicher hoheitlicher Verhaltenssteuerung. Ihr Ziel ist nicht im Ab-

---

[450] Vgl. *Kloepfer, Michael*, Umweltrecht, 3. Aufl., 2004, § 5, Rdnr. 174.

bau und der Abschaffung des geltenden Regelungsrahmens zu sehen, sondern in der dialektischen Auswechselung der Akteure, die diesen Rahmen setzen. Die aus dieser Neuerung folgende Arbeitsteilung führt nicht nur zur Entlastung des öffentlichen Sektors und der politischen Entscheidungsträger, sondern auch und insbesondere zur Mobilisierung der endogenen Potentiale der Gesellschaft, ihrer Wissensbestände, Lernfähigkeit, Kreativität und Problemlösungskapazitäten. Sie ist eine Technik, keine Vorschrift für eine alle Institutionen umfassende Gestaltung der Gesellschaftssteuerung. Sie ist ein Instrument zur Entdeckung sinnvoller Regelungsstrukturen.

Bei der vom Staat regulierten Selbstregulierung geht es um die individuelle beziehungsweise kollektive Verfolgung von Privatinteressen, unter Wahrnehmung grundrechtlicher Freiheiten zum legitimen Eigennutz[451]. Diese selbstbezogene Funktionslogik muss sowohl der Privatautonomie als auch der Gemeinwohlsicherung dienen. Die in Zusammenarbeit mit den staatlichen Akteuren selbst rechtsetzenden Privaten sind verpflichtet, neben den eigenen auch öffentliche Interessen zu verfolgen, um das Entstehen einer kollektiven, übergreifenden Ordnung zu ermöglichen[452], die neuartige Probleme wirksam zu bekämpfen vermag.

Angesichts der aufgeführten Stärken und Schwächen traditioneller staatlicher Regulierung und der unterregulierten, rein privaten Selbstregulierung ist ein Zusammenspiel beider Regulierungsformen in dem hier vorgeschlagenen System der regulierten Selbstregulierung geboten.

---

[451] *Schmidt-Preuß, Mathias,* Verwaltung und Verwaltungsrecht zwischen gesellschaftlicher Selbstregulierung und staatlicher Steuerung, VVDStRL 1997, S. 160, 162.

[452] Schmidt-Aßmann, Eberhard, Regulierte Selbstregulierung als Element verwaltungsrechtlicher Systembildung, in: Berg, Wienfried, Fisch, Stefan, Schmitt Glaeser, Walter, Schoch, Friedrich, Schulze-Fielitz, Helmuth (Hrsg.), Regulierte Selbstregulierung als Steuerungskonzept des Gewährleistungsstaates: Ergebnisse des Symposiums aus Anlass des 60. Geburtstags von Wolfgang Hoffmann-Riem, 2001, S. 253, 255.

Zweiter Teil: **Deduktive Anwendung des Selbstregulierungskonzeptes im Datenschutzrecht.**

Die wirtschaftliche Globalisierung, die einen ununterbrochenen Datenaustausch verlangt, und die Netzoffenheit in weltweiten Dimensionen, die einen uneingeschränkten Datenfluss faktisch zur Normalität macht, zeigen deutlich, dass die Diskrepanz zwischen europäischem und nichtmitgliedstaatlichem, zwischen erwünschtem und geltendem Datenschutzniveau allein mit nationalstaatlichen Einflussmöglichkeiten und mit eingeschränkten hoheitlichen Handlungsformen nicht zu überbrücken ist. Die wachsende Gefahr eines Zurückbleibens des Rechts als Steuerungsinstruments hinter den umwälzenden Herausforderungen der Informationsgesellschaft zwingt zum Überdenken der traditionellen datenschutzrechtlichen Modelle.

Im Hinblick auf die Reformdebatte über die Weiterentwicklung des Datenschutzes in Deutschland und angesichts der Tatsache, dass effektiver Datenschutz lediglich ein weltweiter Datenschutz sein kann, gewinnen Konzepte der Selbstregulierung und des Selbstschutzes an Bedeutung.

In diesem zweiten Teil der Arbeit werden Konzepte der regulierten Selbstregulierung für den Datenschutz behandelt, die die Datenschutzgesetzgebung respektieren, sich an ihren Rahmen anschließen und die versuchen, einen weitreichenden Schutz der informationellen Selbstbestimmung des Einzelnen durch die Zusammenarbeit von privaten und staatlichen Akteuren zu gewährleisten. Anschließend sind Modelle des Selbstschutzes zu behandeln, die die Doppelstrategie Selbstregulierung – Selbstschutz ergänzen: Einerseits schützen sich Bürger durch den Einsatz spezieller Programme selber; andererseits unterziehen sich Unternehmen einer freiwilligen Selbstkontrolle, die vom Staat als Letztinstanz kontrolliert wird.

I.   Netiquette

1.   Begriff der Netiquette

Die Netiquette ist als Verhaltenskodex der erste Selbstregulierungsversuch für das Internet. Sie ist aus der Notwendigkeit entstanden, Richtlinien zur Erweckung des Benutzerbewusstseins für alle Internetprotokolle zu erstellen, so dass die Möglichkeiten des Internets nur unter der Voraussetzung verfügbar sind, dass jeder Einzelne für die Daten, auf die er zugreift, oder die über das Netz übertragen werden, verantwortlich ist.

Bei der Netiquette handelt es sich um das Regelwerk der weltweiten Internetgemeinde, das die Sitten und Gebräuche in Form von Verhaltensmaßstäben, Gebräuchen und Ratschlägen wiedergibt, die sich mit der Zeit im Internet eingebürgert haben. Diesen Regeln hat sich ein großer Teil der Internet-Benutzer ohne staatlichen Zwang unterworfen[453].

Sie diktiert, wie sich der „Netizen" verhalten soll, basierend freilich auf der Vorstellung des mündigen Net Citizen, der selbstverantwortlich für die Ordnung in dem virtuellen Raum sorgt, in den er sich begibt und in dem er sich bewegt.

Über die Rolle der Netiquette bei der Rechtsgestaltung des Internets wird vehement diskutiert: Für die Einen stellt sie ungeschriebene Regeln dar, die sich in der Grauzone[454] zwischen Konventionen und materiellen Regeln bewegen, und für die Anderen die Neuauflage des Gesellschaftsvertrages der Global Community[455] im Multimediazeitalter im Hobbes'schen Urzustand, das aus dem Internet, dem neuen Labor gesellschaftlicher Normenbildung, entspringt.

2. Inhalt der Netiquette

Der dezentralen Organisationsform des Internets treu ist die Netiquette zu keinem einheitlichen standardisierten Regelwerk entwickelt worden, das alle Bereiche des Internets umfasst und international von allen akzeptiert wird. Es ist eher ein Konglomerat[456] aus höchst unterschiedlichen Verhaltensgeboten.

Die am häufigsten zitierten zehn Gebote für den Computergebrauch stellen Allgemeinregeln für den verantwortungsvollen Umgang mit Computern, Daten und Programmen auf, die neben speziellen Online-Regeln vom US-amerikanischen Computer Ethics Institute formuliert wurden[457].

Für die einzelnen Gruppen haben sich aber eigene Regeln herausdifferenziert[458]. Die sog. Chartas[459] sind verschiedene, situationsbedingte Netiquettes, die die

---

[453] Siehe *Jung, Peter,* Die Netiquette – Grundlage eines globalen Rechts, in: *Immenhauser, Martin (Hrsg.),* Vernetzte Welt – Globales Recht, Jahrbuch Junger Zivilrechtswissenschaftler, 1998, S. 153, 155.

[454] Siehe *Mayer, Franz,* Recht und Cyberspace, NJW 1996, S. 1782, 1789.

[455] Dazu *Detjen, Stephan,* Kein Leviathan im Internet, DRiZ 1996, S. 503.

[456] So *Gounalakis, Georgios, Rhode, Lars,* Persönlichkeitsschutz im Internet, 2002, S. 3.

[457] Siehe *Körner, Raimund, Lehment, Cornelius,* Allgemeines Wettbewerbsrecht, in: *Hoeren, Thomas, Sieber, Ulrich (Hrsg.),* Handbuch Multimediarecht, Stand: Februar 2004, Teil 11.1, Rdnr. 121.

[458] Siehe *Schaar, Peter,* Datenschutz im Internet, 2002, S. 292.

[459] Siehe dazu *Mayer, Patrick,* Das Internet im öffentlichen Recht: Unter Berücksichtigung europarechtlicher und völkerrechtlicher Vorgaben, 1999, S. 92.

Diskussionsthemen und die Regeln der Diskussionsführung in den verschiedenen „Chat-Foren" festlegen. Die Netiquettes regeln beispielsweise die Nutzung von E-Mail-Diensten[460] und/oder missbilligen die unaufgeforderte Werbung per E-Mail ebenso wie die Versendung unnötig grosser Datenpakete oder die sonstige Belastung der Bandbreite des Netzes[461].

Im Bereich des Persönlichkeitsschutzes und insbesondere des Datenschutzes zeigt sich eine Sensibilisierungstendenz: Die Netiquettes beschränken sich nicht mehr auf den Appell, „consulting contents" zu vermeiden und anderen Nutzern keinen Schaden zuzufügen[462], was nichts weiteres als Selbstverständlichkeiten darstellt, die einer Präzisierung und näheren Ausformung des Rechts auf informationelle Selbstbestimmung im Internet nicht dienen kann. Diverse Diskussionsforen verpflichten ihre Benutzer bei der Registrierung, die Netiquette-Richtlinien zu akzeptieren, wo des Öfteren auf den Datenschutz verwiesen wird. Bei den meisten Diskussionsforen wird ausdrücklich geschrieben, dass die Angaben von personenbezogenen Daten für den internen Gebrauch gespeichert werden dürfen und dass sie nicht an Dritte weitergegeben werden. Viele unterwerfen sich explizit der datenschutzrechtlichen Gesetzgebung[463] und raten den Nutzern, möglichst sparsam mit den personenbezogenen Angaben umzugehen[464], Pseudonymitätsverfahren vorzuziehen und den aktuellen Stand von datenschutzfreundlichen Software-Programme zu verfolgen[465].

3. Charakter der Netiquette

Als Basis der Netiquette fungieren keine gesetzliche Grundlagen, sondern soziale und technische Erfahrungswerte zahlreicher intensiver Internet-Nutzer, was zu ihrer fehlenden rechtlichen Verbindlichkeit führt. Sie besitzt primär Appell- und Informationscharakter und stellt im Gegensatz zu Gesetzen, Verordnungen und Verträgen ein Instrument indirekter Verhaltenssteuerung dar. Sie stellt keinen Bestandteil irgendeiner staatlichen Rechtsordnung[466] dar, sondern be-

---

[460] So *Berghoff, Julia,* Selbstregulierung im Marketing, RDV 2002, S. 78, 80.
[461] Die klassischen Netiquette-Regeln sind von Arlene H. Rinaldi gesammelt und von Christian Reiser auf Deutsch übersetzt und sind abrufbar unter: www.ping.at/guides/ netmayer/netmayer.
[462] So *Gounalakis, Georgios, Rhode, Lars,* Persönlichkeitsschutz im Internet, 2002, S. 3.
[463] z.B. www.space-view.de/forum/.
[464] z.B. www.disclaimer.de/disclaimer.htm.
[465] z.B. www.rhusmann.de unter netiquette/an Datenschutz denken.
[466] So auch *Valerius, Brian,* Das globale Unrechtsbewußtsein - Oder: Zum Gewissen im Internet, NStZ 2003, S. 341, 345; *Eberle, Carl-Eugen,* Regulierung, Deregulierung oder Selbst-

135

schreibt eher eine Art Idealmodell des Verhaltens im Netz, einen Kant'schen Imperativ der Netznutzung. Sie erfährt deshalb keinen rechtlich bindenden Status. Diese informellen Verhaltensregeln stützen sich allein auf freiwillige Selbstkontrollen der Netznutzer und erwachsen aus Einsicht in technische und organisatorische Zusammenhänge. Aus dem schon beschriebenen Inhalt der zahlreichen sich in steter Entwicklung befindenden Netiquettes lässt sich auf keine autorisierte Quelle schliessen. Über sie und ihre wesentlichen Änderungen wird bei Bedarf im Internet abgestimmt. Aus diesem Grunde kann man weder den Vorgang noch das Regelwerk als ein demokratisch repräsentativ abgestimmtes Verfahren qualifizieren. Ihre komplementäre Funktion – sie erhebt nämlich keinen Anspruch auf Ersatz der hoheitlich gesetzten Rechtsordnung, sondern zielt auf eine Verzahnung mit ihr ab – lässt ihre demokratischen und rechtsstaatlichen Defizite kompensieren.

4. Rechtliche Bindung der Netiquette

Die Netiquette ist im Internet juristisch immer nur insoweit verbindlich, als sie zwischen (mindestens) zwei Partnern als Grundlage ihrer Zusammenarbeit ausdrücklich vereinbart wird[467].

a) Verbindlichkeit über AGBs

Die rechtliche Verbindlichkeit von Netiquette kann beispielsweise dadurch erzielt werden, dass auf sie in den meisten Verträgen oder AGBs der Internet-Provider verwiesen wird: Das kann bei Netiquette-Verstößen in schweren Fällen bis zur Kündigung führen. Wenn daraus eine Form von Vertragsnetzwerk entsteht, lässt sich eine Verrechtlichung der Netiquette konstatieren, die zur Grundlage der Selbstregulierung von Datennetzen ausgebaut werden könnte. In Belgien hat die Post zum Beispiel den vom ISPA genehmigten Verhaltenskodex unterschrieben[468]. Die Post hat dadurch beispielsweise das Recht, einem Nutzer sofort den Internetzugang zu verweigern, wenn er Informationen in einer Weise verbreitet, die gegen nationale oder internationale Regeln, allgemein akzeptierte Normen und Werte, die Sittlichkeit, vorliegende Benutzungsallgemeinbedingungen oder den Verhaltenskodex verstoßen.

---

regulierung? Aktuelle Probleme bei Online-Dienste, in: *Prinz, Matthias, Peters, Butz (Hrsg.), Medienrecht im Wandel: Festschrift für Manfred Engelschall*, 1996, S. 153 ff.

[467] Siehe *Strömer, Tobias*, Online-Recht: Rechtsfragen im Internet, 3. Aufl., 2002, S. 7.

[468] Abrufbar unter: http://pv.de.bpg.be/de/private/disclaimer.asp.

b) Vertragsrechtliche Bindung

Darüber hinaus ist auf die Netiquette-Richtlinien der Diskussionsforen hinzuweisen: Es gibt Anbieter, die auf ihrer Website ein Chat-Forum einrichten, für
dessen Funktion sie verbindlich vorgeschriebene Regeln aufstellen, denen jeder
Nutzer sich unterwerfen muss, der an diesem Diskussionsforum teilnehmen
möchte. Wenn der Internetnutzer sich der Verpflichtung des Nutzungsvertrags
mit dem Online-Dienst-Anbieter per Registrierung unterworfen hat, die jeweils
gültigen Forumsregeln zu beachten, ist er an sie gebunden.

c) Die Rolle des ICANN

Dem ICANN kann eine wichtige Rolle für die Einführung der Durchsetzung einer verbindlichen Netiquette über die jeweiligen Domainrichtlinien bzw. Re-
gistrierungsbedingungen der nationalen NICs – in Deutschland des DENIC –
zugesprochen werden. Dann nämlich, wenn er die zuständigen NICs zur Unter-
schreibung einer schriftlich fixierten Netiquette als Inhalt des Domainvertrages
verpflichten würde.

d) Online-Schiedsgerichtsbarkeit

Was ihre Sanktionierbarkeit angeht, wie Netiquette-Verstöße geahndet werden
können, gibt es zwei Handlungslinien: Nach dem vorhandenen Recht kann ihre
Einhaltung von den deutschen Gerichten über § 1 UWG gesichert werden. Danach werden Verstöße gegen Standesrecht als unlauterer Rechtsbruch angesehen. Die Netiquette lässt sich allerdings schwer als Standesregelung bezeichnen, dadurch dass die Net-Community nicht als Berufsstand einzustufen ist[469].
Die zweite Handlungslinie verfolgt die Ahndung von Netiquette-Verstößen
durch eine eigenständige Online-Schiedsgerichtsbarkeit, um den Widerspruch
zwischen der Globalität des Internets und dem nationalen Charakter des Privatrechts aufzulösen. Versuche und Erfahrungen mit Online-Mediation (z.B. CyberCourt in München) haben gezeigt, dass Mediation mit Hilfe von e-mails und

---

[469] Dazu siehe *Hoeren, Thomas,* Internationale Netze und das Wettbewerbsrecht, in: *Becker,
Jürgen (Hrsg.),* Rechtsprobleme internationaler Datennetze, 1996, S. 35, 41.

chatrooms nicht nur zur Unterstützung traditioneller Verfahren sondern auch an deren Stelle erfolgreich durchgeführt werden können[470].

Die Vorteile von Online-Verfahren liegen auf der Hand: Überparteiliche, schnelle und flexible Beilegung, Schiedssprüche, die kostengünstig ergehen und inhaltlich von der Sachkunde der eingesetzten Schiedsrichter getragen werden[471]. Wichtige Voraussetzung für den Einsatz des Internet in Streitbeilegungsverfahren ist allerdings die Vertrautheit aller Beteiligten mit dem Medium, die Mitwirkung eines in der Online-Streitbeilegung erfahrenen Schlichters und das Vorhandensein kompetenter Software-Technologie, die die Durchführung solcher Verfahren unter Nutzung der digitalen Kommunikations- und sonstigen Datenfernübertragungsmöglichkeiten des Internets ermöglicht. An die Stelle der Verhandlung in Form eines Gesprächs unter physischen Anwesenden und dem Austausch von Schriftstücken und anderen Informationsträger in physischer Form tritt die Kommunikation und der Informationsaustausch per e-mail, chat, Audio/Videokonferenz[472].

„CyberCourt-Schlichtungsverfahren"[473] ist eine Online-Plattform, auf der Streitigkeiten ausgetragen werden können. Es verbindet Streitschlichtung[474] mit dem modernen Kommunikationsmedium Internet. Es handelt sich um ein Schiedsgericht i. S. der §§ 1025 ff. ZPO, das, im Gegensatz zu einem herkömmlichen Schiedsgericht[475], über einen virtuellen Gerichtssaal verfügt[476]. Diese Plattform ermöglicht Streitigkeiten in einem nichtförmlichen Verfahren per Internet in

---

[470] So *Lüer, Dieter W.*, Online-Mediation – ein neuer Weg zur Beilegung von Konflikten, AnwBl. 2001, S. 601.

[471] Siehe *Lüer, Dieter W., Splittgerber, Andreas*, CyberCourt: Mediation im World Wide Web, Anwalt: Das Magazin, Januar/Februar 2002, S. 40.

[472] Über die Software-Systeme *Blind-Binding* und *Smartsettle*, die einen menschlichen Vermittler überflüssig machen, siehe *Yunnis, Bettina*, Neue Konfliktlösungsmechanismen: Computersystemunterstützte Streitbeilegung, in: *Büllesbach, Alfred, Dreier, Thomas (Hrsg.)*, Konvergenz in Medien und Recht: Konfliktpotenzial und Konfliktlösung, 2002, S. 183 ff.

[473] Abrufbar unter: www.cybercourt.de.

[474] Die Schiedsgerichtsbarkeit kennzeichnet die Erwartung der Parteien, ihre Streitigkeiten im Laufe eines den rechtsstaatlichen und verfahrensrechtlichen Anforderungen genügenden Prozesses, der auch für sie voraussehbar und Parteiautonomie ermöglichend ist, beilegen zu dürfen.

[475] Die Parteien konstituieren das Schiedsgericht, indem sie die Schiedsrichter gem. § 1028 ZPO ernennen, das aus einem oder drei (eine höhere Anzahl ist auch möglich, macht aber grundsätzlich keinen Sinn) Schiedsrichtern besteht. Dazu ausführlich *Lionnet, Klaus*, Handbuch der internationalen und nationalen Schiedsgerichtsbarkeit: Systematische Darstellung der privaten Handelsschiedsgerichtsbarkeit für die Praxis der Parteien, 2. Aufl., 2001, S. 174 ff.

[476] In deutschsprachiger Literatur für das Cybercourt plädierend *Niedermeier, Robert, Damm, Maximilian, Splittgerber, Andreas*, Cybercourt: Schieds- und Schlichtungsverfahren im Internet, K&R 2000, S. 431 ff.

sog. Chatboxen zu erörtern und beizulegen. Der Tätigkeitsschwerpunkt von „Cybercourt" liegt im Bereich IT- und EDV-Recht.

Im Rahmen der Online-Schiedsgerichtsbarkeit ist es möglich, in der Schieds-vereinbarung dem Online-Schiedsgericht explizit die Möglichkeit einzuräumen, neben dem anwendbaren materiellen Recht die Regelung der Netiquette zugrunde zu legen und den Rechtsstreit vorrangig nach diesen in den internationalen Computernetzwerken herrschenden Gepflogenheiten zu entscheiden[477].

II. Selbstregulierung der Wirtschaft durch Verhaltensregeln

1. Die Bedeutung von Verhaltensregeln

Wenn der Privatwirtschaft die Möglichkeit zur Normsetzung eingeräumt wird, verzichtet der Staat auf konkrete inhaltliche Vorgaben und reguliert primär den Prozess der Selbstregulierung. Das Hauptinstrument, dessen sich die regulierte Selbstregulierung bedient, sind die Verhaltensregeln (Codes of Conduct). Verschiedene Akteure – hauptsächlich Wirtschaftsakteure mit aktiver Beteiligung der Akteure der Zivilgesellschaft – einigen sich auf Regeln, die die gesetzlichen Ziele für jegliche Branche sachgemäss und kompetent konkretisieren und die sie dann in Form von Kodizes beschliessen. Damit werden die besonderen Verhältnisse, Erfahrungen, Interessen und Wertungen des jeweiligen Sachbereichs berücksichtigt.

Die Verhaltenskodizes im Datenschutzbereich, die sog. Privacy Codes of Conducts, sorgen dafür, dass die Privatsphäre, die Grundrechte und Grundfreiheiten der Betroffenen sowie die zu ihrem Schutz bestehenden gesetzlichen Rechte respektiert und gewährleistet werden und dass sie durch Konzepte und Projekte in der alltäglichen Praxis jedes einzelnen Unternehmens zur Geltung kommen. Das führt dazu, dass sie eine angemessene Abwägung zwischen wirtschaftlichen Interessen eines Sektors und dem Datenschutz vornehmen.

Die Aufgabe des Staates besteht hier darin, die Unternehmen dazu zu motivieren, je für sich, oder am besten kollektiv etwa über einen Industrie-Verband, die Codes of Conducts zu entwickeln und Mechanismen ihrer unabhängigen Kontrolle in jedem einzelnen Unternehmen zu etablieren. Seine weitere Aufgabe wird in der Aufsicht gesehen, die sich aber hierbei im Wesentlichen auf die Kontrolle der Kontrolle beschränkt.

---

[477] *Jung, Peter,* Rechtsfragen der Online-Schiedgerichtsbarkeit, K&R 1999, S. 63, 66.

In Art. 27 der EU-Datenschutzrichtlinie wird die Förderung der Ausarbeitung freiwilliger Verhaltensregeln, die von Interessensverbänden im Hinblick auf bereichspezifische Besonderheiten im Datenschutz auf nationaler und europäischer Ebene erarbeitet werden sollen, als Pflicht der Mitgliedstaaten und der Kommission festgelegt. Dies fordert nicht nur das Unterlassen von Behinderungen sondern auch die aktive Förderung durch geeignete Rahmenregelungen und sonstige Unterstützungs- und Aufklärungsmaßnahmen.

Verhaltensregeln sind Vorschriften, die sich eine Berufs- oder Fachorganisation, eine Wirtschaftsbranche oder eine sonstige Organisation selbst gegeben hat, um das Verhalten ihrer Mitglieder oder Angehörigen zu regeln[478]. Als Elemente der Selbstregulierung werden diese von Rechtstheoretikern gerade für sich rasch verändernde gesellschaftliche Sachverhalte und Interessenlagen empfohlen[479]. Sie werden als „soft-law" Vorschriften eingestuft; obwohl ihnen keine Rechtskraft zukommt, können sie ein interessantes Instrument der Regulierung sein. Eine gewisse Verbindlichkeit kann etwa durch geeignete vertragliche Bestimmungen für die Mitglieder der jeweils die Regeln aufstellenden Organisation hergestellt werden. So wäre es denkbar, einen Verstoß gegen eine Verhaltensregel durch eine Verbandsstrafe zu sanktionieren[480].

Der Vorzug solcher Regelungen wird einerseits darin gesehen, dass die allgemeinen Vorschriften der staatlichen Gesetze kontextbezogen und unter Berücksichtigung der Verhältnisse, Erfahrungen, Interessen und Wertungen eines bestimmten Sachbereichs konkretisiert werden[481]. Sie dürfen beispielsweise - ähnlich den Verwaltungsvorschriften - eine wichtige Auslegungshilfe sowohl dem Verantwortlichen der Verarbeitung als auch den Gerichten leisten[482]. Andererseits kann durch das Erarbeiten solcher Verhaltensregeln und den Rückgriff auf diese bei einer späteren gesetzlichen Normierung die Akzeptanz datenschutzrechtlicher Bestimmungen bei den Betroffenen erhöht werden. So könnten berufliche Argumente zum Persönlichkeitsschutz, beispielsweise für ein „testimonial privilege"[483], vom Gesetzgeber übernommen werden und unter Beachtung

---

[478] *Dammann, Ulrich, Simitis, Spiros,* EG-Datenschutzrichtlinie: Kommentar, 1997, S. 297.

[479] *Walz, Stefan,* Datenschutz – Herausforderungen durch neue Technik und Europarecht, DuD 1998, S. 150, 151.

[480] *Lütkermeier, Sven,* Bereichsspezifischer Datenschutz im nichtöffentlichen Bereich – Selbstregulierung durch Verhaltensregeln, DANA 1998, S. 24, 26.

[481] *Dammann, Ulrich, Simitis, Spiros,* EG-Datenschutzrichtlinie: Kommentar, 1997, S. 297.

[482] *Weber, Martina,* Der betriebliche Datenschutzbeauftragte im Lichte der EG-Datenschutzrichtlinie, DuD 1995, S. 698, 702.

[483] Das „testimonian privilege" räumt dem wissenschaftlichen Forscher ein Zeugnisverweigerungsrecht ein und schützt Probandendaten vor der staatlichen Beschlagnahme.

des Gemeinschaftsrechts zwingenden legislativen Charakter bekommen[484]. Ferner können die Verhaltensregeln gemäß Erwägungsgrund Nr. 26 der Richtlinie ein nützliches Instrument sein, mit dem angegeben wird, wie sich die Daten in einer Form anonymisieren und aufbewahren lassen, die die Identifizierung der betroffenen Person unmöglich macht.

Von amerikanischer Regierungsseite wurde im Januar 1998 vorgeschlagen, einen ausreichenden Datenschutz für Verbraucher durch effektive Selbstregulationsmechanismen in Unternehmen zu erreichen. Die potentiellen Kunden könnten vielleicht durch eine unzureichende Gewährleistung des Datenschutzes abgeschreckt werden. Um das Risiko einer Beeinträchtigung des weltweiten elektronischen Handels zu minimieren, wurde ein Diskussionspapier vorgelegt, das die Frage behandelt, unter welchen Voraussetzungen durch Privacy Policies von Unternehmen (Leitlinien, die Unternehmen ihren Mitarbeitern intern vorgeben) ein ausreichender Datenschutz gewährleistet werden kann[485].

b)   *Die Bedeutung der Verhaltensregeln im BDSG*

Der deutsche Gesetzgeber hat Art. 27 der Datenschutz-Richtlinie in § 38a BDSG umgesetzt. Diese – im nationalen Recht bisher unbekannte – Regelung des BDSG führt die Neuerung der unternehmensinternen Verhaltensregeln ein, bindet sie aber gleichzeitig durch einen Vorlage- und Überprüfungsmechanismus[486]. Mit dieser Regelung wird die Möglichkeit der freiwilligen Optimierung des Datenschutzes gegeben, wird aber gleichzeitig der Versuch unternommen, die Vorzüge eines branchennahen Datenschutzes mit den rechtsstaatlich-demokratischen Voraussetzungen zu verknüpfen.

Gegenstand des § 38a BDSG ist die Möglichkeit, Verhaltensregeln von Berufsverbänden und ähnlichen Vereinigungen durch die Aufsichtsbehörde überprüfen zu lassen[487]. Dieses Verfahren soll die Durchführung von datenschutzrechtlichen Regelungen branchenspezifisch fördern aber gleichzeitig auch verhindern, dass die Berufsverbände und die anderen Vereinigungen sich interne Verhaltensregeln geben, die im Widerspruch zu den gesetzlichen Regelungen ste-

---

[484] *Tinnefeld, Maria-Theres,* Freiheit der Forschung und europäischer Datenschutz, DuD 1999, S. 35, 38.

[485] US National Telecommuniacations and Information Administration (NTIA), Elements of Effective Self-Regulation of Protection of Privacy, abrufbar unter: www.ntia.doc.gov/reports/privacydraft/198dftprin.htm.

[486] Siehe *Moritz, Hans-Werner, Tinnefeld, Marie-Theres,* Der Datenschutz im Zeichen einer wachsenden Selbstregulierung, JurPC Web-Doc. 181/2003, Abs. 6.

[487] Zu den Verhaltensregeln im BDSG siehe *Bizer, Johann,* § 38a, in: *Simitis, Spiros (Hrsg.),* Kommentar zum Bundesdatenschutzgesetz, 5. Aufl., 2003, S. 1283 ff.

hen. Der Gesetzgeber stellt mit dieser Vereinbarkeitsüberprüfung seitens der Aufsichtsbehörde die entscheidende Schnittstelle zwischen staatlicher Regulierung und Selbstregulierung und eröffnet damit die kooperative Selbstregulierung.

Ziel der Regelung ist es, einerseits durch Selbstregulierung[488] zu bereichsspezifischen Regelungen zu kommen, die die Normenflut[489] entbehrlich machen[490], und andererseits die Entlastung der aufsichtsbehördlichen Kontrolle[491]: Die Kontrolle der Datenverarbeitungsverfahren von Verbandsmitgliedern wird in dem Sinne rationalisiert, dass sie automatisch anerkannt werden, wenn diese Mitglieder in ihrem Unternehmen bereits überprüfte und bestätigte Verhaltensregeln umgesetzt haben. Diese Regelung ist aber des weiteren auch für die Verbandsangehörigen vorteilhaft: Mit der Billigung der Verhaltensregeln binden sich die Aufsichtsbehörden nach den allgemeinen verwaltungsrechtlichen Regeln. Wenn sich eine verantwortliche Stelle an die Verhaltensregeln hält, sollte sie die Sicherheit haben, dass die Aufsichtsbehörde dies als datenschutzrechtlich zulässige Praxis billigt[492].

Neben § 38a sind im deutschen Datenschutzrecht Mechanismen der Selbstregulierung in der Regelung über den Datentransfer in Drittstaaten implementiert. Nach § 4c Abs. 2 S. 1 BDSG kann die zuständige Aufsichtsbehörde eine Übermittlung in einen Drittstaat auch ohne ein angemessenes Datenschutzniveau genehmigen. Das ist der Fall, wenn die für die Verarbeitung verantwortliche Stelle ausreichende Garantien für den Datenschutz vorweist, indem sie sich den verbindlichen Unternehmensregeln verpflichtet. Diese Regelung trägt dem Umstand Rechnung, dass Teilunternehmen von international operierenden Unternehmen in Ländern ohne angemessenes Datenschutzniveau angesiedelt sind und das Verhältnis der Teilunternehmen untereinander in der Regel nicht von Vertragsklauseln bestimmt wird. Aus diesem Grund gehen internationale Konzerne vermehrt dazu über, für alle Teilunternehmen unabhängig von ihrem Standort verbindliche Regelungen über den Datenschutz zu erlassen. In dem Fall fällt die Überprüfung der Verhaltensregeln sowohl unter § 4c Abs. 2 BDSG

---

[488] Über die Thematik: Selbstregulierung als Lösung zu dem Verrechtlichungsproblem wird auf den Teil Eins Kapitel V. 2. verwiesen.

[489] Über die Normenflut im Datenschutzbereich siehe unter anderem *Bull, Hans-Peter*, Aus aktuellem Anlass: Bemerkungen über Stil und Technik der Datenschutzgesetzgebung, RDV 1999, S. 148 ff.

[490] Siehe *Gola, Peter, Schomerus, Rudolf*, Bundesdatenschutzgesetz, 7. Aufl., 2002, S. 672.

[491] *Bizer, Johann*, § 38a, in: *Simitis, Spiros (Hrsg.)*, Kommentar zum Bundesdatenschutzgesetz, 5. Aufl., 2003, S. 1284.

[492] Siehe *Berliner Datenschutzbeauftragter/Unabhängiges Landeszentrum für den Datenschutz Schleswig-Holstein*, Neuregelungen im Datenschutz, S. 12, abrufbar unter: www.datenschutz-berlin.de/informat/dateien/bdsg/ bdsg_neureg_01.pdf.

als auch unter § 38a Abs. 2 BDSG, weil sie konzernweit vorgelegt werden und folglich ihr Geltungsbereich global und nicht mehr nur national ausgedehnt wird. In diesem Fall von Verhaltensregeln für weltweit tätige Unternehmen und Branchen handelt sich um einen Top-Down-Ansatz[493] in Form einer regulierten Selbstregulierung, die grenzüberschreitende Übermittlungen erleichtern soll[494]. Diese verbindliche Unternehmensregelungen sollten insbesondere den Mangel angemessener Datenschutzbestimmungen in einem Empfängerland außerhalb der EU/EWR kompensieren, in eine Vielzahl von Unternehmenskulturen integriert werden und folglich eine Garantiefunktion verleihen, wenn im Land des Datenimporteurs im übrigen kein dem Äquivalenzprinzip geschuldetes Datenschutzniveau gewährleistet ist.

Diese Regelung wird noch einmal im Kapitel V über die Safe-Harbor Prinzipien in den Vereinigten Staaten näher analysiert.

Ein anderer gesetzlich geregelter Anwendungsfall von Verhaltensregeln ist das in § 41 Abs. 1 BDSG geregelte Medienprivileg. Die Regelung verweist auf die von der Presse zu eigenen journalistisch-redaktionellen oder literarischen Zwecken nach § 38a BDSG erlassenen Verhaltensregeln, ohne sie zu einem Erlass entsprechender Normen zu verpflichten[495].

2. Umsetzungsansätze der Privatwirtschaft

Von der Seite der Privatwirtschaft sind die datenschutzrechtlichen Verhaltsregeln, die sog. Privacy Codes of Conduct, ein geeignetes Instrument zur Gewährleistung eines einheitlich hohen Datenschutzstandards[496], insbesondere für große Unternehmen[497], in denen eine Vielzahl von Vertragsverhältnissen zu pflegen sind. Es handelt sich dabei um einen intern verbindlichen Regelungska-

---

[493] Top-Down Ansatz: Ausgehend von der Gesamtentwicklung einer Volkswirtschaft sowie der jeweiligen Branche wird versucht, auf die Entwicklung eines einzelnen Unternehmens sowie dessen Aktienkurs zu schließen, abrufbar unter: http://boersenlexikon.faz.net/top-down.htm.

[494] So *Moritz, Hans-Werner, Tinnefeld, Marie-Theres*, Der Datenschutz im Zeichen einer wachsenden Selbstregulierung, JurPC Web-Doc. 181/2003, Abs. 7.

[495] Siehe *Bizer* (FN 492), S. 1289.

[496] Siehe *Büllesbach, Alfred, Höss-Löw, Petra*, Vertragslösung, Safe-Harbor oder Privacy Code of Conduct: Handlungsoptionen Globaler Unternehmen, DuD 2001, S. 135, 138.

[497] Als Vorbilder der freiwilligen Durchsetzung eines Selbstregulierungskonzepts, das den Datenschutz pflegt und weiter fördert, gilt DaimlerChrysler und Siemens. Der Verhaltenskodex des ersten Unternehmens ist unter www.chrysler.de/content/de/extra/datenschutz.html# abrufbar. Siehe über die Datenschutzpolitik des zweitens Unternehmens *Drews, Hans-Ludwig*, Die Auswirkungen des BDSG aus der Sicht der Siemens AG, DuD 2002, S. 585 ff.

talog, dessen klare und länderübergreifende einheitliche Anforderungen eine gegenüber dem Kunden vorteilhafte Transparenz schaffen[498].

a)   Presse

In der Selbstregulierung der Presse wurde eine angemessene Lösung des Konfliktes zwischen den beiden Grundfreiheiten des Persönlichkeitsrechts und der Freiheit der Meinungsäußerung[499] gefunden. Ihr wurde, wie bereits erwähnt, durch die Rahmenregelung in § 41 Abs. 1 BDSG ein Freiraum eröffnet, durch die Regeln des deutschen Presserats zum Redaktionsdatenschutz ein Selbstregulierungsverfahren durchzusetzen[500].
Dieses Selbstregulierungsverfahren stellt die Alternative gegen ein vorstellbares grundsätzliches gesetzliches Verbot der Datenverarbeitung mit Erlaubnisvorbehalt, gegen einen betrieblichen Datenschutzbeauftragten, gegen gesetzliche Auskunfts- und Schadenersatzpflichten mit einer umgekehrten Beweislast dar.
Auf dieses Selbstregulierungsmodell für den Redaktionsdatenschutz haben sich in verschiedenen Expertengesprächen Presserat, Verleger- und Journalistenverbände mit dem Innenministerium geeinigt[501].
Mit der Verabschiedung des neuen Pressekodex 2001 setzte der Presserat diesen Auftrag um und übernahm auch die Selbstkontrolle[502] über den Schutz der Person vor der unbefugten Verarbeitung ihrer personenbezogenen Daten, die in der publizistischen Arbeit von Zeitungs- und Zeitschriftenredaktionen benötigt werden. Durch die in ihm enthaltenen Verhaltensregeln wurden Vorgaben zu einer regelmäßigen Berichterstattung zum redaktionellen Datenschutz geschaffen und ein zweiter Beschwerdeausschuss für die Wahrung des Datenschutzes eingerichtet[503]. Der „Beschwerdeausschuss zum Redaktionsdatenschutz" bear-

---

[498] Siehe *Büllesbach, Alfred,* Datenschutz als Wettbewerbsbestandteil in der modernen Informationsgesellschaft, FLF 2002, S. 94, 97.

[499] So *Heil, Helmut,* Datenschutz durch Selbstregulierung – Der europäische Ansatz, DuD 2001, S. 129, 132.

[500] Siehe *Roßnagel, Alexander,* Konzepte der Selbstregulierung, in: *ders. (Hrsg.),* Handbuch Datenschutzrecht: Die neuen Grundlagen für Wirtschaft und Verwaltung, 2003, S. 401, Rdnr. 35.

[501] Siehe *Tillmann, Lutz,* Presserat überreicht neuen Kodex an Bundespräsident Rau, Deutscher Presserat Pressemitteilung vom 28.11.01, abrufbar unter: www.presserat.de/site/ doku/presse/mitteil2001.shtml.

[502] Über die weiteren Bereiche, die der Presserat in seinem Selbstregulierung-Revier beibehält siehe weiter oben im Ersten Teil Kapitel IV. 3. a.

[503] Siehe *Schweizer, Robert,* Selbstkontrolle der Printmedien, in: *Rehbinder, Manfred (Hrsg.),* Ethik als Schranke der Programmfreiheit im Medienrecht: Festschrift für Günter

beitet Fälle einer Verletzung des Rechts auf informationelle Selbstbestimmung. Die Einhaltung seiner Entscheidungen und seiner Sanktionen[504] und des weiteren das Funktionieren der freiwilligen Selbstkontrolle wird durch eine branchenweite Selbstverpflichtung der Presseverlage sichergestellt. Auch die Anzeigeblätter sollen künftig in die freiwillige Selbstkontrolle eingebunden werden. Es ist zudem vorgesehen, alle zwei Jahre über die aktuelle Situation des Datenschutzes in den Redaktionen öffentlich zu berichten[505].

b)   Luftverkehr

Fluggesellschaften operieren, denken und handeln global, seitdem in den späten 30er Jahren der Flugzeugbau technisch sicheren interkontinentalen Flugverkehr ermöglichte[506]. Global angelegte Kommunikationsnetze, Servicekonzepte, Kundenbeziehungen und vor allem operative Betriebsabläufe, Managementsysteme, Verkaufs- und Marketing-Aktivitäten gehen mit den Geschäftsprozessen international agierender Luftverkehrsgesellschaften nicht erst seit der „Globalisierung" einher[507]. Diese traditionelle Globalität in den Managementansätzen schlug sich bereits im Jahre 1987 für den Umgang mit Kundendaten in der Form eines weltweiten Verhaltenskodex nieder. Die International Air Transport Association (IATA) empfahl als erster Wirtschaftsverband die Befolgung der „Empfohlene Praktik 1774" für den Schutz der Privatsphäre und die grenzüberschreitenden Flüsse personenbezogener Daten, die im internationalen Luftverkehr bei der Beförderung von Personen und Fracht verwendet werden (RP 1774).
1997 legte die IATA der Datenschutzgruppe des Art. 29 der EU-Datenschutzrichtlinie das Dokument über die „Empfohlene Praktik 1774" zur

---

Hermann zum 70. Geburtstag, Schriften des Archivs für Urheber und Medienrecht, Bd. 197, 2002, S. 1, 9.

[504] Die aktuellste Entscheidung des Beschwerdeausschusses betrifft das Verbot der Verarbeitung von Jubilardaten ohne die Einwilligung des Betroffenen, abrufbar unter: www.presserat.de/site/doku/presse/iindex.shtml.

[505] Siehe *Tillmann, Lutz*, Presserat überreicht neuen Kodex an Bundespräsident Rau, Deutscher Presserat Pressemitteilung vom 28.11.01, abrufbar unter: www.presserat.de/site/ doku/presse/ mitteil2001.shtml.

[506] Siehe *Kranz, Hans-Jürgen*, Datenschutz im Reise- und Tourismusgewerbe, in: *Roßnagel, Alexander (Hrsg.)*, Handbuch Datenschutzrecht: Die neuen Grundlagen für Wirtschaft und Verwaltung, 2003, S. 1149, Rdnr. 19 ff.

[507] Siehe *Kranz, Hans Jürgen*, Kundendatenschutz und Selbstregulierung im Luftverkehr, DuD 2001, S. 161 ff; über das „Seamless Privacy" Projekt der Lufthansa im Rahmen der Untersuchung von Datenschutzgrundsätzen einzelner Unternehmen siehe *Kley, Karl-Ludwig*, Datenschutzgrundsätze der Lufthansa, DuD 2003, S. 397 ff.

Genehmigung als Verhaltenskodex der Gemeinschaft gemäß Art. 27 Absatz 3 der Richtlinie vor. Nach langen Verhandlungen hat die Gruppe das Dokument als einen den inhaltlichen und formalen Anforderungen des EU-Datenschutzrechts und Datenschutzverständnisses nicht genügenden Verhaltenskodex qualifiziert[508].

Es wird festgestellt, dass die „Empfohlene Praktik" nicht verbindlich ist und dass sie keinen Durchsetzungsmechanismus enthält: Das ist auf eine fehlende Aufsichts- oder andere maßgebende Funktion der IATA ihren Mitgliedern gegenüber zurückzuführen, was natürlich nicht unabhängig von den kartellrechtlichen Bedenken ist, ihren Mitgliedern ein Geschäftsverhalten vorzuschreiben.

Ferner wird noch die Tatsache kritisiert, dass alle Buchungsdaten von überall in der Welt für IATA-Mitglieder zugänglich sind. Nichtsdestotrotz begrüßt aber die Datenschutzgruppe die Initiative der IATA, gemeinsame Grundsätze für ihre Mitglieder festzulegen, um den Schutz des Grundrechts auf Privatsphäre der Fluggäste zu gewährleisten und fordert sie zum Handeln in zweierlei Hinsicht auf: Erstens die Möglichkeit weiterzuverfolgen, einen Hinweis auf den Datenschutz und den Schutz der Privatsphäre in den Flugschein aufzunehmen. Und zweitens ein Informierungssystem für die Fluggäste der Vielfliegerprogramme zu erstellen, denen Einsicht darin gewährt werden muss, für welche Zwecke eine solche Datenverarbeitung durchgeführt wird, welche die konkrete Nutzung ihrer Daten ist und wer diese Daten nutzt. Darüber hinaus sollen sie die Möglichkeit erhalten, eine solche Verarbeitung abzulehnen.

c)   *Forschung in der Privatwirtschaft*

Die Wissenschaft lebt vom internationalen Informationsaustausch. Die Forschung ist ein offener Prozess, der aber von der Offenheit der Datenressourcen abhängt, die den Forschern zur Verfügung stehen. Die Freiräume, die der Forschung eingeräumt werden, wenn das Interesse an Forschung mit anderen Werten, Gütern und Interessen, hier namentlich dem Datenschutz in Konflikt gerät[509], sind ganz unterschiedlich je nach Disziplin und je nach Land. Während in den Naturwissenschaften die grenzüberschreitende Forschung eine unproblematische Selbstverständlichkeit ist, ist es in den geisteswissenschaftlichen Forschungsbereichen rechtlich dann nicht unbedenklich, wenn das Forschungsobjekt der Mensch ist. Besondere Aufmerksamkeit gilt dem Konflikt zwischen

---

[508] Arbeitsdokument der Artikel 29-Datenschutzgruppe, 5032/01/DE/End., WP 49, abrufbar unter: http://europa.eu.int/comm/internal_market/privacy/docs/wpdocs/2001/wp49de.pdf.

[509] Siehe statt vieler *Tinnefeld, Maria-Theres,* Freiheit der Forschung und europäischer Datenschutz, DuD 1999, S. 35 ff.

genetischer Forschung (Art. 5 Abs. 3 S. 1 GG) und Schutz der Menschenwürde bzw. der informationellen Selbstbestimmung (Art. 2 i. V. m. Art 1 GG) und folglich dem Umgang mit den hoch sensitiven genetischen personenbezogenen Daten[510].

Personenbezogenes Datenmaterial ist bei der forschenden Stelle erst dann sicher, wenn auch dem Staat die Zugriffsmöglichkeiten verwehrt sind. Im Gegensatz zur gesetzlich normierten Schweigepflicht für die Angehörigen bestimmter Berufsgruppen existiert für den wissenschaftlichen Bereich kein Forschungsgeheimnis[511]. In den Bereichen, wo es möglich ist, werden Anonymisierungs- oder Pseudonymisierungsverfahren eingesetzt. Wenn diese Verfahren aber den Zwecken der Forschung nicht dienen, gibt es die Möglichkeit sie mit der Einschaltung eines Datentreuhänders zu kombinieren[512]. Mit dem Einsatz von Datentreuhändern kann der Schutz der personenbezogenen Daten gewährleistet und der Eingriff in die Rechte der Betroffenen minimiert werden, ohne dass der Datenbedarf der Forschung behindert wird. Der Datentreuhänder übernimmt die Rolle eines vertrauenswürdigen Dritten. Er tritt zwischen die Daten besitzende öffentliche Stelle und den Forscher oder zwischen den Betroffenen und den Forscher, verwaltet den Datenfluss und sichert somit sowohl die Rechte der Betroffenen als auch die Ansprüche der Forscher. Die Datentreuhänder sind eigenständige Einrichtungen und müssen weisungsunabhängig sein und sich auf ein Aussageverweigerungsrecht und ein entsprechendes Verbot der Beschlagnahme von Unterlagen stützen können.

Um das Verbot eines internationalen Datenaustausches im Forschungsbereich zu beseitigen, wäre es begrüßenswert, wenn die internationalen wissenschaftlichen Vereinigungen im Geist des europäischen Datenschutzrechts sich über einen Code of Conduct koordinieren und dadurch ihren Umgang mit personenbezogenen Daten, die sie erheben und verarbeiten, vereinheitlichen[513]. Wissenschaftliche Berufsverbände sollen die Möglichkeit haben, je nach Art ihrer For-

---

[510] Siehe *Weichert, Thilo,* Der Schutz genetischer Informationen: Strukturen und Voraussetzungen des Gen-Datenschutzes in Forschung, Medizin, Arbeits- und Versicherungsrecht, DuD 2002, S. 133 ff.; *Menzel, Hans-Joachim,* Regelungsvorschlag zur Selbstbestimmung bei genetischen Untersuchungen, DuD 2002, S. 146 ff.; *Sokol, Bettina,* Der gläserne Mensch – DNA-Analysen, eine Herausforderung an den Datenschutz, 2003.

[511] Dazu *Tinnefeld, Marie-Therese, Ehmann, Eugen,* Einführung in das Datenschutzrecht, 3. Aufl., 1998, S. 430.

[512] Das wird in der medizinischen Forschung eingesetzt. Siehe dazu *Schulte, Jörg, Wehrmann, Rüdiger, Wellbrock, Rita,* Das Datenschutzkonzept des Kompetenznetzes Parkinson, DuD 2002, S. 605 ff.

[513] Siehe *Gerling, Rainer,* Datenschutz in der Forschung, in: *Roßnagel, Alexander (Hrsg.),* Handbuch Datenschutzrecht: Die neuen Grundlagen für Wirtschaft und Verwaltung, 2003, S. 1331, Rdnr. 31.

schung einen Datenzugang zu fördern, zu limitieren oder ein vollständiges Verbot der Weitergabe anzustreben. *Tinnefeld* plädiert für das besondere Recht „testimonial privilege", das den wissenschaftlichen Forschern auf der Basis von verhaltensrechtlichen Regelungen in jeweiligen Berufs- bzw. Standesordnungen ein Zeugnisverweigerungsrecht einräumt, Probandendaten vor der staatlichen Beschlagnahme und das Forschungsgeheimnis schützt[514].

3. *Anforderungen an Verhaltensregeln*

Wie schon mehrmals erwähnt, zieht sich der regulierende Staat in der Umsetzung des Steuerungskonzeptes der regulierten Selbstregulierung zurück. Er muss sich aber die Reservenzuständigkeit und den entsprechenden Handlungsoptionen, den sog. Auffangraum vorbehalten, der im Fall einer selbstregulativen Schlechterfüllung aktiviert wird und in Vorschein tritt. Im Laufe der Aufstellung von Verhaltenskodizes muss deshalb eine hinreichende Sicherheit dafür bestehen, dass das versprochene Datenschutzniveau tatsächlich erreicht wird, so dass der verfassungsrechtlich gegebene Ausgleich von Schutz- und Nutzungsinteressen auch durch Selbstregulierung sichergestellt wird. Und die Autorität bzw. Legitimität dieses Auffangnetz zu spannen, in dem die sozialen Konflikte aufgefangen werden können, hat im demokratischen Rechtsstaat nur der Gesetzgeber. Grundsätzlich liegt es in seinem Ermessen, gesellschaftliche Kräfte zu mobilisieren, und mit ihnen im Rahmen der verfassungsrechtlichen Vorgaben gemeinsam verbindliche Handlungsmaßstäbe zu entwickeln.

Das Bundesdatenschutzgesetz hätte inhaltliche Vorgaben für die Selbstregulierung enthalten können, etwa um ein Mindest-Schutzniveau zu gewährleisten. Der Gesetzestext (§ 38a BDSG) gibt aber der Aufsichtsbehörde freie Hand, über die Vereinbarkeit der ihr unterbreiteten Verhaltenskodizes-Entwürfe mit dem geltenden Datenschutzrecht zu entscheiden.

Die noch zu erarbeitenden Sicherungen sind erstens auf eine am Maßstab des Datenschutzniveaus ausgerichtete Implementierung auszurichten und zweitens auf einen adäquaten Beschwerdemechanismus[515].

---

[514] *Tinnefeld, Maria-Theres,* Freiheit der Forschung und europäischer Datenschutz, DuD 1999, S. 35, 38.

[515] Die folgenden Verbesserungsvorschläge beruhen auf dem Gutachten von *Schulz, Wolfgang, Held, Thorsten,* Regulierte Selbstregulierung als Form modernen Regierens: Im Auftrag des Bundesbeauftragten für Angelegenheiten der Kultur und der Medien, Endbericht, 2002.

a) Implementierung

Um die Repräsentativität eines Verhaltens-Kodizes zu gewährleisten, kann die Aufsichtsbehörde als Bedingung der Überprüfung bzw. Anerkennung eines Verhaltenskodizes stellen, dass sich ein bestimmter Anteil der Unternehmen eines Berufsverbandes oder einer Vereinigung mit dem Kodex einverstanden erklärt. Nur wenn ein gewisser Branchenkonsens herrscht und das Verfahren Ausdruck der Wahrnehmung gesellschaftlicher Verantwortung ist, führt eine Selbstregulierung der Branche zu einer deutlichen und umfassenden Akzeptanz[516].

Darüber hinaus kann bestimmten Gruppen – Vertretern der von der Datenverarbeitung Betroffenen wie etwa Verbraucherschutzverbänden oder anderen Interessenverbänden – ein Recht zur Mitwirkung eingeräumt werden, um bei der Erstellung des Kodizes eine partikulare Berücksichtigung von bloßen Unternehmens-Interessen auszuschließen. Eine weitere Möglichkeit der Vertretung von Drittinteressen bestünde in der Einbeziehung von bestimmten Gruppen bei der Vorbereitung des Berichts der Aufsichtsbehörde.

Um Bedenken an dem eventuell undemokratischen-lobbyistischen Charakter der Aufstellung des Verhaltenskodizes aus dem Weg zu räumen, kann der Gesetzgeber oder die Aufsichtsbehörde als Anerkennungsbedingung verlangen, dass öffentliche Anhörungen auf geeigneten Stufen der Erstellung der Kodizes oder des Evaluierungsprozesses durchgeführt werden.

Im weiteren wird vorgeschlagen[517], die Verhaltenskodizes zu Bedingungen von Verträgen mit den Mitarbeitern und externen Vertragspartner zu machen, um die Chancen zu erhöhen, dass sie in den einzelnen Unternehmen besser implementiert werden. Dies würde aber nach der Auffassung der Verfasserin zu tief in den privatautonomen und freiwilligen Charakter der Selbstregulierung eingreifen.

Da der Staat die Auffangverantwortung behält, ist er dazu verpflichtet, die richtige Anwendung des Selbstregulierungsmechanismus zu überprüfen. Dazu können zwei weitere Instrumente gezogen werden: Die Berichterstattung und die Sunset-Klauseln.

Erstens sollte in ihrem Bericht die Aufsichtsbehörde die Erfahrungen der weiteren Beteiligten mit der Selbstregulierung einbeziehen und sowohl die eigene Erfahrungen der Behörde als auch eine wissenschaftliche Analyse der Erfahrungen mit dem Verfahren der regulierten Selbstregulierung im Berichtszeitraum,

---

[516] Siehe auch Ahrend, Bijok, Dieckmann, Eitschberger, Eul, Guthmann, Shmidt, Schwarzhaupt, Modernisierung des Datenschutzes?, DuD 2003, S. 433, 437.
[517] A.a.O, (FN 516), S. 10.

Stellungsnahmen von bestimmten Gruppen und Dokumentation von durchgeführten Anhörungen erhalten.

Und zweitens stellen die so genannten Sunset-Klauseln die regelmässige Überprüfung der Verhaltens-Kodizes sicher, indem sie ihre staatliche Anerkennung als Verhaltensregeln einem Verfallsdatum unterwerfen und ihre Verfasser dazu verpflichten, sie nach einem gewissen Zeitraum neu zu beantragen.

Letztlich muss der Gesetzgeber bzw. die Aufsichtsbehörde sich die Ermächtigungen vorbehalten, den Verhaltenskodex oder Teile davon zu ersetzen, wenn festgestellt wird, dass er fehlgeschlagen ist.

b)   *Sanktions- und Beschwerdemechanismus*

α)   Sanktionen

Sanktionen können sowohl von der Aufsichtsbehörde als auch von den Selbstregulierenden verhängt werden, wobei es möglich ist, das Bestehen geeigneter Sanktionsmöglichkeiten zur Bedingung der Anerkennung des Kodex zu machen. Freilich besteht mehr Anreiz für die Privatwirtschaft, sich selbst zu regulieren, wenn die Durchsetzung der Einhaltung des Kodex den Selbstregulierenden überlassen würde. Es ist von der Aufsichtsbehörde sicherzustellen, dass der Sanktionsmechanismus die Rechte Dritter bewahrt und nicht der Versuchung unterliegt, die Lage der teilnehmenden Unternehmen zu schonen.

Für den Fall aber, dass sich nur einzelne Unternehmen der Selbstregulierung widersetzen, erweist sich eine „Schwarze-Schafe-Regelung" als sinnvoll: Statt den gesamten Verhaltenkodex durch staatliche Regeln zu ersetzen, kann für das einzelne Unternehmen die partielle Freistellung von der direkten staatlichen Regulierung aufgehoben werden.

β)   Beschwerden

Neben der systematischen Kontrolle, Überprüfung der Einhaltung der Bestimmungen des Verhaltenskodex und die Verhängung von Sanktionen, muss Dritten die Möglichkeit der Beschwerde eingeräumt werden. Der Gesetzgeber sollte Stellung nehmen, an wen die Beschwerden zu richten sind (Unternehmen; Berufsverband/Vereinigung, die den Verhaltenskodex aufgestellt hat; Aufsichtsbehörde) und an wen sie weiterzuleiten sind.

III. Vertragliche Einigung unter Verwendung von Modellklauseln

1. Die Vertragsklauseln

Laut Art. 25 der europäischen Datenschutzrichtlinie kann ein Export von personenbezogenen Daten in Nicht-EU-Länder nur dann erfolgen, wenn ein angemessenes Datenschutzniveau im datenimportierenden Staat vorliegt. Ausnahmsweise kann gemäß Art. 26 S. 2 die Datenübermittlung jedoch durchgeführt werden, wenn das datenimportierende Unternehmen selbst für die Herstellung eines angemessenen Datenschutzniveaus sorgt, d.h. wenn es ausreichende
Garantien hinsichtlich der Privatsphäre, der Grundrechte und der Grundfreiheiten der Personen sowie hinsichtlich der Ausübung der damit verbundenen
Rechte bietet. Das für die Übermittlung erforderliche angemessene Datenschutzniveau kann insbesondere durch verbindliche Unternehmensrichtlinien,
die sog. Codes of Conducts, oder durch Vertragsklauseln garantiert werden. Im
Folgenden wird der Fall der Erstellung von Vertragsklauseln untersucht. Diese
werden als Instrument der regulierten Selbstregulierung qualifiziert, weil ihre
Verabschiedung freiwillig erfolgt, ihre Formulierung sich aber an den gesetzlichen Bestimmungen orientiert, die sie zu konkretisieren suchen.

a) Die datenschutzrechtlichen Vertragsklauseln in der EU-DSRL und im BDSG

Artikel 26 entspricht der Zielsetzung der europäischen Datenschutzrichtlinie,
nämlich ein adäquates Schutzniveau hinsichtlich der Rechte und Freiheiten von
Personen bei der Verarbeitung ihrer Daten auszubauen, aber gleichzeitig den
grenzüberschreitenden Verkehr von personenbezogenen Daten nicht zu hindern,
der für die Entwicklung des internationalen Handels notwendig ist. Datenschutzrechtliche Schutzvorkehrungen dürfen kein Hemmnis für den Wirtschaftsverkehr mit Drittstaaten sein. Der notwendige Transfer personenbezogener Daten zwischen der Europäischen Union und Drittländern muss ohne unnö-
tige Belastung der Wirtschaftsakteure aufrechterhalten bleiben[518].
Die Umsetzung der Richtlinie in allen Mitgliedstaaten stellt eine Gleichbehandlung des Datenumgangs und somit einen unproblematischen Datenverkehr im
Binnenmarkt sicher, was als Instrument für den Ausbau des europäischen Wirt-
schaftsraums dient. Darüber hinaus wird außerdem der Wirtschaftsverkehr der

---

[518] Siehe Erwägungsgrund Nr. 4 der Entscheidung der Kommission hinsichtlich Standardvertragsklauseln für die Übermittlung personenbezogener Daten in Drittländer nach der Richtlinie 95/46/EG.

europäischen Länder mit Drittländern von den Entscheidungen der Kommission unterstützt, indem sie Stellung zum adäquaten Datenschutzniveau in diesen Ländern nimmt: Eine positive Aussage der Kommission stellt diese hinsichtlich ihres rechtlichen Status über den Datenaustausch europäischen Mitgliedstaaten gleich und gibt dadurch freie Bahn für die Datenübermittlungen. Schließlich wird auf einer dritten Ebene eine Abmilderung der Blockierung des Datentransfers mit der in diesem Kapitel zu besprechenden Regelung der Vertragsklauseln als Ausnahmefall gestattet, um den Wirtschaftsverkehr mit Drittstaaten auch in dem Fall zu erlauben, wenn kein angemessenes Schutzniveau vorhanden ist und keine der in Art. 26 Satz 1 EU-DSRL[519] Ausnahmetatbestände greifen. Die Regelung stammt ursprünglich aus der Erkenntnis, dass es immer Länder geben wird, die ein Datenschutzniveau aufweisen, das dem hohen europäischen Standard inadäquat ist, oder die überhaupt kein Datenschutzniveau besitzen. Deshalb ging man den Kompromiss ein, eine Datenübermittlung zu genehmigen, ohne aber den Datenschutz nachhaltig in Frage zu stellen.

Diese Regelung wurde mit § 4c Abs. 2 BDSG wortwörtlich in die deutschen Rechtsordnung übernommen. Wenn die Ausnahmetatbestände des § 4c Abs. 1 BDSG[520] nicht greifen und ein angemessenes Datenschutzniveau nicht festgestellt werden kann, kann die übermittelnde Stelle unter Einschaltung der Aufsichtsbehörde „ausreichende Garantien" zur Gewährleistung der Schutzansprüche der Betroffenen schaffen. Das ist der Fall, wenn Privatakteure ihre Vertragsklauseln oder Verhaltensregeln freiwillig und selbstregulierend aufstellen und somit versuchen, die Barriere eines Datenaustausches aufzuheben. Diese Barriere bildet sich automatisch, wenn das eine Unternehmen seinen Sitz in Europa und das andere seinen Sitz in einem Drittland hat, das über kein adäquates Datenschutzniveau verfügt. Durch diese Regelung wird also das Privileg an einem sicheren ungestörten freien Datenfluss denjenigen Unternehmen zugeteilt, die sich freiwillig bemühen, Maßnahmen zu treffen und geeignete Sicherheiten dafür nachzuweisen, um das unzureichende Schutzniveau in ihrem Land auszugleichen. Hiermit greift der europäische – und über die Umsetzung der Richtlinie auch der nationale Gesetzgeber indirekt in die Gestaltung des Daten-

---

[519] Der Betroffene hat seine Einwilligung gegeben; die Übermittlung ist erforderlich zur Erfüllung eines Vertrages; die Übermittlung ist erforderlich für die Wahrung eines wichtigen öffentlichen Interesses; die Übermittlung ist erforderlich für die Wahrung lebenswichtiger Interessen der betroffenen Person; die Übermittlung erfolgt aus einem der Öffentlichkeit zugänglichen Register.

[520] Die Vorschrift gestattet unter den in 6 Punkten aufgezählten Ausnahmetatbeständen eine Datenübermittlung an Stellen in einem Drittstaat oder eine zwischen- oder überstaatliche Stelle, wenn sie kein angemessenes Datenschutzniveau aufweist; die Ausnahmetatbestände sind eine worttreue Übernahme der Tatbestände in Art. 26 Abs. 1 EU-DSRL (FN 519) aufgezählt worden.

schutzniveaus in einem anderen Land ein, bewerkstelligt dies aber mit einer möglichst flexiblen und breit anwendbaren Regelung, die weitestgehend von der Mobilisierung privater Kräfte abhängt sowie durch das Treffen von Einzelfallentscheidungen.

b) *Inhalt der Vertragsklauseln*

Die Vertragsklauseln sind entweder im Vertrag oder in einer Zusatzvereinbarung zwischen der für die Übermittlung verantwortlichen Stelle und dem Empfänger im nicht-EU-datenschutzkonformen Ausland enthalten. Die Aufgabe des Vertrages oder der Zusatzvereinbarung ist, die dort bestehenden datenschutzrechtlichen Lücken zu schliessen, indem der Empfänger sich individuell verpflichtet, die Grundregeln des EU-Datenschutzrechts einzuhalten[521]. Die Kompensierung des fehlenden Datenschutzniveaus in dem Land erfolgt also durch die Erstellung der Vertragsklauseln. Aus diesem Grunde müssen sie mindestens die wesentlichen materiellen und verfahrensrechtlichen Vorgaben für den Datenschutz enthalten, die den Anforderungen des § 4b BDSG[522] genügen. Damit sind die elementaren materiellen und verfahrensrechtlichen Grundsätze des Datenschutzes gemeint: (1) Der Grundsatz der Beschränkung der Zweckbindung; (2) Der Grundsatz der Datenqualität und –verhältnismäßigkeit; (3) Der Grundsatz der Transparenz; (4) Der Grundsatz der Datensicherheit; (5) Das Recht auf Zugriff, Berichtigung und Widerspruch; (6) Die Beschränkung der Weiterübermittlung der Daten in andere Drittländer; (7) Die Gewährleistung einer guten Befolgungsrate der Vorschriften; (8) Die Unterstützung und Hilfe für einzelne betroffene Personen bei der Wahrnehmung ihrer Rechte; (9) Die Gewährleistung angemessener Entschädigung[523].

c) *Charakter der Vertragsklauseln*

Der Schutz der Betroffenen durch Vertragsklauseln bedeutet, einen Vertrag zu Gunsten Dritter oder mit Schutzwirkung zu Gunsten Dritter einzugehen[524].

---

[521] Siehe *Gola, Peter, Schomerus, Rudolf,* Bundesdatenschutzgesetz, 7. Aufl., 2002, S. 183.
[522] § 4b BDSG enthält die Anforderungen für die Übermittlung personenbezogener Daten ins Ausland sowie an über- oder zwischenstaatliche Stellen.
[523] Festgelegt von der Art. 29-Datenschutzgruppe in ihrem Arbeitsdokument Nr. 12, abrufbar unter: www.europa.eu.int/comm/internal_market/privacy/docs/wpdocs/1998/wp12_de.pdf.
[524] So *Geis, Ivo,* Grenzüberschreitender Datenaustausch – Aspekte des Datenschutzrechts, MMR 2002, S. XX.

Die Besonderheit der Vertragsklauseln gegenüber anderen Datenschutz-instrumenten ist, dass sie genehmigungsbedürftig sind: Laut § 4c Abs. 2 Satz 1 BDSG ist die Aufsichtsbehörde für die Erteilung dieser Genehmigung zuständig. Die Rechtsnatur dieser Übermittlungsgenehmigung ist wie folgt zu qualifizieren: Da eine Maßnahme der Aufsichtsbehörde auf dem Gebiet des öffentlichen (Datenschutz-)Rechts zur Regelung eines Einzelfalls (die Genehmigung eines Vertrags) mit Außenwirkung i.S.d. § 35 S. 1 VwVfG vorliegt, ist die Genehmigung als Verwaltungsakt zu bezeichnen[525]. Bei Verweigerung der Genehmigung ist innerhalb der Frist des § 70 VwGO (ein Monat) Widerspruch zu erheben. Sollte dem Widerspruch nicht stattgegeben werden, ist innerhalb der Frist des § 74 Abs. 2 i.V.m. Abs. 1 VwGO (ebenfalls ein Monat) eine Verpflichtungsklage gem. § 42 Abs. 1 VwGO einzulegen. Laut § 4c Abs. 2 S. 2 BDSG ist für die Erteilung der Genehmigung für Vertragsklauseln, die von Post- und Telekommunikationsunternehmen aufgestellt werden, der Bundesdatenschutzbeauftragte zuständig.

Der Inhalt der genehmigungspflichtigen Vertragsklauseln wird im Gesetzestext nicht näher definiert. Damit bekommen die interessierten Unternehmen freien Raum, von den Besonderheiten der eigenen Branche ausgehend sich für die Gewährleistung des Datenschutzes einzusetzen. Obwohl es aber den an der Übermittlung interessierten Stellen freisteht, Regeln zu formulieren, steht die Letztentscheidung der zuständigen Aufsichtsbehörde zu, ob sie die Datenübermittlung erlaubt oder nicht. Die verantwortliche Stelle kann eigene Vorschriften entwickeln, allerdings nur im Rahmen der gesetzlichen Vorgaben an die Verarbeitung personenbezogener Daten und mit dem Ziel, die gesetzlichen Bestimmungen weiter zu konkretisieren. Ihr Charakter als komplementäres und nicht als ersetzendes Instrument ist dementsprechend einleuchtend, was uns dazu bewegt, sie als klassisches Beispiel einer regulierten Selbstregulierung[526] zu klassifizieren.

2. Die Standardvertragsklauseln

Die Hoffnung, vertragliche Abmachungen als länderübergreifendes Selbstregulierungsinstrument nutzen zu können, hat immer intensivere Bestrebungen bei

---

[525] Siehe *Räther, Philipp, Seitz, Nicolai,* Ausnahmen bei Datentransfer in Drittstaaten – Die beiden Ausnahmen nach § 4c Abs. 2 BDSG: Vertragslösung und Codes of Conduct, MMR 2002, S. 520, 521.
[526] Siehe näheres in Teil Eins Kapitel III unter den Erscheinungsformen der Regulierungskonzepte.

den zuständigen Europäischen Instanzen ausgelöst, die Vertragsklauseln zu standardisieren und zu internationalisieren[527].

a)   Die von der Europäischen Kommission verabschiedeten Standardvertragsklauseln

α)   Entstehungsgeschichte

Am Wichtigsten ist der Ansatz der Europäischen Kommission, ein Maßstab für das Vorliegen ausreichender Garantien bei Einzelverträgen zu geben, um gravierende Durchsetzungsdefizite zu beseitigen, die auf entzogene Zugriffsrechte staatlicher Stellen im Falle eines unzureichenden Schutzes der Rechte der Betroffenen zurückzuführen sind. Zu den Defiziten zählen die mangelnden staatlichen Kontrollmöglichkeiten, aber auch die Berechtigung der Vertragsparteien, ihre Vereinbarungen jederzeit zu ändern, sowie die unzulänglichen Haftungsregeln[528].

Den Weg der Anerkennung derartiger Klauseln hat die Kommission im Jahre 2001 zum ersten Mal eingeschlagen. Mit ihrer Entscheidung vom 15.6.2001 verabschiedete sie Standardvertragsklauseln, die am 3.9.2001 in Kraft traten[529]. Diese Klauseln regeln die Situation, in der eine Datenübermittlung an ein Unternehmen im Drittstaat stattfinden soll, welches die volle Verfügungsgewalt über die Daten erhält. Diese Entscheidung betrifft nicht die Übermittlungen an Empfänger, die nur als Auftragsverarbeiter tätig werden: Solche Übermittlungen erfordern nicht die gleichen Garantien, weil der Auftragsverarbeiter ausschließlich im Auftrag des für die Verarbeitung Verantwortlichen tätig ist[530]. Nach eingehender Zusammenarbeit mit interessierten Stellen der Privatwirtschaft hat die Kommission kurz danach die Standardvertragsklauseln für die Übermittlung von personenbezogenen Daten an Auftragsverarbeiter am

---

[527] Der erste europäische Versuch stammt aus dem Jahre 1992, wo der Europarat, die Europäische Kommission und die Internationale Handelskammer Vorschläge zu Standardvertragsklauseln für die Übermittlung personenbezogener Daten in Drittländer entwickelten.

[528] So *Simitis, Spiros*, in: *ders (Hrsg.)*, Kommentar zum Bundesdatenschutzgesetz, 5. Aufl., 2003, S. 413.

[529] Entscheidung der Kommission vom 15. Juni 2001 hinsichtlich Standardvertragsklauseln für die Übermittlung personenbezogener Daten in Drittländer nach der Richtlinie 95/46/EG, 2001/497/EG, ABl. L 181 v. 4.7.2001, S. 19 ff., abrufbar unter: www.europa.eu.int/eur-lex/pri/de/oj/dat/2001/l_181/l_18120010704dc00190031.pdf.

[530] Siehe Erwägungsgrund Nr. 8 der in der vorgehenden Fußnote zitierten Entscheidung.

27.12.2001 verabschiedet[531]. Die datenschutzrechtlichen Anforderungen sind hier weniger streng, da das in der EU beheimatete Unternehmen die volle Kontrolle über die Datenverarbeitung beibehält und somit gegenüber dem EU-Bürger für den Umgang mit den Daten auch durch seinen Vertragspartner im Drittstaat verantwortlich bleibt.

β)   Inhalt

Beide Entscheidungen enthalten einen kurzen Hauptteil (Art. 1 bis 7), einen Anhang, wo die Klauseln detailliert aufgelistet werden und einer Anlage, die aus einem Formular und aus datenschutzrechtlichen Grundsätzen besteht.
Im Hauptteil beider Entscheidungen finden sich Vorschriften zur Funktion der Klauseln (Art. 1), zu ihrem Anwendungsbereich (Art. 2), zu den Kompetenzen der zuständigen Kontrollstellen (Art. 4), zu Begriffserklärungen speziell auf diese Standardvertragsklauseln bezogen (Art.3), zu dem Datum ihren Inkrafttretens (Art. 6) und zu der Verpflichtung der Kommission, nach dem Ablauf der ersten drei Jahren die Durchführung der Standardvertragsklauseln zu bewerten.
Beide Standardvertragsklauseln beginnen zunächst mit Angaben zu den beiden Vertragsparteien in einer Präambel, gefolgt von der Auflistung der Klauseln. In Klausel 1 werden die der Datenschutzrichtlinie entsprechenden Bestimmungen aufgestellt, hinsichtlich der Begriffe „personenbezogene Daten", „besondere Kategorien personenbezogener Daten", „Verarbeitung", „für die Verarbeitung Verantwortliche", „Auftragsverarbeiter", „betroffene Person", „ Kontrollstelle", „Datenexporteur", „Datenimporteur". Die Standardvertragsklauseln für Auftragsverarbeiter erläutern weiterhin die Begriffe „des anwendbaren Rechts" und „der technischen und organisatorischen Sicherheitsmaßnahmen".
Klausel 3 zählt die Klauseln auf, die auch für die betroffenen Personen als Drittbegünstigte gelten. In den Standardvertragsklauseln für Auftragsverarbeiter wird noch näher der Status der Drittbegünstigung im Falle der Auflösung des Unternehmens des Datenexporteurs beschrieben.
Klausel 4 enthält in beiden Entscheidungen die Pflichten des Datenexporteurs, die freilich im Fall einer Auftragsverarbeitung zahlreicher sind, weil er alleine garantieren muss, dass die Verarbeitung der personenbezogenen Daten einschliesslich des Datentransfers den nationalen Datenschutzgesetzen entspricht.

---

[531] Entscheidung der Kommission vom 27.12.2001 hinsichtlich Standardvertragsklauseln für die Übermittlung personenbezogener Daten an Auftragsverarbeiter in Drittländern nach der Richtlinie 95/46/EG (2002/16/EG), ABl. L 6 vom 10.1.2002, S. 52 ff., abrufbar unter: http://europa.eu.int/eur-lex/pri/de/oj/dat/2002/l_006/l_0062002110de00520062.pdf.

Er verpflichtet sich sogar, dass die vom Datenimporteur getroffenen Sicherheitsvorkehrungen angemessen sind.
Umgekehrt sind die Pflichten des Datenimporteurs im Falle einer richtigen Datenübermittlung zahlreicher, während sie geringer sind im Falle einer Datenübermittlung an Auftragsverarbeiter[532].
Klausel 6 statuiert eine Schadenersatzpflicht sowohl des Datenexporteurs als auch des Datenimporteurs bei Verletzung der in Klausel 3 genannten drittschützenden Vertragsbestimmungen, die sich auf gesamtschuldnerische Haftung beider Parteien stützt. Der Betroffene kann einen von beiden in Anspruch nehmen. Anders ist dies natürlich im Falle einer Datenübermittlung auf Grund einer Auftragsverarbeitung: Hier erklärt sich der Datenexporteur als Hauptverantwortlicher; der Datenimporteur haftet nur subsidiär neben dem Datenexporteur für den Fall, dass der Letztere sich aufgelöst oder rechtlich aufgehört hat zu existieren und deshalb der von der Verarbeitung Betroffene gegen ihn nicht vorgehen kann.
In Klausel 7 bis 11 sind folgende Bestimmungen enthalten: Über Schlichtungsverfahren und Gerichtsstand[533], über die Zusammenarbeit mit den Kontrollstellen bzw. den nationalen Datenschutzbehörden, denen der Datenexporteur untersteht, über das anwendbare Recht, welches das Recht ist, in dessen Bereich der Datenexporteur seinen Sitz hat, und schliesslich über die Unveränderbarkeit der getroffenen Vereinbarungen.
Im Formular der Anlage findet sich eine Eintragung der wichtigsten Informationen, die für die Übermittlung von Belang sind: Gemeint sind damit Angaben zur Geschäftstätigkeit der exportierenden und importierenden Stelle im Allgemeinen, weiter sind die Kategorien von Personen anzugeben, auf die sich die übermittelnden Daten beziehen. Im Fall einer Auftragsverarbeitung sind noch die Verarbeitungsmaßnahmen anzugeben, wobei bei einer generellen Datenübermittlung auch die Zwecke der Übermittlung anzugeben sind. Hier muss man allerdings bedächtig vorgehen, weil in dem Teil die Zweckbindungen festgelegt werden, die keine Zweckänderungen mehr erlauben. Dazu kommt eine Aufzählung der verbindlichen Datenschutzgrundsätze.

γ)   Charakter

Die Europäische Kommission verpflichtet ihre Mitgliedstaaten mit diesen beiden Entscheidungen anzuerkennen, dass Unternehmen und Organisationen, die

---

[532] Bei beiden Entscheidungen: Klausel 5.
[533] In beiden Entscheidungen ist der Streitfall den Gerichten des Mitgliedstaates vorzulegen, in dem der Datenexporteur ansässig ist.

solche Standardvertragsklauseln verwenden, einen angemessenen Schutz der Daten bieten[534]. Deshalb ist laut Art. 26 Abs. 4 EU-DSRL nur die Kommission für ihre Genehmigung zuständig; damit sind diese der Kontrolle durch nationale Kontrollstellen entzogen. In Deutschland haben das Bundesinnenministerium und einige der Innenministerien der Länder die Standardvertragsklauseln der Europäischen Kommission als selbstständiges EU-Recht anerkannt, das neben die Übermittlungstatbestände des § 4c BDSG tritt[535]: Wenn die Datenübermittlung in Drittländer auf der Grundlage der im Einzelnen vollständig ergänzten und im Übrigen unveränderten, vertraglich vereinbarten Standardvertragsklauseln der Europäischen Kommission beruht, bedarf die Übermittlung keiner zusätzlichen Genehmigung. Es besteht sogar keine Verpflichtung zur Vorlage der Standardvertragsklauseln bei der Aufsichtsbehörde, damit diese überprüfen kann, ob diese auch tatsächlich vollständig und unverändert vereinbart wurden[536].

Die vereinbarten Standardvertragsklauseln mögen als selbstständiges EU-Recht von den Mitgliedstaaten anerkannt werden, entfalten aber gegenüber ihren Adressaten keine zwingende Wirkung. Ihre Anwendung ist freiwillig: Sie bieten den Unternehmen und Organisationen eine einfache Möglichkeit, ihre Pflicht zu erfüllen und personenbezogene Daten angemessen zu schützen, die in Drittländer übermittelt werden, die von der Kommission nicht als Länder mit einem entsprechenden Schutzniveau anerkannt wurden.

Die Standardvertragsklauseln enthalten eine rechtlich durchsetzbare Erklärung (Garantie), nach der sich sowohl der Importeur als auch der Exporteur der Daten in gesamtschuldnerischer Haftung gegenüber dem Betroffenen verpflichten, die für ein angemessenes Datenschutzniveau maßgebenden Datenschutzgrundsätze einzuhalten. Die Drittbegünstigtenklausel, die in Klausel 3 Satz 1 enthalten ist, zählt eine Reihe von Klauseln auf, die der durch den Datentransfer Betroffene, obwohl er selbst nicht Vertragspartei ist, aus dem Vertrag geltend machen kann. Somit sind die Standardvertragsklauseln rechtlich als Vertrag zu Gunsten Dritter einzuordnen.

---

[534] Siehe Pressemitteilung der europäischen Kommission über die Standardvertragsklauseln vom 22. Januar 2002, abrufbar unter: www.europa.eu.int/comm/internal_market/privacy/modelcontracts_de.htm.

[535] Siehe *Räther, Philipp, Seitz, Nicolai,* Ausnahmen bei Datentransfer in Drittstaaten – Die beiden Ausnahmen nach § 4c Abs. 2 BDSG: Vertragslösung und Codes of Conduct, MMR 2002, S. 520, 521.

[536] Die Entscheidung wurde zitiert nach dem Hinweis 40 des Innenministeriums Baden-Württemberg für die Übermittlung personenbezogener Daten im internationalen Bereich, abrufbar unter: www.baden-wuerttemberg.de/sixcms/media.php3/851/him_40_endfassung. pdf.

b) Die von der Kommission anerkannten privat entwickelten Standardvertrags-klauseln

Die von der Kommission entwickelten Standardvertragsklauseln sind nicht die einzigen, die von der Kommission gemäß Art. 26 Abs. 4 EU-DSRL anerkannt werden können. Prinzipiell kann jedes Unternehmen oder jeder Unternehmens-verband eigene Standardvertragsklauseln entwerfen und der Kommission zur Anerkennung vorlegen. Die Kommission akzeptiert, dass sie auch andere Stan-dardvertragsklauseln annehmen kann, um den Wirtschaftsteilnehmern eine grö-ßere Auswahl zu bieten, um ihnen Hilfe zu leisten, personenbezogene Daten leichter an Drittländern zu übermitteln, und gleichzeitig sicherzustellen, dass die Grundrechte und –freiheiten der Nutznießer der EU-Datenschutzrichtlinie und der diesbezüglichen einzelstaatlichen Umsetzungsvorschriften geschützt sind. Durch dieses Verfahren will sie also abwägen, ob die von Industrieverbän-den oder anderen interessierten Parteien vorgelegten Standardvertragsklau-seln ausreichende Garantien im Sinne der Datenschutzrichtlinie[537] bieten. Mehrere Wirtschaftsverbände[538] haben am 17.9.2001 einen eigenen Entwurf[539] für „Standardvertragsklauseln für die Übermittlung personenbezogener Daten aus der EU in Drittländer (Übermittlung von einem für die Verarbeitung Ver-antwortlichen zu einem anderen Verantwortlichen)" unter Federführung der In-ternationalen Handelskammer (ICC) vorgelegt. Der Entwurf wurde überarbeitet und im September 2003 erneut vorgelegt.
Die Datenschutzgruppe des Art. 29 EU-DSRL hat in ihrer Stellungnahme vom Dezember 2003[540] die Initiative befürwortet unter der Voraussetzung, dass fol-gende wesentliche Vorbehalte ausgeräumt werden, so dass die alternativen Standardvertragsklauseln dem Schutzniveau der von der Kommission verab-schiedeten Standardvertragsklauseln entsprechen: Erstens sind Fragen der Pflicht zur Zusammenarbeit mit den Datenschutz-Kontrollstellen im Land des Datenexporteurs nicht zufrieden stellend beantwortet: Trotz der erheblichen

---

[537] Siehe Erwägungsgrund 10 der Entscheidung K (2001) 1539.

[538] Internationale Handelskammer (IIC), EU-Committee of the American Chamber of Com-merce, Federation of European Direct Marketing (FEDMA), Japan Business Council of Eu-rope (JBCE), International Communications Round Table (ICRT), European Industry Asso-ciation (EICTA), Voice of Business (CBI).

[539] Die endgültige Fassung des Entwurfes vom September 2003 und ist abrufbar unter: www.iccwbo.org/home/e_business/word_documents/Model%20contract%20Sept%202003% FINAL.pdf.

[540] Stellungsnahme 8/2003 zu dem von mehreren Wirtschaftsverbänden eingereichten Ent-wurf von Standardvertragsklauseln („alternative Standardvertragsklauseln"), WP 84, ange-nommen am 17. Dezember 2003, abrufbar unter: www.europa.eu.int/comm/internal_ mar-ket/privacy/ docs/wpdocs/2003/wp84_de.pdf.

Abmilderung der Kooperationspflichten des Datenimporteurs mit den Datenschutzkontrollstellen des datenexportierenden Landes werden nach Ansicht der Datenschutzgruppe keine alternative Systeme zur außergerichtlichen Streitbeilegung vorgeschlagen, die den Verzicht auf Überwachung der Anwendung von Vorschriften und Verfolgung von Beschwerden durch die Datenschutzbehörden ausgleichen könnten[541]. Des weiteren wird noch keine direkte oder indirekte Beteilung von Unternehmensverbänden vorgesehen, die als Schlichter mit disziplinarischen Maßregeln bzw. Verbandstrafen Mitgliedern bestrafen dürfen, die ihren Datenschutzpflichten nicht nachkommen.

Der zweite unzulänglich geregelte Punkt ist die Einschränkung der Zugriffsrechte der betroffenen Personen: Die Anlage 3 der Entscheidung der Europäischen Kommission hinsichtlich Standardvertragsklauseln für die Übermittlung personenbezogener Daten in Drittländer nach der Richtlinie 95/46/EG (2001/497/EG), ergänzt die Bestimmungen zum Zugriffsrecht und gewährleistet das gleiche Schutzniveau für alle internationalen Datenübermittlungen. Die gleiche Entscheidung liegt in der Anlage 2 der Auslegung der Einschränkung der Zugriffsrechte im Lichte des Art. 12 EU-DSRL zugrunde. Die alternativen Standardvertragsklauseln (Klausel II Buchstabe h) Ziffer iii)) überschreiten diesen Interpretationsspielraum und verstehen unter „Einschränkung der Zugriffsrechte der betroffenen Personen für den Schutz der Rechte und Freiheiten anderer Personen" (Art. 13 Abs. 1 lit. g EU-DSRL) die Wahrung der ökonomischen Interessen des für die Verarbeitung Verantwortlichen oder sogar der mit ihm zusammenarbeitenden Stellen. Solche Konkretisierungen des Gesetzestextes – Art. 13 Abs. 1 EU-DSRL – bzw. weitreichende Ausweitungen der Einschränkung der Zugriffsrechte der betroffenen Personen können praktisch zu einem völligen Ausschluss dieser Rechte führen. Sie werden von den wirtschaftlichen Kreisen vorgenommen, während sie explizit den nationalen Gesetzgebern vorbehalten sind, was sowohl demokratisch, rechtsstaatlich als auch verfassungs- und europarechtlich inakzeptabel ist und zusätzlich kein angemessenes Datenschutzniveau garantieren kann. Es überrascht daher nicht, dass sie von der Datenschutzgruppe Art. 29 zurückgewiesen worden sind.

Die dritte zu kurz kommende oder nicht detailliert genug aufgestellte Frage ist nach Ansicht der Datenschutzgruppe die Haftungsfrage: Wichtig bei der Beantwortung der Frage ist, inwieweit es dem Betroffenen ohne weiteres möglich ist, Rechte als Drittbegünstigter geltend zu machen und einen angemessenen Ausgleich bei etwaigen Schäden zu erhalten. In der Klausel III der alternativen

---

[541] In der Stellungnahme wird als Beispiel der Trans-Atlantic Global Business Dialogue on Alternative Dispute Resolution Systems genannt.

Standardvertragsklauseln ist der Ansatz der Subsidiarhaftung[542] begrüßenswert, allerdings nur dann, wenn sie klarer gefasst wird. Die Durchsetzung der Rechte der Betroffenen kann gegenüber dem Datenimporteur ausgeübt werden. Dieser Fall tritt ein, falls der Datenexporteur keine Schritte innerhalb „eines logischen Zeitraums" für die Durchsetzung der Rechte der Betroffenen vornimmt. Eine solche offene Frist ist allerdings eine schwere Zumutung für den Betroffenen und deswegen auf einen Monat festzulegen. Es ist noch zu ergänzen, dass dies nötigenfalls auf dem Rechtsweg innerhalb der Gemeinschaft durchzuführen ist, und dass sich der Betroffene bei Misslingen[543] der Geltendmachung seiner Entschädigungsansprüche beim Datenimporteur gegen den Datenexporteur wenden darf.

3. Schlussbemerkungen

So wie kein Selbstregulierungskonzept einen allgemeinen Vorschlag für die Beseitigung der datenschutzrechtlichen Gefahren aufstellen kann, stellen die Vertragsklauseln und die von der Kommission verabschiedeten Standardvertragsklauseln sicherlich kein Allheilmittel dar. Trotzdem bieten sie den global tätigen Unternehmen eine rechtlich abgesicherte Möglichkeit, den Anforderungen der EU-DSRL und des BDSG gerecht zu werden.

IV. Die Safe-Harbor-Prinzipien in den Vereinigten Staaten

1. Ausgangspunkt

Kapitel IV der europäischen Datenschutzrichtlinie zufolge dürfen personenbezogene Daten in Staaten außerhalb der datenschutzrechtlich harmonisierten EU grundsätzlich nur dann übermittelt werden, wenn diese Länder ein angemessenes Datenschutzniveau gewährleisten[544] und die Europäische Kommissi-

---

[542] Ein klares dreistufiges Verfahren der Subsidiarhaftung gäbe es, wenn die Betroffenen ihre Rechte als Drittbegünstigte wie folgend ausüben könnten: Aufforderung beim Datenexporteur, den Vertrag binnen eines Monats gegenüber dem Datenimporteur durchzusetzen; Durchsetzung gegenüber dem Datenimporteur in der EU nötigenfalls auf dem Rechtsweg; Subsidiarmaßnahme gegenüber dem Datenexporteur wegen „culpa in eligendo", a.a.O. (FN 541).
[543] Das wird angenommen, wenn der Datenimporteur zahlungsunfähig ist.
[544] Art. 25 Abs. 1 und 2 EU-DSRL.

on für diese Angemessenheit explizit festgestellt hat[545]. Um divergierende Entscheidungen über die Angemessenheit des Schutzniveaus zu vermeiden, sieht die Richtlinie ein gemeinschaftliches Verfahren vor, welches sowohl zu einem verneinenden als auch zu einem bejahenden Urteil führen kann, das für die Mitgliedstaaten verbindlich ist[546]. Mit der Zielsetzung einer solchen positiven Feststellung fingen die Verhandlungen zwischen den Vereinigten Staaten und der Europäischen Kommission 1998 an.

Die „Gruppe für den Schutz von Personen bei der Verarbeitung von personenbezogenen Daten", die der Kommission untersteht, hat daraufhin mit ihrem ersten Arbeitsdokument[547] zur Überprüfung der Angemessenheit des Schutzes personenbezogener Daten in den USA eine negative Bilanz gezogen. Sie hat festgestellt, dass in dem amerikanischen Rechtssystem kein einheitliches Datenschutzsystem vorhanden ist. Im Gegensatz zum Datenschutzrecht in der Europäischen Union, dessen Ausgangspunkt ein bis ins Detail – eher zur Überregulierung tendierendes – strukturiertes Regelwerk von Datenschutzgesetzen ist, ist ein solch einheitliches Datenschutzsystem dem amerikanischem System nicht bekannt.

2. Datenschutz-Rechtsordnung in den USA

Auf bundesstaatlicher Ebene der USA sind die Regelwerke, die den Datenschutz behandeln, zum einen der Freedom of Information Act[548], der einen Zugang des Bürgers zu Informationen der Bundesbehörden statuiert, und zum anderen der Privacy Act von 1974[549], der ein Auskunftsrecht des Einzelnen in Bezug auf seine Akten normiert. Es sind dies beides Gesetze, die ausschließlich das Verhältnis zwischen Staat und Bürger regeln und lediglich die Verwendung personenbezogener Daten im öffentlichen Sektor regulieren. Dazu kommt noch ein komplexes Gefüge von sektoralen Vorschriften sowohl auf föderaler als auch auf einzelstaatlicher Ebene: Hierbei handelt es sich sowohl um eigenstän-

---

[545] Art. 25 Abs. 6 EU-DSRL.

[546] Art. 25 Abs. 4 und 6 i.V.m. Art 31 Abs. 2 EU-DSRL.

[547] Die Stellungnahme der Gruppe für den Schutz von Personen bei der Verarbeitung personenbezogener Daten ist abrufbar unter: www.europa.eu.int/internal_market/privacy/ docs/ wpdocs/1999/wp15de.pdf.

[548] Freedom of Information Act, Titel 5 U.S.C. Sec. 552, abrufbar unter: www4.law.cornell. edu/uscode/5/552.htm.

[549] Privacy Act of 1974, Public Law 93-579, 93rd Congress, Title 5, § 552a, United States Code. Siehe noch *Schindel, Jost,* Das amerikanische Datenschutzgesetz von 1974: Deutsche Übersetzung mit kurzer Einführung, 1975.

dige Datenschutzgesetze als auch um datenschutzrechtliche Spezialregelungen im Rahmen allgemeiner Gesetzgebung[550].

Die Anerkennung des „Right to Privacy" im Verfassungsrecht bedeutet aber keinen auf das Privatrecht übertragenen Schutz eines Betroffenen gegenüber anderen Bürgern, da die Drittwirkung der Grundrechte in den Vereinigten Staaten nicht anerkannt ist[551]. Die einzig bestehende Möglichkeit, Daten-Rechtsschutz zu erlangen, sind die durch die Rechtsprechung im Common Law entwickelten Grundsätze zum deliktischen Schutz des „Rights of Privacy". Sie bieten aber nur punktuellen Schutz und betreffen vier Fälle: Eindringen durch einen anderen, öffentliche Bekanntgabe privater Tatsachen, irreführende Veröffentlichungen und Namensmissbrauch für kommerzielle Zwecke[552]. Aus dem verfassungsrechtlich geschützten „Right of Privacy" lassen sich also keine direkten Schutzrechte eines Betroffenen gegenüber Unternehmen ableiten.

Aufgrund dieser grundsätzlichen Konzeption des amerikanischen Rechts, in dem „Right of Privacy" lediglich ein Abwehrrecht gegenüber Eingriffen des Staates zu sehen, fehlt ein allgemeines Datenschutzgesetz für den Bereich der Privatwirtschaft. Für den Datenschutz bei privater Verarbeitung wird statt des Erlasses einer umfassenden Gesetzgebung vorrangig auf Selbstregulierungsmechanismen gesetzt. Diese werden sogar als das primäre Mittel für dessen Gewährleistung angesehen[553]. So forderte das Wirtschaftsministerium zum Beispiel in einem Weißbuch für den Datenschutz bei der Nutzung von Telekommunikationsdiensten die Industrie ausdrücklich zur Selbstregulierung auf[554].

3. Die Safe-Harbor Kontroverse

Die derzeitige datenschutzrechtliche Lage in den Vereinigten Staaten wurde daraufhin aus europäischer Sicht gemäß dem Adäquatsprinzip des Kapitels IV

---

[550] Vgl. die umfangreichen Nachweise bei *Wuermeling, Ulrich,* Handelshemmnis Datenschutz: Die Drittländerregelung der Europäischen Datenschutzrichtlinie, 2000, S. 182 ff.

[551] Eine Ausnahme gilt in Kalifornien, wo teilweise die Drittwirkung der Right-to-Privacy-Vorschrift aus der Landesverfassung im Verhältnis zwischen Arbeitgebern und Arbeitnehmern anerkannt wurde. *Porten v. University of San Fransisco,* 134 Cal. Reporter 1976, S. 839, 842.

[552] *Wuermeling, Ulrich,* Handelshemmnis Datenschutz: Die Drittländerregelung der Europäischen Datenschutzrichtlinie, 2000, S. 185.

[553] Personal Privacy in an Information Society, The Report of The Privacy Protection Study Commission, July 1977, abrufbar unter: www.epic.org/privacy/ppsc1977repport/.

[554] Privacy and the NII: Safeguarding Telecommunications-Related, Personal Information, Kap. II, Abschnitt B, Existing Privacy Protections Pertaining to Telephony Services, abrufbar unter: www.ntia.doc.gov/ntiahome/privwhitepaper.html.

der Datenschutzrichtlinie als nicht zufrieden stellend eingestuft, um den freien Lauf der Datenströme transatlantisch zu gestatten: Eine derartige Mischung aus eng gefassten sektoralen Rechtsvorschriften und freiwilliger Selbstregulierung reicht nicht aus, um bei jeder Übertragung personenbezogener Daten aus der Europäischen Union einen angemessenen Schutz zu gewährleisten[555]. Auch von amerikanischer Seite[556] kam man auch zu dem Ergebnis, dass die Selbstregulierungsmechanismen der Unternehmen zum Schutz der Verbraucherdaten noch nicht ausreichend seien und in der Folge wurden gesetzliche Maßnahmen zur Unterstützung der Selbstregulierungsmaßnahmen gefordert[557].

In den Bereichen, in denen den USA ein angemessenes Datenschutzniveau abgesprochen wurde, bestand die Gefahr der Störung aller Datentransfers in US-amerikanische Unternehmen[558]. Daraufhin wurde ein Dialog zwischen dem amerikanischen Handelsministerium (U.S. Departement of Commerce) und der europäischen Union (Generaldirektion XV der Europäischen Kommission) initiiert, mit dem Ziel, einen Ausweg aus der Situation zu finden. Der Dialog dauerte zwei Jahre und führte am 26.07.2000 zum Erlass der Entscheidung der Kommission gemäß Art. 25 Abs. 6 EU-DSRL in Bezug auf die Safe-Harbor-Lösung. Danach wird beim Transfer von personenbezogenen Daten aus einem Mitgliedstaat der Gemeinschaft an ein US-Unternehmen ein angemessenes Schutzniveau angenommen, wenn sich dieses Unternehmen dem Safe-Harbor-System unterwirft.

4. Die Kompetenz der Kommission zum Erlass der Safe-Harbor-Entscheidung

Die Kompetenz der Kommission zum Erlass einer Entscheidung, dass ein Drittland aufgrund seiner innerstaatlichen Rechtsvorschriften oder aufgrund seiner internationalen Verpflichtungen hinsichtlich des Schutzes der Privatsphäre sowie der Freiheiten und Grundrechte von Personen einen angemessen Datenschutz gewährleistet, wird sowohl aus der Datenschutzrichtlinie als auch aus

---

[555] A.a.O. (FN 548), S. 3.

[556] Die Federal Trade Commission (FTC), die Bundesbehörde mit kartell- und wettbewerbsrechtlichen Aufsichts- und Durchsetzungsfunktionen, untersucht seit 1995 die Datenschutzsituation im Internet und berichtet dem amerikanischen Kongress. Der Bericht der FTC an den Kongress ist abrufbar unter: www.ftc.gov/opa/1999/report1999.htm.

[557] Siehe Privacy Online: Fair Information Practices in the Electronic Marketplace: A Report to Congress, Federal Trade Commission, May 2000, abrufbar unter: www.ftc.gov/reports/privacy2000/privacy2000.pdf.

[558] So *Räther, Philipp, Seitz, Nicolai,* Übermittlung personenbezogener Daten in Drittstaaten – Angemessenheit, Safe Harbor und die Einwilligung, MMR 2002, S. 425, 427.

dem EG-Vertrag abgeleitet. Gemäß Art. 25 Abs. 6 der Richtlinie ist die Kommission ermächtigt, nach dem Verfahren des Art. 31 Abs. 2 der Richtlinie festzustellen, ob das zu überprüfende Land ein adäquates Schutzniveau zur Verfügung stellt. Dies bedeutet zunächst eine Kompetenzerweiterung für die Kommission, die primärrechtlich in Art. 202 EG-Vertrag geregelt ist. Nach dieser Vorschrift überträgt der Rat zur Verwirklichung der Ziele und nach Maßgabe des EG-Vertrages der Kommission in den von ihm angenommenen Ermächtigungsakten die Befugnisse zur Durchführung der Vorschriften, die er erlässt[559]. Diesem Verfahren vorangeschaltet wird die Beteiligung der Vertreter der Mitgliedstaaten, die den Ausschuss des Art. 31 Abs. 1 der Richtlinie bilden. Ihre Abstimmung wird dem Erlass der Entscheidung der Kommission vorangestellt und erfolgt durch eine Stellungnahme. In vorliegendem Fall der Safe-Harbor-Vereinbarung gab der Ausschuss seine Befürwortung Ende Mai einstimmig. Die Richtlinie[560] hat mit diesem Mitwirkungsverfahren auf das im Gemeinschaftsrecht bekannte Verwaltungsverfahren gemäß dem Beschluss 87/373/EWG[561] des Rates zurückgegriffen.

5. Das Safe-Harbor-Konzept

Das Safe-Harbor-Übereinkommen[562] ist das Ergebnis des zweijährigen transatlantischen rechtspolitischen Dialoges, der auf die Erarbeitung von Lösungsansätzen zur Überbrückung der Systemunterschiedlichkeit zwischen EU und USA zielte[563]. Als einzige Lösung entstand ein reguliertes Selbstregulierungskonzept: Das Konzept sieht vor, dass das US-Handelsministerium ein Verzeichnis derjenigen Unternehmen führt, die sich öffentlich auf die Grundsätze des Safe-Harbor verpflichtet haben. Nur diese Unternehmen können Datenübermittlun-

---

[559] Ausführlich zum Verfahren *Wichard, Johannes Christian*, Der Rat, in: *Calliess, Chistian, Ruffert, Matthias*, Kommentar des Vertrages über die Europäische Union und des Vertrages zur Gründung der Europäischen Gemeinschaft – EUV/EGV –, 2. Aufl., 2002, Art. 202, Rdnr. 5.

[560] Dazu Erwägungsgrund Nr. 66 EU-DSRL.

[561] ABl. Nr. L 197 vom 18.7.1987, S. 33 ff.

[562] Entscheidung der Kommission vom 26. Juli 2000 gemäß der Richtlinie 95/46/EG des Europäischen Parlaments und des Rates über die Angemessenheit des von den Grundsätzen des „sicheren Hafens" und der diesbezüglichen „Häufig gestellten Fragen" (FAQ) gewährleisteten Schutzes vorgelegt vom Handelsministerium der USA, 2000/520/EG, ABl. L 215 vom 25.8.2000, S. 7 ff.

[563] Siehe *Aus den Datenschutzbehörden*, Safe Harbor: Ein Zwischenbericht, DuD 2000, S. 444.

gen in und aus europäischen Unternehmen vornehmen, ohne Einschränkungen wegen Art. 25 EU-DSRL befürchten zu müssen.

Das System selbst ist relativ einfach. Ein Unternehmen, das dem Safe Harbor beitreten möchte, zeigt dies dem US-Handelsministerium an und wird in die Liste aufgenommen[564]. Ab dem Beitrittspunkt muss das Unternehmen gewährleisten, dass die erwähnten Safe-Harbor-Grundsätze im Unternehmen implementiert und praktiziert werden. Dazu dient eine selbst entworfene „Privacy Policy" oder die Unterwerfung unter eine bereits bestehende „Privacy Policy" eines Verbandes oder einer privaten Organisation[565]. Einmal beigetreten, sind die Grundsätze für das Unternehmen bis zu einem Ausscheiden durch abermalige Anzeige an das Handelsministerium verbindlich. Hat ein Unternehmen seine Eintragung in die Liste bewirkt, haftet es durch die damit erklärte Selbstverpflichtung gegenüber den anderen Beteiligten, also den in der Europäischen Union angesiedelten übermittelnden Stellen und den Betroffenen.

Das Konzept ist insoweit akzeptabel, da die Datenschutzrichtlinie selbst der Selbstregulierung eine wichtige Rolle beimisst und diese sogar fordert. Bei der Problematik der Anerkennung eines angemessenen Schutzniveaus in einem Drittland kommt es letztes Endes auf den tatsächlich gewährleisteten Schutz an: Solange das Schutzkonzept dem Regelungszweck entspricht und einen gleichwertigen Schutzeffekt verspricht, darf es sich auch auf Regularien der Selbstverpflichtung stützen und nicht nur auf gesetzliche Vorschriften. Für die Entscheidung nach Art. 25 Abs. 6 der Richtlinie ist die Gesamtsituation bezüglich des Datentransfers zu berücksichtigen. Folglich können auch Maßnahmen zur Selbstregulierung grundsätzlich bei der Entscheidung nach Art. 25 Abs. 6 der Richtlinie berücksichtigt werden.

a)   Charakter des Safe-Harbor-Konzepts

Die Teilnahme am „sicheren Hafen" ist freilich freiwillig, die Bestimmungen sind jedoch für diejenigen US-Unternehmen, die beschließen, sich zu beteiligen, bindend und ihre Einhaltung wird gewährleistet, indem der Federal Trade Commission die Befugnis zur Durchsetzung übertragen wird[566]. Insofern besteht rechtliche Verbindlichkeit.

---

[564] Die genaue Prozedur und die Anforderungen, welche Informationen mit der Anmeldung zu liefern sind, werden in FAQ 6 (FN 563) ausführlich beschrieben, Entscheidung der Kommission 2000/520/EG, S. 15.

[565] Die Privacy-Policies zum Beispiel von TRUSTe oder BBBonline, abrufbar unter: www.truste.com/; www.bbbonline.com.

[566] Siehe *Reimer, Helmut,* Europäische Kommission: Safe Harbor Regelung angenommen, DuD 2000, S. 620.

Durch diese Teilnahme genießen die teilnehmenden Unternehmen die Vorteile der Freischaltung des Datentransfers mit europäischen Unternehmen. Die amerikanische Regierung erklärt nämlich durch die Verabschiedung der Safe-Harbor-Vereinbarung die Datenübermittlungen nur an diejenigen Unternehmen als erlaubt, die in der vom US-Handelsministerium geführten Liste stehen und sich damit selbst verpflichtet haben, die essentiellen Datenschutzgrundsätze zu beachten.

Diese Grundsätze sind Datenschutzprinzipien, die hoheitlich vom US-Handelsministerium in enger Zusammenarbeit mit der europäischen Kommission aufgestellt wurden; sie stellen in dem Sinne kein Ergebnis einer freiwilligen autonomen Einigung der Selbstregulierenden dar. In Anbetracht dessen sollte nicht die Rede von einem reinen Selbstregulierungssystem sein.

Der interessante Aspekt ist dabei, dass durch diesen Dialog der amerikanischen Regierung mit der europäischen Kommission hoheitlich und gleichzeitig transnational die Erlaubnisakzente für ein Regelungssystem gesetzt wurden, in dem eine Teilnahme freiwillig ist, dessen Einhaltung aber bindet. Man darf sich trotzdem nicht täuschen: Die Safe-Harbor-Lösung stellt sich als Ergebnis von Verhandlungen der Kommission mit den USA dar, ist jedoch kein internationales Abkommen[567]. Laut *Damann* sind hier aber neue Elemente für einen internationalen Datenschutz enthalten und es wurden interessante Neuerungen erarbeitet, was die Qualität des Rechts und die Art seiner Erzeugung betrifft[568].

b)   Inhalt des Safe-Harbor-Konzepts

Das Ergebnis der Verhandlungen sind also zwischenstaatlich garantierte Verhaltensregeln über die Frage des Datenschutzes im Fall der Datenübermittlung von personenbezogenen Daten aus Europa in die USA. Diese Verhaltensregeln enthalten eine Reihe von Datenschutzgrundsätzen, denen sich Unternehmen freiwillig unterwerfen können, um von dem „Daten-Highway" nicht ausgesperrt zu werden, der von beiden transatlantischen Seiten aufgebaut wurde.

Die Grundsätze schlagen sich im Text der europäischen Entscheidung im Anhang I in sieben „Principles" nieder, die den Eckpfeilern der europäischen Richtlinie Rechnung tragen: Durch die Informationspflicht wird ein Mindest-

---

[567] Die formellen Verfahrensvorschriften zum Abschluss eines Abkommens mit einem Drittstaat gemäß Art. 228 EG-Vertrag sind nicht eingehalten.
[568] Siehe *Dammann, Ulrich*, Safe Harbor – neue Elemente im internationalen Datenschutz, in: *Simon, Dieter, Weiss, Manfred (Hrsg.)*, Zur Autonomie des Individuums: Liber Amicorum Spiros Simitis, 2000, S. 19 ff.

maß an Transparenz gesetzt[569]. Die Wahlmöglichkeit (opt-out option) räumt dem Betroffenen das Recht ein, die Weitergabe seiner Daten an Dritte und eine eventuelle Zweckänderung der Datenverarbeitung zu untersagen[570]; die Ausübung des Wahlrechts muss durch leicht erkennbare, verständliche, leicht zugängliche und kostengünstige Verfahren ermöglicht werden. Des weiteren wird die Weitergabe von Daten geregelt, der Grundsatz der Datenintegrität sowie die Maßnahmen zur Datensicherheit festgelegt, Auskunftsrechte[571] und Berichtigungsrechte vorgesehen, und letztlich Mechanismen zur Einhaltung und Kontrolle der Grundsätze in Unternehmen und Beschwerdeinstanzen zur Durchsetzung der Rechte der Betroffenen eingeführt.

Diese Grundsätze werden durch eine Liste von „Häufig gestellten Fragen" (Frequently Asked Question, FAQs) im Anhang II ergänzt. Diese Liste ist in ihrer Bedeutung gleichrangig mit den Principles und bildet mit ihnen zusammen ein einheitliches Regelungswerk. Ihre Funktion ist aber eine doppelte: Sie soll in einem fiktiven dialogischen Verfahren einerseits einzelne, für den Übermittlungsvorgang wichtige Punkte präzisieren und andererseits möglichen Interpretationskonflikten durch die Verdeutlichung der Anwendungsmaßstäbe vorbeugen[572].

Anhang III gibt einen Überblick über die Möglichkeiten der Durchsetzung der Grundsätze, d.h. die Befugnisse des Bundes und der US-Bundesstaaten. Anhang IV erläutert die Bereiche des Schadenersatzes für Verletzungen der Privatsphäre und der Auswirkungen von Fusionen und Übernahmen im US-amerikanischen Recht.

Die Anhänge V und VI enthalten eine Beschreibung der Zuständigkeiten der US-Federal Trade Commission und des US-Verkehrsministeriums im Bereich des Datenschutzes: Sie werden mit der Aufgabe betraut, Beschwerden der Betroffenen zu prüfen und gegebenenfalls Unterlassungs- sowie Schadenersatzansprüche geltend zu machen. Die FTC ist berechtigt, gegen unfaire und irreführende Handlungen oder Praktiken im Handel oder im Bezug zum Handel vorzugehen. Werden den Verbrauchern falsche Angaben über den Grund der Da-

---

[569] FAQ 9 ergänzt, dass die Informationspflichten wie auch die übrigen Grundsätze auch für den Datentransfer im Bereich von Arbeiternehmerdaten gelten.

[570] Die Weitergabe sensitiver Daten bedarf allerdings stets einer ausdrücklichen Zustimmung des Betroffenen (sog. opt-in-system). In FAQ 1 werden allerdings die Ausnahmen aufgezählt, wo keine Zustimmung für die Verarbeitung sensibler Daten nötig ist, und mit FAQ 12 wird die Setzung einer Frist zur effektiven Berücksichtigung eines Widerspruches erlaubt, Entscheidung der Kommission 2000/520/EG, S. 13, 23.

[571] FAQ 8 enthält die Ausnahmen, nach denen das Auskunftsrecht eingeschränkt wird, Entscheidung der Kommission 2000/520/EG, S. 17.

[572] Siehe *Simitis* in: *ders (Hrsg.)*, Kommentar zum Bundesdatenschutzgesetz, 5. Aufl., 2003, § 4b, Rdnr. 70.

tenerhebung und über den Verwendungszweck gemacht, handelt es sich nach Auffassung der FTC um eine solche irreführende Praxis[573]. Die FTC verpflichtet sich, Verbraucherbeschwerden entgegenzunehmen, auch von solchen, die ihren Wohnsitz in einem Mitgliedstaat der Europäischen Kommission haben[574]. Neben Sanktionen wie Geldstrafen steht der FTC als *ultima ratio* die Möglichkeit der Streichung des betreffenden Unternehmens von der Safe-Harbor-Liste zur Verfügung.

Die Befugnisse des US-Verkehrsministeriums im Rahmen der Durchsetzung der Safe-Harbor-Grundsätze ergeben sich aus Titel 49 U.S.C. § 41712[575]: Das Ministerium kann Fluggesellschaften unlautere und irreführende Praktiken beim Verkauf von Flugtickets untersagen. Im Vordergrund steht somit auch hier ein wettbewerbsrechtlicher Verstoß als Grundlage zur Ahndung von Datenschutzverstößen. Der Betroffene kann allerdings keine Untersuchung beim US-Verkehrsministerium beantragen. Das ist nur den Fluggesellschaften oder den Ticketverkaufsagenturen gestattet. Deshalb darf das Ministerium keinen Schadenersatz zusprechen.

Ausser der FTC und dem US-Verkehrsministerium beteiligen sich im Beschwerdeverfahren laut FAQ 5 auch die europäischen Datenschutzbehörden: Die US-Unternehmen verpflichten sich bei Beschwerdeverfahren oder weiteren Verfahren zur Feststellung eines Verstoßes gegen die Grundsätze des sicheren Hafens mit ihnen zusammen zu arbeiten. Die Datenschutzbehörden tragen im Rahmen eines informellen Gremiums zur Streitbeilegung durch Empfehlungen bei.

c)   Bewertung des Safe-Harbor Konzepts

Entscheidend bei der Beurteilung des Konzepts ist, ob unter Berücksichtigung der aufgestellten Kriterien das Safe-Harbor-Konzept den Anforderungen an ein angemessenes Datenschutzniveau gerecht wird. Es sind vier Punkte, die für eine Unzufriedenheit aus europäischer Sicht sorgen: Erstens die Beschränkung von Informationspflichten; es besteht keine zwingende Pflicht, den Betroffenen vor der Erhebung ihrer Daten zu informieren. Eine Benachrichtigung kann auch so bald wie möglich danach erfolgen[576]. Zweitens die Lockerung des Zweckbindungsgrundsatzes; im Prinzip ist die Zweckänderung erlaubt, wenn sich der Be-

---

[573] Siehe Entscheidung der Kommission 2000/520/EG, Anhang III, S. 26.

[574] A.a.O., Anhang V, S. 42.

[575] Abrufbar unter: www4.law.cornell.edu/uscode/49/41712.html.

[576] So *Räther, Philipp, Seitz, Nicolai*, Übermittlung personenbezogener Daten in Drittstaaten – Angemessenheit, Safe Harbor und die Einwilligung, MMR 2002, S. 425, 430.

troffene dazu nicht verbietend äussert[577]. Der Opt-Out-Mechanismus, den die amerikanische Seite durchgesetzt hat, vermittelt den Eindruck, dass die Zweckänderung der Datenverarbeitung die Regel und nicht die Ausnahme ist. Drittens die Einschränkung des Auskunftsrechts unter dem Vorbehalt der Verhältnismäßigkeit und der Zumutbarkeit. Und viertens die Bedenken des Durchsetzungssystems, weil die Vorgaben des Verfahrens in der Vereinbarung nicht festgelegt worden sind. Darüber hinaus sind die speziellen, für jede einzelne Branche eingeführten Grundsätze, als Verwässerung und Durchlöcherung der in den Principles garantierten Datenschutzgarantien von einigen Mitgliedstaaten missbilligt worden[578].

In der Grundkonzeption stellt die Safe-Harbor-Vereinbarung eine einfache und gute Möglichkeit dar, den Schutz personenbezogener Daten in den Vereinigten Staaten sicherzustellen. Die Tatsache, dass sich die zwei Verhandlungsseiten auf ein reguliertes Selbstregulierungskonzept geeinigt haben, zwingt alle Beteiligten zur Abfindung mit der Tatsache, dass für die Durchsetzung der vorgeschriebenen Prinzipien und Grundsätze die Bereitschaft der selbstverpflichtenden Unternehmen und Organisationen eine gewichtige Rolle spielt. Die Mitgliedstaaten behalten sich freilich die Möglichkeit vor, eine Übermittlung trotz der Teilnahme am Safe-Harbor-System zu verbieten; oder umgekehrt, eine Übermittlung von personenbezogenen Daten bei einem Nicht-Vorliegen eines angemessenen Datenschutzniveaus, also wenn ein Unternehmen sich nicht der Safe-Harbor-Vereinbarung angeschlossen hat, zu genehmigen, wenn aufgrund von Standardvertragsklauseln gemäß Art. 26 Abs. 2 EU-DSRL der Schutz der Rechte der Betroffenen garantiert wird.

Es ist erkennbar, dass das Konzept ein Kompromiss zwischen zwei höchst unterschiedlichen Positionen ist: Die US-amerikanische Seite hat erreicht, ein System für die Herstellung und Aufrechterhaltung des Datenschutzniveaus zu konzipieren, das auf freiwilliger Selbstverpflichtung beruht. Sie ist der „Gefahr" entgangen, ein Bundesgesetz für den Datenschutz in der Privatwirtschaft zu erlassen.

Die Europäische Union hat ihrerseits zur Schaffung eines erschwinglichen Beschwerdemechanismus und zu der Verhängung von Sanktionen für Organisationen und Unternehmen bei der Nichtbefolgung der Grundsätze beigetragen. Ihre große Leistung wird darin gesehen, dass sie das hohe in Europa etablierte

---

[577] Als Ausnahme wird nur die Verarbeitung von sensitiven Daten betrachtet. Zu den sensitiven Daten zählen laut Art. 8 EU-DSRL allerdings nicht die genetischen Daten, die zu den begehrtesten Objekten einer Vermarktung zählen.

[578] So *Dammann, Ulrich*, Safe Harbor – neue Elemente im internationalen Datenschutz, in: *Simon, Dieter, Weiss, Manfred (Hrsg.)*, Zur Autonomie des Individuums: Liber Amicorum Spiros Simitis, 2000, S. 19, 27.

Datenschutzniveau weltweit durchzusetzen vermag. Dazu tragen selbstverständlich auch Markt- und Wettbewerbsfaktoren bei: Diskriminierungs- und Imagegründe verbieten den Unternehmen, ihren US-Kunden einen minderen Schutz hinsichtlich ihrer personenbezogen Daten als den EU-Kunden zu bieten. Aus diesem Grunde bieten zum Beispiel Microsoft, Intel, HP und Procter & Gamble allen ihren Konsumenten weltweit einen hohen, den europäischen Anforderungen entsprechenden Datenschutzstandard. Es wird dabei zugegeben, dass der Anlass zur Durchsetzung dieses weltweiten hohen Datenschutzniveaus die europäische Datenschutzrichtlinie war[579].

V. Das Datenschutzaudit

Neue faktisch-technische Bedingungen führen zu neuen datenschutzrechtlichen Risiken und müssen zu neuen Instrumenten auf der Seite des Grundrechtsschutzes führen. Ein solches Instrument ist das Datenschutzaudit[580], das als Verfahren der Selbstregulierung auf freiwilliger Basis das traditionelle staatliche Ordnungshandeln ergänzt und den Datenschutz durch die Kräfte des Wettbewerbs verbessert. Das Datenschutzaudit mobilisiert legitimen Eigennutz, um dadurch Beiträge zur Verwirklichung von Gemeinwohlzielen hervorzubringen[581].

1. Begriffserklärung und Inhalt

Das Datenschutzaudit oder Datenschutzsiegel ist eine Bescheinigung über eine „gute Datenschutzpraxis", die von vertrauenswürdigen Instanzen an datenverarbeitenden Stellen vergeben wird. Es bezieht sich auf die Evaluierung des Datenschutzsystems der datenverarbeitenden Stellen als Einheit und nicht der Software- oder Hardwareprogramme, die sie einsetzt[582]. Ein Datenschutzaudit richtet sich sowohl an staatliche als auch an private Einrichtungen, die selbst entscheiden können, ob sie von einem unabhängigen Gutachter ihre Konzepte, Programme und Systeme zertifizieren lassen wollen.

---

[579]So Benner, Jefrey, EU drives privacy global, abrufbar unter: www.wired.com/news/ privacy/ 0,1848,44922,0.htlm.
[580] Eingehend Roßnagel, Alexander, Datenschutzaudit: Konzeption, Durchführung, gesetzliche Regelung, 2000.
[581] Siehe Roßnagel, Alexander, Pfitzmann, Andreas, Garstka, Hans-Jürgen, Modernisierung des Datenschutzrechts: Gutachten im Auftrag des Bundesministeriums des Innern, 2001, S. 135.
[582] In diesem Fall handelt sich um Produktzertifizierungen, die bloß Qualitätssiegel sind. Darüber siehe weiter unten im Kap. VI. 5.

Das Datenschutzaudit ist ein präventiver Ansatz, Datenschutzverstöße durch gesonderte Prüfungen im Vorfeld zu verhindern. Es geht aber über eine blosse Vorabkontrolle hinaus, indem die positive Prüfung mit einem Zertifikat abgeschlossen wird, das im Wettbewerb eingesetzt werden kann. Diese Anwendung als marktwirtschaftliches Steuerungsinstrument, was den Datenschutz zum Wettbewerbsfaktor umwandeln lässt, basiert auf dem freiwilligen Charakter des Datenschutzaudits. Der Gesetzgeber hat das im Tatbestandsmerkmal „können" in § 9a BDSG explizit unterstrichen. Es fehlt jeglicher gesetzliche Zwang, das Datenschutzaudit durchzuführen.

Des weiteren ist entscheidend, dass durch die Bewertung dieses einheitlichen Verfahrens eine in sich geschlossene Struktur für die Erhebung, Verarbeitung und Verwendung von personenbezogenen Daten erfasst wird, innerhalb derer die spezifischen Datenschutzrisiken vollständig überprüft werden können. Bewertet und eingestuft wird das gesamte Datenschutzmanagementsystem hinsichtlich der Transparenz der Datenverarbeitung, der Informationsverarbeitung im Rahmen des Selbstbestimmungsrechts des Betroffenen, der Daten- und Systemsicherheit, der Verbraucherfreundlichkeit der Haftungsregelungen bei Verletzung von Datenschutzbestimmungen, der Gewährleistung korrekter Datenhaltung, der Datenvermeidung bzw. –sparsamkeit, der effektiven unternehmensinternen Kontrolle, der Berücksichtigung des Arbeitnehmerdatenschutzes und letztlich der Eignung, eine kontinuierliche Verbesserung des Datenschutzes und der Datensicherheit zu erreichen[583]. Es wird insbesondere die Fähigkeit der datenverarbeitenden Stellen überprüft, flexibel auf die rasanten Veränderungen der Informations- und Kommunikationstechnologien und damit der Informationsgesellschaft zu reagieren.

Für die Konkurrenzfähigkeit des Auditsystems ist ausschlaggebend, dass diese Überprüfung mit so wenig wie möglich zusätzlichem Verwaltungsaufwand verbunden, zugleich aber die erforderliche Zielgerichtetheit des Verfahrens und der Kriterien, die notwendige Transparenz und Vergleichbarkeit der Prüfergebnisse sowie die Rechtssicherheit für die Werberegeln gewährleistet wird.

2. *Geschichtliche Entwicklung*

Der Grundgedanke des Datenschutzaudits geht auf die EG-Verordnung „über die freiwillige Beteiligung gewerblicher Unternehmen an einem Gemeinschaftssystem für das Umweltmanagement und die Umweltbetriebsprüfung"[584]

---

[583] Siehe *Arbeitskreis „Datenschutz-Audit Multimedia"*, Prinzipien und Leitlinien zum Datenschutz bei Multimedia-Diensten, DuD 1999, S. 285 ff.
[584] EG-UAVO Nr. 1836/93 des Rates vom 29.6.1993, ABl. L 168 vom 10.07.1993, S. 1 ff.

zurück, welche die rechtliche Grundlage für das sog. Umweltschutz-Audit[585] ist. Das Umweltschutz-Audit hat seinerseits seine Wurzeln in Techniknormen für Qualitätsmanagement in Unternehmen.

Eine Datenschutzaudit-Regelung enthielt 1997 erstmals § 17 MDStV. Danach wurden solche Programmnormen in mehrere Landesdatenschutzgesetze und 2001 in § 9a BDSG aufgenommen. Ziel dieser Regelungen ist es, die Selbstkontrolle und Selbstregulierung des Marktes zu stärken und damit zu mehr Eigenverantwortung und Eigeninitiative der Unternehmen beizutragen, ihre Datenverarbeitung progressiv und kundenorientiert vorab gründlich auf den Prüfstand zu stellen[586].

Bei dem durch § 9a BDSG eingeführten Datenschutzaudit handelt es sich um eine freiwillig veranlasste Kontrolle der Unternehmen durch unabhängige zugelassene Prüfer. Diese Kontrolle und die Möglichkeit einer Veröffentlichung der Ergebnisse sollen datenschutzfreundliche Projekte fördern.

Die BDSG-Regelung ist allerdings eine Programmnorm und bedarf gemäss § 9a Abs. 2 eines entsprechenden Ausführungsgesetzes, das jedoch noch nicht verabschiedet worden ist[587]. Seit Mitte 2002 wird ein Ausführungsgesetz im Bundesinnenministerium unter Berücksichtigung der bisherigen Erfahrungen und mit Unterstützung durch eine prospektive Gesetzesfolgenabschätzung erarbeitet[588]. In diesem besonderen Gesetz sollte Näheres über die Durchführung, Prüfung und Bewertung des Verfahrens sowie die Anforderungen an die Auswahl und Zulassung der Gutachter geregelt werden[589].

3. Betroffene Kreise

Aus der richtigen Durchführung dieses viel versprechenden Systems entstehen Vorteile für drei Interessenten-Gruppen:

• Für den Staat eröffnet sich die Möglichkeit, den Datenschutz ständig zu verbessern, aber sich gleichzeitig in der inhaltlichen Tiefe seiner Regelungen zurückzuhalten, die Ausführung abstrakter Vorgaben der Selbstregulierung zu überlassen und die schnelle Entwicklung der Technik, die Komplexität ihrer

---

[585] Über das Umweltschutz-Audit siehe im Ersten Teil Kap. IV. 3. e.

[586] Siehe *Schaar, Peter, Stutz, Oliver*, Datenschutz-Gütesiegel für Online-Dienstleistungen, DuD 2002, S. 330.

[587] Ein unveröffentlichter Gesetzesentwurf ist von *Roßnagel* bereits 1999 für das Bundesministerium für Wirtschaft und Technologie erstellt worden.

[588] So *Bizer, Johannes,* in: *Simitis, Spiros (Hrsg.),* Kommentar zum Bundesdatenschutzgesetz, 5. Aufl., 2003, § 9a, Rdnr. 25.

[589] So *Schaar, Peter,* Selbstregulierung und Selbstkontrolle — Auswege aus dem Kontrolldilemma?, DuD 2003, S. 421, 424.

Systeme und die Vielfalt ihrer Anwendung der Sachkompetenz den Privaten anzuvertrauen. Das Datenschutzaudit stellt hierbei ein marktwirtschaftliches Steuerungsinstrument dar, womit der Gesetzgeber seine Regelungsziele bzw. – verpflichtungen gegenüber den zum Datenschutz Verpflichteten zu erreichen versucht. Des weiteren wird der Datenschutz durch die Belohnungspraxis und die Verleihung von Wettbewerbsvorteilen an diejenigen, die sich ganz vorbildlich an die Datenschutzprinzipien und –regelungen halten, attraktiver und baut allmählich sein Bild als unangenehme Pflicht und mühsam abgetrotztes Rechts ab, wonach man in erster Linie verlieren, aber nichts zu gewinnen kann[590].

• Für den einzelnen Bürger/Konsumenten entsteht der Vorteil, dass er sich an diesem Audit orientieren und feststellen kann, welche Mindestanforderungen bezüglich des Datenschutzes ein gewisses Unternehmen erfüllen kann, gemäß dem Datenschutzaudit, das ihm zugeteilt worden ist. Der Öffentlichkeit wird somit ein Instrument auf die Hand gegeben, das ihr die verschiedenen Unternehmen beurteilen hilft, damit der Einzelne sich z.B. bei gleichem Preis und gleicher Qualität für das datenschutzfreundlichste entscheiden kann. Diese Orientierung ist hilfreich, weil sie auf einheitlichen Kriterien für alle Unternehmen und auf verlässlichen Informationen basiert: Unabhängige und zugelassene Gutachter überprüfen und bewerten die Aussagen über die Datenschutzanstrengungen in den Datenschutzerklärungen.

• Für die Privatwirtschaft besteht die Möglichkeit, mit dem durch das Datenschutzaudit bestätigten Datenschutzniveau öffentlich zu werben, um auf dieser Weise gegenüber Konkurrenten einen Wettbewerbsvorteil zu gewinnen[591]. Das Bedürfnis für die eigenen datenschutzkonformen und –fördernden Praktiken zu werben, entsteht aus der anwachsenden Sensibilisierung und Nachfrage der Bevölkerung nach Datenschutz[592]. Das Datenschutzaudit belohnt verantwortliche Stellen, die ihren Datenschutz verbessern, mit der abgesicherten Möglichkeit, im Wettbewerb um das Vertrauen Dritter ein Auditzeichen zu führen, das die von einem zugelassenen Datenschutzgutachter überprüften Datenschutzanstrengungen bestätigt[593]. Indem es als Vertrauensanker und Unterscheidungsmerkmal fungiert, hebt es vor allem Unternehmen hervor, die eine Vorreiterrolle einnehmen wollen.

---

[590] So *Bäumler, Helmut*, Marktwirtschaftlicher Datenschutz: Audit à la Schleswig-Holstein, DuD 2002, S. 325.

[591] Siehe *Bizer, Johannes*, in: *Simitis, Spiros (Hrsg.)*, Kommentar zum Bundesdatenschutzgesetz, 5. Aufl., 2003, § 9a, Rdnr. 6.

[592] Über die wachsende Nachfrage nach Datenschutz sowohl in Deutschland als auch international siehe *Bizer, Johannes*, Datenschutzrecht, in: *Schulte, Martin (Hrsg.)*, Handbuch des Technikrechts, 2003, S. 561, 576.

[593] So *Roßnagel, Alexander*, Marktwirtschaftlicher Datenschutz - eine Regulierungsperspektive, in: Freundesgabe für A. Büllesbach 2002, S. 131, 138.

4. Das Konzept

Die Prüfung verwendet zwei Maßstäbe: Einen objektiven, für alle gleich geltenden und einen subjektiven, der die Evaluierung nach den Eigenheiten jedes
einzelnen Unternehmens durchführt. Der objektive Maßstab, der für alle Unternehmen und Verfahren gleichermaßen als Minimalstandard zugrunde gelegt
wird, sind die Vorschriften des Datenschutzes. Durch diesen Maßstab wird das
Datenschutzaudit zu einem Instrument des innerbetrieblichen Gesetzesvoll-
zugs[594]. Der Grundgedanke ist hierbei nicht die Belohnung von Selbstverständ-
lichem sondern die Sicherstellung der Einhaltung der geltenden Datenschutzan-
forderungen, die die Grundierung für eine darüber hinausgehende Anstrengung
im Datenschutz darstellen. Nur auf dieser Basis kann bestätigt werden, ob der
Datenschutz am effektivsten zur Geltung kommt.
Welche Anforderungen sich daraus für die verantwortliche Stelle ergeben, bestimmt jede einzelne Stelle selbst in eigener Verantwortung, ausgehend von der
Leistungsfähigkeit des einzelnen Unternehmens. Es bietet sich aber an, Empfehlungen für Selbstverpflichtungen im Rahmen branchenbezogener Selbstregulierung zu erarbeiten.
Der subjektive, auf dem objektiven aufbauende Maßstab ist die Selbstverpflichtung zur kontinuierlichen Verbesserung des Datenschutzes und der Datensicherheit über die selbstverständliche Verpflichtung zur Einhaltung der geltenden Rechtsvorschriften hinaus. Zertifiziert wird mit dem Datenschutzaudit kein
Ist-Zustand im Sinne eines definierten Arbeitsprozesses. Es wird die Entwicklung und Einsetzung eines Datenschutz-Managementsystems gefordert: Dieses
System darf kein starres technisches System von Hard- und Software, sondern
muss ein Bündel aus technischen und organisatorischen Maßnahmen sein, das
in der Lage ist, Veränderungsprozesse anzustoßen und zu steuern, die die Organisation auf das gewünschte Verhalten hin entwickeln lassen[595]. Das setzt
selbstverständlich voraus, dass die beste verfügbare und wirtschaftlich vertret-
bare Technik eingesetzt wird.
Meilenstein für eine einwandfreie Anwendung des Konzeptes ist seine Vertrauenswürdigkeit. Diese hängt wiederum davon ab, ob die Einhaltung der Anforderungen von externen, kompetenten, unabhängigen und objektiven Datenschutzgutachtern durchgeführt wird. Der externe Gutachter ist die einzige neutrale
Person, die die materielle Wahrheit der Datenschutzerklärung garantieren kann.

---

[594] So *Roßnagel, Alexander,* Datenschutzaudit, in: *ders. (Hrsg.),* Handbuch Datenschutzrecht:
Die neuen Grundlagen für Wirtschaft und Verwaltung, 2003, S. 474, Rdnr 95.
[595] Siehe *Königshofen, Thomas,* Chancen und Risiken eines gesetzlich geregelten Datenschutzaudits: Der Versuch einer Versachlichung der Diskussion, DuD 2000, S. 357 ff.

An den externen Gutachter sind somit hohe Anforderungen zu stellen und das Verfahren ihrer Auswahl ist sehr bedacht zu konzipieren. Zwei Möglichkeiten stehen dem Gesetzgeber zur Verfügung: Erstens kann er das Zulassungsverfahren durch zusätzliche Regelungen im Ausführungsgesetz regeln[596]. Er kann die Zulassungsbefugnis entweder den zuständigen Kontrollstellen bzw. Aufsichtsbehörden übertragen, was aber eine ausreichende Ausstattung der Kontrollstellen verlangen würde, so dass sie diese Aufgabe überhaupt übernehmen können; oder es wird die Zulassung und Beaufsichtigung von Datenschutzgutachtern einer juristischen Person des Privatrechts[597] verliehen.

Damit eine weitere Regelungsdichte und Verwaltungsbelastung vermieden werden, bietet sich als Alternative an, öffentlich bestellte und vereidigte Sachverständige nach § 36 GewO heranzuziehen. Ihre Zulassung wäre Aufgabe der Industrie- und Handelskammer[598]. Diese Lösung erübrigt umfangreiche Regelungen zur Zulassung und Überwachung von Datenschutzgutachtern. Es muss allerdings eine Liste der Anforderungsprofile und der Überprüfungskriterien erarbeitet werden, die die Datenschutzgutachter erfüllen müssen, um zugelassen zu werden. Wenn diese Liste in Zusammenarbeit von den Industrie- und Handelskammern, den Kontrollstellen und dem Bundesamt für Sicherheit in Informationstechnik (BSI) aufgestellt werden, dürften sich eigene gesetzliche Regelungen erübrigen.

Aufgabe der Gutachter darf nicht nur die Feststellung der Gesetzeskonformität sein, sondern auch die Bescheinigung, dass die Datenschutzkonzepte dem Gedanken des informationellen Selbstbestimmungsrechts in besonderer Weise gerecht werden.

Ausser dem Verfahren der Begutachtung und Akkreditierung des Datenschutzaudits ist noch sicherzustellen, dass das Datenschutzaudit nicht zum Instrument der Wettbewerbsverzerrung werden darf: Wenn es sich um Verfahren handelt, die sowohl Mutter- als auch Tochtergesellschaft oder mehrere Tochtergesellschaften im Bereich eines Großkonzerns betrifft, darf von dem Datenschutzaudit nur die Tochtergesellschaft Gebrauch machen, der es verliehen wurde, nicht aber die anderen, deren Verfahren kritisch und datenschutzrechtlich bedenklich sind. Das ist wahrscheinlich kaum durchzusetzen. Deshalb wäre

---

[596] Hinsichtlich ihrer Zulassung und ihrer Voraussetzungen kann sich das Datenschutzaudit an den Regelungen des UAG orientieren, dort werden explizit die Anforderungen, die Zuverlässigkeits- und Unabhängigkeitsvoraussetzung beschrieben, sowie ihre Aufsicht und Registrierung, §§ 4 ff. UAG, BGBl I 1995, 1591.

[597] Als Beispiel sei die „Deutsche Akkreditierungs- und Zulassungsgesellschaft für Umweltgutachter mbH" zu nehmen.

[598] Siehe *Roßnagel, Alexander, Pfitzmann, Andreas, Garstka, Hans-Jürgen*, Modernisierung des Datenschutzrechts: Gutachten im Auftrag des Bundesministeriums des Innern, 2001, S. 138.

es sinnvoll, dass solche Stellen nur gemeinsam am Datenschutzaudit teilnehmen. Die Entscheidung wird dann bei der Mutterorganisation liegen, weil sie die Teilnahme aller an dem Verfahren Beteiligten Tochterorganisationen durchsetzen kann[599]. Die Teilnahme ausländischer Stellen wird sehr begrüßt. Nur auf diese Art lässt sich ein hohes Datenschutzniveau global durchsetzen. Das darf aber auch nicht zur Wettbewerbsverzerrung führen. Deshalb ist ihre Teilnahme nur insofern erlaubt, als sie sich wie ihre deutschen Wettbewerber für ihr gesamtes Verfahren den Anforderungen des Audits unterwerfen.

5. Das Behördenaudit in Schleswig-Holstein

Unter den Landesgesetzgebern, die neben dem Bund eine Regelung für ein Datenschutzaudit im Rahmen ihrer Gesetzgebungskompetenz aufgenommen haben, hat bislang nur Schleswig-Holstein für seinen öffentlichen Bereich für das Einführen des Behördenaudits nach § 43 Abs. 2 LDSG Schleswig-Holstein eine Ausführungsregelung[600] in Form von Verwaltungsrichtlinien erlassen. Nach diesen Regelungen können öffentliche Stellen des Landes ihr Datenschutzkonzept, entweder für ihre gesamte Datenverarbeitung, für abtrennbare Teile hiervon oder für einzelne Datenverarbeitungsverfahren durch das Unabhängige Landeszentrum für Datenschutz (ULD) prüfen und beurteilen lassen. Das ULD wird als Aufsichtsbehörde gem. § 38 BDSG tätig, welche zunächst unabhängige Gutachter akkreditiert und anschliessend die Auditverfahren durch diese akkreditierten Gutachter durchführen lässt[601].
Mit dem Behördenaudit wird das Ziel verfolgt, ein Gesamtkonzept zur dauerhaften Gewährleistung eines hohen Datenschutzniveaus in der jeweiligen öffentlichen Stelle einzurichten. Charakteristisch für das Audit ist natürlich seine Freiwilligkeit. Gerade durch ihre freiwillige Teilnahme stärkt jede Behörde ihre Selbstverantwortung im Bereich Datenschutz und Datensicherheit. Statt auf etwaige Kontrollen oder gar Beanstandungen zu warten, bietet das Audit die Chance, sich von vornherein positiv mit den Datenschutzfragen zu befassen[602].

---

[599] Die Feststellung des Abhängigkeitsverhältnisses hängt von der jeweiligen Organisationsform der beteiligten verantwortlichen Stellen ab. Für Kapitalgesellschaften beurteilt sich das Abhängigkeitsverhältnis nach § 17 AktG. Bei Personengesellschaften hängt die Durchsetzung von den einzelnen Gesellschaftern ab.

[600] Amtsblatt Schl.-H. 13/2001, S. 196 ff.

[601] Dazu *Schaar, Peter, Stutz, Oliver,* Datenschutz-Gütesiegel für Online-Dienstleistungen, DuD 2002, S. 330, 331.

[602] Siehe *Golembiewski, Claudia,* Das Datenschutzaudit in Schleswig-Holstein, in: *Bäumler, Helmut, Mutius, Albert von (Hrsg.),* Datenschutz als Wettbewerbsvorteil, 2002, S. 107, 108.

Strukturelle Elemente dieses Verfahrens sind eine Bestandsaufnahme, die Festlegung von Datenschutzzielen sowie die Einrichtung eines Managementsystems, die abschliessend in einer Datenschutzerklärung zusammengefasst werden. Abgeschlossen wird das Verfahren durch eine Begutachtung vom ULD und der Verleihung eines Auditzeichens.

Der erste Schritt, die Bestandsaufnahme, stellt die Grundlage des Audits dar, die den datenschutzrechtlichen Status des Audit-Gegenstandes beschreibt: Den Zweck, die verarbeiteten Datenkategorien und die Phasen der Datenverarbeitung des Verfahrens, die Hard- und Softwareprogramme, die eingesetzt werden, die gebotenen (Soll-Situation) und die gegebenen Datensicherheitsmaßnahmen (Ist-Situation), die festgestellt werden[603].

Auf der Grundlage der Bestandsaufnahme erfolgt die Feststellung der Datenschutzziele, die sich eher auf realistische als auf utopische Vorgaben beschränkt: Die öffentliche Stelle legt fest, in welchem Bereich sie den Datenschutz verbessern will und kann. Als Datenschutzziel kann zum Beispiel festgelegt werden, bis wann eine Schwachstelle beseitigt werden muss. In organisatorischer Hinsicht könnte ein denkbares Datenschutzziel in der Verbesserung der Aufklärung und Schulung der Mitarbeiter in Datenschutzfragen zu sehen sein[604].

Kernstück des Audits-Verfahrens ist die Einrichtung des Managementsystems zur konkreten situativen Umsetzung der Datenschutzziele. Hier handelt sich um das interne Managementsystem für den Datenschutz und die Datensicherheit, das die Behörde in den Stand versetzt, den Bürgern diese zwei Güter zu gewährleisten. Ziel dieses Systems soll sein, durch seine Umsetzung die zuvor in der Bestandsaufnahme niedergelegten Ziele zu erreichen. Der Schwerpunkt der ULD-Begutachtung liegt bei der Bewertung der jeweiligen Datenschutz-Managementsysteme als Einheit von Regeln, Maßnahmen und Verfahren: Ob sie nämlich dazu geeignet und effektiv sind, die Einhaltung des geltenden Datenschutzes sicherzustellen, eine kontinuierliche Verbesserung des Datenschutzes und der Datensicherheit zu erreichen und dieses Erreichte zu bewahren.

Das ULD hat das Datenschutzaudit nach § 43 Abs. 2 LDSG an das Institut für Informatik der Universität Kiel für ein Konzept zum Schutz von genetischen Daten in der pharmakogenetischen Forschung verliehen[605]. Die Pharmakogenetik dient der Verbesserung von Arzneimitteltherapien. Für diesen Zweck richtet

---

[603] So *Bäumler, Helmut,* Marktwirtschaftlicher Datenschutz: Audit à la Schleswig-Holstein, DuD 2002, S. 325, 327.

[604] Siehe *Bäumler, Helmut,* Datenschutzaudit und IT-Gütesiegel im Praxistest, RDV 2001, S. 167, 169.

[605] *Bäumler, Helmut,* Datenschutzaudit für pharmakogenetische Forschung der Schering AG, DuD 2003, S. 464.

sich ihr Forschungsinteresse nicht auf das Genom einzelner identifizierbarer Individuen sondern auf statistische Zusammenhänge. Nichtsdestotrotz ist der Umgang mit den genetischen Daten sehr subtil: Genetische Daten geben Auskunft über Anlagen und Dispositionen zu bestimmten Krankheiten, die im Fall unkontrollierten Gebrauchs zu Diskriminierungen führen können. Das ULD kommt mit seinem Gutachten zu der positiven Bewertung, dass das begutachtete System geeignet ist, das Vertrauen der von Probanden in den langfristigen Schutz der eigenen personenbezogenen Daten im Rahmen der pharmakogenetischen Arzneimittelforschung zu stärken[606]. Insgesamt sind bisher 8 Behördenaudite an unterschiedlichen öffentlichen Stellen vergeben[607].

6. *Erfahrungen mit dem Datenschutzaudit in anderen Staaten*

a)   USA

In der Diskussion des Datenschutzaudits sollten auch ausländische Regelungen und Erfahrungen berücksichtigt werden. In den Vereinigten Staaten sind Mitte und Ende der 90er Jahre mehrere Initiativen entstanden – allerdings nur für das Internet –, die darauf abzielen, die Datenschutzproblematik innerhalb der Industrie selbst zu regulieren und so einem Eingriff des Staates zuvorzukommen. Die marktorientierte Selbstregulierung soll vor allem in der Form erfolgen, dass der Internetanbieter seine Datenschutzpolitik in einem „Privacy Statement" auf seiner Homepage vorstellt, die in der Form eines Siegels von einer Privatorganisation oder einem Privatunternehmen überprüft und bestätigt wird. Der Nutzer kann sich nach seinen Bedürfnissen und Sensibilisierungen bezüglich des Datenschutzes orientieren und Marktentscheidungen treffen.
Die bekanntesten „Seal Programms" sind die Programme der Verbrauchervereinigungen Council of Better Business Bureaus „BBBonline"[608], der Organisation der Wirtschaftsprüfer in USA und Kanada American Institute of Certified Public Accountants „WebTrust"[609] und des Silicon Valley Unternehmen

---

[606] Das Gutachten ist abrufbar unter: www.datenschutzzentrum.de/audit/k240603.htm.
[607] Eine Übersicht ist im Register der Audit-Verfahren des ULD-SH erhältlich, abrufbar unter: www.datenschutzzentrum.de/audit/register.htm.
[608] Abrufbar unter: www.bbbonline.org.
[609] Abrufbar unter: www.cpawebtrust.org.

„TRUSTe"[610], deren Mitglieder aus dem Bereich der Online-Industrie stammen[611].
Die Firmen müssen sich verpflichten, ihre Datenschutzpraktiken zu veröffentlichen, Aussagen darüber abzugeben, welche personenbezogenen Daten gesammelt werden, wie sie verwendet und wem sie zugänglich gemacht werden, Datensicherungsmaßnahmen durchzuführen und die Zustimmung ihrer Kunden zu ihren Praktiken einzuholen. Wenn sie das nachweisen können, bekommen sie ein Trustmark, das sie auf ihrer Homepage anbringen können und das den Nutzern direkt zur Erklärung der Datenschutzpraktiken führt. Der Abgleich zwischen den veröffentlichten Datenschutzpraktiken und den Präferenzen des Nutzers kann künftig mit Hilfe von P3P[612] automatisiert werden.
Die Vertrauenswürdigkeit des Programms soll durch Kontrollen der Web-Seiten, durch probeweise übermittelte Kundendaten sowie hauptsächlich durch Beschwerdemöglichkeiten der Nutzer sichergestellt werden[613]. Die Praxis zeigt allerdings, dass rein private Selbstregulierung nicht ausreicht, um das nötige Vertrauen der betroffenen Personen in die Datenschutzmaßnahmen der verantwortlichen Stellen zu erzeugen[614]. Dies lässt sich leicht erklären: unternehmensübergreifenden Programme stehen zwar in Konkurrenz untereinander[615]. Daraus kann man schliessen, dass sie von der Konkurrenz gezwungen werden, sich ständig zu verbessern. Man darf aber nicht vergessen, dass keine einheitlichen Kriterien für die Vergabe der Siegel eingehalten werden und folglich die Teilnahme eines Unternehmens an einem „Seal-Programm" für den Nutzer, der sich nicht genügend auskennt, ohne grossen Recherchenaufwand intransparent bleibt und daher nur begrenzt aussagekräftig ist.
Des weiteren liegt die Bedenklichkeit dieser Art von Datenschutzsiegel hauptsächlich darin, dass sie keine materiellen Anforderungen zur Gewährleistung des Datenschutzes aufstellen. Datenschutz ist reduziert auf die rechtzeitige Information des Nutzers und dessen Wahlmöglichkeit, das Angebot zu verlassen.

---

[610] Abrufbar unter: www.truste.org.
[611] Siehe über die verbraucherrechtliche Bewertung dieser Systeme *Calliess, Gralf-Peter,* Transnationales Verbraucherrecht, RabelsZ 2004, S. 244 ff.
[612] Über die P3P-Technologie siehe Abschnitt VI. 2. dieses Kapitels.
[613] Siehe *Grimm, Dieter, Roßnagel, Alexander,* Datenschutz für das Internet in den USA, DuD 2000, S. 446 ff.
[614] Siehe *Federal Trade Commission,* Privacy Online: Fair Information Practices In The Electronic Marketplace, A Report To Kongress, abrufbar unter: www.ftc.gov/reports/ privacy2000/privacy2000text.pdf.
[615] So *Rossnagel, Alexander,* Datenschutzaudit: Konzeption, Durchführung, gesetzliche Regelung, 2000, S. 27.

Daher erhalten auch diejenigen Anbieter das Siegel, die offen beschreiben, dass sie fleißig Daten sammeln und auch an Dritte weitergeben[616].

b) Japan

In Japan gibt es bislang für den privaten Bereich kein allgemeines Datenschutzgesetz. Der Datenschutz wird ersatzweise durch rechtlich unverbindliche Guidelines[617] des Ministeriums für internationalen Handel und Industrie (MITI) und des Ministeriums für Post und Telekommunikation (MPT) geregelt. Da es aber keinen Überprüfungs- und Durchsetzungsmechanismus gab, war es fraglich ob sich die Unternehmen an diese selbst gesetzten Vorgaben halten. Daher entstand ein gewisser Bedarf an Auditsystemen, die dem Nutzer verlässlich signalisieren sollen, dass von dem jeweiligen Unternehmen geprüfter Datenschutz vollzogen wird und damit das Vertrauen in den Datenschutz privater Unternehmen zu unterstützen. Das „Japan Processing Development Center" (JIPDEC)[618] vergibt seit 1998 ein dem Datenschutzaudit ähnlichem „Privacy Mark Award System" an Unternehmen der IT-Wirtschaft, die ausreichende Maßnahmen zum Schutz personenbezogener Daten ergriffen und überprüft haben. Ein weiteres Mark-System wird von der „Japan Data Communication Association" (JDCA)[619] vergeben, das sich an die Telekommunikationsbranche richtet.
Die beiden Auditsysteme ergänzen sich und sind nur aus der Kompetenzkonkurrenz zwischen MITI und MPT zu erklären. Für beide zeichnet der Staat ein vertrauenswürdiges Verfahren aus, für das er sich verantwortlich erklärt und das er beaufsichtigt. Normative Grundlage für beide Systeme ist der offizielle, vom Staat (MITI) festgesetzte Industriestandard JIS Q 15001 „Requirements for Compliance Program on Personal Information Protection"[620].
Die Unternehmen, an denen das Datenschutzaudit vergeben wurde, dürfen das Siegel auf Briefumschläge, Visitenkarten, Werbung und Web-Seiten verwenden.
Das Auditsystem in Japan stellt insofern ein befolgenswertes Vorbild für das deutsche Datenschutzaudit, dass in beachtenswerter Weise staatliche Verant-

---

[616] Siehe *Grimm, Dieter, Roßnagel, Alexander,* Datenschutz für das Internet in den USA, DuD 2000, S. 446 ff.
[617]Die unterschiedlichen Guidelines für den Datenschutz in der Privatwirtschaft sind aufgezählt unter: www.ecom.jp/ecom_e/home/research_file/20011119recenttrend.pdf.
[618] Das JIPDEC wurde vom Ministerium für Handel und Wirtschaft (MITI) gegründet und teilweise finanziert und hat den Charakter einer Non-Profit-Forschungs- und Promotion-Organisation.
[619] Die JDCA wurde vom Ministerium für Post und Telekommunikation (MPT) gegründet.
[620] Abrufbar unter: www.webstore.jsa.or.jp/webstore/JIS/FlowControl.jsp.

wortung und privatwirtschaftliche Initiative verzahnt: Die Wirtschaftsverbände führen das Auditsystem komplett durch, während sie große Freiräume zur Selbstregulierung erlangen und die staatliche Aufsichts- und Registrierungsfunktion sorgt flankierend für das nötige Vertrauen seitens der Konsumenten. Der einzige Unterschied liegt daran, dass der japanische Industrie-Standard nicht von der Politik der Übererfüllung der vorgegebenen Standards und der kontinuierlichen Verbesserung des Datenschutzes (wie das deutsche Datenschutzaudit) geprägt wird[621].

7. *Produktzertifizierung*

Während das Datenschutzaudit Datenschutzkonzepte evaluiert, die von einem vielfältigen Datenschutzmanagementsystem entwickelt werden, ist für Soft-, Hardware oder Kartenlesegeräte sowie für automatische Verfahren, Betriebssysteme, Rechnernetze oder verteilte Systeme ein Produktaudit in Form einer Zertifizierung erforderlich. Hier geht es um die einmalige Bewertung der Datenschutz- und Datensicherheitseigenschaften einer bestimmten Version eines Produkts und nicht um die wiederholte Überprüfung dessen Anstrengungen zur Verbesserung des Datenschutzes.

Unter die Lupe wird also das Produkt gestellt und nicht das Zusammenwirken unterschiedlicher Prozesse, die sich in ein Datenschutzmanagementsystem verdichten lassen. Im Kern wird durch das Gütesiegel bestätigt, dass das Produkt ohne erheblichen Aufwand datenschutzgerecht eingesetzt werden kann und dass es keine Funktionen enthält, die gegen bestehende Datenschutzbestimmungen verstoßen oder sicherheitstechnisch unzureichend sind. Adressaten der Produktzertifizierung sind Hersteller oder Anbieter[622].

Die Prüfung der Produkte sollte – wie beim Datenschutzaudit – von privaten Gutachtern durchgeführt werden, deren Zuverlässigkeit, Unabhängigkeit, Fachkunde durch Zulassung und Kontrolle gewährleistet sein muss; die Verleihung der Siegel soll aber durch dritte Stellen erfolgen, die das Gutachten der Gutachter letztinstanzlich prüfen.

Der Gesetzgeber kann die marktwirtschaftliche Etablierung zertifizierter Produkte indirekt steuern, indem er beispielsweise ihre Einsetzung bei den für die Verarbeitung verantwortlichen Stellen als Voraussetzung vorschreibt, die diese Stellen zur Erwerbung des Datenschutzaudits erfüllen müssen. Ein vorbildhafter Anreiz zur Beantragung des Datenschutz-Gütesiegels wurde in Schleswig-

---

[621] Siehe *Roßnagel, Alexander,* Datenschutzaudit in Japan, DuD 2001, S. 154, 160.

[622] So *Bäumler, Helmut,* Marktwirtschaftlicher Datenschutz: Audit à la Schleswig-Holstein, DuD 2002, S. 325, 328.

Holstein geschaffen, indem § 4 Abs. 2 LDSG vorsieht, dass datenschutzkonforme Produkte vorrangig bei der öffentlichen Auftragsvergabe zu berücksichtigen sind[623].

Das Verfahren zur Erlangung des schleswig-holsteinischen Gütesiegels ist in einer Rechtsverordnung der Landesregierung[624] sowie in einer Reihe von Ausführungsbestimmungen des ULD geregelt. Das Verfahren läuft in zwei Stufen ab: Der Hersteller oder Betreiber eines IT-Produktes schliesst mit einem beim ULD akkreditierten Gutachter einen Vertrag über die Begutachtung des Produktes. Das Gutachten wird anschliessend dem ULD vorgelegt, dort auf Schlüssigkeit überprüft und veröffentlicht. Soweit die Voraussetzungen erfüllt sind, verleiht das ULD das Gütesiegel mit dem Gewicht einer Anstalt des öffentlichen Rechts[625]. Vergeben wurde das Siegel bisher an 15 Unternehmen[626].

Private Unternehmen haben bereits ihren Akkreditierungsprozess beim Bundesamt für Sicherheit in der Informationstechnik (BSI) durchlaufen und können als akkreditierte Prüfstelle für IT-Sicherheit die Verlässlichkeit von IT-Produkten und –Systemen bestätigen[627]. Diese Prozesse werden nach anwendungsspezifischen Kriterien geprüft, die von dem Hersteller und dem Prüfer in Form von „Protection Profiles"[628] entsprechend der „Common Criteria" präzisiert werden. Als protection profiles für Online-Dienstleistungen wird ein allgemeingültiger, verfahrensunabhängiger Anforderungskatalog verstanden, der als Prüfungsschema für alle online abwickelbaren Dienstleistungen anwendbar ist, und anhand dessen ein aussagekräftiges Datenschutz-Gütesiegel für die Dienstleistung insgesamt erteilt werden kann[629].

Ein solcher standardisierter Kriterienkatalog wird mit dem Datenschutz-Zertifikat „ips" (internet privacy standards) eingeführt. „ips" ist ein speziell für Websites entwickeltes Datenschutz-Zertifikat, das sich zur Zertifizierung sämtlicher Online-Dienstleistungen – von virtuellen Firmenbroschüren bis hin zum umfangreichen Online-Shop, Email-Dienste, Diskussionsforen oder Kommunal-Portale – eignet. Zu seinen Anforderungen gehören nicht nur die Einhaltung

---

[623] Über die wettbewerbs- und vergaberechtliche Zulässigkeit des Datenschutz-Gütesiegels zur Schaffung eines effektiven Datenschutzes siehe *Petri, Thomas* Vorrangiger Einsatz auditierter Produkte: Wirtschaftliche Fragestellung zum Datenschutzaudit, DuD 2001, S. 150 ff.

[624] Landesverordnung über ein Datenschutzaudit v. 3.4.2001, GVBl 2001, Nr. 4, S. 51 ff.

[625] Das Verfahren ist abrufbar unter: www.datenschutzzentrum.de/download/audsiede.pdf.

[626]Register der verliehenen Gütersiegel beim ULD-SH unter: www.datenschutzzentrum.de/guetesiegel/register.htm.

[627] www.datenschutz-nord.de/newsletter/2004/news2906.html#t1.

[628] Protection profile – übernommen aus der mittlerweile gängigen Terminologie technischer Anforderungskataloge für IT-Produkte.

[629] Über die Entwicklung von protection profiles siehe *Schaar, Peter, Stutz, Oliver,* Datenschutz-Gütesiegel für Online-Dienstleistungen, DuD 2002, S. 330, 332 ff.

der Datenschutzbestimmungen und eine sichere Betriebsorganisation inklusive der entsprechenden Hardware, sondern auch allgemeine Belange des Verbraucherschutzes – etwa die schnelle Bearbeitung von Kundenfragen und Angebote zur Schreitschlichtung[630]. Die Qualitätskriterien von „ips" entsprechen inhaltlich im vollen Umfang[631] den Prüfkriterien, die das ULD zur Vergabe von Produktgütesiegeln anwendet. Das Bewertungssystem basiert auf Punkten (0 = die Anforderungen sind nicht erfüllt; 3 = die Anforderungen sind vorbildlich erfüllt), die für die Erfüllung der unterschiedlicher Kriterien vergeben werden. Die Gesamtnote ergibt sich aus der gewichteten Summe der geprüften Bereiche. So können Mängel in einem Bereich unter Umständen mit überobligatorischer Umsetzung in anderen Bereichen kompensiert werden.

Das „Gütesiegel für Qualität im Betrieblichen Datenschutz" oder kurz „quid" wird von einem Privatunternehmen geführt und zertifiziert den gesamten betrieblichen Datenschutz. Es versteht sich als ganzheitliches Führungs- und Managementinstrument, welches den oft inkongruenten datenschutzrechtlichen Interessen von Arbeitnehmern, Unternehmen und Kunden Rechnung trägt. Dadurch dass aber im Falle von „quid" das gesamte Datenschutzkonzept bewertet wird, kann nach Ansicht der Verfasserin nicht von einem Datenschutzsiegel gesprochen werden. Es handelt sich eher um ein umfassendes Datenschutzaudit, was aber mangels ministeriellen Erlaubnissen keine hoheitliche Vergabe darstellt, die Einheitlichkeit, höheren Vertrauenswert und marktregulierende Beschaffungskriterien anbieten kann.

VI.   Maßnahmen des technischen Datenschutzes

Der Datenschutz muss das Recht auf informationelle Selbstbestimmung mit einer konkurrenzfähigen Informationsordnung in Einklang bringen, wo auch die schutzwürdigen Interessen der Datenverarbeiter zu berücksichtigen sind. Je mehr aber der Datenschutz dem Einflussbereich des nationalen Gesetzgebers entschwindet, desto mehr muss Datenschutz weltweit wirksam werden. Dies wird einerseits von der Tatsache erschwert, dass es keine wirksame weltweite Datenschutz-Rechtsordnung[632] gibt, andererseits dadurch, dass sich die Wirtschaft global entwickelt und sich aller möglichen Instrumenten zur Gewinnung und Verwendung von personenbezogenen Daten bedient. Datenschutz durch

---

[630] So *Dambeck, Holger,* Datenschutz-TÜV: Gütesiegel sollen Kunden locken, c't 2003, S. 32.
[631] Ausführlich in *Schläger, Uwe, Stutz, Oliver,* ips – Das Datenschutz-Zertifikat für Online-Dienste, DuD 2003, S. 406, 409.
[632] Näheres darüber siehe 1. Teil, Kapitel V, 3.

Technik ist eine geeignete Antwort auf Probleme der Globalisierung der Daten-
flüsse, der dynamischen Technikentwicklung und der qualitativen Zunahme von
Datenverarbeitung. Datenschutztechniken sind weltweit wirksam, ihre Anbieter
und Nutzer bilden schnell lernende Systeme, die auf neue technische Herausforderungen rasch reagieren können.
Technik kann dem Betroffenen Instrumente an die Hand geben, seine informationelle Selbstbestimmung zu schützen, indem er durch eigene Maßnahmen die
erwünschte Verarbeitung seiner Daten ermöglicht oder die unzulässige Verarbeitung verhindert. Der Selbstdatenschutz kann durch einfach zu bedienende
Datensicherheits-Werkzeuge für den Schutz vor Ausspähung von Daten, durch
Möglichkeiten des anonymen und pseudonymen Handelns und dessen Unterstützung durch Identitätsmanagement oder durch die Gewährleistung von
Transparenz und Selbstbestimmung bei jeder Kommunikation verwirklicht
werden.
In diesem Kapitel sind technische und organisatorische Programme und Verfahren zu untersuchen, die für die Gestaltung eines Sicherungsnetzes sorgen, welches Vertraulichkeit, Integrität, Verfügbarkeit und Authentizität von personenbezogenen Daten sowie Revisionsfähigkeit und Transparenz nutzerfreundlicher
Verfahren verwirklicht: Die Kryptographie-Verfahren, die Identitätsmanagementsysteme, die Datenschutzerklärung und das Standardisierungsverfahren
P3P.

1. Kryptographieverfahren

a) *Entwicklungsanstöße: Datenschutzspezifische Risiken im Internet*

Die Risiken, die jeder Internet-Nutzer täglich eingeht, sind verschieden: Zu-
nächst ist die Inanspruchnahme von Internet-Diensten im Regelfall nicht anonym. Jeder Nutzer kann im Prinzip anhand der von ihm verwendeten IP-
Nummern und E-Mail-Adressen identifiziert werden. Jede Aktion im Internet
hinterlässt Spuren, die zum Verursacher zurückverfolgt werden können. Die
Standard-Software etwa eines WWW-Servers protokolliert automatisch jeden
Zugriff mit Rechneradresse, Datum, Zeitpunkt, Aktion und Zugriffsobjekt[633].
So kann festgestellt werden, wer wann welche Informationen abgerufen hat o-
der wer mit wem elektronisch korrespondiert.

---

[633] *Roßnagel, Alexander,* Globale Datennetze: Ohnmacht des Staates – Selbstschutz der Bürger: Thesen zur Änderung der Staatsaufgaben in einer „civil information society", ZRP 1997,
S. 26, 28.

Die Telekommunikationsgesellschaften speichern Daten über die Dauer der Verbindung des Benutzers. Auch diese Daten können nach verschiedenen Kriterien zur Bildung von Kommunikationsprofilen ausgewertet werden[634] und lassen sich darüber hinaus, ohne das Wissen des Betroffenen, zu kostbaren Nutzungsprofile verdichten[635]. Diese Profile sind für Dritte, meistens für die am „Electronic Commerce" Beteiligten, besonders interessant, weil sie Rückschlüsse auf die Ansprechbarkeit des Nutzers hinsichtlich bestimmter Produkte erlauben. Ebenso höchst gefährdet sind vertrauliche Informationen, wie Passwörter oder Kreditkartennummern: Spezielle Programme, die sog. „Packet Schniffer", durchsuchen das Netz und fangen die gesuchten Informationen ab; die so erlangten Informationen können problemlos für weitere Angriffe oder auch für Wirtschaftsstraftaten genutzt werden.

Die Achillesferse des Internet hinsichtlich des Datenschutzes ist jedoch die Einsehbarkeit aller Nachrichten und Mitteilungen für alle Beteiligte, die online unterwegs sind. Genau hier entstehen die gravierenden neuen Risiken für den Schutz der Persönlichkeit. Personenbezogene Daten können leicht von einem Medium in ein anderes übertragen werden. Ein Interview kann als Text, ein Text als Rede erscheinen. Alle Medien können einfach manipuliert, Bild- und Sprachaufnahmen in nicht erkennbarer Weise verändert werden. Übertragene Nachrichten können abgefangen, verändert, gefälscht, verzögert, wiedereingespielt oder unterdrückt werden. Die Gefährdung der Integrität und Authentizität betrifft sowohl die Nachrichteninhalte als auch die Verbindungsdaten.

Die Internet-Nutzer sind leider nicht nur den Gefährdungen ausgesetzt, die hoch spezialisierte „Hacker" verursachen. Software Programme erlauben das Daten-Schniffen auch Laien, die nicht in der Manipulation der Internet-Technologie spezialisiert sind. Als Beispiel ist das Computer-System Satan zu erwähnen, das im Internet frei erhältlich ist, welchem die Aufgabe obliegt, Sicherheitslücken in Computernetzen aufzuspüren. Mit Hilfe von Satan sind zum ersten Mal keine speziellen technischen Kenntnisse mehr erforderlich, um aus fremden Rechnersystemen Passworte und Daten aller Art zu entwenden.

b)   *Das Kryptographie-Konzept: Begriff – Historische Entwicklung – Ziele*

Die bereits erwähnten Risiken machen es unabdingbar, das elektronische Äquivalent eines Briefumschlages einzuführen. Die Datenverschlüsselung bzw.

---

[634] *Hobert, Guido,* Datenschutz und Datensicherheit im Internet: Interdependenz und Korrelation von rechtlichen Grundlagen und technischen Möglichkeiten, 2. Aufl., 2000, S. 57.

[635] *Schaar, Peter,* Datenschutzfreier Raum Internet?, CR 1996, S. 170, 172.

Kryptographie stellt eine wirksame Lösung für Probleme bezüglich des Datenschutzes und der Datensicherheit im Internet dar.

Mit dem Begriff Kryptographie bezeichnet man die Technik, welche mit Hilfe
eines mathematischen Algorithmus die Umwandlung einer für jeden lesbaren
Nachricht in eine verschlüsselte Form ermöglicht, die niemand entziffern kann,
der den Geheimschlüssel zur Dekodierung nicht besitzt[636].

Die erste kryptographische Methode wurde bereits in der Antike von den Grie-
chen entwickelt: Die Skytale, das ist ein Holzstab, auf den ein Papierband ge-
wickelt war. Der Klartext wurde waagerecht auf die Wicklung des Bandes geschrieben und das Papier anschliessend abgerollt. Der eingeweihte Empfänger
konnte die Nachricht erst dann lesen, wenn er ihn wieder auf einen Holzstab
gleichen Durchmessers aufwickelte.

Eine andere Methode soll von Julius Cäsar benutzt worden sein: Man schreibt
ein Alphabet von A bis Z hin und schreibt darunter noch einmal das Alphabet
um einige Stellen verschoben. Das Geheimalphabet beginnt mit D, das geht
dann bis W und fängt wieder von vorne an mit X, Y, Z usw.[637]

Im Laufe der folgenden Jahrhunderte bildete sich langsam die kryptologische
Wissenschaft heraus. Während sie ihre Anwendung lange Zeit hauptsächlich im
militärischen, diplomatischen und geheimdienstlichen Bereich fand, haben sich
mit dem Aufkommen zunächst der Telegraphen- und dann der Computertech-
nologie sowohl Möglichkeiten als auch Bedürfnisse zur privaten und vor allem
kommerziellen Anwendung gezeigt.

Kryptographie hat zwei Ziele: Das erste ist nichts anderes als das jahrtausendal-
te Ziel der Verheimlichung von Nachrichten, das Verbergen solcher Art, dass
nur der Berechtigte in der Lage ist, den Inhalt zu entschlüsseln. Das demzufolge
von der vernetzten Wissensgesellschaft geforderte Ziel ist die Konstruktion von
beweisbar sicheren Systemen, die keine Überraschungen mehr zulassen. Die
Kryptographie-Industrie bemüht sich darum, sichere Systeme zu entwickeln,
die keinem Hacker die Möglichkeit lassen, sie zu „knacken". Kryptographische
Systeme lassen sich sowohl zum Schutz der Vertraulichkeit als auch zum
Schutz der Integrität (Authentifikationssysteme) einsetzen.

---

[636] *Hance, Olivier,* Internet-Business & Internet-Recht: Rechtliche Regelungen auf der Datenautobahn, 1996, S. 198.

[637] *Beutelspacher, Albrecht,* Ist Kryptographie gut – oder zu gut? Grundlegende Tatsachen
und praktische Konsequenzen, in: *Hamm, Rainer, Möller, Klaus (Hrsg.),* Datenschutz durch
Kryptographie, 1998, S. 16, 19.

Kryptographie und die damit zusammenhängenden Fragen sind weitgehend eine Domäne der Mathematiker und Informatiker. Die modernen Datenverschlüsselungstechniken nehmen mathematische Algorithmen in Anspruch. Sehr vereinfacht dargestellt funktioniert das Verfahren wie folgt: Ein Algorithmus und ein Schlüssel (key) kodieren und dekodieren die zu schützende Information. Der Algorithmus ist eine sehr große Zahl, deren Länge die Kryptographen in der Computereinheit „Bit" messen. Je länger der verwendete Schlüssel, desto sicherer die Kodierung. Die Verfahren unterscheiden sich in symmetrische und asymmetrische Verfahren.

α) Symmetrische Verschlüsselungsverfahren

Wenn es einen einzigen Schlüssel gibt, der sowohl zur Verschlüsselung als auch zur Entschlüsselung benutzt wird, spricht man von symmetrischer Verschlüsselung[638]. Sowohl der Absender als auch der Empfänger müssen also den Schlüssel kennen, damit ein ungehinderter Datenaustausch stattfinden kann. Bis Mitte der siebziger Jahre kamen in erster Linie symmetrische Verschlüsselungen zum Einsatz. Bekannte Algorithmen dieser Klasse sind DES (Data Encryption Standard), IDEA, RC4, SAFER, CAST und Blowfisch[639].
Das sicherste Verfahren ist der so genannte „One-Time-Pad". Hierbei ist das Codewort genauso lang wie der zu verschlüsselnde Text: Jedem Buchstaben wird eine Zahl zugeordnet (A=1, B=2, C=3,..., Z=26; dann fängt man wieder an mit A=27, B=28,...).
Jedoch werden die symmetrischen Verfahren als unsicher betrachtet. Problematisch ist hierbei der vorherige Austausch der Schlüssel, der nur möglich ist, wenn die Kommunikationspartner einander bereits kennen oder zumindest schon in Kontakt miteinander stehen. Innerhalb von Geheimdiensten oder zwischen zwei Freunden lässt sich eine solche Schlüsselverwaltung noch organisieren; in größeren Gruppen wird sie hingegen zum Problem. Es besteht die Gefahr, dass die Nachricht von einem Dritten entschlüsselt werden kann, wenn er sich in irgendeiner Weise Kenntnis von dem Schlüssel verschaffen konnte. Aus diesem Grund bleibt die Funktion symmetrischer Verschlüsselungssysteme hinter den heutigen technischen Anforderungen zurück: Bei einem einzigen Schlüssel, der von zwei Personen verwendet wird, kann die Echtheit einer elekt-

---

[638] *Kuner, Christopher,* Rechtliche Aspekte der Datenverschlüsselung im Internet, NJW-CoR 1995, S. 413.
[639] *Gerling, Rainer,* Verschlüsselungsverfahren, DuD 1997, S. 197, 198.

ronischen Unterschrift nicht überprüft werden. Hier besteht das Risiko, dass die digitale Unterschrift von dem anderen Nutzer fälschlich gebraucht wurde[640].

β)   Asymmetrische Verschlüsselungsverfahren

Asymmetrische Verschlüsselungssysteme wurden erfunden, um die Schlüsselverteilung zu vereinfachen und haben sich in der Praxis durchgesetzt. Es werden verschiedene Schlüssel für Chiffrierung und Dechiffrierung verwendet: Jeder Benutzer hat zwei Schlüssel: Einen „privaten Schlüssel" (private key), den er aufbewahrt und der eine Verschlüsselung nach einmaligen Kriterien ermöglicht, und einen „Öffentlichen Schlüssel" (public key), den er an alle überträgt, denen er verschlüsselte Nachrichten übermitteln will.
Das heute bekannteste Verschlüsselungsprotokoll, das auf einem asymmetrischen Schlüssel basiert, ist der RSA-Algorithmus, der von Rivest, Shamir und Adleman 1978 entwickelt wurde und z.B. für die meisten ec-Karten verwendet wird. Er stellt auch die Grundlage für das weltweit führende und sehr leistungsstarke Kryptographie-Programm PGP (Pretty Good Privacy) dar.
Als „privater Schlüssel" und „öffentlicher Schlüssel" werden zwei sehr grosse Primzahlen benutzt, die bei der Verschlüsselung multipliziert werden. Wenn die Schlüsseln lang genug sind, ist es sehr schwierig, die Primfaktoren zu finden bzw. von dem „öffentlichen Schlüssel" auf den „privaten Schlüssel" zu schliessen.
Die Verschlüsselungs- und Entschlüsselungsalgorithmen sind dabei so angelegt, dass es nur mit dem „privaten Schlüssel" eines Nutzers möglich ist, Daten zu entschlüsseln, die mit dem „öffentlichen Schlüssel" *desselben* Benutzers kodiert wurden. Umgekehrt können nur solche Daten mit dem „öffentlichen Schlüssel" dekodiert werden, die mit dem zugehörigen „privaten Schlüssel" *desselben* Benutzers verschlüsselt wurden.
Im folgenden vereinfachten Beispiel wird gezeigt, wie dieses Verschlüsselungsverfahren funktioniert: Mein Arbeitgeber möchte meinen Arbeitsvertrag erneuern, dabei will er aber vermeiden, dass jemand die neuen Arbeitsverhältnisse, die im Vertrag enthalten sind, auf ihrer elektronischen Bahn abfängt und Kenntnis davon erhält. Also verschlüsselt der Arbeitgeber das Dokument mit *meinem* „öffentlichen Schlüssel" und verschickt es. Nur *ich* besitze den dazugehörigen „privaten Schlüssel", mit dessen Hilfe ich das Dokument entschlüsseln und lesen kann. Wenn ich jetzt mit den neuen Arbeitsverhältnissen einverstan-

---

[640] *Schippan, Martin, Hahn, Richard,* Datenschutz und Kryptographie, in: *Schwarz, Mathias (Hrsg.),* Recht im Internet – Der Rechtsberater für Online-Anbieter und Nutzer, Loseblatttausg., Stand: Sept. 2004, Kapitel 15A, S. 1, 6.

den bin, und den Vertrag unterschreiben will, kann ich folgendes machen: Ich verschlüssle meine Unterschrift am Ende des Vertrages mit *meinem* „privaten Schlüssel". Mein Arbeitgeber, der meinen „öffentlichen Schlüssel" besitzt, kann sie entschlüsseln und daran erkennen, dass der Vertrag tatsächlich von mir unterschrieben wurde, weil die Unterschrift nur mit *meinem* „öffentlichen Schlüssel" hätte verschlüsselt werden können.

Die praktische Umsetzung der asymmetrischen kryptographischen Authentifikationssysteme sind die digitalen Signatursysteme. Diese Systeme haben den Vorteil, dass jeder, der eine signierte Nachricht vom Sender S empfangen hat, jedem beweisen kann, dass die Nachricht tatsächlich von diesem Sender S signiert wurde. Bekannte Signaturverfahren sind RSA-Algorithmen. Das Risiko der Verbreitung eines falschen „öffentlichen Schlüssels" für die Bestätigung der Authentifizierung wird dadurch umgegangen, dass es Zertifizierungsstellen gibt, die Schlüsselzertifikate verteilen: Bei der Zertifizierung wird die Beglaubigung des „öffentlichen Schlüssels" vorgenommen und der Zusammenhang zwischen Schlüssel und Besitzer des Schlüssels hergestellt.

d)   Kryptographie – Verbot

Die Schattenseite weit verbreiteter kryptographischer Verschlüsselung sei allerdings auch nicht verschwiegen: Sie hilft denjenigen, die großen Wert darauf legen, Informationen so auszutauschen, dass weder Geheimdienst noch Staatsanwaltschaft jemals in der Lage wären, sie zu entschlüsseln[641]. So kann die gleiche Software, die eine effektive Verschlüsselung der übermittelten Informationen bewirkt, für privatwirtschaftliche Nachrichten wie auch für nachrichtendienstlich interessante Angaben über einen Terror-Anschlag benutzt werden. Weltweite Vernetzung, jederzeitige Zugriffsmöglichkeiten auf eine unüberschaubare Informationsvielfalt und vollkommen neuartige, globale Kommunikationsmöglichkeiten bergen neue Potenziale von Kriminalität. Wenn eine ausgereifte Kryptographie zu verbrecherischen Zwecken benutzt wird, dann wenden sich ihre Vorteile gegen den Staat, die Privatwirtschaft oder den Bürger, also gegen alle, die eigentlich von der Kryptographie profitieren sollten.

Gerade hier ist das Dilemma aufgetreten, das Ende der 90er Jahre zur sog. Kryptokontroverse geführt hat: Das verfassungsrechtlich verbürgte Recht des Menschen auf unbeobachtete und vertrauliche Kommunikation einerseits und der öffentliche Auftrag der Sicherheitsbehörden, Gefährdungen entgegenzuwirken, die sich gegen die Gesellschaft und gegen den Staat richten andererseits. Diskutiert wurde insbesondere, ob der staatliche Zugriff auf verschlüsselte In-

---

[641] *Koch, Alexander*, Grundrecht auf Verschlüsselung?, CR 1997, S. 106, 108.

halte durch Schlüsselhinterlegungsstellen ermöglicht werden sollte. Beim sog. Key-Recovery-Verfahren wird den staatlichen Behörden das Entschlüsseln von verschlüsselten Botschaften dadurch möglich, dass jedes einzelne Verschlüsselungssystem vom Staat genehmigt und der Schlüssel für die Entzifferung zuvor bei einem unabhängigen Dritten (trust Center) hinterlegt wird.

Der Nachteil solcher Überlegungen liegt darin, dass eine Einschränkung der Verwendung von Verschlüsselungsprodukten ungeeignet ist, entsprechende kriminelle Machenschaften wirksam zu bekämpfen, weil andere technischen Methoden den Kriminellen bereits zur Verfügung stehen, beispielsweise die Steganographie, mit deren Hilfe ein Kryptographieverbot unterlaufen werden kann: Steganographische Konzelationssysteme betten geheim zu haltende Nachrichten in harmlos wirkende Hüllnachrichten (zum Beispiel digitalisierte Fotos oder Sound-Dateien) ein, so dass für Ausstehende, die nur den Stegotext sehen, nicht einmal die Existenz der geheimen Nachricht erkennbar ist, geschweige denn ihr Inhalt[642]. Eine weitere Methode, mit der man verheimlichen kann, dass verbotene Kryptographie-Software benutzt wurde, ist die Überschlüsselung: Man verschlüsselt eine Nachricht mit einem illegalen, nicht brechbaren Algorithmus, und codiert dann die schon verschlüsselte Information mit einem legalen Schlüssel erneut, sodass die Verwendung von nicht erlaubter Kryptographie nur äußerst schwer entdeckt und die Nachricht selbst bei Entdeckung nicht entschlüsselt werden kann[643].

Ein Kryptographieverbot oder eine Erlaubnis von schwachen Kryptographie-Verfahren würde das Interesse sowohl des Einzelnen als auch der Wirtschaft an einem hinreichenden Vertraulichkeitsschutz bedrohen, würde also den einfachen Bürger schutzlos stellen, ohne Kriminelle ernsthaft davon abzuhalten, entsprechende oder wirksamere Verfahren einzusetzen.

Was den Gebrauch von Kryptographie-Verfahren im europäischen Raum anbelangt, hat die Kommission sich explizit zugunsten eines Binnenmarktes für kryptographische Produkte und Dienste ausgesprochen[644] und angemahnt, dass die europäische Industrie in dieser Branche stimuliert werden muss. In Deutschland ist es bislang nicht zu einer gesetzlichen Beschränkung des Vertriebs und der Nutzung von Verschlüsselungssystemen gekommen, obwohl entsprechende Überlegungen bestanden. Von der Entwicklung, der Produktion, dem Vermark-

---

[642] Über Steganographie siehe *Federrath, Hannes, Pfitzmann, Andreas*, Technische Grundlagen, in: *Roßnagel, Alexander (Hrsg.)*, Handbuch Datenschutzrecht: Die neuen Grundlagen für Wirtschaft und Verwaltung, 2003, S. 76, Rdnr. 61 ff.
[643] *Schippan, Martin, Hahn, Richard*, Datenschutz und Kryptographie, in: *Schwarz, Mathias (Hrsg.)*, Recht im Internet – Der Rechtsberater für Online-Anbieter und Nutzer, Loseblatttausg., Stand: Okt. 2002, Kapitel 15A, S. 1, 6.
[644] „Sicherheit und Vertrauen in elektronischer Kommunikation – Ein europäischer Rahmen für digitale Signaturen und Verschlüsselung", KOM (97) 503 vom 8. Oktober 1997.

ten und der Einfuhr bis hin zum Gebrauch beim Anwender sind Verschlüsselungsprodukte jeder Stärke zulässig.

Hinsichtlich des Exportes von Krypto-Technologien unterliegt die europäische Exportkontrolle der EG-Dual-Use-Verordnung[645]. Die Einordnung der jeweiligen Güter erfolgt zunächst auf Grund internationaler Vereinbarung durch das Wassenaar-Abkommen[646] von 1996, das von 33 Staaten unterzeichnet wurde. Dieses Abkommen regelt weltweit eine Exportkontrolle für Waffen und für Güter, die sowohl für militärische als auch für zivile Zwecke (so genannte „Dual-Use Goods and Technologies") verwendet werden können. Ein sehr spezieller Teil der Kryptographie ist auch von der Dual-Use-Liste umfasst. Wenn man allerdings die entsprechende Krypto-Software etwa auf dem eigenen Laptop für private Zwecke auf Reisen ausführt, unterliegt sie keinerlei Ausfuhrkontrollen. Vom Ausfuhrverbot sind auch solche Verschlüsselungsgüter ausgenommen, die ausschliesslich zur Verschlüsselung bestimmter Informationen dienen und nicht für andere Zwecke verwendet werden können[647]. Die EG-Dual-Use-VO hat hier Erleichterungen vorgesehen: Die Verbringung innerhalb der EU ist nunmehr genehmigungsfrei, die allgemeine Genehmigung der Ausfuhr in wichtige Industriestaaten (allerdings mit nachträglicher Meldepflicht) und schließlich ein vereinfachtes Genehmigungsverfahren für die verbleibenden Fälle von Krypto-Software wurden festgelegt. Im deutschen Ausfuhrrecht ist die EG-Dual-Use Verordnung umgesetzt worden. Nach dem Außenwirtschaftsgesetz (AWG)[648] und der Außenwirtschaftsverordnung (AWV)[649] bedarf es nur in bestimmten Einzelfällen einer Genehmigung zur Ausfuhr. Die Genehmigung erteilt das Bundesausfuhramt.

Die US-Regierung hat nach der langjährigen Krypto-Debatte dem Drang der amerikanischen Wirtschaft, die sich durch die strengen Beschränkungen im internationalen Wettbewerb benachteiligt sah, nachgegeben. In den USA weist

---

[645] VO (EG) Nr. 1334/2000 des Rates von 22.6.2000 über eine Gemeinschaftsregelung für die Kontrolle der Ausfuhr von Gütern und Technologien mit doppeltem Verwendungszweck, ABl. L 159 von 30.12.2000 („Dual Use" S. 1ff., geändert durch die VO Nr. 2889/2000 von 22.12.2000, ABl. L 336 von 30.12.2000, S. 14 ff. ; letzte Änderung durch die VO (EG) Nr. 1504/2004 des Rates von 19.7.2004, ABl. L 281 von 31.8.2004, S. 1 ff.

[646] Abrufbar unter: www.wassenaar.org.

[647] Zum Beispiel Empfangseinrichtung für Pay-TV, Einrichtungen zum Schutz kopiergeschützter Software, personenbezogene Mikroprozessoren-Karten, Anm. zu Ziff. 5A002a, EG-Dual-Use-VO Nr. 1504/2004 des Rates von 19.7.2004, ABl. L 281 von 31.8.2004, S. 1, 139.

[648] Außenwirtschaftsgesetz vom 28.04.1961, BGBl. I, S. 481, zuletzt geändert durch Gesetz zur Neuregelung der präventiven Telekommunikations- und Postüberwachung durch das Zollkriminalamt und zur Änderung der Investitionszulagengesetze 2005 und 1999 (NTPG) vom 21.12.2004, BGBl. I, S. 3603.

[649] Verordnung zur Durchführung des Außenwirtschaftsgesetzes, BGBl I 1986, 2671.

jetzt die rechtliche Situation auf der Grundlage des US Export Administration Act, der durch Änderungen der Verwaltungsvorschriften liberalisiert wurde, eine parallele Entwicklung zur Dual-Use-VO der EU[650] auf. Die neue Regelung erlaubt nun die Ausfuhr jeglicher Verschlüsselungs-Software in viele Länder (z.b. EU, Japan, Schweiz, Neuseeland), verbietet die Ausfuhr aber immer noch in Ländern wie Iran, Irak, Kuba oder Lybien. Voraussetzung für einen Export ist eine einmalige Registrierung des Produktes.

Unabhängig von den politisch motivierten Diskussionen kann auf Basis juristischer Überlegungen konstatiert werden, dass ein völliges Verbot der Anwendung kryptographischer Mitteln gegen das Grundgesetz verstoßen würde. Neben einer übermäßigen Einschränkung der beruflichen Entfaltungsfreiheit (Art. 12 I GG, Art. 2 I GG), einer Verletzung der Vertraulichkeit des Post-, Brief- und Fernmeldegeheimnisses (Art. 10 GG) sowie des informationellen Selbstbestimmungsrechts (Art. 1 I GG i. V. m. Art. 2 I GG) wären auch die allem staatlichen Handeln obliegenden Grundsätze der Geeignetheit, der Notwendigkeit und insbesondere der Verhältnismäßigkeit verletzt.

Der Staat muss zwar auf die Bedrohung durch den Terrorismus reagieren, er muss jedoch zugleich den Prämissen der Freiheitssicherung treu bleiben. Moderner Datenschutz ist eine Voraussetzung dafür, dass die Informationsordnung überhaupt funktionieren kann und wird damit zu einem konstitutiven Element des Rechts der Informationsgesellschaft. Kryptographie ist das technische Instrument, dessen sich der Datenschutz im Internet bedienen kann. Die Verschlüsselungsprogramme sind sowohl für den sicheren Zahlungsverkehr als auch zur Wahrung des Briefgeheimnisses (e-mail) unerlässlich, da das Internet aufgrund seiner technischen Struktur Datenpakete unverschlüsselt über verschiedene Rechner überträgt. Aus diesem Grunde dürfen Verschlüsselungsverfahren keinerlei gesetzlichen Beschränkungen unterworfen werden[651]. Zur Verbesserung der Sicherheit im Internet ist vielmehr auf eine stärkere Förderung entsprechender Techniken hinzuwirken.

---

[650] Ausführlich siehe *Schuppert, Stefan,* Exportkontrolle von Krypto-Software im B2B-Bereich: Zur Neuregelung der Dual-Use-Verordnung, CR 2001, S. 429, 434.

[651] *Schnorr, Stefan, Wissing, Volker,* Vorfeld der Gesetzgebung: Freiheitsrechte stärken, ZRP 2002, S. 95, 96.

2.   Identitätsmanagement

a)   Entstehungsgründe

Ständig entscheiden sich Menschen beim Kommunizieren mit anderen, wem sie unter welchen Bedingungen was über sich offenbaren. Jeder Mensch tritt gegenüber verschiedenen Personen unterschiedlich auf. Dies kann nach Situation und Kontext stark variieren[652]. Bei dieser Entscheidung nimmt der Einzelne sein Recht auf informationelle Selbstbestimmung wahr. Insbesondere in der virtuellen Welt des Internet soll er so weit wie möglich die Herrschaft darüber behalten, wem er wann welche Daten zu welchem Zweck übermittelt und wie damit weiter verfahren wird. Denn hier ist bisher ein anonymes Auftreten, was in der materiellen Welt mit einem anonymen Einkauf vor dem Kassierer einfach zu realisieren ist, technisch unmöglich gewesen. Dementsprechend hat man oft unwissend personenbezogene Daten hinterlassen, ohne den Kommunikationspartner und die Situation zu berücksichtigen. Bei der wachsenden Vielfalt der netzgesteuerten Kommunikationsmöglichkeiten und dem Anwachsen von Online-Diensten, die authentifizierungspflichtig sind, ist es für den einzelnen Bürger eine zusätzliche Zumutung, seine Benutzernamen und Passwörter mit den entsprechenden Benutzerprofilen datenschutzrechtlich selbstbewusst in einer „vernetzten Landschaft" in Ganzheit unter Kontrolle zu bewahren und in seinem eigenen Interesse zu steuern. Benutzer neigen eher dazu, Passwörter zu vergessen oder die gleichen kurzen und somit unsicheren Passwörter auf mehreren Websites zu benutzen[653].

b)   Begriffs- und Funktionserklärung

Identitätsmanagementsysteme (IMS) sind die technische Antwort auf diese problematische Entwicklung hinsichtlich des Datenschutzes im Internet: Sie erlauben ein pseudonymes beziehungsweise ein anonymes Auftreten und die darauf folgende kontrollierte und individuelle Identifizierung gegenüber verschiedenen Kommunikationspartnern. Der Identitätsmanager stellt ein Werkzeug in der Hand des Bürgers dar, das ihn dabei unterstützt, seine wachsende Zahl von Benutzerkonten und Datensätzen in der Online-Welt zu kontrollieren und zu

---

[652] Siehe *Hansen, Marit,* Identitätsmanagement, DuD 2003, 306.

[653] So *Artikel 29-Datenschutzgruppe,* Arbeitspapier zu Online-Authentifizierungsdiensten, (WP 68), Angenommen am 29. Januar 2003, abrufbar unter: www.europa.eu.int/ internal_market/privacy/docs/wpdocs/2003/wp68_de.pdf.

verwalten. Ein nutzergesteuertes Identitätsmanagement unterstützt das Recht auf informationelle Selbstbestimmung und realisiert den Datenschutz in der virtuellen Welt. Denn eine Person kann selber wählen, wie anonym oder mit welchen persönlichen Informationen und wie zurechenbar sie gegenüber ihren Kommunikationspartnern in Erscheinung tritt.

Wie bereits erwähnt, ist es häufig nicht notwendig, Informationen, welche die Person identifizierbar machen, herauszugeben. Ein umfassendes Identitätsmanagementsystem lässt den Nutzer selbstbestimmt steuern, wer bei welcher Transaktion welche seiner personenbezogenen Daten erhält und wie er sie verwenden darf. Dies bedeutet Aushandlung und Durchsetzung vom Personenbezug, Umfang und Art der Daten sowie Bedingungen hinsichtlich der Datenverarbeitung, der Zweckbestimmung, der Speicherdauer, der Sicherheitsanforderungen oder etwaigen Gegenleistungen. Wo allerdings eine selbstbestimmte Steuerung nicht möglich ist, wenn es also unabdingbar ist, personenbezogene Daten preiszugeben, verleiht das Identitätsmanagementsystem dem Nutzer eine Übersicht darüber, wer welche seiner personenbezogenen Daten erhält, wie er sie verwendet und an wen er sie weitergeben darf.

Voraussetzung für das einwandfreie Funktionieren eines datenschutzfördernden Identitätsmanagements ist freilich ein anonymes Kommunikationsnetz, damit das IMS nicht die einzelne datenschutzfreundliche Insel in einem „maßlos Daten erzeugenden und verwendenden Archipel" darstellt. Seine Basis ist der Ausbau eines Netzes von Pseudonymen[654] mit verschiedenen Eigenschaften, das auf die Verwaltung der unterschiedlichen Teil-Identitäten einer Person zielt: Die Teil-Identitäten repräsentieren diese Person im jeweiligen Kontext, sind typisch für die Rolle, die eine Person einnimmt und mit verschiedenen personenbezogenen Daten versehen[655]. Der Einzelne kann mit der Rolle eines Organisationsmitglieds (beispielsweise als Schüler, Mitarbeiter, Patient, Parteimitglied), eines Kunden, eines Einwohners, eines Staatsbürgers, eines Klienten, eines an Informationen Interessierten oder als einzigartiges Individuum auftreten und handeln wollen. Je nach Kontext verwendet also das Identitätsmanagement die geeigneten Pseudonyme.

---

[654] Aus technischer Sicht umfasst Pseudonymität das gesamte Spektrum zwischen Anonymität und eindeutiger Identifizierbarkeit. Der Begriff Pseudonym sagt überhaupt nichts darüber aus, ob und wenn ja, wem gegenüber ein Pseudonyminhaber anonym oder identifizierbar ist.

[655] Siehe *Köhntopp, Marit, Pfitzmann, Andreas,* Informationelle Selbstbestimmung und Identitätsmanagement, it+ti 2001, S. 227, 228.

c)   *Entstehungsgeschichte*

Bereits im Jahr 1985 wurden erste Ideen zum Identitätsmanagement veröffentlich, ohne jedoch diesen Begriff zu verwenden. Es wurden schon damals Geschäftsbeziehungspseudonyme, aber auch Transaktionspseudonyme für einmalige Transaktionen vorgeschlagen. Dazu wurde die Idee eines mobilen, persönlichen, für den Nutzer bestimmten Endgerätes präsentiert[656]. Die Teil-Identität wurde das erste Mal 1993 von Roger Clarke eingeführt. Der Identy-Protector als Entwicklungsmodell von Systemdatenschutz- und PET-Konzepten[657] wurde Mitte der 90er von John Borking vorgestellt[658]. Dieser Identity-Protector soll es dem Nutzer ermöglichen, seine Identitäten hinter so genannten Pseudo-Identitäten zu verbergen, was der Wahrung seiner Anonymität dient.

Die erste Implementierung einzelner Funktionen eines Identitätsmanagers wurde im Erreichbarkeitsmanager realisiert, der später um eine Identitätsmanager-Komponente erweitert wurde[659]. 1997 kristallisierte sich mit dem „Janus Personalized Web Assistant" die Funktion eines Identitätsmanagers im WWW heraus, um anonym Webseiten aufzurufen und personalisierte Webseiten mit vorher definierten Pseudonymen („Aliases") zu nutzen.

Das im Jahr 1999 von Microsoft eingeführte Passport-System[660] zur Nutzerauthentifikation kann nicht als Identitätsmanagement-Werkzeug bezeichnet werden, da der Nutzer dabei nicht über Teilidentitäten verfügt.

d)   *Bestandteile und Eckpfeiler des Identitätsmanagementsystems*

Die einzelnen Bestandteile der Identitätsmanagementsysteme (IMS) lassen sich wie folgt analysieren: Mit „Identität" ist die kommunikativ zugängliche Repräsentanz einer Person gemeint. Die Informationen, aus denen eine Identität besteht, sind nichts weiteres als die personenbezogenen Daten i.S.d. Art. 2 lit. a EG-DSRL und § 3 Satz 1 BDSG. Die Identität umfasst Persönlichkeitsrechte –

---

[656] *Chaum, David,* Security without Identification: Card Computers to make Big Brother Obsolete, abrufbar unter: www.chaum.com/articles/Security_Wthout_Identification.htm.

[657] *Privacy Enhancing Technologies* ist ein dynamischer Prozess mit Schwerpunkt auf den Prinzipien Datensparsamkeit, Systemdatenschutz, Selbstdatenschutz und Transparenz, der mehrseitige Sicherheit realisieren und somit den Datenschutz erhöhen soll.

[658] So *Hansen, Marit,* Privacy Enhancing Technologies, in: *Roßnagel, Alexander (Hrsg.),* Handbuch Datenschutzrecht: Die neuen Grundlagen für Wirtschaft und Verwaltung, 2003, S. 313, Rdnr. 88 ff.

[659] So *Jendricke, Uwe,* Sichere Kommunikation zum Schutz der Privatsphäre durch Identitätsmanagement, 2003, S. 67.

[660] Abrufbar unter: www.passport.net.

insbesondere das vom allgemeinen Persönlichkeitsrecht abgeleitete Recht auf informationelle Selbstbestimmung –, die in demokratischen Staaten in der Verfassung und weiteren Gesetzen niedergelegt sind und den Menschen die Möglichkeit geben, ihre Persönlichkeit zu entfalten und dadurch ihre Identität zu entwickeln. Diese Persönlichkeitsrechte bilden die rechtliche Basis für Identitätsmanagementsysteme.

Unter „Management" versteht man einen aktiven, gestalterischen Prozess desjenigen, um dessen Identitätsinformationen es geht. Der Wortbestandteil „System" schließlich weist auf die Unterstützung durch Informations- und Kommunikationstechnik hin, die wiederum in einen allgemeinen gesellschaftlichen Kontext eingebettet ist[661]. Das System hilft seinen Nutzern, computer-vernetzte Kommunikationen als soziale Situationen zu erkennen, in denen Rollen definiert, zugeschrieben, bewertet und gespielt werden[662].

Zentrales Merkmal eines datenschutzfördernden Identitätsmanagementsystems ist das Datensparsamkeitsgebot. Die Datensparsamkeit ist hierbei zweifach zu realisieren: Einerseits durch Reduktion des Umfangs der verarbeiteten Daten, was sich auf den Informationsgehalt und die Verarbeitungsmöglichkeiten bezieht und nicht lediglich auf die hergestellten „bites". Der Umfang wird nicht quantitativ, sondern qualitativ bewertet. Andererseits durch die Reduktion des Personenbezugs; das ist die Verkettungsmöglichkeit. Eine reduzierte Verkettungsmöglichkeit zur Person ist durch die vom Nutzer gewählten und verwalteten Pseudonyme realisierbar. Eine reduzierte Verkettungsmöglichkeit zu anderen Daten ist durch die Verwendung ständig wechselnder Pseudonyme zu erreichen[663].

e)   Implementierung

Die Einsatzmöglichkeiten eines Identitätsmanagementsystems sind weit gespannt[664]: Man kann komfortabel bereits vorhandene Identitäten, Accounts und Passwörter verwalten. Man kann sich authentifizieren; es ist damit möglich, das Privat- vom Berufsleben und die dazugehörigen Informationen und Profile zu

---

[661] *Hansen, Marit, Krasemann, Henry, Rost, Martin, Genghini, Riccardo,* Datenschutzaspekte von Identitätsmanagementsystemen: Recht und Praxis in Europa, DuD 2003, S. 551.

[662] Siehe *Hansen, Marit, Rost, Martin,* Nutzerkontrollierte Verkettung: Pseudonyme, Credentials; Protokolle für Identitätsmanagement, DuD 2003, S. 293.

[663] Siehe *Hansen, Marit,* Auf dem Weg zum Identitätsmanagement – von der rechtlichen Basis zur Realisierung, in: *Bäumler, Helmut, Mutius, Albert von (Hrsg.),* Anonymität im Internet: Grundlagen, Methoden und Tools zur Realisierung eines Grundrechts, 2003, S. 198, 199.

[664] *Hansen, Marit, Krasemann, Henry, Rost, Martin, Genghini, Riccardo,* Datenschutzaspekte von Identitätsmanagementsystemen: Recht und Praxis in Europa, DuD 2003, S. 551, 552.

trennen. Das Recht auf informationelle Selbstbestimmung wird hierdurch gewährleistet, indem das System eine Balance von Anonymität und Authentifizität/Zurechenbarkeit bietet.

Mit den so genannten „Credentials" ist eine den Datenschutz fördernde Funktion entworfen, die keine Entsprechung in der Offline-Welt hat: Dabei handelt es sich um umrechenbare Beglaubigungen im digitalen Format, durch die sich Autorisierungen, die ein Nutzer unter einem Pseudonym erworben hat, auf andere seiner Pseudonyme übertragen lassen, ohne dass sie auf die anderen Nutzer transferiert werden[665]. Mit Hilfe der „Credentials" kann einer Verkettbarkeit entgegengewirkt werden. Mann kann es sich so vorstellen, dass beispielsweise ein Personalausweis bei jedem Vorzeigen anders aussieht, obwohl er an die Person, der er gehört, gebunden bleibt und auch keine Zweifel an der Authentizität und Zurechenbarkeit erlaubt[666].

f)   *Letzte Entwicklungen aus europäischer Sicht*

Die Europäische Union wandte sich vor kurzem intensiv den Informationsmanagement-Systemen und dem technischen Datenschutz zu. Bislang fehlten auf EU-Ebene Anreize, Methoden des technischen Datenschutzes zu entwickeln, die dem Nutzer erlauben, selbst über die Verwendung seiner Daten zu bestimmen. Nun fördert die EU die Forschungs- und Entwicklungsprojekte PRIME und FIDIS zum Aufbau eines Expertenwerkes zum Thema Identitätsmanagement. Das Projekt PRIME (Privacy and Identity Management for Europe)[667] besteht aus 22 Partnern in Wirtschaft und Wissenschaft sowie dem Unabhängigen Landeszentrum für Datenschutz Schleswig-Holstein. Sein Ziel ist die umfassende Erforschung und praktische Umsetzung von speziellen Mechanismen und Identitätsmanagement-Applikationen, die die Souveränität der Nutzer stärken. Das Programm FIDIS (Future of Identitity in the Information Society)[668] trägt zu einem besseren Verständnis von Identitäten und Identitätsmanagement auf dem Weg zu einer gerechten Informationsgesellschaft bei.

---

[665] Siehe *Hansen, Marit, Rost, Martin,* Nutzerkontrollierte Verkettung: Pseudonyme, Credentials; Protokolle für Identitätsmanagement, DuD 2003, S. 293, 294.

[666] Siehe *Hansen, Marit,* Auf dem Weg zum Identitätsmanagement – von der rechtlichen Basis zur Realisierung, in: *Bäumler, Helmut, Mutius, Albert von (Hrsg.),* Anonymität im Internet: Grundlagen, Methoden und Tools zur Realisierung eines Grundrechts, 2003, S. 198, 208.

[667] Abrufbar unter: www.prime-projekt.eu.org.

[668] Ausführliche Informationen in der Projektseite der Technischen Universität Berlin, abrufbar unter: www.tu-berlin.de/zuv/IIIC/fordat/04/35/12369.htm.

Da neben Vertraulichkeit, Integrität, Verfügbarkeit und Zurechenbarkeit[669], die Nutzerfreundlichkeit von großer praktischer Bedeutung ist, arbeitet man heute an Projekten, die für den Nutzer mit minimaler Interaktion und ohne großen Lernaufwand korrekt bedienbar sind. Hier sei auf die bisher aktuellsten Projekte hinzuweisen: Das Projekt ATUS (A Toolkit for Usable Security) der Universität Freiburg bietet ein hohes Sicherheitsniveau, während der Nutzer kaum Sicherheitseinstellungen im Alltagsvertrieb vornehmen muss[670]. Im Projekt DRIM werden Grundlagen, Techniken und Einsatzszenarien für ein datenschutzgerechtes Identitätsmanagement erforscht und an einem prototypischen System evaluiert[671].

3. Die P3P-Plattform

a) Entstehungsgeschichte

Das World Wide Web Consortium (W3C) ist ein freiwilliger Zusammenschluss von Unternehmen und Organisationen, die an der Standardisierung von WWW-Technologien interessiert sind. Bei dem P3P – Platform for Privacy Preferences handelt es sich um einen Standard des W3Cs für Datenverarbeitung und für den Abgleich von Nutzerpräferenzen und Anbietereinstellungen[672].
Technisch basiert diese Plattform auf der Standardisierungsinitiative „Plattform for Internet Content Selection" PICS, die vom W3C 1996 entwickelt wurde, um vor allem Kinder vor pornographischen und Gewalt verherrlichenden Inhalten zu schützen[673]. Die Kennzeichnungsidee von PICS hat den Weg zu einer technischen Unterstützung des Datenschutzes bereitet. P3P bietet Möglichkeiten zum Selbstschutz der Privatheit, da sie Möglichkeiten zum einfachen und automati-

---

[669] Zurechenbarkeit gewinnt man mit digitalen Pseudonymen, die geeignet sind, den Pseudonyminhaber bzw. seine Daten zu authentisieren. Hierbei ist insbesondere an den „öffentlichen Schlüssel" eines digitalen Signatursystems zu denken.
[670] Siehe *Jendricke, Uwe, Gerd tom Markotten, Daniela*, Benutzbare Sicherheit durch Identitätsmanagement, DuD 2003, S. 298.
[671] Siehe *Clauß, Sebastian, Kriegelstein, Thomas*, Datenschutzfreundliches Identitätsmanagement, DuD 2003, S. 297, 297; die Dresdner Identity Management Homepage ist abrufbar unter: http://drim.inf.tu-dresden.de.
[672] Abrufbar unter: www.w3.org/p3p.
[673] Siehe Grimm, Rüdiger, Roßnagel, Alexander, Weltweiter Datenschutzstandard, in: Kubicek, Herbert, Braczyk, Hans-Joachim, Klumpp, Dieter, Roßnagel, Alexander (Hrsg.), Global@Home Jahrbuch Telekommunikation und Gesellschaft, 2000, S. 293, 294.

schen Abgleich der Datenschutzeinstellungen des Webnutzers und des Webservers zur Verfügung stellt.

In der Fortentwicklung von P3P nimmt das W3C Anregungen aus vielen rechtlichen Datenschutzprinzipien auf und setzt sie um. Hierzu gehören die OECD-Datenschutzrichtlinien von 1981, die Datenschutzerklärung des Europarates vom 1981, die EU-Datenschutzrichtlinie von 1995 sowie die Datenschutzgesetze vom Australien und Kanada[674].

In den ersten Entwürfen sah P3P vor, dass Nutzer und Anbieter frei und gleichberechtigt aushandeln. Das hätte aber zu ewigen Verhandlungen und schlimmstenfalls zum Abbruch der Verbindung führen können. Viel Kritik wurde an der Version der P3P ausgeübt, die auf die Komplexität des Aushandlungssystems zielte, das keinen praktischen Nutzen hatte. Wichtiger war vielmehr, dass der Nutzer über das Datenschutzverhalten eines Dienstes benachrichtigt wird und ihm die Gelegenheit gegeben wird, den Kontakt aufzubauen oder abzubrechen[675]. In der aktuellen Version sieht P3P vor, dass bei Übereinstimmung von Nutzer- und Serverkonfiguration die Verbindung aufgebaut, anderenfalls aber abgebrochen wird.

b)   Funktion

P3P schafft einen Rahmen für ein korrespondierendes Informationsangebot; sie gibt den Serverbetreibern als Standardbasis für alle Datenschutzerklärungen die gleichen maschinenlesbaren Felder, in denen die Datenschutzerklärungen eines Unternehmens zum Ausdruck gebracht werden. Das wesentlichste technische Element ist dabei die eigene Sprache (APPEL), die für diese Plattform konzipiert wurde.

„Privacy Statements" stellen die Grundlage dar für eine transparente Darstellung der Datenschutzpolitik der Unternehmen. Die Unternehmen geben auf ihrer Internet-Seite Selbstverpflichtungserklärungen ab, sich bezüglich der Privatsphäre Dritter auf eine bestimmte Art und Weise zu verhalten[676]. Dies kann individuell erfolgen; für viele Anbieter bietet es sich jedoch an, sich der branchenspezifischen Datenschutz-Politik eines Verbandes anzuschließen und diese eventuell für die eigenen Bedingungen zu konkretisieren. Das wichtigste Bei-

---

[674] Die drei letzten Regelwerke werden ausdrücklich im Text der letzten P3P erwähnt. Abrufbar unter: www.w3.org/TR/2004/WD-P3P11-20040702/.

[675] Das auf Englisch so genannte „Notice and Choice" System.

[676] Siehe *Lewinski, Kai von,* Privacy Policies: Unterrichtungen und Einwilligungen im Internet, DuD 2002, S. 395.

spiel ist die Online Privacy Alliance[677]. Die OECD gibt auch Referenzen für die Herstellung einer Datenschutzerklärung seitens der Internetanbieter[678]. Hier erwiese es sich allerdings als von großer Bedeutung, wenn der Staat als Infrastrukturleistung die verantwortlichen Stellen durch Gebote oder Anreize dazu veranlassen würde, konkrete Datenschutzerklärungen zu verfassen und im P3P-Standard im Internet anzubieten[679]. Nur so ist eine zufrieden stellende Verwendung von Privacy Statements erreichbar.

Die zweite Komponente der Plattform erlaubt den Adressaten dieser Datenschutzerklärungen, sie in einer standardisierten maschinenlesbaren Form zu sammeln und zu analysieren. P3P gibt den Webnutzern Browser-Konfigurationen oder Software-Tools, die sie in die Lage versetzen, diese Datenschutzerklärungen zu interpretieren, indem sie automatisch oder manuell mit ihren eigenen Datenschutzansprüchen abgeglichen werden. Mit Hilfe einer P3P-Nutzerkomponente formuliert ein Nutzer seine Nutzer-Präferenzen, speichert diese lokal bei sich ab und vergleicht diese mit den heruntergeladenen Datenschutzerklärungen der Anbieter. Dieses System macht es möglich, Datenschutzerklärungen zu bewerten, noch bevor die Nutzer das Web-Angebot aufsuchen, und diejenigen Angebote ausfindig zu machen, die ein bestimmtes bzw. das gewünschte Datenschutzniveau bieten[680].

c) Ziele

Ziel der P3P ist die Gewährleistung eines technischen Datenschutzes, der den datenschutzrechtlichen Anforderungen der Nutzer entspricht und sie so dazu bewegt, ihre personenbezogenen Daten ohne Bedenken preiszugeben. Vom Abbau des Misstrauens seitens der Nutzer profitieren freilich auch die Diensteanbieter, die ein Interesse daran haben, möglichst korrekte Daten zu erhalten. Darüber hinaus kann die automatische Abrufbarkeit von Datenschutzerklärungen eine effektivere Online-Überprüfung von Rechtsverstößen durch die Aufsichtsbehörden oder durch Organisationen, die sich für den Datenschutz online einsetzen, ermöglichen.

---

[677] Abrufbar unter: www.privacyalliance.org/resources/ppguiedelines.shtml.

[678] OECD Privacy Statement Generator, abrufbar unter: www.oecd.org/document/39/.

[679] So *Roßnagel, Alexander,* Konzepte des Selbstdatenschutzes, in: *ders. (Hrsg.),* Handbuch Datenschutzrecht: Die neuen Grundlagen für Wirtschaft und Verwaltung, 2003, S. 344, Rdnr. 54.

[680] Siehe *Cavoukian, Ann, Gurski, Michael, Mulligan, Deirdre, Schwartz, Ari,* P3P und Datenschutz: Ein Update für die Datenschutzgemeinde, DuD 2000, S. 475, 477.

d)   *Rechtliche Bewertung*

Das P3P-Projekt dient hauptsächlich der Erfüllung der rechtlich vorgesehenen Informationspflichten gegenüber den Betroffenen, und somit der Herstellung der Transparenz von Verarbeitungen personenbezogener Daten: Der P3P-Standard sieht mindestens die Angabe des Namens und einer der Kontaktmöglichkeiten Postadresse, Telefonnummer oder E-Mail-Adresse vor. Darüber hinaus sind Angaben zur Zweckbestimmung der Datenverarbeitung im „Purpose Element" verlangt. Deklariert der Anbieter einen Verarbeitungszweck nicht, kann er die Daten nicht benutzen. Gegebenenfalls sind noch die Empfänger oder Kategorien von Empfängern anzugeben, falls eine Weitergabe der Daten an Dritte oder die Nutzung für Zwecke des Direktmarketings beabsichtigt wird. Unklar ist noch, ob die Beantwortung von Fragen obligatorisch oder freiwillig ist und welche möglichen Folgen eine unterlassene Beantwortung hat. Schließlich sind Informationen über das Bestehen von Auskunfts- und Berichtigungsrechten bezüglich der betreffenden Daten zu geben. Die P3P-Informationen werden prinzipiell vor dem Abruf des Webangebotes durch den P3P-Agenten abgerufen und zur Verfügung gestellt. Damit ist die Information in der Regel verfügbar, bevor eine Datenerhebung stattfindet. Es lässt sich zusammenfassend feststellen, dass der Webanbieter seinen datenschutzrechtlichen Informationspflichten gemäß den europäischen Vorschriften mittels P3P nachkommen kann. Da der P3P-Standard keine Möglichkeiten einer ausdrücklichen Einwilligung vorsieht, muss man die Einwilligungsregelungen (Art. 2 lit. h EG-Datenschutzrichtlinie; § 4a BDSG) auslegen, um festzustellen, ob sich diese nur durch Ausgestaltung eines entsprechenden Dialoges auf der P3P-Plattform realisieren lässt. Es besteht Konsens darüber, dass die Weitergabe von Daten innerhalb von P3P als Einwilligung anzusehen ist[681]. Dies ist der Fall, wenn ein Nutzer personenbezogene Daten in seinen P3P-fähigen Browser eingibt und diese beim Besuch einer Web-Site auf Nachfrage dem Betreiber der Web-Site übermittelt. Gemäß § 18 Abs. 2 MDStV muss sichergestellt sein, dass die Einwilligung protokolliert wird und der Inhalt der Einwilligung jederzeit vom Nutzer abgerufen werden kann. Zum Abruf der Einwilligung stellt P3P kein darauf

---

[681] Siehe *Lohse, Christina, Janetzko, Dietmar,* Technische und juristische Regulationsmodelle des Datenschutzes am Beispiel von P3P, CR 2001, S. 55, 60; *Greß, Sebastian,* Datenschutzprojekt P3P: Darstellung und Kritik, DuD 2001, S. 144, 147. Eine negative Aussage bei *Möller, Jan,* Stellungnahme zu juristischen Aspekten des P3P-Einsatzes in mobilen Endgeräten, Erstellt im Auftrag des Departement for Computer Science, Karlstad University, Schweden im Rahmen des Projekts „Privacy in Mobile Internet (PiMI) – Usable Mobile Privacy", abrufbar unter: www.datenschutzzentrum.de/projekte/p3p/ Gutachten_ Mobilegeraete.pdf.

spezialisiertes Verfahren[682]. Hier ist eine Verbesserung der P3P-Plattform vorzunehmen, so dass sie den gesetzlichen Regelungen und dem Schutz der informationellen Selbstbestimmung des Einzelnen Rechnung trägt.

Der Datenschutzstandard für die personenbezogenen Daten des Nutzers wird von den Gesetzen des Landes bestimmt, in dem der für die Verarbeitung Verantwortliche seinen Wohn- bzw. Geschäftssitz hat. Verpflichtet sich der Verantwortliche in seiner Datenschutzerklärung zu einem strengeren als dem gesetzlichen Datenschutzstandard, ist auch dieser für ihn verbindlich. P3P ist ein technischer Standard, der die Verarbeitung personenbezogenen Daten transparent macht und den einheitlichen, automatisierten Austausch von Datenschutzinformationen ermöglicht. So, wie sich die Datenschutzrechte des Internetnutzers hauptsächlich aus dem jeweils anwendbaren Datenschutzrecht eines Staates oder aus vertraglichen Vereinbarungen zwischen den Parteien ergeben, so wird die tatsächliche Durchsetzung dieser Rechte vom Rechtssystem eines Staates gewährleistet und nicht von der P3P-Plattform selbst.

---

[682] *Lohse, Christina, Janetzko, Dietmar,* Technische und juristische Regulationsmodelle des Datenschutzes am Beispiel von P3P, CR 2001, S. 55, 60.

Dritter Teil: Überblick über die Selbstregulierungsansätze für den Datenschutz in den USA

Die USA sind das einzige technologisch hoch entwickelte Land, dessen privater Sektor im Hinblick auf den Datenschutz gesetzlich weitgehend unreguliert bleibt. Die US-amerikanischen Ansätze zur Regulierung der Verarbeitung personenbezogener Daten sind von den europäischen grundsätzlich verschieden: Die europäischen Gesetzgebungen gehen präventiv vor, indem sie einen aktiven staatlichen Einsatz verlangen, um eine eventuell eintretende Verletzung der informationellen Selbstbestimmung des Einzelnen sowohl im öffentlichen als auch im privaten Bereich einzudämmen. Im Gegensatz tendieren die amerikanischen Gesetze dazu, vereinzelt auftauchende Probleme mit geringstmöglicher staatlicher Einmischung zu bekämpfen. Es gehört zu ihrer langen „Common Law Tradition", die Selbstregulierung der Industrie und der Privatwirtschaft als eine angebrachte Alternative zu einer flächendeckenden Regulierung zu betrachten. Dies erlaubt uns, die US-amerikanische Selbstregulierungstheorie auf ihre mögliche Vorbildsfunktion für ein Konzept zur Selbstregulierung des Datenschutzes in Deutschland zu untersuchen. Ihre Implementierung bei den zuständigen Instanzen funktioniert auf der amerikanischen Seite allerdings vollkommen anders als alle anderen Selbstregulierungssysteme in Europa und weltweit. In diesem Kapitel werden die theoretischen Grundlagen, die verschiedenen Besonderheiten und die spezifische Funktionsweise dieses Systems beleuchtet.

1. Das Grundrecht auf „Privacy"

Die USA haben kein systematisches Datenschutzrecht nach europäischem Verständnis. Dies beruht hauptsächlich auf verfassungsrechtlichen Gründen. Das Datensammeln gilt als Grundrechtsausübung (Free Speech, d.h. Meinungsfreiheit) und darf nur für das Erreichen eines gesetzlichen Ziels durch die „least restricting solution" eingeschränkt werden[683]. Das Mittel muss „proportionate, in time, place and manner" sein, darf nicht zu breit und zu vage, sondern muss ausreichend bestimmt sein und darf kein „chilly effect on free speech" verursa-

---

[683] Siehe zum Grundrecht der Meinungsfreiheit sowohl in Deutschland als auch in den USA *Bußmann, Heike,* Das Verfassungsrecht der elektronischen Medien in Deutschland und den USA: Technologische und rechtliche Entwicklungen vom Rundfunk und Internet, 2000, S. 25 ff.

chen. Dies verhindert weitgehend generelle Regelungen, weil spezifische Regelungen meist weniger einschneidend sind[684].

Während sich der Datenschutz in Europa auf ein Regelungssystem bezieht, das das Erheben, Sammeln und Verwenden personenbezogener Daten begrenzt, wird er in den Vereinigten Staaten gerne mit dem Kopierschutz, gewerblichem Geheimnisschutz und technischen Sicherheitsmaßnahmen gleichgestellt[685]. Das durch Datenschutz zu schützende Gut ist in den Vereinigten Staaten die so genannte „Privacy". Allerdings ist das Verständnis von „Privacy" in den USA nicht gleich dem entsprechenden Verständnis in Europa: Gefragt wird nicht, zu welchem Grunde eine Datenverarbeitung vorgenommen wird, sondern ob der Vorgang überhaupt stattfindet. Im Mittelpunkt steht nicht die informationelle Selbstbestimmung des Einzelnen im europäischen Sinn[686], nämlich dass jeder jederzeit und bei jeder Gelegenheit wissen muss, wer über ihn was weiß, so dass er mit den eventuell eintretenden Folgen rechnen kann. In den USA werden nämlich die „Privacy" und das daraus folgende Bestimmungsrecht über die eigenen personenbezogenen Daten als Eigentumsrechte behandelt, indem nur der Betroffene seine personenbezogenen Daten frei oder für ein bestimmtes Entgelt zur Verfügung stellen kann. Aufgrund dieses eigentumsorientierten Verständnisses gelten Daten und ihr Schutz als Marktgüter, mit denen sich handeln lässt[687]. Der Betroffene wird somit auf die Position eines „Datenverkäufers" reduziert, der sich dafür interessiert, welche Daten erhoben werden, um spekulieren zu können, was für einen Vorteil aus jeder Datenverarbeitung zu ziehen ist.

Als Grundrecht ist „Privacy" weder in der „Bill of Rights" noch in der „Constitution" explizit geregelt. Einige Staaten, wie z.B. Alaska, Arizona, Florida, Illinois, Kalifornien und Washington, schützen inzwischen „Privacy" in ihren Verfassungen[688]. Das Supreme Court hat die „Bill of Rights" und die „Civil War Amendments" so interpretiert, dass dem Staat nicht nur die Einmischung in die Ausübung gewisser Bürgeraktivitäten verboten ist, sondern auch das Sammeln,

---

[684] Siehe *Rossnagel*, Konzepte der Selbstregulierung, in: *ders. (Hrsg.)*, Handbuch Datenschutzrecht: Die neuen Grundlagen für Wirtschaft und Verwaltung, 2003, S. 410, Rdnr. 72.

[685] Siehe *Schwartz, Paul, Reidenberg, Joel*, Data Privacy Law: A Study of United States Data Protection, 1996, S. 5.

[686] In Europa gibt es allerdings auch Stimmen, die sich für ein ähnliches Grundrechtsverständnis einsetzen. Dazu siehe *Kilian, Wolfgang*, Informationelle Selbstbestimmung und Marktprozesse: Zur Notwendigkeit der Modernisierung des Modernisierungsgutachtens zum Datenschutzrecht, CR 2002, S. 921 ff.; vgl. *Maglio, Marco*, An economic Analysis of the Right to Privacy: Wether data protection is a cost or resource, CRi 2003, S. 103 ff.

[687] Siehe *Grimm, Dieter, Roßnagel, Alexander*, Datenschutz für das Internet in den USA, DuD 2000, S. 446, 448.

[688] A.a.O., S. 447.

Auswerten und Gebrauchen von personenbezogenen Daten[689]. Aus dieser Interpretation ist ein Recht auf informationelle Privatheit (Right of Information Privacy) und auf weitere Rechte zu entnehmen, die für den Datenschutz von Bedeutung sind.

2. Die Datenschutz-Rechtsordnung in den USA

Ein Querschnittgesetz, wie es die europäischen Datenschutzgesetze darstellen, käme in den USA auf keinen Fall in Betracht, allein aufgrund der Tatsache, dass das System seinem politischen Grundverständnis entsprechend auf Probleme und Störungen im wirtschaftlichen oder gesellschaftlichen Gefüge nur streng anlassbezogen reagiert, und gesetzliche Regelungen, die das freie Spiel der Kräfte einschränken, nur in dem Umfang erlässt, wie dies durch einen konkreten Vorgang gerechtfertigt ist. Augenfälliges Beispiel ist der Video Privacy Protection Act von 1988, den der Kongress erließ, nachdem die Presse dem Publikum den Filmgeschmack eines für den Supreme Court vorgeschlagenen Richters anhand dessen Ausleihregisters beleuchtet hatte[690]. Damit ist das Gesetz eher als eine Reaktion auf öffentlichen Druck zu verstehen, bei dem die US-Regierung ihre Maxime der Nichtregulierung nicht mehr aufrechterhalten konnte, und spiegelt weniger eine grundlegende und langfristige Änderung der Präferenzen wider.

Grundsätzlich ist in den USA jede Verarbeitung personenbezogener Daten im Gegensatz zu dem europäischen datenschutzrechtlichen Konzept zulässig, es sei denn, dies wird von einem Gesetz untersagt. Auch bzw. gerade für den Internetbereich wurde früh genug aus der Sicht der Rechtswissenschaft konstatiert, dass die Einschränkung der Erhebung und Verarbeitung von Daten auf einen spezifischen Zweck der gewünschten Grenzenlosigkeit des Internet und dessen „Promise of Abundance" widerspricht[691].

Für die Bundesverwaltung enthält der Privacy Act aus dem Jahr 1974 Regelungen, die das Recht auf Datensammeln einschränken[692]. Für die Verwaltung der

---

[689] Siehe *Schwartz, Paul, Reidenberg, Joel,* Data Privacy Law: A Study of United States Data Protection, 1996, S. 30.

[690] *Dammann, Ulrich,* Safe Harbor – neue Elemente im internationalen Datenschutz, in: *Simon, Dieter, Weiss, Manfred (Hrsg.),* Zur Autonomie des Individuums: Liber Amicorum Spiros Simitis, 2000, S. 21.

[691] Siehe *Berman, Jerry, Weitzner, Daniel,* Renewing the Democratic Heart of the First Amendment in the Age of Interactive Media, Yale Law Journal 104 (1995), 1619 ff.

[692] Privacy Act of 1974, Public Law 93-579, 93rd Congress, Title 5, § 552a, United States Code, abrufbar unter: www4.cornell.law.edu/uscode.

einzelnen Bundesländer gibt es entsprechende Regelungen[693]. Der private Sektor wird von Regelungen auf der Ebene der Einzelstaaten erfasst, die spezialgesetzlichen Art sind. Diese Regelungen betreffen unterschiedliche Informationsbereiche wie Banken, Kabelfernsehen, Kreditinformationen, Arbeitnehmerinformationen, Ausleihinformationen von öffentlichen Bibliotheken, medizinische Daten und den Umgang mit Sozialversicherungsnummern[694]. Die Regulierung des privaten Sektors gilt allerdings als ein unvollständiges „Patchwork" von Bundes- und Landesregelungen, die die Privaten zu fairen Informationspraktiken verpflichten[695]. Ein Teil dieser bereichsspezifischen Regelungen gelten sowohl für den privaten Sektor als auch für den öffentlichen Sektor des Einzelstaates. Genannt seien hier das „Video Privacy Protection Act" 1988, das „Fair Credit Reporting Act" 1971, das „Children Online Privacy Protection Act" COPPA 1999, das für die Sammlung von personenbezogenen Daten bei Kindern unter 13 Jahren zur Einhaltung von Mindeststandards und zur Einwilligung der Eltern verpflichtet, und letztlich das „Gramm-Leach-Beilen Act" 1999, das im Titel V Regelungen zum Schutz der Privatsphäre von Kunden und Finanzdienstleistern enthält.

3.   Selbstregulierungstradition

Das amerikanische Gesetzessystem geht von der Erkenntnis aus, dass die Privatwirtschaft und die Industrie sich am besten und effektivsten selbst regulieren, statt sie einer sachfernen Fremdregulierung zu unterwerfen. Die Selbstregulierung gehört zum Kern des Rechtssystems und wird etwa nicht als Abweichung bestraft.

Selbst die US-amerikanischen Gesetze enthalten selbstregulierungsfördernde Regelungen. Das „Privacy Act" enthält beispielsweise Verhaltensregel-Normierungen für den öffentlichen Sektor: Das Gesetz verlangt, dass jede öffentliche datenverarbeitende Stelle Kodizes einführt, die ihre Pflichten sachge-

---

[693] Siehe die ausführliche Darstellung im Kapitel 6 „State Legislation", *Schwartz, Reidenberg* (FN 690), S. 129 ff.

[694] Dazu siehe *Burkert, Herbert,* Internationale Grundlagen des Datenschutzes, in: *Roßnagel, Alexander (Hrsg.),* Handbuch Datenschutzrecht: Die neuen Grundlagen für Wirtschaft und Verwaltung, 2003, S. 119, Rdnr. 81.

[695] Siehe *Bennett, Colin,* Convergence Revisited: Toward a Global Policy for the Protection of Personal Data?, in: *Agre, Philip, Rotenberg, Marc (Hrsg.),* Technology and Privacy: The New Landscape, 1998, S. 99, 113.

mäß regeln[696]. Außerdem sieht das Gesetz vor, dass jede Abteilung einer Behörde ausführende Richtlinien erlässt, die routinegemäß datenschutzrechtliche Anliegen regeln. Darüber hinaus werden die private Selbstregulierung und Selbstkontrolle explizit als Alternative zum Gesetz statuiert: Im COPPA können private Initiativen, solange sie von der Federal Trade Commission überprüft wurden, das Gesetz ersetzen[697].

4. Selbstregulierung für den Datenschutzbereich

Dadurch, dass es kein systematisches gesetzliches Regelungskonstrukt gibt, wird der Datenschutz für den privaten Sektor[698] durch Selbstregulierung und Selbstkontrolle gewährleistet. Die von den Vereinigten Staaten geförderte Selbstregulierungsform ist die der reinen markgesteuerten Selbstregulierung. Marktmechanismen sollen über den gewünschten Datenschutz entscheiden. Nicht der Gesetzgeber sondern die Marktteilnehmer diktieren nach dem universellen Angebots- und Nachfrageprinzip das zu erreichende Datenschutzniveau. Nach diesem vorherrschenden Marktkonzept fungieren für die Verarbeitung personenbezogener Daten „Fair Practices" als Mindestbedingung und „Notice and Choice" als Voraussetzung.

Die offiziellen Publikationen der US-Regierung, die den selbstregulierenden Markt für die Informationsgesellschaft favorisieren, beschreiben nicht eingehend, wie er aufzubauen ist. Stattdessen werden klassische Selbstregulierungsinstitute genannt, wie z.B. Verhaltensregeln, während die Auswahl des situativ am besten passenden Instrumentes dem Markt selbst überlassen wird. Die Regierung statuiert allerdings stets gewisse Mindestanforderungen an die Datenverarbeitung, damit ein Selbstregulierungsmodell als datenschutzfördernd eingeordnet werden kann[699].

---

[696] Es muss freilich festgestellt werden, dass dieses Gesetz zu den Datenschutzgesetzen der ersten Generation gehört, ziemlich antiquiert ist und dass sogar seine Standards hinter denen der OECD-Richtlinien zurückbleiben.

[697] Siehe „Sec. 1304 Safe Harbor" des Gesetzes, abrufbar unter: www.ftc.gov/ogc/ coppa1.pdf.

[698] Wegen der explosionsartigen Entwicklung des Internet wird das Interesse auf dieses konzentriert.

[699] Siehe *Papakonstantinou, Vagelis,* Self-Regulation and the Protection of Privacy, 2002, S. 118.

a)   „Privacy Statements"

Die Selbstregulierung soll vor allem in der Form erfolgen, dass das datenverarbeitende Unternehmen seine Datenschutzpolitik in einer Datenschutzerklärung[700] – grundsätzlich in seiner Internetseite angebracht – vorstellt. Die so genannten „Privacy Statements" stellen die Grundlage für eine transparente Darstellung der Datenschutzpolitik der Unternehmen dar. Sie beschreiben auf ihrer Internet-Seite die Selbstverpflichtung, sich bezüglich der Privatsphäre Dritter auf eine bestimmte Art und Weise zu verhalten. Dies kann individuell erfolgen; für viele Anbieter bietet es sich jedoch an, sich der branchenspezifischen Datenschutz-Politik eines Verbandes anzuschliessen und diese eventuell für die eigenen Bedingungen zu konkretisieren. Das wichtigste Beispiel ist die Online Privacy Alliance[701]. Der Einzelne kann dann nach seinen Prioritäten entscheiden, ob er das in Frage kommende Angebot wahrnimmt oder die damit verbundene Datenpreisgabe hinnimmt oder nicht.

b)   „Privacy Seal Programms"

Die „Privacy Seal Programme" stellen Vollzugssysteme der Selbstregulierung dar, die die Umsetzung der Selbstverpflichtungen gewährleisten. Auf dem Markt stehen unterschiedliche Programme zur Verfügung, die von unterschiedlichen Seiten entwickelt und gefördert werden: Als Beispiele werden hier einerseits das „BBBonline"[702] Programm der Verbrauchervereinigung Better Business Bureaus (BBB) und das „TRUSTe"[703] Programm der Silicon-Valley-Unternehmen genannt.

Diese Programme weisen viele Unterschiede im Detail auf, sind aber alle in ihrem Grundsatz dem deutschen Datenschutzaudit[704] ähnlich: Hat sich der Teilnehmer zu einer Datenschutzpolitik verpflichtet, die auch die anerkannte Online Privacy Alliance formuliert hat, erhält er ein Trustmark, das er auf seiner Homepage anbringen kann. Wenn dieses Trustmark in einer universell kompatiblen Computer-Sprache gestaltet wird, besteht dann die Möglichkeit des automatischen Abgleichs mit den Nutzerpräferenzen auf der P3P-Plattform[705].

---

[700]Über die Einbettung der Datenschutzerklärungen in eine technische Kommunikationsplattform für Datenverarbeiter und Betroffene siehe Teil Zwei, Kapitel VI. 3. b.
[701] Abrufbar unter: www.privacyalliance.org/resources/ppguiedelines.shtml.
[702] Abrufbar unter: www.bbbonline.org.
[703] Abrufbar unter: www.truste.org.
[704] Über das Datenschutz-Audit siehe Teil Zwei, Kapitel V.
[705] Über die P3P-Plattform siehe Teil Zwei, Kapitel VI. 3.

Die Vertrauenswürdigkeit dieser Programme soll durch Kontrollen der Webseiten, durch probeweise übermittelte Kundendaten sowie hauptsächlich durch Beschwerdemöglichkeiten der Nutzer sichergestellt werden[706]. Jeder Inhaber eines „TRUSTe" Trustmarks ist verpflichtet, ein Click-to-Verify-Siegel zu haben, das den Nutzer direkt mit dem TRUSTe-Server verbindet. Dort wird eine „Watchdog-Page"[707] mit einem Formular angeboten, in das er seine Beschwerden eintragen kann. Die Maßnahmen bei Nicht-Einhaltung der Selbstverpflichtung reichen bis zum Widerruf der Trustmark, dem Ausschluss aus dem Programm und der Meldung des Verstoßes an eine staatliche Behörde[708].

c)   „Safe-Harbor"

Eine Abweichung von dem reinen Selbstregulierungskonzept stellt das Safe-Harbor-System[709] dar. Wie es bereits an obiger Stelle ausführlich aufgezeigt wurde, hat sich dieses regulierte Selbstregulierungssystem entwickelt, um Initiativen zur Regulierung des Datenschutzes abzuwehren, deren Anstoß die Anforderungen der europäischen Datenschutzrichtlinie bezüglich der Übermittlung personenbezogenen Daten aus den Mitgliedstaaten in Drittstaaten waren.

4.   Bewertung des amerikanischen Selbstregulierungssystems

Zusammenfassend lässt sich sagen, dass aufgrund der Rechtstradition in den Vereinigten Staaten die Organisation der Selbstregulierung und Selbstkontrolle dem Markt überlassen wird.
Für ein solches System spricht, dass die Selbstregulierung der einzige Weg ist, im zersplitterten Rechtssystem der USA einen einheitlichen Standard für die Gewährleistung des Rechts auf informationelle Selbstbestimmung zu formulieren. Des weiteren erweist sich die Selbstregulierung als taugliches Instrument aufgrund des Fehlens von Vollzugsorganen wie der Datenschutzbeauftragten oder der Aufsichtsbehörden, wie sie der deutsche Datenschutz kennt. Hinzufügen kann man die allgemeinen Argumente, die für ein Selbstregulierungssystem sprechen[710], wie seine schnelle und sachkompetente Reaktion auf die Heraus-

---

[706] Siehe *Grimm, Roßnagel* (FN 688), S. 446, 449.

[707] Abrufbar unter: www.truste.org/consumers/watcdog_complaint.php.

[708] Über das TRUSTe-Schlichtungsverfahren siehe: www.truste.org/consumers/compliance.php.

[709] Über das Safe-Harbor-Agreement siehe Teil Zwei, Kapitel IV.

[710] Zu den Vorteilen der Selbstregulierung siehe Teil Eins Kapitel VII.

forderungen sich schnell ändernden Situationen und Problemlagen, mit denen man in der vernetzten Informationsgesellschaft immer mehr konfrontiert ist. Über die Nachteile eines reinen Selbstregulierungssystems ist aber nicht hinwegzusehen: Die Selbstregulierung ist auf die Bereitschaft jedes einzelnen Bereiches angewiesen, sich der Selbstregulierung zu unterwerfen. Dies jedoch läuft auf eine zersplitterte und schon gar nicht flächendeckende Aufstellung von Branchen- und Unternehmensrichtlinien hinaus, mit Bereichen wo Unternehmen sich keinem Selbstregulierungs- und Selbstkontrollsystem unterwerfen. Das erweckt den Eindruck eines rechtlichen Flickenteppichs, der keine Rechtssicherheit gewährleisten kann. Wenn der Staat sich nicht das Recht vorbehält, mit Anreizen lenkend in die selbstregulativen Initiativen der Privaten einzugreifen und zu intervenieren, gelangt man zu dem Ergebnis, dass „rechtsfreie" Räume entstehen, wo der Bürger nicht in den Genuss gewisser geschützten Rechte gelangen kann. Um gegen die Unsicherheit hinsichtlich des Bestehens von Selbstregulierungsrichtlinien für gewisse Bereiche oder ihrer rechtmäßigen Umsetzung und ggf. bei Verstößen deren Sanktionierung anzukämpfen und auf diese Weise den komplexen Problemen mit dem Instrument der Selbstregulierung erfolgreich zu begegnen, darf man die Selbstregulierung nicht aus dem Zugriff staatlicher Mitgestaltung entlassen. Die Beobachtungen von selbstregulativen Systemen wie demjenigen der Vereinigten Staaten erweist sich als sinnvoll, darf aber den Staat und seine Rolle in der Informationsgesellschaft nicht aus dem Diskurs über neue Regulierungsinstrumente verdrängen.

Schlussfolgerungen

Was sich bereits in der Zwischenbilanz angedeutet hat, zeigt sich nach Betrachtungen des Datenschutzes im Besonderen noch klarer: Die hybride Steuerungsform der regulierten Selbstregulierung ist für den Datenschutz in der globalen Informationsgesellschaft die Lösung für verschiedene komplexe Probleme. Die Arbeitsteilung, die aus den gesellschaftlichen, politischen, rechtlichen und technischen Umwandlungen der postmodernen Gesellschaft folgt, führt nicht nur zur Entlastung des öffentlichen Sektors und der politischen Entscheidungsträger, sondern auch und insbesondere zur Mobilisierung der endogenen Potentiale der Gesellschaft, ihrer Wissensbestände, Lernfähigkeit, Kreativität und Problemlösungskapazitäten. Wie schon mehrmals betont, stellt sie eine Technik dar, nicht ein Allheilmittel oder eine allgemeingültige Gesellschaftssteuerungsmethode: Sie bedarf vielmehr konkreter sachbezogener Umsetzung, damit sie den zersplitterten und anspruchsvollen Problemlagen wirksam begegnen kann. Eine sorgfältige Selbstregulierung, die sich in Zusammenarbeit mit dem Staat entwickelt, harmoniert gut mit den neuen Technologien und dem globalen, privat und dezentral organisierten Kommunikations- und Informationsnetzwerk Internet. Dies wird im zweiten Teil dieser Abhandlung ersichtlich, wo Selbstregulierungsmaßnahmen für den Datenschutz dargestellt werden. Letztere versprechen ein adäquates Datenschutzniveau für alle Menschen, unabhängig von Gesetzgebungen und nationalen Staatsgrenzen: Die Netiquette stellt den ersten Selbstregulierungsversuch im Internet dar. Sie hat die Funktion eines Verhaltenskodex: Sie legt die Sitten und Gebräuche des globalen Netzwerkes fest, denen sich ein großer Teil der Internet-Benutzer ohne staatlichen Zwang unterworfen hat. Ihre rechtliche Verbindlichkeit kann bilateral über AGBs und vertragliche Bindungen gewährleistet werden; Allgemeingültigkeit für alle Nutzer ist über die Durchsetzung der Rolle des ICANN zu gewinnen.
Die Verhaltenskodizes sind das zweite Selbstregulierungsinstrument im Datenschutzbereich. Die sog. *Privacy Codes of Conducts*, sorgen dafür, dass die Privatsphäre, die Grundrechte und die Grundfreiheiten der Betroffenen sowie die zu ihrem Schutz bestehenden gesetzlichen Rechte respektiert und gewährleistet werden und durch Konzepte und Projekte in der alltäglichen Praxis jedes einzelnen Unternehmens zur Geltung kommen. Ihre gesetzliche Verankerung findet sich sowohl in der europäischen Datenschutzrichtlinie als auch im Bundesdatenschutzgesetz. Ihr Vorzug ist darin zu sehen, dass sie die allgemeinen Vorschriften der staatlichen Gesetze kontextbezogen und unter Berücksichtigung der Verhältnisse, Erfahrungen, Interessen und Wertungen eines bestimmten Sachbereichs konkretisieren. Sie werden häufig als Garantie zur Überwindung des Datenexportverbots aus europäischem Gebiet genutzt.

Zur Gewährleistung eines angemessenen Datenschutzniveaus global, auch in Ländern außerhalb der Europäischen Union, die über keine oder eine den europäischen Standards nicht entsprechende Datenschutzgesetzgebung verfügen, dient das weitere Selbstregulierungsinstrument der Standardvertragsklauseln: Die privaten Akteure schaffen selbst „ausreichende Garantien" zur Gewährleistung der Schutzansprüche der Betroffenen unter Einschaltung der Aufsichtsbehörde, indem sie ihre Vertragsklauseln oder Verhaltensregeln freiwillig und selbstregulierend aufstellen. Dieses Instrument findet seine gesetzliche Verankerung ebenfalls in den beiden oben erwähnten rechtlichen Werken. Durch diese Regelung wird also das Privileg an einem sicheren ungestörten freien Datenfluss denjenigen Unternehmen erteilt, die sich freiwillig bemühen, Maßnahmen zu treffen und geeignete Sicherheiten dafür nachzuweisen, das unzureichende Schutzniveau in ihrem Land auszugleichen.

Des weiteren zeigt die Untersuchung der Safe-Harbor-Vereinbarung den Versuch einer Regulierungsannäherung beider atlantischer Seiten, der Europäischen Union und der USA. Diese Vereinbarung stellt ein reguliertes Selbstregulierungskonzept dar: Sie sieht vor, dass das US-Handelsministerium ein Verzeichnis derjenigen Unternehmen führt, die sich öffentlich auf die Grundsätze des Safe-Harbor verpflichtet haben. Nur diese Unternehmen können Datenübermittlungen in und aus europäischen Unternehmen vornehmen.

Das Datenschutzaudit ist darüber hinaus eine technikorientierte regulierte Selbstregulierungsmöglichkeit: Basierend auf seinem Vorbild, dem Umweltaudit, wird eine Bescheinigung über eine „gute Datenschutzpraxis" von vertrauenswürdigen Instanzen an datenverarbeitenden Stellen vergeben. Sie bezieht sich auf die Evaluierung des Datenschutzsystems der datenverarbeitenden Stellen als Einheit.

Schließlich wurden die technischen und organisatorischen Programme und Verfahren untersucht, die für die Gestaltung eines Sicherungsnetzes sorgen, das Vertraulichkeit, Integrität, Verfügbarkeit und Authentizität von personenbezogenen Daten sowie Revisionsfähigkeit und Transparenz nutzerfreundlicher Verfahren verwirklicht: die Kryptographie-Verfahren, die Identitätsmanagementsysteme, die Datenschutzerklärung und das Standardisierungsverfahren P3P.

Die einwandfreie Funktion eines derart vielseitigen Selbstregulierungssystems für den Datenschutz ist ohne die unterstützende, Garantie gewährende, staatliche hoheitliche Rahmensetzung nicht möglich. Über diese Funktion des Staates hinaus gehört jedoch die Aufklärung der Bürger zu seinen vornehmsten Aufgaben: Er muss die geforderte Datenschutzsensibilisierung erreichen und zum Anliegen selbstbewusster Bürger machen. Eine immer komplizierter werdende Gesellschaft erfordert aktive Verbraucher- und Bürgerbeteiligung. Denn ohne Mitbeteiligung der Bürger wird Selbstregulierung den Bedürfnissen nicht gerecht. Nur politisch und gesellschaftlich engagierte Bürger sind über ihre Rechte und die neuartigen Gefahren, die hinter den attraktiven technischen Errungenschaften lauern, gut informiert. Der Staat darf sich seinen Informations- und Aufklärungspflichten den Bürgern gegenüber nicht entziehen.

Literaturverzeichnis

Achterberg, Norbert (Hrsg.), Allgemeines Verwaltungsrecht, 2. Aufl., Heidelberg, 1986.

Agre, Philip, Rotenberg, Marc (Hrsg.), Technology and Privacy: The New Landscape, The MIT Press, 1998.

Ahrend, Bijok, Dieckmann, Eitschberger, Eul, Guthmann, Schmidt, Schwarzhaupt, Modernisierung des Datenschutzes?, DuD 2003, S. 433 ff.

Alemann, Ulrich von, Heinze, Rolf, Neo-Korporatismus: Zur neuen Diskussion eines alten Begriffs, ZParl 1979, S. 469 ff.

Alexy, Robert, Theorie der Grundrechte, 2. Aufl., Frankfurt a. M., 1994.

Amodio, Ennio, Neues italienisches Strafverfahren, ZStW 1990, S. 171 ff.

Anderheiden, Michael, Huster, Kirste (Hrsg.), Globalisierung als Problem von Gerechtigkeit und Steuerungsfähigkeit des Rechts, ARSP-Beiheft Nr. 79, Stuttgart, 2001.

Arbeitskreis „Datenschutz-Audit Multimedia", Prinzipien und Leitlinien zum Datenschutz bei Multimedia-Diensten, DuD 1999, S. 285 ff.

Aristoteles, Politik, Band 7, übers. und hrsg. von Olof Gidon, 7. Aufl., München, 1996.

Arndt, Hans-Wolfgang, Hilterhaus, Friedhelm (Hrsg.), Rechtsstaat – Finanzverfassung – Globalisierung, Köln, 1998.

Arzt, Gunther (Hrsg.), Festschrift für Jürgen Baumann zum 70. Geburtstag, Bielefeld, 1992.

Aus den Datenschutzbehörden, Safe Harbor: Ein Zwischenbericht, DuD 2000, S. 444.

Bartsch, Michael, Lutterbeck, Bernd, Neues Recht für neue Medien, Köln, 1998.

Battisti, Siegfried, Freiheit und Bindung: Wilhelm von Humboldts „Ideen zu einem Versuch, die Grenzen der Wirksamkeit des Staates zu bestimmen" und das Subsidiaritätsprinzip, Berlin, 1987.

Bäumler, Helmut, Der neue Datenschutz, RDV 1999, S. 5 ff.

Bäumler, Helmut, Datenschutzaudit und IT-Gütesiegel im Praxistest, RDV 2001, S. 167 ff.

Bäumler, Helmut, Marktwirtschaftlicher Datenschutz: Audit à la Schleswig-Holstein, DuD 2002, S. 325 ff.

Bäumler, Helmut, Datenschutzaudit für pharmakogenetische Forschung der Schering AG, DuD 2003, S. 464 ff.

Bäumler, Helmut, Mutius, Albert von (Hrsg.), Datenschutz als Wettbewerbsvorteil, Braunschweig; Wiesbaden, 2002.

Beck, Ulrich, Was ist Globalisierung?, 5. Aufl., Frankfurt a. M., 1998.

Beck, Ulrich, Risikogesellschaft: auf dem Weg in eine Moderne, Frankfurt a. M., 1998.

Becker, Jürgen, Rechtsprobleme internationaler Datennetze, Baden-Baden, 1996.

Beckmann, Christoph, Werbeselbstdisziplin in Deutschland und Europa: Zwanzig Jahre Deutscher Werberat und Gründung der European Advertising Standards Alliance (EASA), WRP 1991, S. 702 ff.

Benda, Ernst, Maihofer, Werner, Vogel, Hans-Jochen (Hrsg.), Handbuch des Verfassungsrechts, 2. Aufl., Berlin, 1994.

Benner, Jefrey, EU drives privacy global, abrufbar unter: www.wired.com/news/privacy/0,1848,44922,0.htlm.

Bennett, Colin, Convergence Revisited: Toward a Global Policy for the Protection of Personal Data?, in: *Agre, Philip, Rotenberg, Marc (Hrsg.),* Technology and Privacy: The New Landscape, The MIT Press, 1998, S. 99 ff.

Benz, Arthur, Der moderne Staat, München; Wien, 2001.

Berberich, Jens, Ein Framework für das DRSC: Modell einer verfassungskonformen gesellschaftlichen Selbststeuerung im Bilanzrecht, Berlin, 2002.

Berendes, Konrad, Das Abwassergesetz, 3. Aufl., München, 1995.

Berg, Wienfried, Fisch, Stefan, Scmitt Glaeser, Walter, Schoch, Friedrich, Schulze-Fielitz, Helmuth (Hrsg.), Regulierte Selbstregulierung als Steuerungskonzept des Gewährleistungsstaates: Ergebnisse des Symposiums aus Anlass des 60. Geburtstags von Wolfgang Hoffmann-Riem, Berlin, 2001.

Berger, Klaus Peter, Internationale Wirtschaftsgerichtsbarkeit, Berlin; New York, 1992.

Berger, Klaus Peter, Aufgaben und Grenzen der Privatautonomie in der internationalen Wirtschaftsgerichtsbarkeit, RIW 1994, S. 12 ff.

Berghoff, Julia, Selbstregulierung im Marketing, RDV 2002, S. 78 ff.

Berman, Jerry, Weitzner, Daniel, Renewing the Democratic Heart of the First Amendment in the Age of Interactive Media, Yale Law Journal 104 (1995), S. 1619 ff.

Bernstein, Herbert, Drobnig, Uhlrich, Kötz, Hein (Hrsg.), Festschrift für Konrad Zweigert zum 70. Geburtstag, Tübingen, 1981.

Beulke, Werner, Strafprozessrecht, 7. Aufl., Heidelberg, 2004.

Beutelspacher, Albrecht, Ist Kryptographie gut – oder zu gut? Grundlegende Tatsachen und praktische Konsequenzen, in: *Hamm, Rainer, Möller, Klaus (Hrsg.),* Datenschutz durch Kryptographie, Baden-Baden, 1998, S. 16 ff.

Bizer, Johann, Lutterberg, Bernd, Rieß, Joachim (Hrsg.), Umbruch von Regelungssystemen in der Informationsgesellschaft: Freundesgabe für Alfred Büllesbach, Stuttgart, 2002.

Bizer, Johannes, Datenschutzrecht, in: *Schulte, Martin (Hrsg.),* Handbuch des Technikrechts, Berlin; Heidelberg, 2003, S. 561 ff.

Blaurock, Uwe, Übernationales Recht des Internationalen Handels, ZEuP 1993, S. 247 ff.

Blickle, Peter, Hüglin, Thomas, Wyduckel, Dieter (Hrsg.), Subsidiarität als rechtliches und politisches Ordnungsprinzip in Kirche, Staat und Gesellschaft: Genese, Geltungsgrundlagen und Perspektiven an der Schwelle des Dritten Jahrtausends, Berlin, 2002.

Böckenförde, Ernst-Wolfgang, Die verfassungstheoretische Unterscheidung von Staat und Gesellschaft als Bedingung der individuellen Freiheit, Opladen, 1973.

Böckenförde, Ernst-Wolfgang, Grundrechte als Grundsatznormen, Der Staat 29 (1990), S. 1 ff.

Böckenförde, Ernst-Wolfgang, Staat, Verfassung, Demokratie, 2. Aufl., Frankfurt a. M., 1992.

Boehme-Neßler, Volker, Cyber-Law: Lehrbuch zum Internet-Recht, München, 2001.

Bogner, Udo, Absprachen im deutschen und italienischen Strafprozessrecht, Marburg, 2000.

Bohlen, Anna, Seidemann, Thomas, Das Umwelt-Audit: Umweltmanagementsysteme reduzieren die Betriebskosten, Beilage zu Natur&Kosmos, März 1999, S. 3 ff.

Borges, Georg, Selbstregulierung im Gesellschaftsrecht – zur Bindung an Corporate Governance Kodizes, ZGR 2003, S. 508 ff.

Bork, Reinhard, Allgemeiner Teil des Bürgerlichen Gesetzbuches, Tübingen, 2001.

Bornemann, Roland, Der Jugendmedienschutz-Staatsvertrag der Länder, NJW 2003, S. 787 ff.

Böttcher, Reinhard, Der deutsche Juristentag und die Absprachen im Strafprozess, in: *Eser, Alben, Goydke, Jürgen, Maatz, Kurt Rüdiger, Meurer, Dieter (Hrsg.),* Strafverfahrensrecht in der Theorie und Praxis: Festschrift für Lutz Meyer-Goßner zum 65. Geburtstag, München, 2001, S. 49 ff.

Brandmair, Lothar, Die freiwillige Selbstkontrolle der Werbung: Rechtstatsachen, Rechtsvergleichung, internationale Bestrebungen, München, 1978.

Brandt, Edmund, Regulierte Selbstregulierung im Unweltrecht, Die Verwaltung Beiheft 4, 2001, S. 127 ff.

Brehm, Wolfgang, Allgemeiner Teil des BGB, 4. Aufl., Stuttgart, 2000.

Breuer, Rüdiger, Grundlagen und allgemeine Regelungen, in: *Rengeling, Hans-Werner (Hrsg.),* Handbuch zum europäischen und deutschem Umweltrecht (EUDUR), 2. Aufl., Köln; Berlin; Bonn; München, 2003.

Breyer, Patrick, Die Cybercrime-Konvention des Europarats, DuD 2001, S. 592 ff.

Budde, Robert, Vereinbarungen im italienischen Strafprozess, ZStW 1990, S. 196 ff.

Bull, Hans-Peter, Neue Konzepte, neue Instrumente? Zur Datenschutz-Diskussion des Bremer Juristentages, ZRP 1998, S. 310 ff.

Bull, Hans-Peter, Aus aktuellem Anlass: Bemerkungen über Stil und Technik der Datenschutzgesetzgebung, RDV 1999, S. 148 ff.

Bull, Hans Peter, Allgemeines Verwaltungsrecht, 6. Aufl., Heidelberg, 2000.

Büllesbach, Alfred, Höss-Löw, Petra, Vertragslösung, Safe-Harbor oder Privacy Code of Conduct: Handlungsoptionen Globaler Unternehmen, DuD 2001, S. 135 ff.

Büllesbach, Alfred, Datenschutz als Wettbewerbsbestandteil in der modernen Informationsgesellschaft, FLF 2002, S. 94 ff.

Büllesbach, Alfred, Dreier, Thomas (Hrsg.), Konvergenz in Medien und Recht: Konfliktpotenzial und Konfliktlösung, Köln, 2002.

Bullinger, Martin, Freiheit der Presse, in: *Löffler, Martin, Wenzel, Karl Egbert, Sedelmeier, Klaus (Hrsg.),* Presserecht: Kommentar zu den Landespressegesetzen der Bundesrepublik Deutschland, 4. Aufl., München, 1997.

Bußmann, Heike, Das Verfassungsrecht der elektronischen Medien in Deutschland und den USA: Technologische und rechtliche Entwicklungen vom Rundfunk und Internet, Aachen, 2000.

Calliess, Christian, Inhalt, Dogmatik und Grenzen der Selbstregulierung im Medienrecht, AfP 2002, S. 465 ff.

Calliess, Chistian, Ruffert, Matthias, Kommentar des Vertrages über die Europäische Union und des Vertrages zur Gründung der Europäischen Gemeinschaft – EUV/EGV –, 2. Aufl., 2002.

Calliess, Rolf-Peter, Strafzwecke und Strafrecht – 40 Jahre Grundgesetz – Entwicklungstendenzen vom freiheitlichen zum sozial-autoritären Rechtsstaat?, NJW 1989, S. 1338 ff.

Calliess, Gralf-Peter, Prozedurales Recht, Baden-Baden, 1999.

Calliess, Gralf-Peter, Rechtssicherheit und Marktbeherrschung im elektronischen Welthandel: die Globalisierung des Rechts als Herausforderung der Rechts- und Wirtschaftstheorie, in: *Juergen, Donges, Stefan, Mai (Hrsg.),* E-Commerce und Wirtschaftspolitik, Stuttgart, 2001, S. 190 ff.

Calliess, Gralf-Peter, Globale Kommunikation – staatenloses Recht, in: *Anderheiden, Michael, Huster, Kirste (Hrsg.),* Globalisierung als Problem von Gerechtigkeit und Steuerungsfähigkeit des Rechts, ARSP-Beiheft Nr. 79, Stuttgart, 2001, S. 61 ff.

Calliess, Gralf-Peter, Transnationales Verbraucherrecht, RabelsZ 2004, S. 244 ff.

Canaris, Claus-Wilhelm, Entschädigungsloses Wettbewerbsverbot für Handelsvertreter, NJW 1990, S. 146 ff.

Cavoukian, Ann, Gurski, Michael, Mulligan, Deirdre, Schwartz, Ari, P3P und Datenschutz: Ein Update für die Datenschutzgemeinde, DuD 2000, S. 475 ff.

Chaum, David, Security without Identification: Card Computers to make Big Brother Obsolete, abrufbar unter: www.chaum.com/articles/Security_ Without_Identification.htm.

Clauß, Sebastian, Kriegelstein, Thomas, Datenschutzfreundliches Identitätsmanagement, DuD 2003, S. 297 ff.

Cramer, Peter, Absprachen im Strafprozess, in: *Eyrich, Heinz, Odersky, Walter, Sächer, Franz Jürgen (Hrsg.),* Festschrift für Kurt Rebmann zum 65. Geburtstag, München, 1989, S. 145 ff.

Dahm, Georg, Delbrück, Jost, Worfrum, Rüdiger, Völkerrecht I/1, 2. Aufl., Stuttgart, 1989.

Dammann, Ulrich, Simitis, Spiros, EG-Datenschutzrichtlinie: Kommentar, Baden-Baden, 1997.

Dammann, Urlich, Safe-Harbor – neue Elemente im internationalen Datenschutz, in: *Simon, Dieter, Weiss, Manfred (hrsg.),* Zur Autonomie des Individuums: Liber Amicorum Spiros Simitis, Baden-Baden, 2000, S. 19 ff.

Dambeck, Holger, Datenschutz-TÜV: Gütesiegel sollen Kunden locken, c't 2003, S. 32 ff.

Dasser, Felix, Internationale Schiedsgerichte und lex mercatoria: Rechtsvergleichender Beitrag zur Diskussion über ein nicht-staatliches Handelsrecht, Zürich, 1989.

Dasser, Felix, Lex mercatoria: Werkzeug der Praktiker oder Spielzeug der Lehre?, Schweizerische Zeitschrift für internationales und europäisches Recht, 1991, S. 299 ff.

Detjen, Stephan, Kein Leviathan im Internet, DRiZ 1996, S. 503 ff.

Detterbeck, Steffen, Allgemeines Verwaltungsrecht im Verwaltungsprozessrecht, 2. Aufl., München, 2004.

Dicke, Klaus, Völkerrecht und internationales Privatrecht in einem sich globalisierenden internationalen System: Auswirkungen der Entstaatlichung transnationaler Rechtsbeziehungen, Heidelberg, 2000.

Dix, Alexander, Regelungsdefizite der Cybercrime-Convention und der E-TKÜV, DuD 2001, S. 588 ff.

Drews, Hans-Ludwig, Die Auswirkungen des BDSG aus der Sicht der Siemens AG, DuD 2002, S. 585 ff.

Eberle, Carl-Eugen, Regulierung, Deregulierung oder Selbstregulierung? Aktuelle Probleme bei Online-Dienste, in: *Prinz, Matthias, Peters, Butz (Hrsg.),* Medienrecht im Wandel: Festschrift für Manfred Engelschall, Baden-Baden, 1996, S. 153 ff.

Enderle, Georges, Lexikon der Wirtschaftsethik, Freiburg i. B., 1993.

Engel, Christoph, Regulierung durch Organisation und Verfahren, in: *Immenga, Ulrich, Möschel, Wernhard, Reuter, Dieter (Hrsg.),* Festschrift für Ernst-Joachim Mestmäcker zum siebzigsten Geburtstag, Baden-Baden, 1996, S. 119 ff.

Engel, Christoph, Der egalitäre Kern des Internet, in: *Ladeur, Karl-Heinz (Hrsg.)*, Innovationsoffene Regulierung des Internet: Neues Recht für Kommunikationsnetzwerke, Baden-Baden, 2002, S. 24 ff.

Engel, Christoph, Morlok, Martin (Hrsg.), Öffentliches Recht als ein Gegenstand ökonomischer Forschung, Tübingen, 1998.

Engel, Christoph, Das Internet und der Nationalstaat, in: *Dicke, Klaus (Hrsg.)*, Völkerrecht und internationales Privatrecht in einem sich globalisierenden internationalen System: Auswirkungen der Entstaatlichung transnationaler Rechtsbeziehungen, Heidelberg, 2000, S. 353 ff.

Engelhard, Hans, Aktuelle Fragen von Recht und Gesetz im demokratischen Rechtsstaat, in: *Strempel, Dieter (Hrsg.)*, Mehr Recht durch weniger Gesetze?: Beiträge eines Forums des Bundesministers der Justiz zur Problematik der Verrechtlichung, Köln, 1987, S. 10 ff.

Erichsen, Hans-Uwe, Ehlers, Dirk (Hrsg.), Allgemeines Verwaltungsrecht, 12. Aufl., Berlin, 2002.

Eser, Albin, Funktionswandel strafrechtlicher Prozessmaximen: Auf dem Weg zur „Privatisierung" des Strafverfahrens?, ZStW 1992, S. 361.

Eser, Alben, Goydke, Jürgen, Maatz, Kurt Rüdiger, Meurer, Dieter (Hrsg.), Strafverfahrensrecht in der Theorie und Praxis: Festschrift für Lutz Meyer-Goßner zum 65. Geburtstag, München, 2001.

Ewer, Wolfgang, Öko-Audit, in: *Rengeling, Hans-Werner (Hrsg.)*, Handbuch zum europäischen und deutschem Umweltrecht (EUDUR), 2. Aufl., Köln; Berlin; Bonn; München, 2003, Bd. I, § 36.

Eyrich, Heinz, Odersky, Walter, Sächer, Franz Jürgen (Hrsg.), Festschrift für Kurt Rebmann zum 65. Geburtstag, München, 1989.

Fabio, Udo Di, Selbstverpflichtung der Wirtschaft – Grenzgänger zwischen Freiheit und Zwang, JZ 1997, S. 969 ff.

Fabio, Udo Di, Der Verfassungsstaat in der Weltgesellschaft, Tübingen, 2001.

Fechner, Frank, Medien zwischen Kultur und Kommerz – zur Rolle des Staates in den neuen Medien, JZ 2003, S. 224 ff.

Federrath, Hannes, Pfitzmann, Andreas, Technische Grundlagen, in: *Roßnagel, Alexander (Hrsg.)*, Handbuch Datenschutzrecht: Die neuen Grundlagen für Wirtschaft und Verwaltung, München, 2003, S. 61 ff.

Feldhaus, Gerhard, Umweltaudit und Betriebsorganisation im Umweltrecht, in: *Kormann, Joachim (Hrsg.),* Umwelthaftung und Umweltmanagement, München, 1994, S. 9 ff.

Festa, Gennaro, Absprachen im deutschen und italienischen Strafprozess, Münster, 2003.

Finckh, Andreas, Regulierte Selbstregulierung im Dualen System: Die Verpackungsverordnung als Instrument staatlicher Steuerung, Baden-Baden, 1998.

Fouchard, Philippe, L' arbitrage commercial international, Paris, 1965.

Fouchard, Philippe, Gaillard, Emmanuel, Goldman, Berthold (Hrsg.), On International Commercial Arbitration, The Hague, 1999.

Gast De Haan, Brigitte, Jäger, Markus, Joecks, Wolfgang, Randt, Karsten, Steuerstrafrecht mit Zoll- und Verbrauchsteuerstrafrecht, 6. Aufl., München, 2005.

Geiger, Willi, Ebling, Wilfried, Merten, Detlef (Hrsg.), Akademische Gedenkfeier zu Ehren Professor Dr. iur. Willi Geiger, Speyer, 1994.

Geis, Max-Emanuel, Lorenz, Dieter (Hrsg.), Staat, Kirche, Verwaltung: Festschrift für Hartmut Maurer zum 70. Geburtstag, München, 2001.

Geis, Ivo, Grenzüberschreitender Datenaustausch – Aspekte des Datenschutzrechts, MMR 2002, S. XX.

Gentinetta, Jörg, Die Lex Fori internationaler Handelsschiedsgerichte, Bern, 1973.

Gerlach, Götz, Absprachen im Strafverfahren, Frankfurt a. M., 1992.

Gerling, Rainer, Verschlüsselungsverfahren, DuD 1997, S. 197 ff.

Gerling, Rainer, Datenschutz in der Forschung, in: *Roßnagel, Alexander (Hrsg.),* Handbuch Datenschutzrecht: Die neuen Grundlagen für Wirtschaft und Verwaltung, München, 2003, S. 1324 ff.

Gierke, Otto, Die Grundbegriffe des Staatsrechts und die neuesten Staatstheorien, Zeitschrift für die gesamte Staatswissenschaft, 1874, S. 153 ff.

Glagow, Manfred (Hrsg.), Gesellschaftssteuerung zwischen Korporatismus und Subsidiarität, Bielefeld, 1984.

Glatfeld, Nicolas, Das Umweltaudit im Kontext der europäischen und nationalen Umweltgesetzgebung, Freiburg i. B., 1998.

Gola, Peter, Schomerus, Rudolf, Bundesdatenschutzgesetz, 7. Aufl., München, 2002.

Goldman, Berthold, Frontières du droit et „lex mercatoria", Archives de Philosophie du Droit, 1964, S. 177 ff.

Goldman, Berthold, La *lex mercatoria* dans les contrats et l'arbitrage internationaux: réalité et perspectives, Journal du droit international, 1979, S. 475 ff.

Goldman, Berthold, Une battaille juridiciaire autour de la lex mercatoria: L'affaire Norsolor, Revue de l'arbitrage, 1983, S. 379 ff.

Goldman, Berthold, The Applicable Law: General Principles of Law – the Lex Mercatoria, in: *Lew, Julian D.M. (Hrsg.),* Contemporary Problems in International Arbitration, London, 1986, S. 113 ff.

Golembiewski, Claudia, Das Datenschutzaudit in Schleswig-Holstein, in: *Bäumler, Helmut, Mutius, Albert von (Hrsg.),* Datenschutz als Wettbewerbsvorteil, Braunschweig; Wiesbaden, 2002, S. 107 ff.

Görlitz, Axel, Voigt, Rüdiger (Hrsg.), Globalisierung des Rechts, Baden-Baden, 2000.

Gounalakis, Georgios, Konvergenz der Medien – Sollte das Recht der Meiden harmonisiert werden?, Gutachten C für den 64. Deutschen Juristentag, München, 2002.

Gounalakis, Georgios, Rhode, Lars, Persönlichkeitsschutz im Internet, München, 2002.

Gramm, Christof, Privatisierung und notwendige Staatsaufgaben, Berlin, 2001.

Grasser, Urs, Entgrenzung der Information – Grenzen des Rechts?, in: *Immenhauser, Martin (Hrsg.),* Vernetzte Welt – Globales Recht, Jahrbuch Junger Zivilrechtswissenschaftler, Stuttgart, 1998, S. 105 ff.

Greß, Sebastian, Datenschutzprojekt P3P: Darstellung und Kritik, DuD 2001, S. 144 ff.

Grewlich, Klaus, ITU-Telekommunikation und Universalität, Außenpolitik 1989, S. 359 ff.

Grimm, Dieter (Hrsg.), Wachsende Staatsaufgaben – sinkende Steuerungsfähigkeit des Rechts, Baden-Baden, 1990.

Grimm, Dieter (Hrsg), Staatsaufgaben, Frankfurt a. M., 1996.

Grimm, Dieter, Roßnagel, Alexander, Datenschutz für das Internet in den USA, DuD 2000, S. 446 ff.

Grimm, Rüdiger, Roßnagel, Alexander, Weltweiter Datenschutzstandard, in: *Kubicek, Herbert, Braczyk, Hans-Joachim, Klumpp, Dieter, Roßnagel, Alexan-*

der (Hrsg.), Global@Home, Jahrbuch Telekommunikation und Gesellschaft, Heidelberg, 2000, S. 293 ff.

Gusy, Christoph, Informationelle Selbstbestimmung und Datenschutz: Fortführung oder Neuanfang?, KritV 2000, S. 52 ff.

Güterbock, Karl, Zur Geschichte des Handelsrechts in England, Zeitschrift für das gesamte Handelsrecht 1861, S. 13 ff.

Häberle, Peter, Subsidiarität aus der Sicht der vergleichenden Verfassungslehre, in: *Rinklin, Alois, Batliner, Gerard (Hrsg.)*, Subsidiarität, Vaduz, 1994, S. 269 ff.

Häberle, Sigfried Georg (Hrsg.), Handbuch für Kaufrecht, Rechtsdurchsetzung und Zahlungssicherung im Aussenhandel: Internationale Kaufverträge, internationale Produkthaftung, Eigentumsvorbehalt, Schiedsgerichtsbarkeit, gerichtliche Durchsetzung und Vollstreckung, internationale Zahlungs- und Sicherungsinstrumente, Incoterms, München; Wien, 2002.

Habermas, Jürgen, Strukturwandel der Öffentlichkeit: Untersuchungen zu einer Kategorie der bürgerlichen Gesellschaft, 2. Aufl., Frankfurt a. Main, 1991.

Habermas, Jürgen, Faktizität und Geltung, 5. Aufl., Berlin, 1997.

Hamm, Rainer, Möller, Klaus (Hrsg.), Datenschutz durch Kryptographie, Baden-Baden, 1998.

Hanack, Ernst-Walter, Hilger, Hans, Volkmar, Mehle, Gunter, Widmeier (Hrsg.), Festschrift für Peter Rieß zum 70. Geburtstag, Berlin, 2002.

Hance, Olivier, Internet-Business & Internet-Recht: Rechtliche Regelungen auf der Datenautobahn, Brüssel, 1996.

Hansen, Marit, Identitätsmanagement, DuD 2003, S. 306 ff.

Hansen, Marit, Privacy Enhancing Technologies, in: *Roßnagel, Alexander (Hrsg.)*, Handbuch Datenschutzrecht: Die neuen Grundlagen für Wirtschaft und Verwaltung, München, 2003, S. 291 ff.

Hansen, Marit, Krasemann, Henry, Rost, Martin, Genghini, Riccardo, Datenschutzaspekte von Identitätsmanagementsystemen: Recht und Praxis in Europa, DuD 2003, S. 551 ff.

Hansen, Marit, Rost, Martin, Nutzerkontrollierte Verkettung: Pseudonyme, Credentials; Protokolle für Identitätsmanagement, DuD 2003, S. 293 ff.

Hansen, Marit, Auf dem Weg zum Identitätsmanagement – von der rechtlichen Basis zur Realisierung, in: *Bäumler, Helmut, Mutius, Albert von (Hrsg.)*, Anonymität im Internet: Grundlagen, Methoden und Tools zur Realisierung eines Grundrechts, Braunschweig; Wiesbaden, 2003, S. 198 ff.

Hartlieb, Horst von, Handbuch des Film-, Fernseh- und Videorechts, 4. Aufl., München, 2004.

Hassemer, Winfried, Grundrechte in der neuen Kommunikationswelt, in: *Bartsch, Michael, Lutterbeck, Bernd (Hrsg.),* Neues Recht für neue Medien, Köln, 1998, S. 1 ff.

Hassemer, Raimund, Hippler, Gabriele, Informelle Absprachen in der Praxis des deutschen Strafverfahrens, StV 1986, S. 360 ff.

Hauss, Fritz, Presse-Selbstkontrolle: Aufgaben und Grenzen, AfP 1980, S. 178 ff.

Heil, Helmut, Datenschutz durch Selbstregulierung – Der europäische Ansatz, DuD 2001, S. 129 ff.

Heinze, Meinhard, Gibt es eine Alternative zur Tarifautonomie?, DB 1996, S. 729 ff.

Heller, Jens, Die gescheiterte Urteilsabsprache: Verfahrensfairness gegenüber dem Angeklagten im Anschluss an BGHSt 43, 195, Baden-Baden, 2004.

Hermann, Tobias, Perspektiven eines grenzüberschreitenden Persönlichkeitsschutzes im Internet, AfP 2003, S. 232 ff.

Hippel, Eike von, Verbraucherschutz, 3. Aufl., Tübingen, 1986.

Hobe, Stephan, Der kooperationsoffene Verfassungsstaat, Der Staat 1998, S. 521 ff.

Hobe, Stephan, Die Zukunft des Völkerrechts im Zeitalter der Globalisierung, AVR 1999, S. 253 ff.

Hobert, Guido, Datenschutz und Datensicherheit im Internet: Interdependenz und Korrelation von rechtlichen Grundlagen und technischen Möglichkeiten, 2. Aufl., Frankfurt a. M.; Berlin; Bern; Wien, 2000.

Hoeren, Thomas, Selbstregulierung im Banken- und Versicherungsrecht, Karlsruhe, 1995.

Hoeren, Thomas, Internationale Netze und das Wettbewerbsrecht, in: *Becker, Jürgen (Hrsg.),* Rechtsprobleme internationaler Datennetze, Baden-Baden, 1996, S. 35 ff.

Hoeren, Thomas, Sieber, Ulrich (Hrsg.), Handbuch Multimediarecht, Loseblattausg., München, Stand: Februar 2004.

Hoffmann-Riem, Wolfgang, Ganzheitliche Verfassungslehre und Grundrechts-dogmatik, AöR 1991, S. 501 ff.

Hoffmann-Riem, Wolfgang, Ökologisch orientiertes Verwaltungsrecht – Vorklä-rungen, AöR 1994, S. 590 ff.

Hoffmann-Riem, Wolfgang, Verfahrensprivatisierung als Modernisierung, DVBl. 1996, S. 225 ff.

Hoffmann-Riem, Wolfgang, Innovation durch und im Recht, in: *Schulte, Martin (Hrsg.),* Technische Innovation und Recht: Antrieb oder Hemmnis?, Heidel-berg, 1996, S. 3 ff.

Hoffmann-Riem, Wolfgang, Verfahrensprivatisierung als Modernisierung, in: *ders., Schneider, Jens-Peter (Hrsg.),* Verfahrensprivatisierung im Umweltrecht, Baden-Baden, 1996, S. 9 ff.

Hoffmann-Riem, Woflgang, Öffentliches Recht und Privatrecht als wechselsei-tige Auffangordnungen – Systematisierung und Entwicklungsperspektiven, in: *Hoffmann-Riem, Woflgang, Schmidt-Aßmann, Eberhard (Hrsg.),* Öffentliches Recht und Privatrecht als wechselseitige Auffangordnungen, Baden-Baden, 1996, S. 261 ff.

Hoffmann-Riem, Wolfgang, Datenschutz als Schutz eines diffusen Interesses in der Risikogesellschaft, in: *Krämer, Ludwig, Micklitz, Hans-W. Tonner, Klaus (Hrsg.),* Recht und diffuse Interessen in der Europäischen Rechtsordnung: Liber Amicorum Norbert Reich, Baden-Baden, 1997, S. 777 ff.

Hoffmann-Riem, Wolfgang, Tendenzen in der Verwaltungsrechtsentwicklung, DÖV 1997, S. 433 ff.

Hoffmann-Riem, Wolfgang, Informationelle Selbstbestimmung in der Informa-tionsgesellschaft, AöR 1998, 513 ff.

Hoffmann-Riem, Wolfgang, Telekommunikationsrecht als europäisiertes Ver-waltungsrecht, DVBl. 1999, S. 125 ff.

Hoffmann-Riem, Wolfgang, Innovationssteuerung durch die Verwaltung: Rah-menbedingungen und Beispiele, Die Verwaltung 2000, S. 155 ff.

Hoffmann-Riem, Wolfgang, Verwaltungsrecht in der Informationsgesellschaft – Einleitende Problemskizze, in: *Hoffmann-Riem, Woflgang, Schmidt-Aßmann, Eberhard (Hrsg.),* Verwaltungsrecht in der Informationsgesellschaft, Baden-Baden, 2000, S. 9 ff.

Hofmann-Riem, Wolfang, Modernisierung von Recht und Justiz: Eine Heraus-forderung des Gewährleistungsstaates, Frankfurt a. M., 2001.

Hoffmann-Riem, Wolfgang, Schmidt-Aßmann, Eberhard (Hrsg.), Öffentliches Recht und Privatrecht als wechselseitige Auffangordnungen, Baden-Baden, 1996.

Hoffmann-Riem, Wolfgang, Schmidt-Aßmann, Eberhard (Hrsg.), Verwaltungsrecht in der Informationsgesellschaft, Baden-Baden, 2000.

Hoffmann-Riem, Wolfgang, Schneider, Jens-Peter (Hrsg.), Verfahrensprivatisierung im Umweltrecht, Baden-Baden, 1996.

Holler, Manfred, Illing, Gerhard, Einführung in die Spieltheorie, 5. Aufl., Berlin; Heidelberg, 2003.

Holtmann, Everhard (Hrsg.), Politik-Lexikon, 3. Aufl., München; Wien, 2000.

Holtschneider, Rainer, Normenflut und Rechtsversagen: Wie wirksam sind rechtliche Regelungen?, Baden-Baden, 1991.

Holznagel, Bernd, Kussel, Staphanie, Jugendmedienschutz und Selbstregulierung im Internet, RdJB 2002, S. 295 ff.

Hopt, Klaus, Baumbach Adolf, Duden, Konrad, Handelsgesetzbuch: mit GmbH & Co, Handelsklauseln, Bank- und Börsenrecht, Transportrecht (ohne Seerecht), 31. Aufl., München, 2000.

Immenga, Ulrich, Möschel, Wernhard, Reuter, Dieter (Hrsg.), Festschrift für Ernst-Joachim Mestmäcker zum siebzigsten Geburtstag, Baden-Baden, 1996.

Ioakimidis, Ariadne, Die Rechtsnatur der Absprache im Strafverfahren, Frankfurt a. M., 2001.

Ipsen, Jörn, Allgemeines Verwaltungsrecht, 3. Aufl., Köln, 2003.

Isensee, Josef, Mehr Recht durch weniger Gesetze?, ZRP 1985, S. 139 ff.

Isensee, Josef, Die alte Frage nach der Rechtfertigung des Staates, in: *Kolmer, Petra, Korten, Harald (Hrsg.)*, Recht – Staat – Gesellschaft, Freiburg; München, 1999, S. 21 ff.

Isensee, Josef, Subsidiaritätsprinzip und Verfassungsrecht: eine Studie über das Regulativ des Verhältnisses von Staat und Gesellschaft, 2. Aufl., Berlin, 2001.

Isensee, Josef, Kirchhof, Paul (Hrsg.), Handbuch des Staatsrechts, Bd. III, 2. Aufl., Heidelberg, 1996.

Isensee, Josef, Kirchhof, Paul (Hrsg.), Handbuch des Staatsrechts, Bd. II, 3. Aufl., Heidelberg, 2003.

Janke, Alexander, Verständigung und Absprachen im Strafverfahren, Aachen, 1997.

Jarass, Hans, Die Freiheit der Massenmedien: Zur staatlichen Einwirkung auf Presse, Rundfunk, Film, und andere Medien, Baden-Baden, 1978.

Jellinek, Georg, Allgemeine Staatslehre, 3. Aufl., Berlin, 1920.

Jellinek, Georg, System der subjektiven öffentlichen Rechte, 2. Neudruck der 2. Aufl., Aalen, 1979.

Jendricke, Uwe, Sichere Kommunikation zum Schutz der Privatsphäre durch Identitätsmanagement, Berlin, 2003.

Juergen, Donges, Stefan, Mai (Hrsg.), E-Commerce und Wirtschaftspolitik, Stuttgart, 2001.

Jung, Peter, Die Netiquette – Grundlage eines globalen Rechts, in: *Immenhauser, Martin (Hrsg.),* Vernetzte Welt – Globales Recht, Jahrbuch Junger Zivilrechtswissenschaftler, Stuttgart, 1998, S. 153 ff.

Jung, Peter, Rechtsfragen der Online-Schiedgerichtsbarkeit, K&R 1999, S. 63 ff.

Kant, Immanuel, Zum ewigen Frieden: ein philosophischer Entwurf, Bern, 1945 (Originalausgabe 1795).

Kardasiadou, Zoi, Mitteilungen der EU-Kommission: Die Reform der Rechtsrahmen für den TK-Sektor, RTkom 1999, S. 168 ff.

Kaufmann, Franz-Xaver, Diskurse über Staatsaufgaben, in: *Grimm, Dieter (Hrsg),* Staatsaufgaben, Frankfurt a. M., 1996, S. 15 ff.

Kilian, Wolfgang, Verkehrsregeln für Datenautobahnen? Zur Verrechtlichung des Internet, in: *Salje, Peter (Hrsg.),* Festschrift für Helmut Pieper: Recht-Rechtstatsachen-Technik, Hamburg, 1998, S. 263 ff.

Kilian, Wolfgang, Informationelle Selbstbestimmung und Marktprozesse: Zur Notwendigkeit der Modernisierung des Modernisierungsgutachtens zum Datenschutzrecht, CR 2002, S. 921 ff.

Kintzi, Heinrich, Entscheidungen-Strafrecht (Anmerkung), JR 1998, S. 245 ff.

Kley, Karl-Ludwig, Datenschutzgrundsätze der Lufthansa, DuD 2003, S. 397 ff.

Kloepfer, Michael, Gesetzgebung im Rechtsstaat, VVDStRL 1981, S. 63 ff.

Kloepfer, Michael, Elsner, Thomas, Selbstregulierung im Umwelt- und Technikrecht: Perspektiven einer kooperativen Normsetzung, DVBl. 1996, S. 964 ff.

Kloepfer, Michael, Umweltrecht, 3. Aufl., München, 2004.

Koch, Alexander, Grundrecht auf Verschlüsselung?, CR 1997, S. 106 ff.

Köhntopp, Marit, Pfitzmann, Andreas, Informationelle Selbstbestimmung und Identitätsmanagement, it+ti 2001, S. 227 ff.

Kolmer, Petra, Korten, Harald (Hrsg.), Recht – Staat – Gesellschaft, Freiburg; München, 1999.

Kondylis, Panajotis, Konservatismus: geschichtlicher Gehalt und Untergang, Stuttgart, 1986.

König, Christian, Der Begriff des funktionsfähigen Wettbewerbs im deutschen Telekommunikationsrecht, K&R 2003, S. 8 ff.

König, Christian, Neumann, Andreas, Das Ende des sektorspezifischen Datenschutzes für die Telekommunikation?, ZRP 2003, S. 5 ff.

König, Christian, Vogelsang, Ingo, Kühling, Jürgen, Loetz, Sascha, Neumann, Andreas, Funktionsfähiger Wettbewerb auf den Telekommunikationsmärkten: Ökonomische und juristische Perspektiven zum Umfang der Regulierung, Heidelberg, 2002.

Königshofen, Thomas, Chancen und Risiken eines gesetzlich geregelten Datenschutzaudits: Der Versuch einer Versachlichung der Diskussion, DuD 2000, S. 357 ff.

Kormann, Joachim, Umwelthaftung und Umweltmanagement, München, 1994.

Körner, Raimund, Lehment, Cornelius, Allgemeines Wettbewerbsrecht, in: *Hoeren, Thomas, Sieber, Ulrich (Hrsg.),* Handbuch Multimediarecht, Loseblattausg., München, Stand: Februar 2004, Teil 11. 1.

Krämer, Ludwig, Micklitz, Hans-W., Tonner, Klaus (Hrsg.), Recht und diffuse Interessen in der Europäischen Rechtsordnung: Liber Amicorum Norbert Reich, Baden-Baden, 1997.

Kranz, Hans Jürgen, Kundendatenschutz und Selbstregulierung im Luftverkehr, DuD 2001, S. 161 ff.

Kranz, Hans-Jürgen, Datenschutz im Reise- und Tourismusgewerbe, in: *Roßnagel, Alexander (Hrsg.),* Handbuch Datenschutzrecht: Die neuen Grundlagen für Wirtschaft und Verwaltung, München, 2003, S. 1145 ff.

Kubicek, Herbert, Braczyk, Hans-Joachim, Klumpp, Dieter, Roßnagel, Alexander (Hrsg.), Global@Home: Jahrbuch Telekommunikation und Gesellschaft, Heidelberg, 2000.

Kubicek, Herbert, Klumpp, Dieter, Fuchs, Gerhard, Roßnagel, Alexander (Hrsg.), Internet@Future: Jahrbuch Telekommunikation und Gesellschaft, Heidelberg, 2001.

Kübler, Friedrich (Hrsg.), Verrechtlichung von Wirtschaft, Arbeit und sozialer Solidarität, Frankfurt a. M., 1985.

Kuner, Christopher, Rechtliche Aspekte der Datenverschlüßelung im Internet, NJW-CoR 1995, S. 413 ff.

Ladeur, Karl-Heinz (Hrsg.), Innovationsoffene Regulierung des Internet: Neues Recht für Kommunikationsnetzwerke, Baden-Baden, 2002.

Ladeur, Karl-Heinz, Gostomzyk, Tobias, Der Gesetzesvorbehalt im Gewährleistungsstaat, Die Verwaltung, 2003, S. 141 ff.

Langerfeldt, Michael, Das novellierte Umweltauditgesetz, NVwZ 2002, S. 1156 ff.

Lampe, Ernst-Joachim (Hrsg.), Verantwortlichkeit und Recht, Opladen, 1989.

Lampe, Ernst-Joachim (Hrsg.), Rechtsgleichheit und Rechtspluralismus, Baden-Baden, 1995.

Lecheler, Helmut, Gundel, Jörg, Ein weiterer Schritt zur Vollendung des Energie-Binnenmarktes: Die Beschleunigungs-Rechtsakte für den Binnenmarkt für Strom und Gas, EuZW 2003, S. 621 ff.

Lehmkuhl, Dirk, The Resolution of Domain Names vs. Trademark Conflicts: A Case Study on Regulation Beyond the Nation State, and Related Problems, Zeitschrift für Rechtssoziologie 2002, S. 61 ff.

Lepsius, Oliver, Steuerungsdiskussion, Systemtheorie und Parlamentarismuskritik, Tübingen, 1999.

Lerche, Peter, Zacher, Hans, Badura, Peter (Hrsg.), Festschrift für Theodor Maunz zum 80. Geburtstag, München, 1981.

Lessig, Lawrence, Code und andere Gesetze des Cyberspace, Berlin, 2001.

Lew, Julian D.M. (Hrsg.), Contemporary Problems in International Arbitration, London, 1986.

Lewinski, Kai von, Privacy Policies: Unterrichtungen und Einwilligungen im Internet, DuD 2002, S. 395 ff.

Lieckweg, Tania, Das Recht der Weltgesellschaft: systemtheoretische Perspektiven auf die Globalisierung des Rechts am Beispiel der Lex Mercatoria, CD-ROM, 2002.

Lionnet, Klaus, Handbuch der internationalen und nationalen Schiedsgerichtsbarkeit: Systematische Darstellung der privaten Handelsschiedsgerichtsbarkeit für die Praxis der Parteien, 2. Aufl., Stuttgart, 2001.

Loetz, Sascha, Infrastruktur- und Dienstewettbewerb im EG-Telekommunikationsrecht, TKMR 2004, S. 132 ff.

Löffler, Martin, BT Standesrecht der Presse, in: *Löffler, Martin, Wenzel, Karl Egbert, Sedelmeier, Klaus (Hrsg.),* Presserecht: Kommentar zu den Landespressegesetzen der Bundesrepublik Deutschland, 4. Aufl., München, 1997, S. 1074 ff.

Löffler, Martin, Wenzel, Karl Egbert, Sedelmeier, Klaus, Presserecht: Kommentar zu den Landespressegesetzen der Bundesrepublik Deutschland, 4. Aufl., München, 1997.

Lohse, Christina, Janetzko, Dietmar, Technische und juristische Regulationsmodelle des Datenschutzes am Beispiel von P3P, CR 2001, S. 55 ff.

Lorenz, Annegret, Vollzugsdefizite im Umweltrecht, UPR 1991, S. 253 ff.

Lüdemann, Christian, Bußmann, Kai, Diversionschancen der Mächtigen? Eine empirische Studie über Absprachen im Strafprozess, KrimJ 1989, S. 54 ff.

Lüderssen, Klaus, Die Krise des öffentlichen Strafanspruchs, Frankfurt a. M., 1989.

Lüer, Dieter W., Online-Mediation – ein neuer Weg zur Beilegung von Konflikten, AnwBl. 2001, S. 601 ff.

Lüer, Dieter W., Splittgerber, Andreas, CybertCourt: Mediation im World Wide Web, Anwalt, Januar/Februar 2002, S. 40 ff.

Luhmann, Niklas, Risiko und Gefahr: Hochschule St. Gallen für Wirtschafts-, Rechts- und Sozialwissenschaften (Hrsg.), Aulavorträge 48, 1990.

Luhmann, Niklas, Das Recht der Gesellschaft, Frankfurt a. M., 1993.

Luhmann, Niklas, Soziale Systeme, Darmstadt, 2002.

Lütkermeier, Sven, Bereichspezifischer Datenschutz im nichtöffentlichen Bereich – Selbstregulierung durch Verhaltensregeln, DANA 1998, S. 24 ff.

Lutterbeck, Bernd, Globalisierung des Rechts – am Anbeginn einer neuen Rechtskultur?, CR 2000, S. 52 ff.

Maglio, Marco, An economic Analysis of the Right to Privacy: Wether data protection is a cost or resource, CRi 2003, S. 103 ff.

Mangoldt, Hermann von, Klein, Friedrich, Starck, Christian (Hrsg.), Das Bonner Grundgesetz Kommentar, 4. Aufl., München, 2001.

Maturana, Humberto, Valera, Francisco, Autopoietische Systeme: eine Bestimmung der lebendigen Organisation, in: *Maturana, Humberto (Hrsg.),* Erkennen: Die Organisation und Verkörperung von Wirklichkeit, 2. Aufl., Braunschweig; Wiesbaden, 1985, S. 170 ff.

Maturana, Humberto (Hrsg.), Erkennen: Die Organisation und Verkörperung von Wirklichkeit, 2. Aufl., Braunschweig; Wiesbaden, 1985.

Maunz, Theodor, Dürig, Günter (Hrsg.), Grundgesetz: Kommentar, München, Loseblattausg., Stand: Juni 1998.

Maunz, Theodor, Zippelius, Rheinold, Deutsches Staatsrecht, 30. Aufl., München, 1998.

Maurer, Hartmut, Allgemeines Verwaltungsrecht, 13. Aufl., München, 2000.

Mayer, Franz, Recht und Cyberspace, NJW 1996, S. 1782 ff.

Mayer, Patrick, Das Internet im öffentlichen Recht: unter Berücksichtigung europarechtlicher und völkerrechtlicher Vorgaben, Berlin, 1999.

Mayntz, Renate, Gesellschaftswissenschaftliche Sicht, in: *Strempel, Dieter (Hrsg.)*, Mehr Recht durch weniger Gesetze? Beiträge eines Forums des Bundesministers der Justiz zur Problematik der Verrechtlichung, Köln, 1987, S. 24 ff.

Mayntz, Renate (Hrsg.), Gesellschaftliche Selbstregelung und politische Steuerung, Frankfurt a. M., 1995.

Mayntz, Renate, Scharpf, Fritz, Steuerung und Selbstorganisation in staatsnahen Sektoren, in: *Maynz, Renate (Hrsg.)*, Gesellschaftliche Selbstregelung und politische Steuerung, Frankfurt a. M., 1995, S. 10 ff.

Maiwald, Manfrad, Ippoliti, Alessandra, Eine neue Strafprozessordnung für Italien, JZ 1989, S. 874 ff.

Menzel, Hans-Joachim, Regelungsvorschlag zur Selbstbestimmung bei genetischen Untersuchungen, DuD 2002, S. 146 ff.

Merten, Detlef, Grundrechtliche Schutzpflicht und Untermaßverbot, in: *Geiger, Willi, Ebling, Wilfried, Merten, Detlef (Hrsg.)*, Akademische Gedenkfeier zu Ehren Professor Dr. iur. Willi Geiger, Speyer, 1994, S. 25 ff.

Mestmäcker, Ernst-Joachim, Schelskys Theorie der Institutionen und des Rechts, in: Recht und Institution: Helmut-Schelsky-Gedächnissymposium, Berlin, 1985, S. 19 ff.

Meyer, Rudolf, Bona Fides und lex mercatoria in der europäischen Rechtstradition, Göttingen, 1994.

Meyer-Goßner, Lutz, Strafprozessordnung: Gerichtsverfassungsgesetz, Nebengesetze und ergänzende Bestimmungen, 47. Aufl., München, 2004.

Meyers Enzyklopädisches Lexikon, Bd. 14, Mannheim, 1992.

Meyding, Bernhard, Staatliche Zensur und berufsständische Selbstkontrolle bei Film, Presse und Rundfunk, Film und Recht 1982, S. 413 ff.

Millgram, Karl-Heinz, Föderalismus und Individuum, DVBl. 1990, S. 740 ff.

Moersch, Wolfram, Leistungsfähigkeit und Grenzen des Subsidiaritätsprinzips: eine rechtsdogmatische und rechtspolitische Studie, Berlin, 2001.

Moldenhauer, Gerwin, Eine Verfahrensordnung für Absprachen im Strafverfahren durch den Bundesgerichtshof?, Frankfurt a. M., 2004.

Möller, Jan, Stellungnahme zu juristischen Aspekten des P3P-Einsatzes in mobilen Endgeräten, Erstellt im Auftrag des Departement for Computer Science, Karlstad University, Schweden im Rahmen des Projekts „Privacy in Mobile Internet (PiMI) – Usable Mobile Privacy", abrufbar unter: www.datenschutzzentrum.de/projekte/p3p/Gutachten_Mobilegeraete.pdf.

Moritz, Hans-Werner, Tinnefeld, Marie-Theres, Der Datenschutz im Zeichen einer wachsenden Selbstregulierung, JurPC Web-Doc. 181/2003.

Müller, Georg, Rechtssetzung im Gewährleistungsstaat, in: *Geis, Max-Emanuel, Lorenz, Dieter (Hrsg.),* Staat, Kirche, Verwaltung: Festschrift für Hartmut Maurer zum 70. Geburtstag, München, 2001, S. 227 ff.

Müller, Günter; Pfitzmann, Andreas (Hrsg.), Mehrseitige Sicherheit in der Telekommunikationstechnik: Verfahren, Komponenten, Integration, Bonn, 1999.

Münch, Henning, Der Schutz der Privatsphäre in der Spruchpraxis des Deutschen Presserats: Eine Analyse der Arbeit der freiwilligen Presseselbstkontrolle, AfP 2002, S. 18 ff.

Murswiek, Dietrich, Die Bewältigung der wissenschaftlichen und technischen Entwicklungen durch das Verwaltungsrecht, DVBl. 1990, S. 32 ff.

Natzel, Ivo, Subsidiaritätsprinzip im kollektiven Arbeitsrecht, ZfA 2003, S. 103 ff.

Nickel, Volker, Werbung zwischen Staatskontrolle und Werbedisziplin, WRP 1994, S. 474 ff.

Niedermeier, Robert, Damm, Maximilian, Splittgerber, Andreas, Cybercourt: Schieds- und Schlichtungsverfahren im Internet, K&R 2000, S. 431 ff.

Noltenius, Johannes, Die freiwillige Selbstkontrolle der Filmwirtschaft und das Zensurverbot des Grundgesetzes, Göttingen, 1958.

Orlandi, Renzo, Absprachen im italienischen Strafverfahren, ZStW 2004, S. 120 ff.

Ossenbühl, Fritz, Die Erfüllung von Verwaltungsaufgaben durch Private, VVDStRL 1971, S. 137 ff.

Papakonstantinou, Vagelis, Self-Regulation and the Protection of Privacy, Baden-Baden, 2002.

Papst Pius IX., Quadragesimo anno, in: Texte zur katholischen Soziallehre: Die sozialen Rundschreiben der Päpste und andere kirchliche Dokumente, 4. Aufl., Bundesverband der katholischen Arbeiternehmer-Bewegung, Kevelaer, 1977, Nr. 78-80, S. 120 ff.

Petev, Valentin, Das Recht der offenen Gesellschaft: Grundlegung einer Philosophie des Rechts, Berlin, 2001.

Petri, Thomas Vorrangiger Einsatz auditierter Produkte: Wirtschaftliche Fragestellung zum Datenschutzaudit, DuD 2001, S. 150 ff.

Pfeiffer, Gerd, Karlsruher Kommentar zur Strafprozessordnung und zum Gerichtsverfassungsgesetz mit Einführungsgesetz, 5. Aufl., München, 2003.

Picker, Eduard, Tarifautonomie – Betriebsautonomie – Privatautonomie, NZA 2002, S. 761 ff.

Pieroth, Bodo, Schlink, Bernhard, Staatsrecht II: Grundrechte, 20. Aufl., Karlsruhe; Heidelberg, 2004.

Pitschas, Reiner, Zukunft des Rechts: Spotante und organisierte Rechtsentwicklung – Herausbildung einer neuen Architektur des global praktizierten Rechts, in: *Arndt, Hans-Wolfgang, Hilterhaus, Friedhelm (Hrsg.),* Rechtsstaat – Finanzverfassung – Globalisierung, Köln, 1998, S. 55 ff.

Prinz, Matthias, Peters, Butz (Hrsg.), Medienrecht im Wandel: Festschrift für Manfred Engelschall, Baden-Baden, 1996.

Ramm, Thilo, Bundesverfassungsgericht und kollektives Arbeitsrecht, ArbuR 1988, S. 367 ff.

Räther, Philipp, Seitz, Nicolai, Ausnahmen bei Datentransfer in Drittstaaten – Die beiden Ausnahmen nach § 4c Abs. 2 BDSG: Vertragslösung und Codes of Conduct, MMR 2002, S. 520 ff.

Rehbinder, Manfred (Hrsg.), Ethik als Schranke der Programmfreiheit im Medienrecht: Festschrift für Günter Hermann zum 70. Geburtstag, Baden-Baden, 2002.

Reimer, Helmut, Europäische Kommission: Safe Harbor Regelung angenommen, DuD 2000, S. 620 ff.

Rengeling, Hans-Werner (Hrsg.), Handbuch zum europäischen und deutschem Umweltrecht (EUDUR), 2. Aufl., Köln; Berlin; Bonn; München, 2003.

Reutter, Werner, Verbände, Staat und Demokratie. Zur Kritik der Korporatismustheorie, ZParl 2002, S. 501 ff.

Rhinow, Rene, Rechtsetzung und Methodik: rechtstheoretische Untersuchung zum gegenseitigen Verhältnis von Rechtssetzung und Rechtsanwendung, Basel, 1979.

Rieß, Joachim, Baustellen globaler Architekturen des Rechts, in: *Bizer, Johann, Lutterberg, Bernd, Rieß, Joachim (Hrsg.),* Umbruch von Regelungssystemen in der Informationsgesellschaft: Freundesgabe für Alfred Büllesbach, Stuttgart, 2002, S. 253 ff.

Ring, Wolf-Dieter, Jugendschutz im Spannungsfeld zwischen Selbstregulierung der Medien und staatlicher Medienkontrolle, AfP 2004, S. 9 ff.

Rinklin, Alois, Batliner, Gerard (Hrsg.), Subsidiarität, Vaduz, 1994.

Ritter, Ernst-Hasso, Das Recht als Steuerungsmedium im kooperativen Staat, in: *Grimm, Dieter (Hrsg.),* Wachsende Staatsaufgaben - sinkende Steuerungsfähigkeit des Rechts, Baden-Baden, 1990, S. 69 ff.

Röhl, Klaus, Das Recht im Zeichen der Globalisierung der Medien, in: *Görlitz, Axel, Voigt, Rüdiger (Hrsg.),* Globalisierung des Rechts, Baden-Baden, 2000, S. 93 ff.

Rönnau, Thomas, Die Absprache im Strafprozess: Eine rechtssystematische Untersuchung der Zulässigkeit von Absprachen nach dem geltenden Strafprozessrecht, Baden-Baden, 1990.

Rönnau, Thomas, Die neue Verbindlichkeit bei den strafprozessualen Absprachen, wistra 1998, S. 49 ff.

Ronge, Frank, Legitimität durch Subsidiarität, Baden-Baden, 1998.

Rossen, Helge, Selbststeuerung im Rundfunk-Modell „FSK" für kommerzielles Fernsehen?, ZUM 1994, S. 224 ff.

Rossen-Stadtfeld, Helge, Die Konzeption regulierter Selbstregulation und ihre Ausprägung im Jugendmedienschutz, AfP 2004, S. 1 ff.

Roßnagel, Alexander, Globale Datennetze: Ohnmacht des Staates – Selbstschutz der Bürger: Thesen zur Änderung der Staatsaufgaben in einer „civil information society", ZRP 1997, S. 26 ff.

Roßnagel, Alexander, Rechtliche Regelungen als Voraussetzung für Technikgestaltung, in: *Müller, Günter, Pfitzmann, Andreas (Hrsg.),* Mehrseitige Sicherheit in der Telekommunikationstechnik: Verfahren, Komponenten, Integration, Bonn, 1999, S. 361 ff.

Roßnagel, Alexander, Datenschutzaudit: Konzeption, Durchführung, gesetzliche Regelung, Braunschweig; Wiesbaden, 2000.

Roßnagel, Alexander, Datenschutzaudit in Japan, DuD 2001, S. 154 ff.

Roßnagel, Alexander, Ansätze zu einer Modernisierung des Datenschutzrechts, in: *Kubikek, Herbert, Klumpp, Dieter, Fuchs, Gerhard, Roßnagel, Alexander, (Hrsg.),* Internet@Future: Jahrbuch Telekommunikation und Gesellschaft, Heidelberg, 2001, S. 241 ff.

Roßnagel, Alexander, Pfitzmann, Andreas, Garstka, Hans-Jürgen, Modernisierung des Datenschutzrechts: Gutachten im Auftrag des Bundesministeriums des Innern, 2001.

Roßnagel, Alexander, Marktwirtschaftlicher Datenschutz - eine Regulierungsperspektive, in: *Bizer, Johann, Lutterberg, Bernd, Rieß, Joachim (Hrsg.),* Umbruch von Regelungssystemen in der Informationsgesellschaft: Freundesgabe für Alfred Büllesbach, Stuttgart, 2002, S. 131 ff.

Roßnagel, Alexander (Hrsg.), Handbuch Datenschutzrecht: Die neuen Grundlagen für Wirtschaft und Verwaltung, München, 2003.

Roxin, Claus, Strafverfahrensrecht: Ein Studienbuch, 25. Aufl., München, 1998.

Ruess, Peter, Das Recht der Werbung zwischen Staats- und Selbstkontrolle, in: *Peer, Gundula Maria (Hrsg.)* Die soziale Dimension des Zivilrechts – Zivilrecht zwischen Liberalismus und soziale Verantwortung, Jahrbuch Junger Zivilwissenschaftler, Stuttgart, 2003, S. 209 ff.

Saladin, Peter, Verantwortung als Staatsprinzip, Stuttgart, 1984.

Schaar, Peter, Datenschutzfreier Raum Internet?, CR 1996, S. 170 ff.

Schaar, Peter, Datenschutz im Internet, München, 2002.

Schaar, Peter, Selbstregulierung und Selbstkontrolle – Auswege aus dem Kontrolldilemma?, DuD 2003, S. 421 ff.

Schaar, Peter, Stutz, Oliver, Datenschutz-Gütesiegel für Online-Dienstleistungen, DuD 2002, S. 330 ff.

Scherer, Joachim, Umwelt-Audits: Instrument zur Durchsetzung des Umweltrechts im europäischen Binnenmarkt?, NVwZ 1993, S. 11 ff.

Schimank, Uwe, Glagow, Manfred, Formen politischer Steuerung: Etatismus, Subsidiarität, Delegation und Neokorporatismus, in: *Glagow, Manfred (Hrsg.),*

Gesellschaftssteuerung zwischen Korporatismus und Subsidiarität, Bielefeld, 1984, S. 4 ff.

Schindel, Jost, Das amerikanische Datenschutzgesetz von 1974: Deutsche Übersetzung mit kurzer Einführung, Wiesbaden, 1975.

Schippan, Martin, Hahn, Richard, Datenschutz und Kryptographie, in: *Schwarz, Mathias (Hrsg.),* Recht im Internet – Der Rechtsberater für Online-Anbieter und Nutzer, Loseblattausg., Augsburg, Stand: Sept. 2004.

Schmid, Niklaus, Strafverfahren und Strafrecht in den Vereinigten Staaten: Eine Einführung, 2. Aufl., Heidelberg, 1993.

Schmidt, Eike, Von der Privat- zur Sozialautonomie, JZ 1980, S. 153 ff.

Schläger, Uwe, Stutz, Oliver, ips – Das Datenschutz-Zertifikat für Online-Dienste, DuD 2003, S. 406 ff.

Schlechtriem, Peter (Hrsg.), Kommentar zum einheitlichen UN-Kaufrecht, 4. Aufl., München, 2004.

Schmidt-Aßmann, Eberhard, Öffentliches Recht und Privatrecht: Ihre Funktionen als wechselseitige Auffangordnungen – Einleitende Problemskizze –, in: *Hoffmann-Riem, Wolfgang, Schmidt-Aßmann, Eberhard (Hrsg.),* Öffentliches Recht und Privatrecht als wechselseitige Auffangordnungen, Baden-Baden, 1996, S. 8 ff.

Schmidt-Aßmann, Eberhard, Regulierte Selbstregulierung als Element verwaltungsrechtlicher Systembildung, in: *Berg, Wienfried, Fisch, Stefan, Scmitt Glaeser, Walter, Schoch, Friedrich, Schulze-Fielitz, Helmuth (Hrsg.),* Regulierte Selbstregulierung als Steuerungskonzept des Gewährleistungsstaates: Ergebnisse des Symposiums aus Anlaß des 60. Geburtstags von Wolfgang Hoffmann-Riem, Berlin, 2001, S. 253 ff.

Schmidt-Hieber, Werner, Vereinbarungen im Strafverfahren, NJW 1982, S. 1017 ff.

Schmidt-Hieber, Werner, Verständigung im Strafverfahren, München, 1986.

Schmidt-Hieber, Werner, Der strafprozessuale „Vergleich" – eine illegale Kungelei?, StV 1986, S. 355 ff.

Schmidt-Hieber, Werner, Grundlagen der strafrechtlichen Revision, JuS 1988, S. 710 ff.

Schmidt-Hieber, Werner, Die gescheiterte Verständigung, NStZ 1988, S. 303 ff.

Schmidt-Hieber, Werner, Absprachen im Strafprozess – Privileg des Wohlstandskriminellen?, NJW 1990, S. 1884 ff.

Schmidt-Hieber, Werner, Absprachen im Strafprozess – Rechtsbeugung und Strafjustiz?, DRiZ 1990, S. 321 ff.

Schmidt-Hieber, Werner, Ausgleich statt Geldstrafe, NJW 1992, S. 2001 ff.

Schmidt-Jortzig, Edzard, Schink, Alexander, Subsidiaritätsprinzip und Kommunalordnung, Köln, 1982.

Schmidt-Preuß, Mathias, Verwaltung und Verwaltungsrecht zwischen gesellschaftlicher Selbstregulierung und staatlicher Steuerung, VVDStRL 1997, S. 160 ff.

Schmidt-Preuß, Matthias, Steuerung durch Organisation, DÖV 2001, S. 45 ff.

Schmies, Christian, Codes of Conduct in der Bankwirtschaft: Britisches Beispiel und europäische Weiterungen, ZBB 2003, S. 277 ff.

Schmitthoff, Clive, Das neue Recht des Welthandels, Rabels Zeitschrift 1964, S. 47 ff.

Schneider, Jens-Peter, Liberalisierung der Stromwirtschaft durch regulative Marktorganisation: eine vergleichende Untersuchung zur Reform des britischen, US-amerikanischen, europäischen und deutschen Energierechts, Baden-Baden, 1999.

Schneider, Jens-Peter, Vorgaben des europäischen Energierechts, in: *Schneider, Jens-Peter, Theobald, Christian,* Handbuch zum Recht der Energiewirtschaft: Die Grundsätzen der neuen Rechtslage, München, 2003, § 2.

Schneider, Jens-Peter, Prater, Janine, Das europäische Energierecht im Wandel: Die Vorgaben des EG für die Reformen des EnWG, RdE 2004, S. 57 ff.

Schneider, Jens-Peter, Theobald, Christian, Handbuch zum Recht der Energiewirtschaft: Die Grundsätze der neuen Rechtslage, München, 2003.

Schnorr, Stefan, Wissing, Volker, Vorfeld der Gesetzgebung: Freiheitsrechte stärken, ZRP 2002, S. 95 ff.

Scholz, Rupert, Pressefreiheit und presserechtliche Selbstkontrolle, in: *Lerche, Peter, Zacher, Haus, Badura, Peter (Hrsg.),* Festschrift für Theodor Maunz zum 80. Geburtstag, München, 1981, S. 337 ff.

Schulte, Jörg, Wehrmann, Rüdiger, Wellbrock, Rita, Das Datenschutzkonzept des Kompetenznetzes Parkinson, DuD 2002, S. 605 ff.

Schulte, Martin, Technische Innovation und Recht: Antrieb oder Hemmnis?, Heidelberg, 1996.

Schulte, Martin (Hrsg.), Handbuch des Technikrechts, Berlin; Heidelberg, 2003.

Schulz, Wolfang, Jugendschutz bei Tele- und Mediendiensten, MMR 1998, S. 182 ff.

Schulz, Wolfgang, Verfassungsrechtlicher „Datenschutzauftrag" in der Informationsgesellschaft: Schutzkonzepte zur Umsetzung informationeller Selbstbestimmung am Beispiel von Online-Kommunikation, Die Verwaltung, 1999, S. 137 ff.

Schulz, Wolfgang, Held, Thorsten, Regulierte Selbstregulierung als Form modernen Regierens: Im Auftrag des Bundesbeauftragten für Angelegenheiten der Kultur und der Medien. Endbericht, Hamburg, 2002.

Schulze-Fielitz, Helmut, Staatsaufgabenentwicklung und Verfassung, in: *Grimm, Dieter (Hrsg.),* Wachsende Staatsaufgaben – sinkende Steuerungsfähigkeit des Rechts, Baden-Baden, 1990, S. 9 ff.

Schulzki-Haddouti, Christiane, Cyberkriminalität verstößt gegen Menschenrechte, vom 14.12.2000, Telepolis, abrufbar unter: http://www. heise.de/tp/deutsch/inhalt/te/4486/1.html.

Schulzki-Haddouti, Christiane, Datenschützer zur Cyberkriminalität, vom 22.03.2001, abrufbar unter: http://www.heise.de/tp/deutsch/inhalt/te/7196/1.html.

Schünnemann, Bernd, Informelle Absprachen und Vertrauensschutz im Strafverfahren, JZ 1989, S. 984 ff.

Schünnemann, Bernd, Die Verständigung im Strafprozess – Wunderwaffe oder Bankrotterklärung der Verteidigung?, NJW 1989, S. 1895 ff.

Schünnemann, Bernd, Absprachen im Strafverfahren? Grundlagen, Gegenstände und Grenzen, Gutachten B für den 58. Deutschen Juristentag, München, 1990.

Schünnemann, Bernd, Die informellen Ansprachen als Überlebenskrise des deutschen Strafverfahrens, in: *Arzt, Gunther (Hrsg.),* Festschrift für Jürgen Baumann zum 70. Geburtstag, Bielefeld, 1992, S. 361 ff.

Schünnemann, Bernd, Die Absprachen im Strafverfahren, in: *Hanack, Ernst-Walter, Hilger, Hans, Volkmar, Mehle, Gunter, Widmeier (Hrsg.),* Festschrift für Peter Rieß zum 70. Geburtstag, Berlin, 2002, S. 525 ff.

Schünnemann, Bernd, Wohin treibt der deutsche Strafprozess?, ZStW 2002, S. 1 ff.

Schuppert, Gunnar-Folke (Hrsg.), Jenseits von Privatisierung und „schlankem Staat": Verantwortungsteilung als Schlüsselbegriff eines sich verändernden Verhältnisses von öffentlichem und privatem Sektor, Baden-Baden, 1999.

Schuppert, Stefan, Exportkontrolle von Krypto-Software im B2B-Bereich: Zur Neuregelung der Dual-Use-Verordnung, CR 2001, S. 429 ff.

Schwarz, Mathias (Hrsg.), Recht im Internet – Der Rechtsberater für Online-Anbieter und Nutzer, Loseblattausg, Augsburg, Stand: Sept. 2004.

Schwarze, Jürgen (Hrsg.), Der Netzzugang für Dritte im Wirtschaftsrecht, Baden-Baden, 1999.

Schwartz, Paul, Reidenberg, Joel, Data Privacy Law: A Study of United States Data Protection, Charlettesville; Virginia, 1996.

Schweizer, Robert, Selbstkontrolle der Printmedien, in: *Rehbinder, Manfred (Hrsg.),* Ethik als Schranke der Programmfreiheit im Medienrecht: Festschrift für Günter Hermann zum 70. Geburtstag, 2002, S. 1 ff.

Seidl-Hohenveldern, Ignaz, Stein, Torsten, Völkerrecht, 10. Aufl., Köln, 2000.

Sieber, Ulrich, Kontrollmöglichkeiten zur Verhinderung rechtswidriger Inhalte in Computernetzten, CR 1997, S. 581 ff.

Sieber, Ulrich, Internationales Strafrecht im Internet, NJW 1999, S. 2065 ff.

Sieber, Ulrich, Die Verantwortlichkeit der Inernet-Provider im Rechtsvergleich, ZUM 1999, S. 196 ff.

Sieber, Ulrich, Staatliche Regulierung, Strafverfolgung und Selbstregulierung: Für ein neues Bündnis zur Bekämpfung rechtswidriger Inhalte im Internet, in: *Waltermann, Jens, Machill, Marcel (Hrsg.),* Verantwortung im Internet: Selbstregulierung und Jugendschutz, Gütersloh, 2000, S. 345 ff.

Sieber, Ulrich, Die Bekämpfung vom Hass im Internet: Technische, rechtliche und strategische Grundlagen für ein Präventionskonzept, ZRP 2001, S. 97 ff.

Simitis, Spiros, Datenschutz und Medienprivileg: Bemerkungen zu den Grundbedingungen einer verfassungskonforme Kommunikationsstruktur, AfP 1990, S. 14 ff.

Simitis, Spiros, Auf dem zu einem neuen Datenschutzkonzept: Die zweite Novellierungsstufe des BDSG, DuD 2000, S. 714 ff.

Simitis, Spiros (Hrsg.), Kommentar zum Bundesdatenschutzgesetz, 5. Aufl., Baden-Baden, 2003.

Simon, Dieter, Weiss, Manfred (Hrsg.), Zur Autonomie des Individuums: Liber Amicorum Spiros Simitis, Baden-Baden, 2000.

Sinner, Stefan, Der Vergleich im neuen italienischen Strafverfahren und die deutsche Diskussion um Absprachen, ZRP 1994, S. 478 ff.

Siolek, Wolfgang, Zur Fehlentwicklung strafprozessualer Absprachen, in: *Hanack, Ernst-Walter, Hilger, Hans, Volkmar, Mehle, Gunter, Widmeier (Hrsg.),* Festschrift für Peter Rieß zum 70. Geburtstag, Berlin, 2002, S. 563 ff.

Sobota, Katharina, Staatsaufgaben, in: *Engel, Christoph, Morlok, Martin (Hrsg.),* Öffentliches Recht als ein Gegenstand ökonomischer Forschung, Tübingen, 1998, S. 287 ff.

Sokol, Bettina, Der gläserne Mensch – DNA-Analysen, eine Herausforderung an den Datenschutz, Düsseldorf, 2003.

Spieß, Gerhard, Inhaltskontrolle von Verträgen – das Ende privatautomer Vertragsgestaltung?, DVBl. 1994, S. 1222 ff.

Steigleder, Thomas, Möglichkeiten der Selbstregulierung im Bereich naturwissenschaftlich-technischer Forschung, Wissenschaftsrecht 2000, S. 111 ff.

Stein, Ursula, Lex Mercatoria: Realität und Theorie, Frankfurt a. M., 1995.

Stern, Klaus, Das Staatsrecht der Bundesrepublik Deutschland, Bd. III/1, München, 1988.

Stile, Alfonso, Die Reform des Strafverfahrens in Italien, ZStW 1992, S. 429 ff.

Stober, Rolf, Telekommunikation zwischen öffentlich-rechtlicher Steuerung und privatwirtschaftlicher Verantwortung, DÖV 2004, S. 221 ff.

Streit, Manfred, Mangels, Antje, Privatautonomes Recht und grenzüberschreitende Transaktionen, ORDO 1996, S. 73 ff.

Strempel, Dieter (Hrsg.), Mehr Recht durch weniger Gesetze?: Beiträge eines Forums des Bundesministers der Justiz zur Problematik der Verrechtlichung, Köln, 1987.

Strömer, Tobias, Online-Recht: Rechtsfragen im Internet, 3. Aufl., Heidelberg, 2002.

Stumpf, Herbert, Steinberger, Christian, Bedeutung von internationalen Schiedsgerichten und ihre Vereinbarung in verschiedenen Ländergruppen, RIW 1990, S. 174 ff.

Stürner, Rolf, Pressefreiheit und Persönlichkeitsschutz im Selbstverständnis der Printmedien, 35. Bitburger Gespräche, München, Jahrbuch 1999, S. 106 ff.

Suhr, Oliver, Europäische Presseselbstkontrolle, Baden-Baden, 1998.

Tegge, Andreas, Die Internationale Telekommunikations-Union: Organisation und Funktion einer Weltorganisation im Wandel, Baden-Baden, 1994.

Teubner, Gunther, Verrechtlichung: Begriffe, Merkmale, Grenzen, Auswege, in: *Kübler, Friedrich (Hrsg.),* Verrechtlichung von Wirtschaft, Arbeit und sozialer Solidarität, Frankfurt a. M., 1985, S. 339 ff.

Teubner, Gunther, Recht als autopoietisches System, Frankfurt a. M., 1989.

Teubner, Gunther, Globale Bukowina: Zur Emergenz eines transnationalen Rechtspluralismus, Rechtshistorisches Journal 1996, S. 255 ff.

Teubner, Gunther, Neo-Spontanes Recht und duale Sozialverfassung in der Weltgesellschaft?, in: *Simon, Dieter, Weiss, Manfred (Hrsg.),* Zur Autonomie des Individuums, Baden-Baden, 2000, S. 437 ff.

Teubner, Gunther, Globale Zivilverfassungen: Alternativen zur staatszentrierten Verfassungstheorie, Zeitschrift für ausländisches öffentliches Recht und Völkerrecht 2003, S. 1 ff.

Teubner, Gunther, Wilke, Helmut, Kontext und Autonomie: Gesellschaftliche Selbstregulierung durch reflexives Recht, ZfReSoz 1984, S. 4 ff.

Theobald, Christian, Schiebold, Daniel, Aktuelle Entwicklungen des Energierechts, VerwArch 2003, S. 157 ff.

Tillmann, Lutz, Presserat überreicht neuen Kodex an Bundespräsident Rau, Deutscher Presserat Pressemitteilung vom 28.11.01, abrufbar unter: www.presserat.de/site/doku/presse/mitteil2001.shtml.

Tinnefeld, Maria-Theres, Freiheit der Forschung und europäischer Datenschutz, DuD 1999, S. 35 ff.

Tinnefeld, Marie-Therese, Ehmann, Eugen, Einführung in das Datenschutzrecht, München, 3. Aufl., 1998.

Trute, Hans-Heinrich, Die Verwaltung und das Verwaltungsrecht zwischen gesellschaftlicher Selbstregulierung und staatlicher Steuerung, DVBl. 1996, S. 950 ff.

Trute, Hans-Heinrich, Der Schutz personenbezogener Informationen in der Informationsgesellschaft, JZ 1998, S. 822 ff.

Ulmer, Peter, Die freiwillige Selbstkontrolle durch Organisation: Erscheinungsformen und Strukturen-Rechtsfragen-Haftungsrisiken, AfP 1975, S. 829 ff.

Valerius, Brian, Das globale Unrechtsbewusstsein - Oder: Zum Gewissen im Internet, NStZ 2003, S. 341 ff.

Vieweg Klaus, Reaktionen des Rechts auf Entwicklungen der Technik, in: *Schulte, Martin (Hrsg.),* Technische Innovation und Recht: Antrieb oder Hemmnis?, Heidelberg, 1996, S. 35 ff.

Voigt, Rüdiger, Abschied vom Recht?, Frankfurt a. M., 1983.

Voigt, Rüdiger, Recht als Instrument der Politik, Opladen, 1986.

Voßkuhle, Andreas, Gesetzgeberische Regelungsstrategien der Verantwortungsteilung zwischen öffentlichem und privatem Sektor, in: *Schuppert, Gunnar-Folke (Hrsg.),* Jenseits von Privatisierung und „schlankem Staat": Verantwortungsteilung als Schlüsselbegriff eines sich verändernden Verhältnisses von öffentlichem und privatem Sektor, Baden-Baden, 1999, S. 47 ff.

Voßkuhle, Andreas, „Schlüsselbegriffe" der Verwaltungsrechtsreform, VerwArch 2001, S. 184 ff.

Walter, Christian, Die Folgen der Globalisierung für die europäische Verfassung, DVBl. 2000, S. 1 ff.

Waltermann, Jens, Machill, Marcel (Hrsg.) Verantwortung im Internet: Selbstregulierung und Jugendschutz, Gütersloh, 2000.

Walz, Stefan, Datenschutz – Herausforderungen durch neue Technik und Europarecht, DuD 1998, S. 150 ff.

Weber, Martina, Der betriebliche Datenschutzbeauftragte im Lichte der EG-Datenschutzrichtlinie, DuD 1995, S. 698 ff.

Wegmann, Winfried, Regulierte Marktöffnung in der Telekommunikation: Die Steuerungsinstrumente des Telekommunikationsgesetzes (TKG) im Lichte „regulierter Selbstregulierung", Baden-Baden, 2001.

Weichert, Thilo, Der Schutz genetischer Informationen: Strukturen und Voraussetzungen des Gen-Datenschutzes in Forschung, Medizin, Arbeits- und Versicherungsrecht, DuD 2002, S. 133 ff.

Weigend, Thomas, Strafzumessung durch die Parteien – Das Verfahren des plea bargaining im amerikanischen Recht, ZStW 1982, S. 200 ff.

Weigend, Thomas, Absprachen in ausländischen Strafverfahren, Freiburg i. B., 1990.

Weinberger, Ota, Recht, Institution und Rechtspolitik: Grundprobleme der Rechtstheorie und Sozialphilosophie, Wiesbaden, 1987.

Weiß, Wolfgang, Privatisierung und Staatsaufgaben: Privatisierungsentscheidungen im Lichte einer grundrechtlichen Staatsaufgabenlehre unter dem Grundgesetz, Tübingen, 2002.

Werle, Raymund, Staat und Standards, in: *Mayntz, Renate (Hrsg.),* Gesellschaftliche Selbstregelung und politische Steuerung, 1995, S. 266 ff.

Weßlau, Edda, Das Konsensprinzip im Strafverfahren – Leitidee für eine Gesamtreform?, Baden-Baden, 2002.

Wieacker, Franz, Historische Bedingungen und Paradigmen supranationaler Privatrechtsordnung, in: *Bernstein, Herbert, Drobnig, Uhlrich, Kötz, Hein (Hrsg.),* Festschrift für Konrad Zweigert zum 70. Geburtstag, Tübingen, 1981, S. 575 ff.

Wiebe, Andreas, Regulierung in Datennetzen, Darmstadt, 2000.

Wilke, Helmut, Gesellschaftssteuerung, in: *Glagow, Manfred (Hrsg.),* Gesellschaftssteuerung zwischen Korporatismus und Subsidiarität, Bielefeld, 1984, S. 29 ff.

Wilke, Helmut, Ironie des Staates: Grundlinien einer Staatstheorie polyzentrischer Gesellschaft, Frankfurt a. M., 1996.

Wolff, Hans Julius, Bachof, Otto, Stober, Rolf, Verwaltungsrecht III, 5. Aufl., München, 2004.

Wolfslast, Gabriele, Absprachen im Strafprozess, NStZ 1990, S. 409 ff.

Wuermeling, Ulrich, Handelshemmnis Datenschutz: Die Drittländerregelung der Europäischen Datenschutzrichtlinie, Köln; Berlin; Bonn; München, 2000.

Würtenberger, Thomas, Legitimationsmuster von Herrschaft im Laufe der Geschichte, JuS 1986, S. 344 ff.

Würtenberger, Thomas, Wandlungen in den privaten und öffentlichen Verantwortungssphären, in: *Lampe, Ernst-Joachim (Hrsg.),* Verantwortlichkeit und Recht, Opladen, 1989, S. 308 ff.

Würtenberger, Thomas, Rechtspluralismus oder Rechtsetatismus?, in: *Lampe, Ernst-Joachim (Hrsg.),* Rechtsgleichheit und Rechtspluralismus, Baden-Baden, 1995, S. 92 ff.

Würtenberger, Thomas, Auf dem Weg zu lokaler und regionaler Autonomie in Europa, in: *Geis, Max-Emanuel, Lorenz, Dieter (Hrsg.),* Staat, Kirche, Verwaltung: Festschrift für Hartmut Maurer zum 70. Geburtstag, München, 2001, S. 1053 ff.

Würtenberger, Thomas, Subsidiarität als verfassungsrechtliches Auslegungsprinzip, in: *Blickle, Peter, Hüglin, Thomas, Wyduckel, Dieter (Hrsg.),* Subsidiarität als rechtliches und politisches Ordnungsprinzip in Kirche, Staat und Gesellschaft: Genese, Geltungsgrundlagen und Perspektiven an der Schwelle des Dritten Jahrtausends, Berlin, 2002, S. 199 ff.

Wyl, Christian De, Müller-Kirchenbauer, Joachim, Vertragliche Ausgestaltung der Netznutzung bei Strom und Gas, in: *Schneider, Jans-Peter, Theobald, Christian (Hrsg.),* Handbuch zum Recht der Energiewirtschaft: Die Grundsätzen der neuen Rechtslage, München, 2003, § 13.

Yunnis, Bettina, Neue Konfliktlösungsmechanismen: Computersystemunterstützte Streitbeilegung, in: *Büllesbach, Alfred, Dreier, Thomas (Hrsg.),* Konvergenz in Medien und Recht: Konfliktpotenzial und Konfliktlösung, Köln 2002, S. 183 ff.

Verzeichnis der im Internet abgerufenen Dokumente

Anmerkung: Alle genannten, im Internet auffindbaren Dokumente sind jeweils mit vollständiger URL (Internet-Adresse) angegeben. Eine Gewähr für die Auffindbarkeit der Dokumente besteht jedoch nicht. Der verwendete Stand der Dokumente ist, sofern nicht anders angegeben, der 26. 10. 2004.

Akkreditierungsprozess beim Bundesamt für Sicherheit in der Informationstechnik zur Anerkennung von privaten Prüfstellen für IT-Sicherheit die Verlässlichkeit von IT-Produkten und –Systemen (BSI), abrufbar unter: wwws.datenschutz-nord.de/newsletter/2004/news2906.html #t1.

Association des Banques et Banquiers Luxembourg, Berufskodex des Bankgewerbes abrufbar unter http://www.abbl.lu/pdf/DE/BERUFSKODEX.pdf.

Association des Banques et Banquiers Luxembourg, Berufskodex des Bankgewerbes abrufbar unter http://www.abbl.lu/pdf/DE/BERUFSKODEX.pdf.

„Association of Internet Hotline Providers in Europa" (INHOPE), abrufbar unter: www.inhope.org.

Belgischer Bankenverband, Verhaltenskodex des Belgischen Bankenverbandes abrufbar unter http://www.abb-bvb.be/gen/downloads/code-de.pdf

Berliner Datenschutzbeauftragter/Unabhängiges Landeszentrum für den Datenschutz Schleswig-Holstein, Neuregelungen im Datenschutz, abrufbar unter: www.datenschutz-berlin.de/informat/dateien/bdsg/ bdsg_neureg_01.pdf.

BVI Bundesverband Investment und Asset Management e.V., Wohlverhaltensregeln abrufbar unter http://www.bvi.de/downloads/wvr_bro_ 150104.pdf.

„Consumer Protection", abrufbar unter http://www.hypo.org/Content/Default. asp?PageID=28.

Corporate Governance Kodex, abrufbar unter: http://www.corporate-governance-code.de.

Council of Better Business Bureaus, „BBBonline", abrufbar unter: www. bbb. online.org.

CyberCourt-Schlichtungsverfahren, abrufbar unter: www.cybercourt.de.

Cybercrime Abkommen, abrufbar unter: http://conventions.coe.int/Treaties/ Html/185.htm.

DaimlerChrysler Verhaltenskodex, abrufbar unter: www.chrysler.de/content/de/ extra/datenschutz.html#.

Datenschutzgruppe des Art. 29 der EU-Datenschutzrichtlinie, Festlegung der elementaren materiellen und verfahrensrechtlichen Grundsätze des Datenschutzes, Arbeitsdokument Nr. 12, abrufbar unter: www.europa.eu.int/comm/internal _market/privacy/docs/wpdocs/1998/wp12_de.pdf.

Datenschutzgruppe des Art. 29 der EU-Datenschutzrichtlinie, Stellungnahme zum „Cybercrime Abkommen", abrufbar unter: http://europa.eu.int/comm/internal_market/privacy/docs/wpdocs/2001/wp41de.pdf.

Datenschutzgruppe des Art. 29 der EU-Datenschutzrichtlinie, Arbeitspapier zu Online-Authentifizierungsdiensten, (WP 68), Angenommen am 29. Januar 2003, abrufbar unter: www.europa.eu.int/internal_market/privacy/docs/wpdocs/ 2003/wp68_de.pdf.

Datenschutzkonformes Verhalten von Internet-Anbieter abrufbar unter: www. space-view.de/forum/.

Deutscher Corporate Governance Kodex, abrufbar unter: http://www.corporate-governance-code.de.

Entscheidung der Kommission 520/2000/EG, abrufbar unter: http://www. europa. eu.int/comm/internal_market/privacy/adequacy_de.htm.

Entwurf für „Standardvertragsklauseln für die Übermittlung personenbezogener Daten aus der EU in Drittländer (Übermittlung von einem für die Verarbeitung Verantwortlichen zu einem anderen Verantwortlichen)", abrufbar unter: www. iccwbo.org/home/e_business/word_documents/.

Federal Trade Commission, Privacy Online: Fair Information Practices In The Electronic Marketplace, A Report To Kongress, abrufbar unter: www.ftc.gov/ reports/privacy2000/privacy2000text.pdf.

FSF-Anerkennung als unabhängige Selbstkontrolleinrichtung, abrufbar unter: www.fsm.de/inhalt.doc/Pressemitteilung_Dezember_03.pdf.

FSF-Beschwerdeordnung, abrufbar unter: www.fsm.de/index.php?s=Beschwerdeordnung.

FSF-Mitglieder, abrufbar unter: www.fsm.de/index.php?s=Mitgliederverzeichnis.

FSF Satzung abrufbar unter: www.fsf.de/Service/Downloads/FSF_Satzung.pdf.

FTC-Vorschläge für gesetzliche Maßnahmen als Antwort auf das mangelhafte Schutzniveau der wirtschaftlichen Selbstregulierung sind in dem Bericht aus dem Jahre 2000 zu finden, abrufbar unter: www.ftc.gov/reports/privacy2000/ privacy2000.pdf.

Generic Top Level Domain Memorandum of Understanding von ITU, abrufbar unter: http://www.gtld-mou.org.

Guidelines für den Datenschutz in der Privatwirtschaft, abrufbar unter: www.ecom.jp/ecom_e/home/research_file/20011119recenttrend.pdf.

Gutachten des ULD für das Datenschutzaudit für pharmakogenetische Foschung der Schering, abrufbar unter: www.datenschutzzentrum.de/ audit/k240 603.htm.

Hinweis 40 des Innenministeriums Baden-Württemberg für die Übermittlung personenbezogener Daten im internationalen Bereich, abrufbar unter: www.baden-wuerttemberg.de/sixcms/media.php/851/him_40_endfasung.pdf.

INCOTERMS 2000, abrufbar unter: www.iccwbo.org/incoterms/order.asp.

Industriestandard JIS Q 15001 „Requirements for Compliance Program on Personal Information Protection, abrufbar unter: www.webstore.jsa.or.jp/ webstore/JIS/FlowControl.jsp.

Irish Bankers Federation, Code of Ethics and Practice, abrufbar unter: www.ibf. ie/pdfs/ethics_02.pdf.

Microsoft Passport-System, abrufbar unter: www.passport.net.

Netiquette-Regeln, abrufbar unter: www.ping.at/guides/netmayer/netmayer.

Online Privacy Alliance, abrufbar unter: www.privacyalliance.org/resources/ ppguiedelines.shtml.

OECD Privacy Statement Generator, abrufbar unter: www.oecd.org/document/ 39/.

Personal Privacy in an Information Society, The Report of The Privacy Protection Study Commission, July 1977, abrufbar unter: www.epic.org/privacy/ ppsc1977repport/.

Pressekodex abrufbar unter www.presserat.de/site/pressekod/kodex/index.shtm.

Pressemitteilung der Europäischen Kommission über die Standardvertragsklauseln vom 22. Januar 2002, abrufbar unter: www.europa.eu.int/comm/ internal_market/privacy/modelcontracts_de.htm.

Privacy Act of 1974, Public Law 93-579 93rd Congress, Title 5 U.S.C Sec. 552a, abrufbar unter: www.datenschutz-berlin.de/doc/usa/pact.htm.

P3P – Platform for Privacy Preferences, abrufbar unter: www.w3.org/p3p.

Register der Audit-Verfahren des ULD-SH erhältlich, abrufbar unter: www.datenschutzzentrum.de/audit/register.htm.

Register der verliehenen Gütersiegel beim ULD-SH, abrufbar unter: www.datenschutzzentrum.de/guetesiegel/register.htm.

Stellungnahme der Gruppe für den Schutz von Personen bei der Verarbeitung personenbezogener Daten zur Überprüfung der Angemessenheit des Schutzes personenbezogener Daten in den USA, abrufbar unter: www.europa.eu.int/ internal_market/privacy/docs/wpdocs/1999/wp15de.pdf.

Stellungnahme 8/2003 zu dem von mehreren Wirtschaftsverbänden eingereichten Entwurf von Standardvertragsklauseln („alternative Standardvertragsklauseln"), WP 84, angenommen am 17. Dezember 2003, abrufbar unter: www.europa.eu.int/comm/internal_market/privacy/docs/wpdocs/2003/wp84_de .pdf.

Top-Down Ansatz, abrufbar unter: http://boersenlexikon.faz.net/topdown.htm.

TRUSTe-Beschwerden-Verfahren, abrufbar unter: www.truste.org/consumers/ watcdog_complaint.php.

TRUSTe-Siegel, abrufbar unter: www.truste.org/consumers/watcdog_complaint .php.

TRUSTe-Schlichtungsverfahren siehe: www.truste.org/consumers/compliance. php.

ULD-Verfahren zur Verleihung des Gütersiegels, abrufbar unter: www.datenschutzzentrum.de/download/audsiede.pdf.

US National Telecommuniacations and Information Administration (NTIA), Elements of Effective Self-Regulation of Protection of Privacy, abrufbar unter: www.ntia.doc.gov/reports/privacydraft/198dftprin.htm.

Verbot der Verarbeitung von Jubilarendaten ohne die Einwilligung des Betroffenen, abrufbar unter: www.presserat.de/site/doku/presse/iindex.shtml.

Wassenaar-Abkommen, abrufbar unter: www.wassenaar.org.

„WebTrust" entwickelt von der Organisation der Wirtschaftsprüfer in USA und Kanada American Institute of Certified Public Accountants, abrufbar unter: www.cpawebtrust.org.

Weißbuch für den Datenschutz bei der Nutzung von Telekommunikationsdiensten, abrufbar unter: www.ntia.doc.gov/ntiahome/privwhitepaper.html.

WIPO-Convention ist unter http://www.wipo.int/treaties/en/conventions/index. html.

WIPO-Schiedshericht, abrufbar unter: http://www.arbiter.wipo.int/domains/gtld /index.html.

Zusatzprotokoll zur Datenschutzkonvention bezüglich Kontrollstellen und grenzüberschreitendem Datenverkehr, abrufbar unter: http://conventions.coe.int /Treaties/Commun/QueVoulezVous.asp?NT=181&CM=7&DF=13/02/04&CL= GER.

Peter Lang · Europäischer Verlag der Wissenschaften

Dorothee Krutisch

Strafbarkeit des unberechtigten Zugangs zu Computerdaten und -systemen

Frankfurt am Main, Berlin, Bern, Bruxelles, New York, Oxford, Wien, 2004.
255 S., 1 Abb.
Schriften zum Strafrecht und Strafprozeßrecht.
Herausgegeben von Manfred Maiwald. Bd. 72
ISBN 3-631-52185-5 · br. € 45.50*

Die Computerkriminalität stellt eine ernsthafte Bedrohung für die Informations-gesellschaft dar. Die Arbeit beschäftigt sich mit dem Problembereich des unberechtigten Zugangs zu Computerdaten und -systemen als Teilaspekt der Computerkriminalität. Im Mittelpunkt der strafrechtlichen Untersuchung steht dabei der Straftatbestand des Ausspähens von Daten (§ 202a StGB). Darüber hinaus wird die Verwirklichung weiterer Tatbestände des Strafgesetz-buchs (§§ 303a, 303b und 263a StGB) sowie des Nebenstrafrechts (§ 17 UWG, § 106 UrhG und § 44 BDSG) in den Fällen des unberechtigten Zugangs zu Computerdaten und -systemen geprüft. Um beurteilen zu können, ob die in Deutschland existierenden Regelungen auf diesem Gebiet ausreichend sind, oder ob und inwieweit Reformbedarf besteht, wird eine Betrachtung der entsprechenden Regelungen in einigen europäischen Nachbarländern vorgenommen.

Aus dem Inhalt: Computerkriminalität · Ausspähen von Daten (§ 202a StGB) · Datenveränderung (§ 303a StGB) · Computersabotage (§ 303b StGB) · Computerbetrug (§ 263a StGB) · Verrat von Betriebs- und Geschäftsgeheimnissen (§ 17 UWG) · Urheberrechtlicher Schutz von Computerprogrammen · Straf-vorschriften des Bundesdatenschutzgesetzes · Computerstrafrecht in anderen europäischen Ländern

Frankfurt am Main · Berlin · Bern · Bruxelles · New York · Oxford · Wien
Auslieferung: Verlag Peter Lang AG
Moosstr. 1, CH-2542 Pieterlen
Telefax 00 41 (0) 32 / 376 17 27

*inklusive der in Deutschland gültigen Mehrwertsteuer
Preisänderungen vorbehalten

Homepage http://www.peterlang.de